JN083432

大学入試
無敵の難単語

PINNACLE
420

著 山崎 竜成／駒橋 輝圭／萩澤 大輝

アルク

CONTENTS

はじめに

　本書を手に取ってくれた高校生・大学受験生をはじめとした英語学習者の皆さん、英語学習を楽しんでいますか？　「英語」という科目は、基本的な文法を身につけていることは大前提としても、やはり最終的に一番ものを言うのは語彙力です。多くの皆さんは遅かれ早かれそのことに気づき、あるいは否応なく気づかされ、日々単語を覚えようと必死に頑張っていることと思います。そんな皆さんには盛大にエールを送りたいと思います。

　そうやって懸命に単語集をやり込んでいる人でも、きっと一度はこう思ったことがあるはずです。「単語集を完璧にしたのに、また知らない単語が出てきたぞ」と。ここでは、そんな受験生泣かせの入試問題の実態を見ていきましょう。

▶ 難単語は覚えなくても「文脈で判断」できる？

　受験指導では「単語集に載っていないような難単語は文脈で判断せよ」と言われることが多いのではないでしょうか。ですが、実際にはそうも言っていられない現実があります。実際の入試問題の例を見てみましょう。

> （1）We all know how **exhilarating** it feels to get a raise or find a job with a big paycheck.　　　　　　　　　　　　　　　［法政大］

　これは長文問題の一文を抜粋したものです。色をつけたexhilaratingは「陽気にさせる、爽快な」という意味の形容詞で、受験用の一般的な単語集にはほとんど掲載されていない難単語ですが、これが注釈もなしに登場しています。このexhilaratingやその派生語などは、法政大学以外にも、早稲田大学、慶應義塾大学、京都大学といった難関大学の長文問題に繰り返し登場しています。

　こうした「受験用の単語集には載っていないのに長文に登場する難単語」はものすごくたくさんあります。そして驚くべきことに、これらは文中に登場するだけでなく、設問で問われることも多いのです。

> （2）下線部の意味に最も近いものを選びなさい。　　　　　［慶應大］（長文）
>
> Veganism is a diet based on respect for the natural world, and all the

creatures living in it. Vegans (pronounced vee-guns) <u>eschew</u> all foods
and products derived from animals. In other words, they don't eat
meat, chicken, or fish.

1. attack   2. avoid   3. criticize   4. deplore

　eschewもやはり受験用の単語集にはまず載っていない難単語ですが、この
設問ではダイレクトにその意味が問われています。vegan（完全な菜食主義者）
は日本語にもなっているので意味がわかると思います。彼らがall foods and
products derived from animals（動物由来のあらゆる食べ物や製品）をどうする
かと考えれば、もちろん「避ける」のだろうと容易に想像でき、avoidという正
解を選択できます。これは「文脈で判断」が可能な例です。

　しかし、残念ながらこれほど推測が容易な問題ばかりが出題されるわけでは
ありません。

---

(3) 下線部の意味に最も近いものを選びなさい。　　　[関西学院大]（長文）

By the 1920s it was thought that no corner of the earth fit for human
occupation had remained unexplored. New Guinea, the world's
second largest island, was no exception. The European missionaries,
settlers, and administrators clung to its coastal lowlands, convinced
that no one could live in the <u>treacherous</u> mountain range that ran in
a solid line down the middle of the island.

a. distant   b. icy   c. dangerous   d. massive

　下線部のtreacherousもやはり相当な難単語ですが、文脈から意味を判断で
きるでしょうか。「その島の真ん中を一本線で通っているtreacherousな山脈地
帯に誰も住むことができないと確信し」というのが前後の文脈です。これだけ
だと、山脈がmassive（バカでかい）でもdangerous（危険）でもicy（凍っている）
でもdistant（遠く離れた）でも意味が通りそうです。「住むことができない」とい
うところからmassiveとdistantを省いても、dangerousとicyのどちらかを選
ぶ決定打となる情報はありません。treacherousという単語を知らないと、自
信を持って解答できないのです。

この例も、たまたま難しい問題が1つあっただけでしょ？と思う方もいるかもしれないので、さらに難単語の問題を2つほど挙げてみましょう。

---

(4) 下線部の意味に最も近いものを選びなさい。　　　　　[同志社大]（長文）

Virtually every epoch of human civilization includes references to flight. From the winged gods of ancient Egypt, to the Greek legend of Icarus and a score of other myths, themes of flight occur again and again. There were undoubtedly <u>sporadic</u> attempts to achieve human flight, probably in imitation of birds. The first credible mention of such efforts appeared in Roger Bacon's *Secrets of Art and Nature*, written in 1250, in which he referred to an "ornithopter" (a flying machine with wings) contrived by an acquaintance.

1. continuous　　2. occasional　　3. regular　　4. frequent

---

(5) 下線部の意味に最も近いものを選びなさい。　　　　　[同志社大]（長文）

Though Einstein was not a professional philosopher, the subject was comfortable ground for him. His true teachers had never been physicists but other European philosophers such as Spinoza and Kant, whose work he studied <u>fervently</u> while cutting his physics classes, along with the philosophical works of Mach and Poincaré.

1 steadily　　2 eagerly　　3 widely　　4 privately

いかがでしょうか。下線部の単語が初見であれば、自信を持って答えるのは難しいと感じる人が多いのではないでしょうか。

▶ 消去法にも限界がある

本文中の難単語と意味が近い単語や表現を選ばせる問題のほかに、難単語を空所に入れる問題も出題されています。

---

(6) 空所を埋めるのに最も適切なものを選びなさい。　　　　　[慶應大]（長文）

Who becomes lonely? We all do. Almost everyone experiences intense

---

loneliness at some time or another, and in one study roughly 26 percent of a large sample reported feeling "very lonely within the past few weeks." We often think of loneliness as more (1. casual 2. rampant 3. formal) in elderly rather than younger populations, but research casts doubt on this and actually shows that loneliness is higher in high school students than in the elderly.

casual、formal は受験生なら知っているはずの基本単語ですが、rampant は難単語ですね。これは「〔良くないものが〕はびこって、蔓延して」という意味の形容詞です。この問題の正解は rampant ですが、「casual も formal もあまり当てはまらないから、知らない単語だけど消去法で rampant だろう」という思考過程で答えを選ぶのはかなり勇気がいるのではないでしょうか。「もしかしたら、casual や formal に自分の知らない意味があるのかもしれない」と考えてもおかしくないですね。

(7) 空所を埋めるのに最も適切なものを選びなさい。　　　　[慶應大]（長文）
While we busy ourselves greening our personal lives, fossil fuel corporations are rendering these efforts (1. impertinent 2. irrelevant 3. inaccessible).

この問題の正解は irrelevant で、これは本書で言うところの難単語ではありません。ですが、多くの単語集で第一義になっている「無関係の」という意味だけ覚えていると、この文は「頑張ってエコな生活をしているけれど、化石燃料を扱う会社はこうした努力を無関係にする」という日本語になってしまいます。そして「これでは違和感があるので、知らない単語だけど正解は impertinent かもしれない」と考えてしまうかもしれません。impertinent が「生意気な、ずうずうしい」という意味だと知っていれば、明らかにここには合わないので、この間違いは避けられたはずです。このような問題では、「とりあえず消去法」というわけにもいかないのです（なお、make [render] ... efforts irrelevant は「……な努力を無意味なものにする」という意味のよくある表現です）。

▶ **選択肢が全部難単語！**

　ここまでは長文の中での難単語の出題を紹介してきましたが、入試では短文の中で難単語が問われることもあります。

---

(8) 下線部の意味に最も近いものを選びなさい。　　　　　　[青山学院大]（短文）

Tornadoes that hit last year were an absolute <u>catastrophe</u>.

① cascade　　　② calamity　　　③ catapult　　　④ category

　下線部は catastrophe（大災害）という基本語ですが、選択肢のほうは④の category（カテゴリー、範疇）以外はどれも受験用の単語集ではほとんど見ない難単語です。④はすぐに除外できるので①〜③のどれかを選ぶことになりますが、3つとも知らなければ、この問題はただのロシアンルーレットになる可能性が高いですね。

　1つの設問でこんなに難単語ばかりが並ぶなんて、大学入試史上この1問だけだと思いたいですよね。ですが、受験生の皆さん、現実を直視しましょう。

---

(9) 下線部の意味に最も近いものを選びなさい。　　　　　　[上智大]（長文）

Securing those innovations will be <u>crucial</u> to achieving a zero-carbon future. However, that should not be an excuse for delaying the action that must be taken now.

(a) gregarious　　　(b) pivotal　　　(c) dire　　　(d) banal

　下線部の crucial（決定的に重要な）は基本的な形容詞ですが、選択肢はどれも相当な難単語です。この問題自体はもちろん極端な例かもしれませんが、1つの設問の選択肢に複数の難単語が含まれるようなケースは難関大の入試ではいくらでもある、という現実はしっかりと意識しておいたほうがよいでしょう。

▶ **難単語攻略の秘策は？**

　さて、こうした難単語の問題に対応するための秘策があります。この「はじめに」をここまで読んできた皆さんには、**特別に**それをお教えしましょう。それは、

「こうした難単語を知っていること」

です。「何をバカなことを言っているのか」と思った人もいるかもしれませんが、これが真実です。語彙の問題のほとんどは「知っていれば解ける、知らなければ解けない」のです。文脈から推測することの重要性を否定はしませんが、推測や消去法では太刀打ちできない問題が多数出題されているのはすでに見てきた通りです。

　また、単語の意味を最初から知っていれば「文脈から推測する」という余計なストレスや時間がかからない分、よりスムーズに英文読解ができます。つまりは、「語彙力があること」はすべてにおいてプラスなのです。考えることは大切ですが、語学においては考えなくてもわかることの方がはるかに重要です。

　一般的には「ある程度単語を覚えたらあとは文脈判断」と言われることが多いですが、英語で周りと差をつけたければ**「極限まで覚える」**方が強いのです。もちろん、どんなに覚えて試験に臨んでも、知らない単語や表現の1つ2つはどうしても出てくることがあるでしょう。ですが、それができる限り少ない方がよいのは明らかです。単語や熟語を覚えないことの言い訳として「文脈判断」という言葉を使うことからは一刻も早く卒業して、「極限まで覚えたけど、どうしても知らない単語が出てきてしまったときの最後の手段が文脈判断」という思考にシフトチェンジしていくことが、受験における英語で周囲よりも優位に立つ近道なのです。

　とはいえ、どんな単語を覚えればいいのかがわかりません、という人は多いでしょう。辞書を片っ端から読むのはもちろん非現実的です。受験用の一般的な単語集は、ここで紹介したような難単語をカバーしてくれません。「長文を読んで知らない単語を書き出して覚える」のは、筆者自身も積極的に勧める良い学習法ですが、どうしても触れる長文によって覚えられる単語が変わってきてしまいます。

　大学入試問題に登場する「難単語」という強敵を克服するのに、何かいい方法はないものか──そんな悩みを解決するために誕生したのが本書『大学入試 無敵の難単語 PINNACLE 420』です。大学入試問題に登場する難単語420語を厳選し、それぞれに詳しい解説をつけました。別冊の問題集があり、また比較的短期間で1周し終えることができるので、受験勉強の単語の仕上げに最適です。

　本書に取り組んだ後で、もう一度ここの問題に取り組んでみてください。きっと今までとは違った世界が見えるはずです！

本書の特長

　以下に、本書の語彙の選定や解説の執筆をするにあたり、われわれ執筆陣が特に注意し、力を入れた点をご紹介していきます。

1 大学入試で問われる難単語を厳選しています

　本書では、大学入試問題によく登場する難単語、特に設問でもその知識が問われる語を中心に精選しました。

---

(10) 下線部の意味に最も近いものを選びなさい。　　　[早稲田大]（長文）

Some robotics experts at Japanese universities and institutions fear that Japan's expectations toward robots are simply too high and that robots should not be seen as a panacea for all that ails Japanese society.

a. a benefit　　　b. an edge　　　c. a strategy

d. a method　　　e. an elixir

---

(11) 適切なものを選びなさい。　　　[慶應大]（長文）

As tempting as it may be to see a new "ethics office" as the (1. placebo　2. panacea　3. pacifier) for a company's problems, ethics executives realized that they could not keep up with the demands for support from across the company, no matter how big their new department grew.

　この2問にはともにpanacea（万能の解決策）という単語が出てきます。(10)ではその類義語であるan elixir（万能薬、特効薬）が正解、(11)ではpanaceaが正解です。このように、複数の大学、複数の出題形式で問われるような語を本書には積極的に取り入れました。一般的な単語集は「完璧に覚える」ことを目的に

取り組むものが多いと思いますが、本書は「実際の入試問題に登場する難単語」がどういうものかを概観する目的でも使っていただけます。覚えるに越したことはないですが、覚えていなくても、ある程度意識して目にしたことがあるだけでも、全然違います。

2 入試の出典になりやすい媒体を意識しています

われわれ3名の執筆者が日ごろ英語に触れる中で、「入試に限らずよく出てくる単語」という観点からも単語を選んでいます。特に、入試問題の出典になりやすい英字新聞、英字雑誌でよく見るものは優先して採用しました。

3 フレーズを多く紹介しています

解説では、その単語を含む「よく使われるフレーズ」を多く紹介しています。単語を覚えるにあたっては、意味を知っているだけでなく、具体的にどのような単語と組み合わせて、どのような文脈で使われることが多いか、といった情報があったほうが有益なことがあります。また、日本語訳だけではイメージがわきにくい単語も、ともに使われる単語を知ることでニュアンスを把握できることがあります。

---

(12) 下線部の意味に最も近いものを選びなさい。　　　　[早稲田大] (長文)

Lustig says the report <u>underscores</u> the importance of making time for family and friends.

(a) emphasizes　　(b) examines　　(c) underestimates　　(d) yields

---

(13) Which one of the following is synonymous with the phrase "ushered in"?　　　　[慶應大] (長文)

Textiles went on to become a profitable sideline for the Dutch, but it was the British East India Company that really <u>ushered in</u> the new cotton era.

1 distinguished　　2 appreciated　　3 introduced　　4 refined

---

(12)のunderscore（強調する）は、underscore the importance of X（Xの重要性を強調する）というフレーズで使うことが非常に多いのです。同じく(13)のusherも、この問題のようにusher in a new era（新時代の幕開けとなる）という

フレーズが頻出です。特に後者のusherは、usher単体の意味を考えるよりも、このフレーズ単位でそのまま覚えておく方がはるかに有益でしょう。解説では、このようなよくある言い回しをできる限り多く紹介しています。

4 同じ語や関連語が繰り返し登場します

同じ単語が繰り返し何度も登場するようになっています。単語の覚え方にはさまざまな方法がありますが、共通して言えるのは「同じ単語に何度も繰り返し出会うこと」、つまり「出くわす頻度を高めること」が大切だということです。それを踏まえ、本書では同じ語や関連語が繰り返し登場するようになっており、確認しやすいように参照先を示すなどの工夫をしています。

5 単語集兼問題集として使えます

本書は、単語集でありながら、問題集も兼ねています。別冊の問題集を解くことで、ただ単語のリストを眺めるよりも定着度が高くなることが期待できます。また、時間がない人は、問題を先に解いて、間違ったものだけ解説を読む、といった使い方もできます。

6 14日で1周でき、入試直前まで繰り返し使えます

本書は、1日30語、14日で全420語を学習できるようになっています。一般的な単語集を1冊学習し終えてから入試本番までの間に、複数回繰り返して学習できるボリュームです。入試までの貴重な時間を有効に使って学習を進めることができます。

　著者一同、本書が、受験生の皆さんがPINNACLE(頂点)を目指す一助となることを願っています。

2023年10月
著者一同

※各問題の答え
(2) 2　(3) c　(4) 2　(5) 2　(6) 2　(7) 2　(8) ②　(9) (b)　(10) e　(11) 2　(12) (a)　(13) 3

本書の使い方

学習の進め方

本書は、1 Day につき30語、全14 Days で合計420語を学習できるよう構成されています。別冊の問題集と本冊の単語集を併せて使い、知識の定着度を高めつつ効率よく学習できるようになっています。

チェックボックス
覚えた単語にチェックを入れるなど、学習の進捗管理に自由に使ってください。

見出し語番号
別冊の問題番号と一致しています。索引でも見出し語番号で単語を捜すことができます。

見出し語
発音記号がついています。

問題文と日本語訳
別冊の問題集に掲載している問題文とその日本語訳。問題文中の青い文字は見出し語、マーカー部分は下の「ここにも注目！」で解説している単語や表現です。

併せて覚えたい！
見出し語と意味や用法が関連しており、まとめて覚えておくとよい単語をリストアップしています。

ここにも注目！
問題文中の、見出し語以外の重要語句について解説しています。

---

005 ☐ ☐ ☐ ☐

fervent
/fə́:rvənt/   形 熱心な、熱烈

The revolutionary leader's impassioned gained him a following of fervent admire better future.

熱のこもった演説と社会正義を求める訴えにより、
たちは彼のことを、より良い未来への希望の光と見

> passionate（熱心な）に近い意味を持つ語。
> 「強く切実な思いや信念がある」というニ
> する文脈でよく用いられる。例 a fervent
> supporter 熱心な支持者

📖 **併せて覚えたい！**

ardent
/ɑ́:rdnt/   形 熱烈な、熱心な；燃えるような

avid
/ǽvid/   形 熱心な、熱狂的な、熱烈な → 00

zealous
/zéləs/   形 熱心な、熱狂的な ▶ 道徳的あるに熱心であることを描写する語。例擁護者

✏️ **ここにも注目！**

① impassioned は「熱のこもった、熱烈な」を
② beacon は「信号灯、信号ブイ；航路標識、

📖 しっかり学習したい方

①本冊の単語集を1 Day分しっかり学習する

②別冊の問題集で、学習したDayの問題を解く

③別冊で答え合わせをして、正解できなかった単語を本冊でもう一度確認する

⏱ 効率よく学習したい方

①別冊の問題集で1 Day分の問題を解く

②別冊で答え合わせをして、正解できなかった単語だけ本冊でしっかり学習する

品詞・語義

見出し語の品詞と意味。本書で学習する皆さんに必要な語義を優先して掲載しているため、一般的な辞書や単語集とは語義の順番や内容が異なることがあります。

▶ formal

、熱の入った

speeches and calls for social justice
who saw him as a beacon of hope for a

の革命指導者は熱烈な崇拝者集団を獲得。支持者
していた

通例、名詞を前から修飾する形で用いる。
アンスがあり、「希望」や「祈り」に関連
hristian 熱心なキリスト教徒／ a fervent

要注意マーク

発音(pronunciation)やアクセント(stress)、単語のフォーマルさの度合いなどをアイコンで表しています。

◖ pronunciation …… 発音注意

＞ stress …………… アクセント注意

▶ formal …………… フォーマルな語

♦ ややformal …… ややフォーマルな語

👕 informal ………… くだけた口語表現

情熱的な →008

参照マーク

数字は見出し語番号です。同じ単語のより詳しい解説が書かれている場所を示しています。参照先が派生語や関連語の場合は、 →318 : pinnacle のような表示になります。

見出し語の解説

見出し語の詳しい意味や用法を解説しているほか、よく使われるフレーズや例文を紹介しています。一部の単語には、語源など、単語を覚えるのに役立つ情報も付記しています。

は宗教的
a zealous

意味する

水路標識；指針となるもの[人]」という意味の

音声ダウンロード

本書の問題文の音声は、スマートフォンやパソコンに無料でダウンロードできます。学習上、音声は必須ではありませんが、文字を読むだけでなく、耳からも情報をインプットすることで、学習内容をよりしっかりと定着させることができます。

テキストを見ながら音声を聞くだけでなく、ディクテーション（音声の書き取り）やリピーティング、シャドーイングなどのトレーニングにも適しています。

音声のダウンロード方法

スマートフォンの場合
アルクの英語学習アプリ「booco」を使うと、本書の音声をさまざまな方法で聞くことができます。
①以下の URL・QR コードから booco をインストールする
②booco を起動し、ホーム画面下の「さがす」をタップして商品コード「7023038」で本書を検索して、音声ファイルをダウンロードする。

https://booco.page.link/4zHd

パソコンの場合
パソコンに音声をダウンロードし、音声プレーヤーで聞くことができます。
①以下の URL にアクセスする。
②商品コード「7023038」で本書を検索し、音声ファイルをダウンロードする。

アルク「ダウンロードセンター」
https://portal-dlc.alc.co.jp/

※ booco およびダウンロードセンターのサービス内容は、予告なく変更する場合があります。あらかじめご了承ください。

◀» 0 1

DAY 1は、難語といえども英語に触れていれば
当たり前のように出てくる単語ばかり。
確実にマスターしよう。
（山崎）

001

corroborate
/kərábərèit/

動 (意見・陳述・理論など)を確証する、裏付ける、補強する、強固なものにする

The witness's **testimony** was corroborated by the physical evidence collected at the crime scene, which provided **irrefutable** proof of the suspect's guilt.

目撃者の証言は、犯罪現場で収集された物的証拠によって裏付けられ、容疑者が有罪であることを示す動かぬ証拠がもたらされた。

confirm(〜を確証する)の類語で、問題文のように受け身で用いることが多い。「意見・主張・理論を証拠などが裏付ける」ことを意味し、学術的な理論や法的な訴えに関する文脈でよく用いられる。**corroborating evidence**(裏付けとなる証拠)はよく用いられるフレーズなので覚えておきたい。-roborate の部分が robust(強靭な、強力な)と同様の意味であることを知っていれば、cor-(徹底的に)roborate(強くする)で覚えやすいだろう。-ate には「〜させる」という意味がある。

📖 併せて覚えたい！

testify
/téstəfài/

動 ❶証拠となる、示す ▸ testify to X で「X の証拠となる、X を示す」という意味になる。例 The data testifies to the discrimination against female applicants. そのデータは女性の志願者に対する差別の証拠となるものである。

verify
/vérəfài/

動 〜を検証する；〜を証明[実証/立証]する ▸「あることが正しいということを確かめる」という意味合いを持つ。verify his identity(彼の身元を確かめる)、verify the accuracy(正確であることを立証する)のように使う。名詞は verification で「検証、実証、確認」の意味。the verification of X(X の検証)、the verification system(認証システム)で覚えておこう。

confirm
/kənfə́:rm/

動 〜を確かめる、立証する ▸ confirm the hypothesis(仮説が正しいことを裏付ける)のように使う。ただし、verify とは違い、こちらは His remark confirmed our suspicion.(彼の発言で私たちの疑いは一層強くなった)のように「(疑念や決意など)を強固にする」の意味もあるので気をつけよう。

substantiate
/səbstǽnʃièit/

動 〜を実証する、裏付ける →002

validate
/vǽlədèit/

動 ❶(理論・主張などの正当性)を立証する、実証する；(考えなど)を妥当と認める；(文書・契約など)を法的に認可する、有効とする 例 experiments to validate a theory 理論を立証するための実験

✏️ ここにも注目！

① **testimony** は「(法廷での宣誓)証言、供述[陳述]書」を意味する名詞。

② **irrefutable** は「論駁[反駁]不可能な、(誤りだと)反証できない」を意味する形容詞。

→344：refute

002 ☐ ☐ ☐ ☐

substantiate
/səbstǽnʃièit/

動〔情報・証拠を出すことで〕～を実証する、裏付ける

Unfortunately, however, hard empirical evidence to substantiate these claims is still lacking, casting a doubt on their reliability.
だが残念ながら、こうした主張を実証する確たる経験的証拠は依然として欠けており、その信憑性には疑念が投げかけられている。

claim（主張）を目的語にとることが多い。**further substantiate X**（Xをさらに裏付ける）、**evidence to substantiate X**（Xを裏付ける証拠）の形でよく用いられる。語源的には substance（実質）と関連しており、「実質を与える」が本来の意味である。形容詞の substantial（相当な）も同様。

📖 併せて覚えたい！

unsubstantiated
/ʌnsəbstǽnʃièitid/

形 根拠のない、根も葉もない 例 based on unsubstantiated allegations 証拠のない主張に基づいて

corroborate
/kərábərèit/
bear out X

動 ～を確証する、裏付ける、補強する、強固なものにする →001

Xが正しいということを示す 例 not borne out by the evidence 証拠によって裏付けられていない ※ borne は bear の過去分詞形の一つ。

003 ☐ ☐ ☐ ☐

hype
/háip/

名 誇大広告、誇大宣伝、派手な宣伝 動 誇大宣伝する

These days, more and more companies are going to any length to sell their products and services, so we have to learn how to see through the hype.
最近では自社の製品やサービスを売りつけるためなら手段を選ばない会社が増えているので、私たちは誇大広告を見抜けるようにならないといけない。

「実際は大したことがないのに」という否定的な含みがある。**despite the media hype**（メディアでの誇大宣伝にもかかわらず）はよく使われる言い回し。「〔実際の価値にそぐわない〕過度な熱狂（をする人々）」という意味で用いられることもある。

📖 併せて覚えたい！

publicity
/pʌblísəti/

名 名前が知られること、評判：広告、広告業界 例 get publicity 評判を集める／avoid publicity 人目を避ける／a publicity campaign 宣伝活動

hyperbole
/haipə́ːrbəli/

名 誇張　例 with a touch of hyperbole 少々誇張して　▶ exaggeration とほぼ同義。発音に注意。

✏️ **ここにも注目！**

① **go to any length(s) to do** は「～するためなら手段を選ばない、どんなことでもする」という意味の熟語表現。**go to great lengths to do** とも言う。

② **see through** は多様な意味がある熟語。問題文のように **see through X** の場合は「X（うそ・本質）を見抜く、見透かす」の意味。X が「人」の場合は「X（人）の狙い［企み］に気づく」という意味になる。**see X through** の場合は「X を最後までやり抜く」の意味になる。**see a project through**（プロジェクトを最後までやり切る）などのように使う。さらに、**see X through Y** の形では、主語に「お金」などがくる形で「X に Y を切り抜けさせる」の意味になる。例えば、**The scholarship saw her through college.**（奨学金のおかげで彼女は大学を卒業することができた）などのように使う。

004　□ □ □ □　📩 formal

unwavering
/ʌnwéivəriŋ/

形 〔態度・信念などが〕揺るぎない、断固とした

The leader's **unwavering** commitment to her principles and beliefs inspired her followers to act with <u>resolute</u> determination.
自らの信条や信念に対するリーダーの揺るぎない献身は、その支持者たちを奮い立たせて断固たる決意で行動させた。

名詞を修飾する形でも補語でも用いるが、前者の場合は support（支持）、commitment（献身）、faith（信念、信頼）、belief（信念）、confidence（自信）、loyalty（忠誠心）などが続くことが多い。なお、関連語として waver（〔心、信念が〕揺らぐ、〔決意・集中力が〕弱まる）という動詞はあるが、unwaver という動詞は存在しないので注意。例 unwavering support 揺るがぬ支持

📖 **併せて覚えたい！**

staunch
/stɔ́ːntʃ/

形 忠実な、信頼に足る；頑強な、揺るがない →151

steadfast
/stédfæst/

形 忠実な、忠誠を尽くす；揺るぎない、断固とした　▶ 文語的な表現。　例 a steadfast friend 忠実な友／ be steadfast in one's opposition 断固として反対している
→151：staunch

✏️ ここにも注目！

resolute は「決意の固い、断固とした」を意味する形容詞。be resolute in one's decision to do（〜する決意が固い）、resolute opposition（断固たる反対）のように使う。

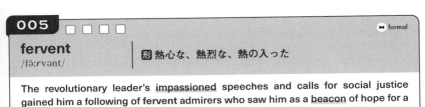

005 ☐ ☐ ☐ ☐　　　　　　　　　　🔊 formal

fervent
/fə́ːrvənt/　　　形 熱心な、熱烈な、熱の入った

The revolutionary leader's impassioned speeches and calls for social justice gained him a following of fervent admirers who saw him as a beacon of hope for a better future.

熱のこもった演説と社会正義を求める訴えにより、その革命指導者は熱烈な崇拝者集団を獲得。支持者たちは彼のことを、より良い未来への希望の光と見なしていた。

passionate（熱心な）に近い意味を持つ語。通例、名詞を前から修飾する形で用いる。「強く切実な思いや信念がある」というニュアンスがあり、「希望」や「祈り」に関連する文脈でよく用いられる。例 a fervent Christian 熱心なキリスト教徒／a fervent supporter 熱心な支持者

📖 併せて覚えたい！

ardent
/áːrdnt/　　形 熱烈な、熱心な；燃えるような、情熱的な →008

avid
/ǽvid/　　形 熱心な、熱狂的な、熱烈な →006

zealous
/zéləs/　　形 熱心な、熱狂的な ▶ 道徳的あるいは宗教的信念に基づき職業・政治・宗教活動などに熱心であることを描写する語。例 a zealous advocate for abortion rights 人工中絶権の熱心な擁護者

✏️ ここにも注目！

① impassioned は「熱のこもった、熱烈な」を意味する形容詞。
② beacon は「信号灯、信号ブイ；航路標識、水路標識；指針となるもの［人］」という意味の名詞。

006

□ □ □ □

avid
/ǽvid/

形 熱心な、熱狂的な、熱烈な

Being an **avid** reader, she possessed an extensive vocabulary and a deep appreciation for literature, which was reflected in her **cogent** and insightful analyses of texts.

熱心な読書家であった彼女は、語彙が豊富な上に文学にも造詣が深く、それは文章に対する彼女の説得力と洞察力のある分析に反映されていた。

keen や enthusiastic に意味が近く、読書や趣味などに熱意があることを描写する語。名詞を前から修飾する形で用いるのが一般的で、後ろに続く名詞は reader が最も多く、そのほか fan、collector、golfer、gardener、photographer、gamer など「何かに趣味として取り組む人」を表す語が入る。**be avid for X**（X を渇望している、熱心に求めている）という用法もある。**例** He was avid for wealth and fame. 彼は富と名声を渇望していた。

📖 併せて覚えたい！

zealous
/zéləs/
　　　　形 熱心な、熱狂的な →005

ardent
/ɑ́ːrdnt/
　　　　形 熱烈な、熱心な；燃えるような、情熱的な →008

fervent
/fə́ːrvənt/
　　　　形 熱心な、熱烈な、熱の入った →005

voracious
/vɔːréiʃəs/
　　　　形 貪欲な、飽くなき、貪るような、熱心な →110

✏ ここにも注目！

cogent は「説得力のある、納得のいく、的を射た」を意味する形容詞。convincing（説得力のある）と意味が近い。

007

frenzy
/frénzi/

名 熱狂、狂乱、逆上、取り乱した状態[時]

The stock market saw a **frenzy** of buying and selling as investors reacted to the latest economic news and rumors, causing a surge in volatility.
株式市場では、最新の経済関連のニュースや噂に投資家が反応することで激しい売り買いが生じ、変動率が急上昇した。

「興奮した振る舞い、活発な活動や感情(がある状態)」を表し、しばしば「抑制が効かず暴力的」という意味合いを含む。**frenzy of X**(Xで取り乱した状態)や**in a frenzy**(取り乱して)というフレーズでよく使われる。派生語 frenzied 形 熱狂した、取り乱した；凶暴な 例 a frenzied attack 猛攻撃／frenzied fans 熱狂したファンたち

併せて覚えたい！

frantic
/fræntik/

形 取り乱した、平静を失った；大急ぎの、てんてこまいの；必死の ▶ frantic with X で「X(恐怖・心配など)で取り乱した」という意味になる。「大急ぎの」という意味では hectic とほぼ同義。→412 例 She was frantic with worry. 彼女は不安で取り乱していた。／Things have been frantic recently. 最近はいろいろと慌ただしい。

ここにも注目！

volatility は「不安定さ、変わりやすいこと、気まぐれ；〔株価・為替などの〕変動性、ボラティリティー」を意味する名詞。→072：volatile

008

ardent
/á:rdnt/

形 ①熱烈な、熱心な ②〔感情が〕燃えるような、情熱的な

Despite criticism from his detractors, the politician had a legion of **ardent** supporters who never wavered in their loyalty.
彼のことを非難する人からの批判の声もあったが、その政治家には忠誠心が決して揺るがない熱烈な支持者が無数にいた。

passionate(情熱的な)、enthusiastic(熱狂的な)に近く、eager よりも意味が強い語。通例、名詞を前から修飾する形で用いられる。supporter(支持者)、fan、advocate(提唱者、擁護者)、defender(擁護者)、admirer(ファン)、proponent(支持者)といった名詞とともに用いられることが多い。

📖 併せて覚えたい！

fervent
/fə́:rvənt/ 　形 熱心な、熱烈な、熱の入った (→005)

avid
/ǽvid/ 　形 熱心な、熱狂的な、熱烈な (→006)

✏️ ここにも注目！

① **detractor** は「非難[中傷]する人」を意味する名詞。主に報道英語で用いられる。

② **a legion of X / legions of X** で「無数の X、X の大群」という意味。

③ **waver** は「心が揺らぐ」という意味の動詞。**waver in X** で「X(信頼・忠誠心)の点で心が揺らぐ」のような使い方がある。 (→004：unwavering)

009 ☐☐☐☐

ephemeral
/ifémərəl/ 　形 つかの間の、短命の、短期間の

The photographer, renowned for her ability to capture the ephemeral beauty of nature, skillfully underlineimmortalizedunderline the ever-changing shape of the waves in the album.
自然のはかない美しさを捉えることに定評のあるその写真家は、絶えず形を変える波の姿をアルバムに収めて巧みに不滅のものとした。

「生き物の一生が短いこと」を表すほか、**(an) ephemeral pleasure**(つかの間の快楽)のように「調子の良い状態が長続きしないこと」を表すのにも用いられる。**the ephemeral nature of X**(X が短命であること)などはよく見る言い回し。春の早い時期に短期間だけ花を咲かせ、春の終わりか初夏には姿を消して、残りの1年を地下に養分を蓄えて過ごす草花を総称して **spring ephemerals** と呼ぶ(この **ephemerals** は名詞)。短命の花を咲かせるこの植物の名称に関連付けておくと、単語も記憶に残りやすいかもしれない。 関連語 **ephemera** 名〔カゲロウなどの〕短命の虫

📖 併せて覚えたい！

fleeting
/flí:tiŋ/ 　形 つかの間の、はかない、とても短い (→010)

evanescent
/èvənésnt/ 　形〔印象などが〕はかなく消えゆく　例 evanescent beauty of the flower その花のはかない美しさ／Speech is evanescent. 話し言葉は消えゆくものだ。

✏️ ここにも注目！

① immortalize は「〜を不滅にする、〜に永遠性を与える」という意味の動詞。「はかないものを芸術作品にすることで不滅の存在にする」という意味合いがある。

② ever-changing は「常に変化している、変幻自在の」という意味の形容詞。ever- は「常に」という意味で、後ろに形容詞を続けて複合語を作る。an ever-present threat（絶えず存在する脅威）、an ever-increasing number of X（ますます数の増える X）、an ever-growing list of X（どんどん増えていく X）などを覚えておこう。

010 ☐ ☐ ☐ ☐

fleeting
/flíːtɪŋ/

形 つかの間の、はかない、とても短い

Though fleeting, the civilization reached the acme of its prosperity after the war.
戦争後、つかの間ではあったが、その文明は最盛期に達した。

for a fleeting moment（一瞬）、catch [have/get] a fleeting glimpse of X（X をほんの一瞬だけ見る）、a fleeting thought（ふとした考え）、fleeting fame（一時的な名声）、a fleeting smile（一瞬のほほ笑み）、a fleeting memory（はかない思い出）のような表現でよく用いられる。only a fleeting X の形で「一時的な X にすぎない」という言い方も頻出。

📖 併せて覚えたい！

short-lived
/ʃɔ́ːrtláivd/

形 はかない、短命の、長続きしない　例 His popularity was short-lived. 彼の人気は短命に終わった。

evanescent
/èvənésnt/

形 消えゆく、はかない、つかの間の（→009）

✏️ ここにも注目！

acme は「絶頂、最高点、最盛期」の意味の名詞。the acme of dribbling（ドリブル技術の極致、珠玉のドリブルテクニック）のように the acme of X（X の絶頂、最盛期）の形で使うことが多い。日本語の「アクメ」は「性的絶頂」の意味で使われるが、英語の acme は普通この意味では使わない。なお、漫画などでは Acme Corporation が架空の企業名として使用されることがある。（→318：pinnacle）

011

☐ ☐ ☐ ☐

upheaval
/ʌ̀phíːvəl/

名 大変動、激動、変動

The political **upheaval** in the country led to widespread protests and riots.
国内の政治的大変動で広範にわたる抗議運動や暴動が起きた。

問題、混乱、懸念を引き起こすような大規模な変化を言う。**a political upheaval**(政治的大変動)のほか、**an economic upheaval**(経済的大変動)、**a social upheaval**(社会的大変動)などがよく用いられる。語の構成は **up-**(上に)**heave**(持ち上がる)**-al**(こと)で、「地面が盛り上がり安定が崩れる」というイメージを持つとよい。

📖 **併せて覚えたい!**

mayhem
/méihem/

名〔暴力行為や衝撃的な出来事による〕大混乱、パニック　**例** create mayhem 大混乱を引き起こす／The terrorists caused mayhem in the mall. そのテロリストたちは、ショッピングモールに大混乱を引き起こした。

convulsion
/kənvʌ́lʃən/

名 大変動、激動；痙攣、発作　**例** the social convulsion 社会変動／a sudden convulsion 突然の痙攣

✏️ **ここにも注目!**

riot は「暴動、騒動、一揆」という意味の名詞。**a student riot**(学生暴動)、**cause a riot**(騒動を引き起こす)、**put down a riot**(暴動を鎮圧する)などのように使われる。

012

☐ ☐ ☐ ☐

prowess
/práuis/

名 優れた能力、技量、腕前

Strangely enough, the mathematician was revered for his athletic **prowess**, not for his extensive knowledge of math.
妙なことに、その数学者は、数学的知識の豊富さではなく運動神経が優れていることで尊敬されていた。

重要表現は **military prowess**(卓越した軍事力)、**athletic [intellectual] prowess**(優れた運動能力[知性])、**technical prowess**(専門技能)、**technological prowess**(技術力)など。前置詞は **in** や **as** などが後に続き、**prowess in battle**(戦闘での能力)や **prowess as a singer**(歌手としての技量)のように使う。

📖 **併せて覚えたい！**

proficiency
/prəfíʃənsi/

名 熟達、堪能さ、技量　例 proficiency in English / English proficiency 英語力、英語の堪能さ

✏️ **ここにも注目！**

revere は「〜を崇める、ものすごく尊敬する」という意味の動詞。→059

013　☐☐☐☐　🏷 informal

savvy
/sǽvi/

形 心得た、実用的な知識や理解を持った、物知りな
名 実用的な知識、精通、能力

Her adeptness in dealing with complex business problems made her a savvy and competent leader in the industry.
複雑なビジネス問題への対応に長けていることで、彼女は同業界に精通した有能なリーダーとなった。

「ある分野に関する深い知識や理解を有し、それを実践に活かすことができる能力がある状態」を表す。**media-savvy**（メディア通の）、**tech-savvy**（テクノロジー通の）、**computer-savvy**（コンピューター通の）のように複合語で用いることも多い。例 She fixed the problem with her exceptional expertise and tech-savvy approach. 彼女は卓越した専門知識と技術に精通したアプローチでその問題を解決した。
問題文のように名詞を前から修飾する形で用いるほか、補語として用いることもあり、その場合は **savvy with X** で「X を心得て、X に精通して」という意味になる。例 She is very savvy with cutting-edge technology. 彼女は最新のテクノロジーにとても精通している。
名詞としても同様の意味で用いる。例 He is known for his political savvy. 彼はその政治的手腕で知られている。

📖 **併せて覚えたい！**

astute
/əstjúːt/

形 機敏な、鋭い；抜け目のない（≒ shrewd）、ずるい（≒ clever）　▶「素早く状況を察知し、自分に有利になるよう行動できる技能を持った」という意味合い。例 an astute entrepreneur 敏腕な起業家 →079：shrewd

✏️ **ここにも注目！**

adeptness は「熟練（度の高さ）、熟達（度の高さ）」を意味する名詞。

014

□ □ □ □

dire
/dáiər/

形 恐ろしいほどの、ひどい、差し迫った、極度の

The orphanage was in dire need of donations.
その孤児院は寄付を切実に必要としていた。

問題文の in dire need of X は「X を切実に必要として、X が絶望的に不足して」という意味の定番表現。そのほか in dire straits（苦境に立って）や、形容詞の修飾がついた in dire financial [economic] straits（金銭的に[経済的に]ひどく困窮して）が重要。dire warnings / a dire threat（大変なことになるという恐ろしい警告）もよく用いられるので、できれば覚えておきたい。

✏ ここにも注目！

orphanage は「孤児院」の意味の名詞。「孤児」は orphan と言う。

015

□ □ □ □

wane
/wéin/

動 ①〔力・効力・感情などが〕衰える、徐々に弱まる
②〔月が〕欠ける ③〔期間などが〕終わりに近づく

The hype around the new product began to wane as customers realized its limited capabilities and subpar quality, leading to negative reviews and a decline in sales.
その新製品をめぐる派手な宣伝は、性能が限定的で品質も大したことがないと消費者が気づくにつれて陰りを見せ始め、否定的なレビューと売り上げの減少につながった。

①の意味の場合、主語には popularity、confidence、influence、enthusiasm などが頻出。また、gradually、quickly、rapidly、soon といった副詞で修飾されることが多い。問題文の begin to wane（衰退し始める）も頻出。②の場合の対義語は wax（〔月が〕満ちる）で、wax and wane（〔月が〕満ち欠けする；〔物事が〕盛衰する）という文語的なイディオムは押さえておきたい。**例** The popularity of the trend tends to wax and wane over time. トレンドの人気は、時の経過とともに盛衰する傾向がある。

📖 併せて覚えたい！

abate
/əbéit/

動 〜を減ずる、弱める；（気持ちなど）を静める；（価格など）を引き下げる　**例** abate the emission of greenhouse gases 温室効果ガスの排出量を減ずる／Her anger slowly abated. 彼女の怒りは徐々に収まっていった。

ebb
/éb/

動〔力・人気・感情などが〕衰退する、減退する、衰える ▶「潮が引くようになくなっていく」というニュアンスの語。**例** Her motivation began to ebb away. 彼女の意欲は徐々に下がり始めた。

peter out

次第に少なく[小さく／弱く]なってなくなる：尽きる **例** Their attack petered out into nothing. 彼らの攻撃は徐々に弱まっていき、ついには完全に止んでしまった。

dwindle
/dwíndl/

動 だんだん減少する：衰える、弱まる；～を減少させる →231

✎ ここにも注目！

① hype は「誇大広告、誇大宣伝、派手な宣伝、過度な熱狂」を意味する名詞。 →003
② subpar は「標準以下の、期待された水準に満たない」を意味する形容詞。

016 ☐☐☐☐

underscore
/ʌ̀ndərskɔ́ːr/

動 ①～を強調する、目立たせる ②～に下線を引く

The new findings dramatically **underscore** the growing importance of embracing inclusive practices in all aspects of our society.
社会のあらゆる面で誰も排除しないための取り組みの重要性が高まっているということを、新たな研究結果は劇的なまでに強調している。

目的語には名詞句だけでなく **underscore how pressing this matter is**（この問題がいかに緊急を要するかを強調している）のように疑問詞節も用いられる。問題文の **underscore the importance** のほか、**underscore the fact that SV**（～という事実を強調する）、**underscore the need [for X] to do**（[Xが]～する必要性を強調する）などの形がよく見られる。②の意味では **underscore the phrase**（そのフレーズに下線を引く）のように使われる。underline という動詞と全く同じように使われるので一緒に覚えておこう。「下線を引いて目立たせる」→「強調する」というイメージを持っておくと理解しやすいだろう。

✎ ここにも注目！

① embrace は「～を抱擁する」だけでなく「～を採用する、受け入れる」という意味もあり、問題文では後者の用法で用いられる。
② inclusive は「包括的な、すべてを含んだ」という意味の形容詞。「多様性を認めてあらゆる人を受け入れる」という意味合いがあり、近年注目を集めている概念である。日本語では「包括的、包摂的」と訳すほか、片仮名でそのまま「インクルーシブ」と表記することもある。

017 ▢▢▢▢

downright
/dáunràit/

副 全く、この上なく、完全に　形 全くの、完全な、この上ない

Some people who are suffering from obesity recklessly attempt to fast for as long as they can, but this kind of habit is downright dangerous.

肥満に悩む人の中には、無謀にも限界まで長く断食しようとする人がいるが、このような習慣は極めて危険である。

副詞として使われる方がはるかに多い。否定的なニュアンスを持つ語と結びつきやすく、副詞の場合はdangerous、scary、nasty(不快な)、ugly、rude、hostile(敵対的な)、silly、stupid、wrong、angryといった形容詞、形容詞の場合はevil、lie、hostility(敵対心)、shame、anger、stupidityといった名詞とともに用いられる。X, if not downright Y(X、いやひょっとすると完全にY／全くのYではないにせよX)は定番のフレーズ。

📖 併せて覚えたい！

outright
/áutràit/

形 完全な、徹底した、あからさまな　副 完全に、きっぱりと、包み隠さずに　例 an outright ban 全面禁止／an outright lie 全くのうそ　▸副詞の場合はreject X outright(Xをきっぱりと拒絶する)のように使う。

sheer
/ʃíər/

形 全くの、純粋で混じりけのない　例 by sheer luck 全くの運で、ただ運がよく／the sheer number of cars そんなにも多くの車　▸number、amount、size、volumeなどの数値的な概念を表す名詞を修飾すると、「数値が大きい」ことを表す。suchに近い意味と考えればよい。

utter
/ʌ́tər/

形 完全な、全くの　例 utter nonsense 全く馬鹿げたこと／an utter failure 完全な失敗

✏️ ここにも注目！

① obesityは「肥満」の意味の名詞で、obeseが「肥満の」という意味の形容詞。太った様子を表す形容詞は数多くあり、最低限overweight(太りすぎの)、plump([子どもや女性が]ふっくらした、ぽっちゃりした)、stout(太っていてがっしりとした)、chubby([子どもが]ぽっちゃりとしてかわいらしい)あたりは、細かいニュアンスはさておき、おおよそ「太っている」ことを表す語であることくらいはわかるようにしておきたい。

② recklesslyは「無謀にも、向こう見ずに、何も考えずに」という意味の副詞。形容詞reckless(向こう見ずな、無謀な)とともに覚えておきたい。

018 □ □ □ □

meticulous
/mətíkjuləs/

形 細心の注意を払った、とても注意深い、几帳面な、細部にこだわる

The laptop computer he purchased secondhand last week arrived today in pristine condition, and he unpacked it with meticulous care.

先週、中古で買ったノートパソコンが今日新品同様の状態で届いたので、彼は細心の注意を払って包みから出した。

人の性格や行為、計画などの形容に用いる。問題文の **with meticulous care**(細心の注意を払って)は頻出フレーズ。そのほか **in meticulous detail**(異常に細かく、細部まで綿密に)、**be meticulous about X**(X に異様なほどこだわる)などもよく使われる。 派生語 **meticulously** 副 細部までこだわって ▶ detailed、crafted などの形容詞を修飾したり、「几帳面に」の意味で plan、research、document といった動詞を修飾したりする。

📖 **併せて覚えたい!**

fastidious
/fæstídiəs/

形 〔見た目や仕事などに〕細心の注意を払う、うるさい、注意深い、潔癖な ▶ fastidious about X(X についてうるさい、X のこだわりが強い)のように使う。

✏️ **ここにも注目!**

① pristine は「全く汚れていない、新鮮な、新品(同様)の、本来の、元の状態のままで」という意味の形容詞で、必ず名詞を修飾して使われる。問題文の in pristine condition は頻出の表現で、「実際には新しくないが、新品同様の状態で」というニュアンスを持つ。「元の状態のままで」という意味では intact(損なわれていない、完全で)がやや近い語なので一緒に覚えておきたい。intact は pristine とは逆に名詞を修飾せずに補語として使うのが原則。pristine が「汚されていない、だめになっていない」という意味合いなのに対し、intact は「欠損や不足がない」という complete のニュアンスで使われることが多い。

② unpack は「〜を取り出す；開ける」という意味の動詞。unpack X は「〔箱や包みから〕X を取り出す」の意味で使われる場合と、unpack a suitcase(スーツケースを開ける、スーツケースの中のものを出す)のように「X を開ける、X から中身を出す」の意味で使われる場合とがある。今回の問題文では unpacked it は unpacked it from its packaging / unpacked the package(その包みを開ける)と言い換えてもほぼ同じ意味になる。

unscrupulous
/ʌ̀nskrúːpjuləs/

形 不誠実な、無節操な、あくどい、悪徳な、破廉恥な、良心の欠けた

The **unscrupulous** businessman was finally arrested for the **illegitimate** use of customer information.

顧客情報を違法に利用したとしてその悪徳ビジネスマンはついに逮捕された。

「目的のためなら手段を選ばない」と非難する含みがあり、people、dealer、agent、employer、politician など「人」を表す名詞を修飾することが多い。dishonest にやや意味が近いと考えておくとよい。un- のない scrupulous は「几帳面な、誠実な」という意味の形容詞で、be scrupulous about one's choice of words（慎重に言葉を選ぶ）といった使い方ができる。■派生語■ **unscrupulously** 副 不誠実に、恥知らずに ▶ use X unscrupulously（X を濫用する）、act unscrupulously（不誠実な振る舞いをする）というフレーズも覚えておこう。

✎ ここにも注目！

illegitimate は「違法の、非合法の、法律にかなっていない」という意味の形容詞で、illegal の難しい語と考えてよい。そのほか、his illegitimate child（彼の非嫡出子〔法律上の婚姻関係にない男女の間に生まれた子〕）のような場合は「非嫡出の」、an illegitimate use of the word（その語の正用法から外れる使い方）のような場合は「正用法ではない、誤用の」という意味でも使われる。ざっくりと「本来そうであるはずの形ではない」という意味合いで捉えておくとよい。 →044：illicit

frivolous
/frívələs/

形 ①取るに足らない、くだらない、どうでもいい ②〔人や人の行動が〕軽率な、軽薄な、不適切な

During the meeting, everyone was irritated at a rookie's **frivolous** questions that were taking up time required to discuss more **pressing** matters.

会議の間、新人のくだらない質問に皆イライラしていた。もっと急を要する問題を話し合うための貴重な時間を奪っていたからだ。

「人」について使う場合は「軽率な、軽薄な」の意味になるが、人の「行動や振る舞い」について言う場合は「くだらない」の意味にも「軽薄な、不適切な」の意味にもなり得る。よって問題文の frivolous questions は、文脈に応じて「取るに足らない質問」

と「軽率な質問」のどちらの意味にもなり得る。**comment**、**suggestion**、**lawsuit**（訴訟）、**things**といった名詞と組み合わせて用いられることが多い。

📖 **併せて覚えたい！**

trifling
/tráifliŋ/

形 ささいな、取るに足らない ▸ trivial とほぼ同義。→249：trival 例 trifling differences ささいな違い

▸ 名詞の trifle は「取るに足らないこと、つまらないこと」の意味で、waste time on trifles（つまらないことに時間を無駄にする）のように使う。なお、a trifle で a little と同じように副詞的に「少し」の意味を表すこともある。例えば a trifle disappointed（ちょっとがっかりした）などのように使う。

✏️ **ここにも注目！**

pressing は「差し迫った、緊急の」という意味の形容詞で、urgent（緊急の）と意味が近い。a pressing need（差し迫った必要性）、pressing problems（差し迫った問題）で覚えておこう。

021

flimsy
/flímzi/

形 ①〔証拠・言い訳が〕説得力のない ②〔布地などが〕薄っぺらい ③〔構造物が〕壊れやすい

The book puts forth a superficially plausible argument, yet upon closer examination, it becomes readily apparent that it is based on what seems to be rather **flimsy** evidence.
その本は表面的にはもっともな議論を提示しているが、詳しく吟味すると、かなりいい加減と思える証拠に基づいていることが直ちに明らかになる。

問題文の flimsy evidence はよく使われるフレーズで、そのほかには a flimsy excuse [pretext]（見え透いた言い訳）も頻出。こうした「説得力の弱さ」を表現するほか、物理的な意味では服をはじめとして、ドア、机、家、壁といった人工物の耐久性がないことも表す。また、文脈によっては「協定などがすぐに破綻しそう」という状況を表すこともある。

📖 **併せて覚えたい！**

feeble
/fíːbl/

形 〔人などが〕弱った；〔言い訳などが〕説得力のない、効果のない 例 a feeble excuse 下手な言い訳／a feeble attempt 効果のない試み

✏️ ここにも注目！

plausible は「もっともらしい、理にかなっている、納得のいく」という意味の形容詞。**a plausible explanation [argument]**(理にかなった説明[主張])で覚えておきたい。「口のうまい」という否定的な意味合いでも使われる。

---

022 ☐ ☐ ☐ ☐　　　　　　　　ⓘ やや formal

remorse
/rimɔ́ːrs/

名 ①激しい後悔、悔恨 ②良心の呵責、自責の念

Despite the passage of time, he still felt deep remorse for his past actions, his acute sense of contrition showing no signs of waning.

時が流れても、彼はいまだに過去の行為に対する深い自責の念を抱いていて、彼の激しい悔恨の念は弱まる気配がなかった。

▶ **remorse for X**(Xに対する激しい後悔、自責の念)、**remorse over X**(Xに関する激しい後悔、自責の念)の形で使うことができる。囫 **remorse over the incident** その事件に関する悔恨[自責の念]

これら以外では、**remorse at one's decision**(自身の決断に対する悔恨)、**without remorse**(悔いることなく、情け容赦なく)、**a pang [stab] of remorse**(良心の呵責)といったフレーズを押さえておきたい。アメリカ英語には **buyer's remorse**(購入者の後悔)という言葉があり、これは「不要な物を買ったり良くない買い物をしたりした後で悔やむこと」を表す。

📖 併せて覚えたい！

repentance
/ripéntəns/

名 ❶後悔、悔恨；悔い改め ▶ **repentance for X** で「X(非行・戒律違反など)に対する後悔」という意味になる。動詞は **repent**(後悔する)。囫 **feel repentance for one's sins** 自らの罪に対して悔恨の念を抱く

penance
/pénəns/

名 懺悔、償い；しなくてはならないこと、苦行 ▶ 通例単数形で用いる。宗教色の強い語。囫 **penance for your sins** 罪の償い[懺悔]

✏️ ここにも注目！

contrition は「後悔、悔恨、自責の念、反省」という意味の名詞。フォーマルな語で、**express contrition**(自責の念を表す)、**contrition for X**(Xに対する後悔)のような使い方がある。

023

☐ ☐ ☐ ☐

mitigate
/mítəgèit/

動 ～を和らげる、緩和する；～を軽減する

The government has <u>implemented</u> various measures to **mitigate** the economic impact of the destructive earthquake on the hardest-hit towns.
その壊滅的な地震で最も激しい被害を受けた被災地の経済的影響を軽減するため、政府はさまざまな政策を実施してきた。

目的語としてeffect、impact、risk、damage、problem、climate change、pain といった名詞が続くことが多い。 例 mitigate the risks リスクを軽減する

📖 併せて覚えたい！

alleviate /əlí:vièit/	動 ❶(問題や苦痛など)を軽減する、緩和する 例 alleviate back pain 背中の痛みを和らげる／alleviate poverty 貧困を軽減する／alleviate concerns 懸念[不安]を軽減する／alleviate suffering 苦痛を和らげる／alleviate tension 緊張を緩和する
ease /í:z/	動 (苦痛など)を和らげる、〔苦痛などが〕和らぐ 例 ease pain(痛みを和らげる)／ease pressure(プレッシャーを軽くする)／ease tension(緊張を緩和する)／The pain gradually eased. 痛みが徐々に和らいだ。
allay /əléi/	動 (不安や疑念など)を鎮める、和らげる 例 allay fears 恐怖心を鎮める／allay concerns 懸念を和らげる／allay suspicion 疑念を和らげる
assuage /əswéidʒ/	動 (不安など)を鎮める、和らげる 例 assuage fears 恐怖心を和らげる／assuage concerns 懸念を軽減する／assuage guilt 罪悪感を和らげる／assuage one's grief 悲しみを鎮める
palliative /pǽlièitiv/	形 一時的に緩和する；弁解の 名 緩和剤、緩和療法；弁解、一時しのぎ →024
placate /pléikeit/	動 (人)をなだめる、(人)の怒りを和らげる 例 placate conservatives 保守派の人をなだめる
soothe /sú:ð/	動 (人)をなだめる、落ち着かせる、(感情や痛みなど)を和らげる 例 soothe my baby 赤ちゃんをなだめる／soothe a sore throat 喉の痛みを和らげる
appease /əpí:z/	動 〔要求を満たすことなどによって〕(人)をなだめる、(人)に譲歩する；(苦痛など)を和らげる 例 appease critics 批判する人たちをなだめる
pacify /pǽsəfài/	動 ～をなだめる、(人)の怒りを和らげる；(国など)に平和を取り戻す；(相手)を武力で鎮圧する、抑えつける 例 pacify my baby 赤ちゃんをなだめる
mollify /mάləfài/	動 (人)をなだめる、(感情など)を和らげる 例 mollify my irritated daughter イライラしている娘をなだめる

implement は「(政策など)を実行する、実施する」という意味の動詞。carry out X / carry X out(X を実行する)とほぼ同義。目的語には measures、policy、law、legislation、plan、proposal、scheme、strategy などがくることが多い。implementation は「実行、実施」の意味の名詞。

024 ☐ ☐ ☐ ☐ 🔊 formal

palliative
/pǽlièitiv/

形〔病気・苦痛を〕一時的に緩和する　名〔病気・苦痛の〕緩和剤、緩和療法

In the face of a <u>life-limiting</u> illness, palliative care serves as a <u>beacon</u> of hope, striving to <u>alleviate</u> discomfort and bring <u>solace</u>.
治癒不可能な病気に直面したとき、緩和ケアは希望の光としての役割を担い、不快感を和らげ慰めをもたらすよう努める。

形容詞で用いることが多く、通例、名詞を前から修飾する形で用いる。palliative care (緩和ケア)というフレーズが圧倒的に多い。そのほかには medicine(医療)、intervention(治療)、service、radiotherapy(放射線治療)、chemotherapy(化学療法)などの名詞がともに用いられる。また、**palliative care** というフレーズ全体が後ろの名詞を修飾し、palliative care specialist(緩和ケアの専門家)、palliative care doctor(緩和ケアの医師)のように用いることも多い。「緩和剤、緩和療法」という意味の名詞としても用いる。**派生語** palliate 動 (痛み・不安)を和らげる、緩和する **例** It is the duty of health care professionals to palliate the symptoms of their patients and alleviate their suffering. 患者の症状を緩和し、苦痛を和らげることが医療従事者の義務である。

✏️ ここにも注目！

① life-limiting は「治癒不可能で早期の死をもたらす可能性の高い」といった意味を持つ形容詞。
② beacon は「信号灯、信号ブイ；航路標識、水路標識；指針となるもの[人]」を意味する名詞。→005
③ alleviate は「(苦痛など)を緩和する；(問題・困難など)を軽減する」を意味する動詞。→023
④ solace は「慰め、安堵、癒やし」という意味の名詞。フォーマルな語。

025 ☐ ☐ ☐ ☐

quell
/kwél/

動 ①(暴動など)を鎮める、鎮圧する ②(不安など)を抑える、和らげる、取り除く

The governor tried hard to **quell** the social <u>unrest</u> by <u>fostering</u> dialogue in the community.
知事は、地域住民間の対話を促すことで社会不安を和らげようと懸命に努力した。

①の意味では、**riot**(暴動)、**disturbance**(暴動)、**uprising**(暴動、反乱)などが目的語となることが多い。②の意味では**unrest**、**anger**、**fear**、**concern**(懸念、不安)などが目的語としてよく登場する。**controversy**(論争)が目的語の場合はどちらの意味にもとれるため、文脈を見て判断する必要がある。

✏️ ここにも注目！
① **unrest**は「不安」という意味の名詞。**social unrest**(社会不安)、**political unrest**(政治不安)というフレーズでよく使われる。
② **foster**は「〜を促進する、育む；(実子でない子)を〔実子のように〕育てる」という意味の動詞。形容詞として使うこともあり、**foster care**(里子の養育)、**foster parents**(里親)、**a foster child**(里子)といったフレーズで使われる。

026 ☐ ☐ ☐ ☐

laudable
/lɔ́ːdəbl/

形 称賛に値する、褒められるべき、立派な、感心できる

The scientist's effort to provide as much <u>empirical</u> evidence as possible is **laudable**.
実験に基づく証拠をできるだけ多く提供しようというその科学者の努力は、称賛に値する。

laud(〜を称賛する)+ **-able**(するに値する)から成る語。**goal**、**effort**、**aim**、**purpose**など、目的・目標に関係する名詞を修飾することが多い。

📖 併せて覚えたい！

applaud
/əplɔ́ːd/

動 〜に拍手する、〜を称賛する 例 **applaud the president** 大統領に拍手を送る／**applaud him for his courage** 彼の勇気を称賛する

commendable
/kəméndəbl/

形 称賛に値する、立派な 例 **a commendable job** 立派な仕事

praiseworthy
/préizwə̀ːrði/

形 称賛に値する 例 a praiseworthy attempt 称賛に値する試み

✏️ ここにも注目！

empirical は「経験に基づく、実験に基づく」という意味の形容詞。theoretical（理論上の）や hypothetical（仮説上の）と意味的に対立する語だと考えておくとよい。empirical evidence（経験的証拠）のほかに、empirical data（経験的データ）、empirical research、an empirical study（実証研究）などもよく使われるフレーズ。

027 ⬜⬜⬜⬜

crystallize
/krístəlàiz/

動 ①結晶（化）する ②具体化する、明確になる

After years of research and experimentation, the scientist's ideas on quantum physics began to **crystallize**, eventually <u>culminating</u> in a <u>groundbreaking</u> theory that revolutionized the field.

長年にわたる研究と実験の末に、量子物理学に関するその科学者の考えは明確な形をとり始め、最終的には同分野に革命をもたらす革新的な理論に達した。

crystal（結晶）+ -ize（〜化する）という成り立ちで、本来は「液体が結晶化する」という①の意味だが、②の「計画などが明確になる、具体化する」という拡張的な意味でも用いる。②の方がはるかに頻出。他動詞で用いることもあるが、自動詞で用いる方が多い。

📖 併せて覚えたい！

materialize
/mətíəriəlàiz/

動〔期待・予想通りに〕実現する、現実に起こる；〜を実現する、具体化する ▶前者の意味では通例否定文、あるいは否定的な語句を含む文で用いる。例 The project failed to materialize. その事業は実現に至らなかった。／We successfully materialized our set goals. われわれは設定した目標の実現に成功した

✏️ ここにも注目！

① culminate は「頂点に達する、全盛を極める」という意味の動詞。 →317
② groundbreaking は「革新的な、草分け的な」を意味する形容詞。「作品、研究」などを表す名詞を伴うことが多い。publish a groundbreaking work（画期的な作品を発表する）のように使う。

028

☐ ☐ ☐ ☐

((pronunciation

vehement
/víːəmənt/

形 痛烈な、強烈な、熱烈な、激しい

The leader of the pacifist movement expressed her **vehement** opposition to the war and called for an immediate cease-fire.
平和運動の指導者はその戦争への激しい反対を表明し、即時停戦を求めた。

問題文の opposition のほか、protest（抗議）、denial、objection、critic といった名詞とも結びつきが強い。前置詞 in を伴って **be vehement in one's opposition**（激しく反対する）のように用いることもある。派生語 **vehemently** 副 激しく、猛烈に ► deny、oppose、disagree などとともに使われることが多い。

📖 **併せて覚えたい！**

vigorous
/víɡərəs/

形 精力的な、激しい ► a vigorous opponent of X（X の精力的な反対者）のように使う。

✏️ **ここにも注目！**

① pacifist は「平和主義者、反戦論者」という意味の名詞、または「平和主義の、反戦の」という意味の形容詞として使われる。

② cease-fire は「停戦、休戦」の意味の名詞。a temporary cease-fire（一時休戦）、a cease-fire agreement（停戦協定）で覚えておこう。なお、難しい語だが truce も「休戦、停戦（協定）」という意味の名詞。call [declare] a truce（休戦を宣言する）で覚えよう。

029

☐ ☐ ☐ ☐

► formal

construe
/kənstrúː/

動 ①〜を解釈する ②〜を分析する ③〜を逐語訳する

The politician's controversial remarks were widely **construed** as an affront to religious minorities, prompting a wave of public criticism and demands for an apology.
その政治家の物議をかもす発言は、宗教的少数派に対する侮辱と広く解釈され、世論の批判と謝罪要求が押し寄せることとなった。

interpret（〜を解釈する）に意味が近い語。通常受け身で用いる。問題文のように **be construed as X**（X と解釈される）という形で用いることが多いが、**be construed 副詞**（〜（のように）に解釈される）などの形でも用いる。例 Her message was wrongly construed. 彼女のメッセージは誤って解釈された。

parse 動 〜の構文解析をする　例 parse a complicated sentence 複雑な文の構文解析をする
/páːrs/

✏️ ここにも注目！

① affront は「〔公然の・故意の〕侮辱；無礼な行為［態度］」を意味する名詞でフォーマルな語。
② a wave of X は「X（好ましくないこと）の急増、頻発；X（感情など）の急激な高まり」を意味する。

---

030 □□□□

🏷 formal

exacerbate 　｜ 動 ①〜をさらに悪化させる ②（人）を激怒させる
/igzǽsərbèit/

The natural disaster **exacerbated** the already dire humanitarian crisis in the region, prompting a coordinated international response to provide critical aid and relief.
その自然災害は、すでに悲惨な状況にあった同地域の人道的危機をさらに悪化させ、緊急で必要な救援物資等を提供するために世界各国が足並みをそろえて対応することを促す結果となった。

①の意味で使うのが基本。物事がすでに悪い状態にある前提で、それを「さらに悪化させる」という意味の語。目的語となるのは tension（対立的な状況）、conflict（対立、衝突）、relationship、situation、crisis、poverty といった「良くない関係や状況」を表す語、condition、symptom、disease、injury、pain、stress といった「状態、体調、怪我、痛み」を表す語、problem、issue、matter、challenge、climate change、water shortage(s)、air pollution などの「問題」を表す語が多い。an already difficult situation（すでに難しい状況）や already serious problems（すでに深刻な問題）のように already 形容詞 名詞 というフレーズが目的語になることも多い。派生語 exacerbation 名 悪化、激化　例 the exacerbation of regional tensions 地域の緊張状態の悪化

📖 併せて覚えたい！

aggravate 動 （病気・悪い状況、不快な状況）を悪化させる、より深刻にする　例 Their violent
/ǽgrəvèit/　reactions will only aggravate the situation. 彼らの暴力的な反応は、状況を悪化させるだけだ。

✏️ ここにも注目！

dire は「恐ろしいほどの、ひどい、差し迫った、極度の」という意味の形容詞。 →014

DAY

2

🔊 02

The words listed in this book sow the seeds of intellectual growth.
本書に掲載されている単語は、知的成長へと導くものである。
(駒橋)

031

☐ ☐ ☐ ☐

((pronunciation > stress ▪ formal

superfluous
/supə́ːrfluəs/

形 ①余分な、過剰の ②不要な、無駄な

The lengthy discourse contained many **superfluous** details, obscuring the central theme and rendering the communication ineffective.

その長々とした談話の中には、余分な詳細が多く含まれており、結果として中心のテーマが不明瞭になり、情報伝達の効果も薄れてしまっていた。

super- が「超過、過度、余分」、-flu- が「流れる（**flow**）」を表すことから、意味は比較的容易に連想できる。 派生語 **superfluity** 名 余分、過剰 ▸ a superfluity of X（過多の［十二分の］X）のように使う。

📖 併せて覚えたい！

gratuitous
/grətjúːətəs/

形 いわれのない、根拠のない、不必要な；無料の、無償の ▸「いわれのない、根拠のない」の意味で使うときには非難するニュアンスを含む。 例 I have received gratuitous insults. 私はいわれのない侮辱を受けてきた。／ gratuitous violence in the movie その映画に出てくる、描く必要のない暴力シーン

✏️ ここにも注目！

obscure は、動詞では「〜を覆い隠す；〜をわかりにくくする」、形容詞では「不明瞭な；無名の；人目につかない」という意味を表す。

032

☐ ☐ ☐ ☐

ⓘ やや formal

redundant
/ridʌ́ndənt/

形 ①〔労働者が〕過剰な、余剰人員の、整理解雇された ②▪ 余分な、〔表現が〕冗長な

The company's decision to downsize for the sake of fiscal prudence resulted in a large number of **redundant** employees.

財政的慎重さのために規模を縮小するという同社の決断の結果、数多くの従業員が整理解雇された。

一般的には「余分な、〔表現が〕冗長な、不要な」という意味で用いる。 例 There are quite a few phrases in your essay that are redundant. あなたのエッセイには冗長なフレーズがかなり多くある。／ Foreign language skills might become redundant in the near future. 外国語の技能は近い将来、不要なものになるかもしれない。

一方でビジネスの文脈では、問題文のように「〔労働者が〕余剰人員の、過剰な；整理解雇された」という意味でも用いる。これはイギリス英語の用法とされるが、グロー

バル化している現代では、「他の地域で使われる可能性もなくはない」程度に捉えておく方がよいだろう。また、**be made redundant**(整理解雇される)という形でもよく用いる。**例** My father was made redundant from his job. 父は仕事をリストラされた。

派生語 redundancy **名** 余剰、冗長さ；解雇(者)

📖 併せて覚えたい！

superfluous　**形** 余分な、過剰の；不必要な、無駄な →031
/supə́:rfluəs/

✏️ ここにも注目！

① fiscal は「財政上の、会計の；国庫(収入)の」を意味する形容詞。fiscal year(〔民間企業の〕営業年度、〔政府や自治体の〕会計年度)、fiscal deficit(財政赤字)などを押さえておこう。
② prudence は「思慮分別、慎重さ、用心深さ、抜け目なさ」を意味するフォーマルな名詞。

033 □□□□

antidote　**名** ①解毒剤、治療薬 ②解決手段、対抗策
/ǽntidòut/

Music can provide a perfect **antidote** to a bad day, lifting your spirits and reducing stress.
うまくいかない日には音楽を聴くのが一番の解決策だったりする。気分を上げてくれるし、ストレスも軽減される。

用法としては **antidote to X**(Xの治療薬)の形が圧倒的に多いが、for や against が用いられることもある。修飾語として best や powerful がつくことが多い。本来の「解毒」から拡張して、問題文のように憂鬱などを和らげてくれるものとしての「運動、笑い、旅行」、社会的問題に対する「対抗手段(≒ countermeasure)」といった意味で用いられることも多い。**例** Online shopping can be a perfect antidote to your busy life. オンラインショッピングは日常の忙しさを完璧に和らげてくれることがある。anti- は「対抗、反対」を表す接頭辞で、antibiotic(抗生物質)や antipathy(反感)も重要語である。

panacea
/pæ̀nəsíːə/

名 万能薬、あらゆる問題の解決法、すべてに効く薬

The idea that giving students more homework will be a **panacea** for every academic problem is a complete **fallacy**.

より多くの宿題を生徒に出すことで学業に関する問題はすべて解決するというのは完全に誤った考えである。

本来の意味は「すべての病気を治す治療法」だが、実際には比喩的に「万能な解決策」という意味で用いられるのが一般的。**a panacea for X**(Xの解決策)の形で使う。特に **There is no panacea for X.**(Xを解決する万能薬などない)のように、その存在を否定する文脈で用いられることが多い。

📖 併せて覚えたい!

cure-all
/kjúərɔ̀ːl/

名 万能薬、万能な解決策　例 There is no cure-all for every financial problem. あらゆる財政問題への万能な解決策は存在しない。

elixir
/ilíksər/

名 万能薬、万能な解決策　例 an elixir for obesity 肥満の万能薬

✏️ ここにも注目!

fallacyは「完全に誤った考え、誤謬」という意味の名詞。「多くの人は正しいと誤解しているが、実際にはそうではない」というニュアンスがある。**It is a common fallacy that SV.**(〜というのはよくある誤解だ)、**It's a fallacy to think [say] that SV.**(〜と考える[言う]のは間違っている)は比較的よく使われる形。

035 □ □ □ □

posit
/pázit/

動 (何かの存在や正しさ)を仮定する、断定する

The hypothesis **posits** that there exists an infinite number of universes, which might seem somewhat counterintuitive.

その仮説は宇宙が無限に存在すると仮定しているが、この仮定はやや直観に反するものかもしれない。

「議論の土台として、あることが事実であると仮定すること」といった意味合いがある。問題文のようにthat節を目的語にとることが多い。目的語に名詞を用いる用法

は **posit the existence of X**（Xの存在を仮定する）で覚えておこう。

📖 併せて覚えたい！

postulate
/pástʃulèit/

動 〜を仮定する ▸ posit とほぼ同義。posit と同様 that 節も名詞も目的語にとれるが、that 節の方が高頻度。The theory postulates that SV（その理論は〜と仮定している）のように使う。

put forward X

X（案・考え）を提案する、示す ▸「検討すべき案を提案する」という意味合いになる。例 He put forward a possible solution to the problem. 彼はその問題について可能な解決策を提案した。

036 ☐ ☐ ☐ ☐

cripple
/krípl/

動 ①（組織・国・経済）に打撃を与える、損害を与える
②（人）を麻痺させる、（人）の身体を不自由にする

The **ongoing** conflict is **crippling** the country's economy to the point where it needs the **intervention** of other countries.
現在進行中の紛争は、同国の経済状況を悪化させており、もはや他国からの介入が必要なレベルに達している。

①の意味では能動も受け身も可能だが、②の意味では受け身が一般的。crippled は形容詞的に「〔身体・手足が〕麻痺した、〔身体・手足に〕障害のある」という意味になる。handicapped（障害のある）と同様現在では差別的な響きがあるとされるため、これらの代わりに disabled などを使うのが無難ではあるが、入試の長文に cripple が出てくる場合は「身体障害」の意味で用いられているケースが多い。
なお、deaf（耳が不自由な）や blind（目が不自由な）も差別用語として避けられるため、代わりに hearing [visually] impaired などが推奨される。ただし比喩は別扱いで、blind は「〔現状・事実などに〕気づいていない」の意味では頻出。deaf に関しては deafening という関連語も押さえておきたい。文字通り「音が異常にうるさい、耳をつんざくような」という意味で使われるだけでなく、a deafening silence（〔無反応による〕異常なほどの静けさ、黙殺）という一見矛盾するような表現（oxymoron）もあるので注意したい。

📖 併せて覚えたい！

paralyze
/pǽrəlàiz/

動（身体）を麻痺させる；（人など）を無力にする、機能しなくさせる 例 be paralyzed from the waist down 下半身が麻痺している

incapacitate
/ìnkəpǽsətèit/

動〔病気などが〕（人）から能力を奪う、（人）にできなくさせる 例 The disease incapacitated him from [for] work. 病気で彼は働くことができなくなった。

✏️ ここにも注目！

① ongoing は「現在継続中の、進行中の」という意味の形容詞で、investigation（調査）、war、research、effort、negotiation といった名詞を修飾することが多い。関連して oncoming（〔乗り物などが〕向かってくる）、incoming（新任の、後任の）、upcoming（間もなく起こる、公開間近の）、forthcoming（公開間近の）もセットで覚えておくとよい。

② intervention は「介入、仲裁、調停」という意味の名詞。動詞の intervene（仲裁する、介入する；邪魔に入る）と一緒に覚えておくとよい。さらに mediate（調停する）と mediation（調停）、arbitration（仲裁）→309 もセットで覚えておきたい。

---

037 ☐ ☐ ☐ ☐

torment
/tɔːrmént/

🔲 **動** (人)を悩ませる、苦しめる　**名** 苦痛(の種)、苦悩

University students were **tormented** by the irksome restrictions inflicted by COVID-19.

新型コロナによって余儀なくされた煩わしい制約に大学生は苦しめられた。

> 動詞の場合は受け身で使われることが多く、特に **be tormented by guilt [nightmares]**（罪悪感[悪夢]に苛まれる）というフレーズが頻出。「(子どもや動物)をからかって楽しむ、いじめる」という意味でも使われる。名詞は特に「精神的な苦しみ」を表し、**in torment**（苦しんでいる）というフレーズでよく用いられる。

✏️ ここにも注目！

① irksome は「うんざりする、嫌な」という意味の形容詞。

② inflict は「(打撃、傷など)を与える、負わせる；(罰など)を課す」という意味の動詞。inflict X on Y で「Yに X(打撃、損害、苦痛など)を与える、負わせる」という意味になる。Xには pain、punishment、harm、violence、damage、injury などが用いられる。

---

038 ☐ ☐ ☐ ☐

afflict
/əflíkt/

🔲 **動** 〔病気・災害などが〕(人・国など)を苦しめる、悩ます

The small island nation was **afflicted** by a catastrophic tsunami, causing widespread devastation and enormous loss of life.

その小さな島国は壊滅的な津波に見舞われ、結果、広範囲にわたる破滅的な被害が生じ、多くの人命が失われた。

be afflicted with [by] X（Xに苦しめられる）の形で用いられることが多い。Xには病気、障害、症状（cancer、depression、ADHD、fever）、幅広い問題（poverty、addiction、unemployment）、または甚大な災害（a catastrophic earthquake〈壊滅的な地震〉、a devastating flood〈破滅的な洪水〉）などが入ることが多い。また、afflictedを形容詞的に使う形も頻出。the afflicted（苦しんでいる人々）はthe 形容詞で「〜な人々」を集合的に表す用法。同じ意味でthose afflictedの形もよく用いられる。

📖 併せて覚えたい！

rack
/ræk/

動 〜を苦しめる、悩ます ▸ be racked by [with] Xで「Xにひどく苦しめられる、苦悩する」という意味。例 He is racked with pain [grief/guilt]. 彼は痛み[悲しみ／罪悪感]に苦しんでいる。

plague
/pléig/

動 〜を絶えず苦しめる、悩ます ▸ be plagued by [with] Xで「Xに絶えず［繰り返し］苦しめられる、苦悩する」という意味。例 The country has been plagued by recession. その国は不況に悩まされている。

beset
/bisét/

動 〔困難などが〕〜につきまとう；〜を取り囲む ▸ be beset by [with] Xで「Xに絶えず悩まされ（てい）る、つきまとわれ（てい）る」という意味。例 The basketball team was beset by injuries last season. そのバスケットボールチームは昨シーズン、選手の怪我に悩まされた。

torture
/tɔ́ːrtʃər/

動 （人）をひどく苦しめる、悩ます ▸ be tortured by [with] Xで「Xにひどく苦しめられる、悩まされる」という意味。例 He was tortured by a sense of defeat. 彼は敗北感に苛まれていた。

torment
/tɔ́ːrmént/

動 〜を悩ませる、苦しめる 名 苦痛、苦悩 → 037

✏️ ここにも注目！

① catastrophicは「大惨事の、悲惨な、壊滅的な」あるいは「とてもひどい」という意味の形容詞。

② devastationは「破壊の跡；破壊、壊滅（状態）」という意味の名詞。

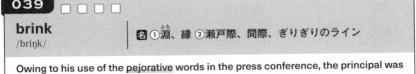

039 ☐ ☐ ☐ ☐

brink
/bríŋk/

名 ①淵、縁 ②瀬戸際、間際、ぎりぎりのライン

Owing to his use of the pejorative words in the press conference, the principal was on the brink of losing his job.
記者会見で軽蔑的な言葉を使ってしまったために、社長は仕事を失う瀬戸際に立たされていた。

on the brink of X(Xの間際[寸前]で、Xも時間の問題で、まさにXしそうで)の用法が基本で、これは on the verge [edge/point] of X とほぼ同義となる。Xには「望ましくない事態」を表す名詞や動名詞が入る。名詞の場合は war、extinction(絶滅)、collapse(崩壊)、death、disaster、bankruptcy(倒産)などが用いられることが多い。be poised [teetering] on the brink of X(Xの危機に瀕している、まさにXしそうである)という形はよく用いられるので覚えておこう。

✏️ ここにも注目！

pejorative は「軽蔑的な」という意味の形容詞。a pejorative word [term/phrase/tone](軽蔑的な言葉[口調])のように、「言葉」に関して使われることが多い。

040 □ □ □ □

culprit
/kálprit/

🔲 ①犯人 ②刑事被告人 ③[問題の]原因となる人[物]、元凶

The forensic investigation was thorough and meticulous, but the true culprit remained unidentified despite the various theories and hypotheses.
科学捜査は徹底的かつ綿密に行われ、さまざまな推測や仮説が浮上したものの、真犯人は特定されないままであった。

本来の意味は問題文にも登場する「事件の犯人」で、そこから拡張的に③の意味でも用いる。例 The main culprit of the low birth rate is the adverse financial conditions of the younger generation. 出生率が低いのは、若い世代の財政状況が厳しいことが主な原因だ。関連語 culpable 形 咎(とが)められるべき、非難に値する；有罪の 例 He was held culpable for what happened. 彼はその件の過失を問われた。

📖 併せて覚えたい！

felon
/félən/

🔲 重罪犯人 ▶ 法律用語。例 convicted felons 有罪判決を受けた重罪犯人

crook
/krúk/

🔲 ❶不誠実な奴；いかさま師、ペテン師；犯罪者 例 That dude is a real crook. あいつは本物のペテン師だ。

delinquent
/dilíŋkwənt/

🔲 ❶(未成年の)非行者；犯罪者 例 a juvenile delinquent 非行少年[少女]

✏️ ここにも注目！

① forensic は「犯罪科学の、科学捜査の；法廷(用)の」という意味の形容詞。a forensic pathologist (法医学者)、a forensic expert(犯罪科学の専門家)のように使う。

② meticulous は「細心の注意を払った、慎重な；念入りな、非常に綿密な」を意味する形容詞。 →018

041 ☐ ☐ ☐ ☐

haphazard
/hǽphǽzərd/

形 行き当たりばったりな、無計画の、でたらめの

These politicians have handled this issue in a somewhat haphazard fashion, which several analysts argue is an irretrievable mistake.

こうした政治家はこの問題に行き当たりばったり気味に対処しており、一部の論者の見解によると、これは取り返しのつかない過ちである。

▶ in a haphazard way [fashion/manner](行き当たりばったりに(≒ haphazardly))の形で使うことが多い。hap- が happen と同様「偶然」の意味を持つ。「計画ではなく偶然の」→「行き当たりばったりの」と考えると覚えやすい。 →284：mishap

📖 併せて覚えたい！

hazard
/hǽzərd/

名 危険(なもの)、事故原因；運　例 a health hazard / a hazard to health 健康に有害なもの／hazard lights ハザードランプ

hazardous
/hǽzərdəs/

形 有害な、害を及ぼす

indiscriminate
/ìndiskrímənət/

形 見境のない、手当たり次第の、思慮の足りない　例 indiscriminate killing 無差別殺人　▶ 副詞は indiscriminately(見境なく、手当たり次第に、無差別に)。

at random

無作為に、適当に、無計画に、でたらめに(≒ randomly)

✏ ここにも注目！

① handle は「～を扱う、対処する、処理する」という意味の動詞。文脈によっては「～をうまく扱う」というように暗に「対処に成功している」という意味合いを表すこともあるが、副詞を伴うとそれ以外の意味になることも多い。例えば handle X badly であれば「Xの扱いが下手だ」という意味になる。

② irretrievable は「取り返しのつかない、修復できない、償えない」という意味の形容詞。irreparable と意味が近い。難度の高い語だが、綴りに含まれる retrieve(～を取り戻す、挽回する、回収する)を知っていれば意味を理解しやすい。retrieve は retrieve freedom(自由を取り戻す)、retrieve a situation(良くない事態を修復する、良くない状況から挽回する)などのように使う。

042

□ □ □ □

impromptu
/imprámptju:/

形 即興の、即席の、準備なしの

Despite the lack of preparation and the spontaneity of the situation, the **impromptu** speech delivered by the orator was remarkably eloquent and well structured.

事前準備もなく、いきなりの状況だったにもかかわらず、その演説者が行った即興スピーチは驚くほど雄弁で、構成もしっかりしていた。

通例「公の場で情報提供をする機会」を描写する語で、**speech、lecture、meeting、press conference**（記者会見）といった語句とともに用いられることが多い。例 **an impromptu press conference** 緊急記者会見

prompt（即座の、迅速な；時間厳守の）と関連させると覚えやすいだろう。 →324

📖 併せて覚えたい！

improvise
/ímprəvàiz/

動 （曲・歌・詩・陳述など）を即興で作る[演奏する]；（物・食事など）を即席で作る、間に合わせで作る 例 **We improvised a tune together.** 私たちは一緒に即興で曲を作った。／ **an improvised speech** 即興のスピーチ

✏️ ここにも注目！

orator は「演説者、講演者；雄弁家」を意味するフォーマルな名詞。

043

□ □ □ □

pivotal
/pívətl/

形 〔役割などが〕中核をなす、〔瞬間などが〕重要な、決定的な

Wittgenstein's investigation of language stands as a seminal philosophical work that played a **pivotal** role in revolutionizing our understanding of the subject.

ウィトゲンシュタインによる言語の探究は画期的な哲学的成果として位置付けられており、その主題に対するわれわれの理解にもたらされた革命に重要な役割を果たした。

「軸」を表す名詞 **pivot** の派生語で、「他のものの動きを左右する」という発想から「中核的な、重要な」という意味につながった。**pivotal to X**（X にとって重要な）のほか、**a pivotal role**（中心的な役割）、**a pivotal point**（決定的な点）、**a pivotal figure**（中心人物）といった表現が頻出。人や物が果たす役割が何かの成功の鍵を握るような文脈で使うことが多い。**a pivotal moment [event] in the history of X**（X の歴史において重要な時点[出来事]）もよく使われる。

📖 併せて覚えたい！

axis
/ǽksis/ | 名 軸 例 The x-axis in Figure 2 represents time. 図2のx軸は時間を表している。

✏️ ここにも注目！

seminal は「先駆的な、重要で影響力のある」という意味の形容詞。 → 179

044

elicit
/ilísit/ | 動 〔苦労して人から〕（情報・反応）を引き出す

In order to elicit verbal responses from preschool children, the experiment used pictures as stimuli.
未就学児から言葉の反応を引き出すため、その実験は刺激として絵を利用した。

elicit X from Y の形で「YからXを引き出す」の意味で用いられる。X には response、answer、sympathy（共感）、information、support などが入ることが多い。

📖 併せて覚えたい！

illicit
/ilísit/ | 形 違法な ▶ elicit と同音なので注意。なお、適法であることを表す licit という語も一応あるにはあるが、ほぼ使われない。例 the use of illicit drugs 違法薬物の使用

✏️ ここにも注目！

① preschool は「就学前の」、preschooler は「幼稚園児」という意味で、どちらも心理学の実験内容を説明する文章で頻出。

② stimulus は「刺激、激励」という意味の名詞。stimulus – stimuli のように、-us で終わる名詞は複数形の語尾が -i になることがある。例として alumnus – alumni（卒業生）、locus – loci（場所）、focus – foci（焦点）、fungus – fungi（菌類）、nucleus – nuclei（核）などがある。ただし fetus（胎児）や virus（ウイルス）のように語尾が -us でも複数形が -i にならない語も多い。

045

☐ ☐ ☐ ☐

■ formal

propensity
/prəpénsəti/

名 〔生まれつきの〕傾向、性向、性癖

Despite her immense talent and intelligence, her unfortunate **propensity** for **procrastination** has **impeded** her success in various endeavors.

とてつもなく優れた才能と知性を持ちながらも、彼女には残念なことに物事を先延ばしにしてしまう癖があり、それがさまざまな取り組みにおける成功の妨げとなってきた。

「生まれつきの好ましくない傾向」を表す語。問題文のように **a propensity for X**（Xの傾向、癖）の形で用いることが多いが、**a propensity to [toward] X** の形で用いることもある。そのほか **a propensity for V-ing / a propensity to do** で「〜する傾向、癖」の用法も頻出。例 **his propensity for lying** うそをつく彼の癖／**a propensity to make excuses** 言い訳をする癖

📖 併せて覚えたい！

penchant
/péntʃənt/

名 偏重、強い好み、偏愛 →136

predilection
/prèdəlékʃən/

名 ● 特別の好み；偏愛 ▶ 通例単数形で用いる。例 **a predilection for used clothes** 古着への強い好み

✎ ここにも注目！

① **procrastination** は「先延ばし、遅延、ぐずぐずすること」を意味するフォーマルな名詞。非難の意味合いを含む。 →163：procrastinate

② **impede** は「（活動・進行など）を邪魔する、妨げる、遅らせる」を意味するフォーマルな動詞。

046

☐ ☐ ☐ ☐

hallmark
/hɔ́:lmàːrk/

名 ①（典型的な）特徴、特質 ②品質保証、太鼓判

When Mike was young, he had a strong curiosity about **celestial** phenomena and **constellations**, which his mother believed was the **hallmark** of a **would-be** astronomer.

幼い頃のマイクは天体現象や星座に強い好奇心を持っており、彼の母親の考えでは、それは天文学者を目指す人の特徴だった。

the [a] hallmark of X(Xの特徴)の形で使うことが多い。さらに大きなフレーズとしては have [bear] (all) the hallmarks of X(Xに典型的に見られる特徴を(すべて)備えている、いかにもXらしい)がある。characteristic、trait、feature(すべて「特徴」という意味)などとおおよそ同じ意味の難しい語と考えてよいが、hallmark は特に報道で使われることが多い。

✏️ ここにも注目！

① celestial は「天体の」という意味のフォーマルな形容詞。celestial bodies(天体)の形で使われることが多い。関連語として terrestrial(地球〈上〉の、陸〈上〉の)も覚えておくとよいだろう。a terrestrial globe(地球儀)、terrestrial transportation(陸上輸送)のように使われる。

② constellation は「星座」という意味の名詞。a constellation of X で「Xの集まり、集合」の意味でも使われる。a constellation of famous actors(有名な俳優の一団)のように使う。

③ would-be は「～になりそうな」という意味の形容詞。名詞を前から修飾する形で用いる。a would-be candidate(立候補予定者)、a would-be entrepreneur(起業家志望の人)などで覚えておこう。

047

deadlock
/dédlɑ̀k/

名 行き詰まり、膠着状態

The representative from our rival company was unreasonably obstinate and stubbornly refused to compromise with us, and therefore our negotiations reached a deadlock.

競合会社の担当者は理不尽なほどに強硬な姿勢で、歩み寄りを頑なに拒んだため、交渉は行き詰まってしまった。

break [end/resolve] the deadlock(膠着状態を打開する)、end in deadlock(膠着状態に陥る)といった表現が頻出。reach [come to] a deadlock(行き詰まる)というフレーズでは deadlock を dead end としてもほぼ同じ意味になる。

📖 併せて覚えたい！

gridlock
/grídlɑ̀k/
名 全面交通渋滞；行き詰まり、膠着状態 →048

impasse
/ímpæs/
名 袋小路、行き止まり；〔交渉などの〕行き詰まり、難局 ▶発音注意。「行き止まり」の意味では dead end、「行き詰まり」の意味では deadlock とほぼ同義である。例 reach an impasse 行き詰まる／at an impasse 行き詰まって

✏️ ここにも注目！

① obstinate は「頑固な、意地っ張りな」という意味の形容詞で、stubborn（頑固な）とおおよそ同じ意味。

② stubbornly は「頑固に、頑なに」という意味の副詞。問題文の stubbornly refuse は比較的よく使われる。consistently refuse（一貫して拒否する）も一緒に覚えておくとよい。

③ compromise は「妥協する、歩み寄る；（名誉など）を傷つける、汚す」という意味の動詞用法と、「妥協、歩み寄り」という意味の名詞用法がある。名詞用法に関しては、make a compromise（妥協する）という表現を覚えておこう。

048 □ □ □ □

gridlock
/grídlàk/

名 ①〔都市の〕全面交通渋滞 ②〔交渉・議論などの〕行き詰まり、膠着状態

The political debate on immigration has reached a **gridlock**, with both sides unwilling to **compromise** and find common ground, leading to a **stalemate** in policymaking.

移民をめぐる政界論争は膠着状態となり、双方とも妥協や一致点の模索を渋っている状況で、結果として政策決定が行き詰まってしまっている。

文字通り「ある区画のすべての道路が車でいっぱいになり、車が動けない状態になること」を意味する。日常的に経験するレベルの交通渋滞とは異なることに注意。転じて②の意味でも用いられる。使用頻度は②の方が高い。よく使われるフレーズは **break [end/resolve] the gridlock**（行き詰まりを解消する）、**in gridlock**（行き詰まって、膠着状態で）など。 派生語 **gridlocked** 形 全面交通渋滞となった；行き詰まった 例 The negotiation is gridlocked. 交渉は行き詰まっている。

📖 併せて覚えたい！

deadlock
/dédlàk/
名 行き詰まり、膠着状態 →047

impasse
/ímpæs/
名 袋小路、行き止まり；行き詰まり、難局 →047

✏️ ここにも注目！

① stalemate は「行き詰まり、膠着状態」を意味する名詞。at a stalemate（〔交渉などが〕行き詰まって）、reach (a) stalemate（行き詰まる）のように使う。

② compromise は「妥協する、歩み寄る；（名誉など）を傷つける、汚す」という意味の動詞用法と、「妥協、歩み寄り」という意味の名詞用法がある。 →047

049

covet
/kʌ́vit/

動（他人のものなど）をむやみに欲しがる、熱望する

The entrepreneur couldn't help but **covet** his competitor's successful and lucrative business and his reputation as a prodigy, despite being quite successful himself.

その起業家は、自分自身も相当な成功を収めているにもかかわらず、ライバルが手にしている順調な高収益ビジネスと、「天才」という名声を欲しがらずにはいられなかった。

通例「他人のものを強く欲しがる」ことを表す。一方、**covet power**（権力を欲しがる）、**covet the chance to participate in the event**（そのイベントに参加する機会を熱望する）のように誰の所有物というわけでもない対象も目的語になり得る。また、**coveted**が後ろの名詞を修飾して「誰もが欲しがる」という意味で用いられることも少なくない。**派生語** **covetous** **形**〔他人のものなど〕をむやみに欲しがる ▶ be covetous of X（Xをむやみに欲しがる）のように使う。

📖 併せて覚えたい！

crave
/kréiv/

動（～を）切望する、求める、懇願する ▶ 他動詞の方が一般的。自動詞の場合は crave for X（Xを切望する、Xが欲しくてたまらない）という形で用いる。Xには alcohol、drugs（薬物）、sweets、carbohydrates（炭水化物）、cigarettes（紙タバコ）といった「快楽をもたらすが〔摂取しすぎると〕害にもなるもの」や、company（一緒にいてくれる人）、attention（注目）、affection（愛情）、power（権力）、success など「人によって欠けていると感じやすいもの」が用いられることが多い。crave to do（しきりに～したがる）という用法もある。**例** crave attention 注目されたくて仕方がない／He craved to make a name for himself. 彼は名声を得ることを渇望していた。

hanker
/hǽŋkər/

動欲しいと思う、憧れる ▶ hanker after [for] Xで「Xを欲しがる、Xに憧れる」という意味。hanker to do（～したいと切望する）という形もある。**例** hanker after fame 名声を欲しがる／I've always hankered to visit Rome. 私はずっとローマを訪れたいと思っていた。

✏️ ここにも注目！

① entrepreneur は「起業家、事業家」を意味する名詞で、フランス語からの借用語。発音に注意。

② lucrative は「利益が得られる、もうかる」を意味する形容詞で、profitable とほぼ同義。

③ prodigy は「神童、天才児；驚くべきもの」という意味の名詞。prodigious は「〔能力などが〕驚嘆すべき、並外れた；〔量などが〕莫大な」の意味の形容詞。よく使われるフレーズは prodigious amounts（莫大な量）、a prodigious memory（並外れた記憶）など。

050 □ □ □ □

elusive
/ilúːsiv/

形 捉えがたい

Metaphors are an effective means for capturing the notoriously **elusive** concept of time, which is too fundamental to explicitly define.

比喩は、極めて捉えどころのないことで知られる「時間」という概念を把握するのに有効な手段だ。時間はあまりに基礎的なせいで明示的には定義できないのだ。

「概念などの定義や説明、獲物などの発見や捕獲、目標などの達成、名前などの想起が難しい」という意味を表す。**an elusive goal**（達成困難な目標）、**an elusive concept**（捉えどころのない概念）、**an elusive quality**（理解が難しい性質）、**the elusive nature of X**（Xの捉えどころのなさ）といったフレーズがよく使われる。動詞 elude の派生形であり、-ude という語尾の動詞から -usive という語尾の形容詞が派生する例はほかに exclusive（排他的な、会員制の）、inclusive（包括的な、あらゆる人に開けた）、conclusive（確実な、決定的な）、intrusive（立ち入った、邪魔になる）、obtrusive（目立ちすぎる）、allusive（ほのめかしを用いた）などがある。 派生語 **elude** 動 ～を逃れる；〔名前・考えなどが〕(人)の記憶[理解]をすり抜ける　例 The teacher's name eludes me. どうしても先生の名前が思い出せない。

051 □ □ □ □

entrenched
/intréntʃt/

形 ①〔習慣・信念・制度などが〕堅固な、凝り固まった、変わることのない ②根付いた、確立した

The beliefs of some individuals may be so **entrenched** in their psyche that even when presented with opposing evidence, they are unwilling to consider it.

自身の持つ信念が心の中にあまりにも強く根付いているせいで、それに反する証拠を提示されてもそれを考慮しようとしない人もいる。

---

trench（深い溝）に en-（中に）という接頭辞がついた語。「溝の中へと入れる」という意味から「深くはまって抜け出せなくする」→「強固に確立して変えにくくさせる」となると考えるとわかりやすい。問題文のように **be entrenched in X**（Xに凝り固まっている、Xに根付いている）という形で用いる。このほか、後ろの名詞を修飾する形でも使われる。例 **an entrenched attitude** 凝り固まった態度／**an entrenched custom** 根付いた習慣

📖 併せて覚えたい！

ingrained
/ingréind/

形 深く染み込んだ、根深い、根付いて ▸ be ingrained in X（Xに深く染み込んでいる、根付いている）のように使う。deeply ingrained という組み合わせが非常に多い。be deeply embedded in X（Xに深く埋め込まれている）も似た意味の表現として一緒に覚えておきたい。例 It is a prejudice ingrained in a majority of older generations. それは大多数の年配者に根付いている偏見である。

deep-seated

形 根強い、根深い ▸ deep-rooted とほぼ同義。

✏️ ここにも注目！

psyche は「〔肉体に対して〕魂、精神、心」を意味する名詞。

052 ☐☐☐☐

far-fetched
/fáːrfétʃt/

形 現実味[説得力]がない、信じがたい

This hypothetical scenario may sound far-fetched, but it does occur on a daily basis in the animal kingdom.
この仮説的シナリオは現実的にはあり得ないように聞こえるかもしれないが、動物界を見ればまさに日常的に起こっている。

動詞の fetch は「〜を取ってくる、連れてくる」などの意味で、fetch one's purse（財布を取ってくる）、fetch him a notebook（彼にノートを取ってきてあげる）のように使う。far-fetched は「遠くから持ってこられた」が比喩的に「直接的に導けないような内容を無理にこじつけた」という意味に発展したもので、「説明や理論が不自然で説得力がない」「話や考えが馬鹿げていて信じがたい」というニュアンスがある。idea、scenario、theory といった名詞を修飾することが多い。

📖 併せて覚えたい！

quixotic
/kwiksátik/

形 楽観的すぎて現実が見えていない、馬鹿らしいほど非現実的な ▸「小説の主人公ドン・キホーテ（Don Quixote）のような」というイメージ。

far-reaching
/fáːrríːtʃiŋ/

形〔変化などが〕広範囲に及ぶ 例 far-reaching implications 広範囲にわたる影響 ▸ 近い意味の形容詞としては、widespread（広範にわたる）、sweeping（広範にわたる、包括的な）を覚えておきたい。前者は a widespread belief（広く行きわたっている考え）、後者に関しては sweeping reforms（包括的な改革）で覚えておこう。なお、sweeping には a sweeping victory（圧勝、完全勝利）のように「圧倒的な、完全な」の意味もある。

far-flung
/fáːrflʌ́ŋ/

形 広範囲の、遠方の 例 a far-flung empire 広大な帝国／far-flung corners of the world 遠い世界の隅々

053

meddle
/médl/

動 ①ちょっかいを出す、首を突っ込む ②むやみにいじくる

The nation expressed strong concern and firm opposition over the foreign government's attempt to **meddle** with its internal affairs.
その国は、自国の内政に干渉しようとする外国政府に対し、強い懸念と断固たる抗議を表明した。

①の意味では前置詞 in あるいは with を伴う。類義語に interfere がある。問題文のように、政治的な文脈で用いられることが多い。②の意味では with を用い、こちらは fiddle、tamper と意味がやや近い。これらは例えば fiddle with his smartphone（彼のスマートフォンをいじくり回す）、tamper with the lock（鍵に細工をする）のように使われ、いずれも「自分のものではないのに、手を加える権限がないのに、勝手に」といったニュアンスを持つ。例 meddle in other people's business 他人のことに首を突っ込む／meddle with someone's PC 他人のパソコンをいじる 関連語  meddlesome 形 お節介な

054

exasperate
/igzǽspərèit/

動 ①（人）を激怒させる ②（病気など）を悪化させる、激化させる

The **caricature** of the country's president **exasperated** the nation.
その大統領を誇張して描いた風刺画は、同国の国民を激怒させた。

①の意味で使うのが基本。make X angry（X を怒らせる）や irritate、annoy（～をイライラさせる）の難しい語と考えるとよい。「物事が思うようにならない」「繰り返し厄介なことが起きる」といった状況でよく用いられる。**exasperated sigh**（勘弁してくれという様子のため息）や **get exasperated**（激怒する）のように、形容詞的に使うことも多い。

✎ ここにも注目！
caricature は「風刺漫画、風刺画[文]」という意味の名詞。問題文のように a caricature of X（X の風刺画）の形で使う。絵に限らず、人やもののある特徴を滑稽なほどに誇張して批判的に表現したものを指す。

055

☐ ☐ ☐ ☐

vexing
/véksiŋ/

形 イライラさせる、嫌な、むかつく、不快な

The teacher mostly enjoyed her job, but she couldn't help but find it **vexing** to have to deal with the wayward behavior of that particular student.
その教師は自分の仕事をおおむね楽しんでいたが、例の生徒のわがままな振る舞いを相手にするのはどうしても煩わしいと感じてしまった。

動詞 vex は「～をいらだたせる、困らせる、不安にさせる」という意味だが、実際には vexing の形で形容詞として使うことが多いのでこの形で覚えておくとよい。後ろの名詞を修飾して **vexing problems [issues/questions]**（イライラする問題）というフレーズでよく使われる。なお、同じ形容詞の vexed は **a vexed question [issue]**（厄介な問題）のように「厄介な」という意味で使われるのが一般的で、「〔人が〕いらだった」という意味で使われることはあまりないので注意したい。

✎ **ここにも注目！**
wayward は「わがままな、手に負えない、気まぐれの、気分屋の、移り気な」という意味の形容詞。「人」を修飾して使われることが多いが、問題文のように behavior など「人の行動」を修飾して使われることも多い。

056

☐ ☐ ☐ ☐

baffle
/bǽfl/

動 (人) を困惑させる、悩ませる

The results of the experiment have long **baffled** scientists the world over, but they undoubtedly shed light on the previously inexplicable phenomenon.
その実験の結果は長らく世界中の科学者を悩ませてきたが、それが以前は説明のつかなかった現象に光を当てたのは間違いない。

「理解や解決ができないくらいに難しい」という意味。目的語には「研究者、専門家」を意味する単語がくることが多いが、**baffle me** で「〔物事に〕私は戸惑ってしまう」という表現も定番。**例** An unexpected question baffled me. 予期せぬ質問に私は戸惑った。
そのほかに、**be baffled by X** や **be baffled (as to) wh SV** という受け身の形も覚えておきたい。

puzzle
/pʌ́zl/

動 ～を悩ます、困らせる ▸ baffle と puzzle はかなり意味が近いと思ってよい。ただし、puzzle には puzzle over X（X に頭を悩ませる）という使い方があるので注意。例 What puzzles me is … 私の頭を悩ませているのは……である。

perplex
/pərpléks/

動 ～を困惑させる、不安にさせる ▸「理解が難しいことが理由で」という意味合いがある。例 be perplexed by his remark 彼の発言に困惑する

bewilder
/biwíldər/

動 ～を困惑させる 例 be bewildered by the question その質問に困惑する

✏️ ここにも注目！

① shed light on X は「X（難題）に解明への光を当てる、X の理解に手掛かりを与える」という意味のフレーズ。throw [cast] light on X でも同じ意味になる。

② inexplicable は「説明のつかない、不可解な」という意味の形容詞。関連語の explicate は「～を説明する、解明する」という意味のかなり難度の高い動詞。

057 ▢ ▢ ▢ ▢

evict
/ivíkt/

動 ～を立ち退かせる

The landlord could finally evict the squatters from the abandoned building.
地主はやっとのことで廃屋から不法占有者を立ち退かせることができた。

evict X from Y で「（法や契約に基づいて）X を Y から立ち退かせる」の意味になる。be evicted（立ち退かされる）という受け身の形で使われることも多く、**be forcibly evicted / be evicted by force**（強制的に退去させられる）で覚えておくとよい。

📖 併せて覚えたい！

expel
/ikspél/

動〔組織から〕～を追い出す、除名する；〔国から〕～を追放する ▸ expel X from Y（Y から X を追い出す、追い払う）のように使う。

deport
/dipɔ́ːrt/

動（外国人など）を国外に追放する、強制送還する 例 deport illegal immigrants 不法移民を国外退去させる

exile
/égzail/

名 国外追放（者）、亡命（者） 動 ～を国外追放する 例 be in exile 亡命中である／be exiled from one's country 自国から追放される

expulsion
/ikspʌ́lʃən/

名 追放、排除、除名 例 his expulsion from the party 政党からの除名

ostracize
/ástrəsàiz/

動 ～を追放する、仲間外れにする　例 be ostracized by one's colleagues 同僚から仲間外れにされる　▸ ostracism は「仲間外れ、追放」という意味の名詞。

 ここにも注目！

① squatter は「不法居住者、不法占有者、許可なく居座る人」という意味の名詞。なお、動詞の squat（しゃがむ）には、ほかに「無断で住み着く、不法に居座る」という意味もあるので関連して覚えておくとよい。

② abandoned は「見捨てられた、使われなくなった、放置された」という意味の形容詞。building、house、car などを修飾して使われることが多いが、an abandoned child（捨てられた子ども）のように「人」を修飾して使われることもある。

058

homage
/hámidʒ/

名 敬意、尊敬、オマージュ

The director's latest work draws inspiration from Ghibli and thus playfully pays homage to Hayao Miyazaki's classic film.
その監督の最新作はジブリから着想を得ているため、宮崎駿の名作に対してユーモアたっぷりに敬意を表している。

「故人あるいはオリジナル作品に敬意を示す」といった文脈で使うことが多い。in homage to X（X に敬意を表して）、pay homage to X（X に敬意を払う）といったフレーズが重要。また、「敬意、尊敬を示す言動や作品」を指して使うこともある。フランス語の hommage（オマージュ）から来ており、これは「オリジナル作品に敬意を込めた模倣」という意味で日本語にもなっている。

併せて覚えたい！

deference
/défərəns/

名〔人への〕敬意、尊重；〔人の意見・判断への敬意に基づく〕服従　例 with (due) deference（しかるべき）敬意を払って／in deference to local customs 地元の習わしを尊重して／out of deference to their feelings 彼らの気持ちを慮って

⊶ formal

revere
/rivíər/

動 ～を崇拝する、崇める

The ancient Egyptians were known to revere their deities, as can be seen by their depictions of them in their art and architecture.

古代エジプト人は神々を崇拝することで知られていたが、これは美術品や建築物に神々が描かれていることに見てとることができる。

受け身で用いることが比較的多く、**revere X as Y**（X を Y として崇拝する、崇める）、**revere X for Y**（X を Y のことで崇拝する、崇める）の形でよく用いられる。**例** The former president is revered as a national hero. 元大統領は国民的英雄として崇められている。／They are revered for their indomitable spirit. 彼らはその不屈の精神を理由に崇められている。

また、過去分詞の revered が後ろの名詞を修飾する形で「崇められている」という意味で用いられることも多い。**例** The team has some of the world's most revered football players. そのチームには世界で最も尊敬されているサッカー選手が複数所属している。

派生語 reverence 名 尊敬の念、敬愛　**例** show [have] reverence for specialists 専門家への強い尊敬の念を示す［持つ］

📖 **併せて覚えたい!**

venerate
/vénərèit/

動 ❶深く尊敬する、尊ぶ、敬う、崇める ▸受け身で使うことが多い。venerate X (as Y) で「(Y として)X を深く尊敬する」という意味になる。**例** Mahatma Gandhi is venerated as a symbol of nonviolent resistance. マハトマ・ガンジーは非暴力抵抗の象徴として崇められている。

✏️ **ここにも注目!**

deity は「神、女神、創造主：神格、神性：神格化された人［もの］」という意味の名詞。

060

□ □ □ □

suffrage
/sʌ́frɪdʒ/

名 選挙権、参政権

The women's **suffrage** movement in the early 20th century marked a **milestone** in advancing gender equality.
20世紀初頭の女性参政権運動は男女平等を前進させる上で画期的な出来事であった。

特に国政選挙での投票権（≒ **the right to vote**）のことを表す。**women's suffrage**（女性参政権）、**universal suffrage**（普通選挙権）、**grant suffrage to X**（Xに参政権を与える）といったフレーズを覚えておきたい。なお、**elected by universal suffrage**（普通選挙で選ばれる）などの表現における **suffrage** は「選挙権の行使、投票」という意味になる。

✏ ここにも注目！

milestone は「画期的な出来事、節目」という意味の名詞。問題文のように **mark a milestone**（画期的な出来事である）はよく使われるフレーズ。そのほか **reach a milestone**（節目を迎える）、**be at a milestone**（節目にいる）など。

具体的なフレーズで覚える必要性（1）

「はじめに」にも書きましたが、英語学習においては、フレーズや言い回しなど「具体的で大きな単位」を頭に入れることが大切です。一つ一つの単語に訳語を当てはめて覚えることも重要ですが、それだけではなかなか英語力は向上しません。

こういうことを言うと必ず「それはあくまで理想論であって、現実問題、受験生には負担が大きすぎる」という類のことを言われます。僕自身はそうした思考は健全な英語学習にとっての大きな弊害だと確信しています。その理由はたくさんありますが、ここでは最も容易に納得してもらえるであろう根拠を挙げましょう。それはずばり、「**入試問題でもそういう知識が問われている**」ということです。「受験では、単語は意味だけ覚えておけば全部対処可能」なのであれば、確かに「受験に限っては、単語は意味だけ覚えておけば十分」という指導は妥当と言えるでしょう。ですが、入試問題でそれ以上のことが問われるのであれば、そうも言っていられません。

具体的な事例を一つ見てみましょう。

空欄に入る適切な語を答えよ。

In fact, the conservative British prime minister, Margaret Thatcher was one of the first world leaders to call for (　　) action on the issue more than 20 years ago.　　　　　　　　　　　　　　［慶應大］

1 rigid　　　2 negligent　　　3 trivial　　　4 urgent

---

negligent と trivial は意味的にも文脈的にもおかしいとわかるとして、rigid と urgent は訳語の知識だけでどちらかに絞れるでしょうか。urgent は「緊急の」、rigid は「厳しい、厳重な、厳格な」と覚えている受験生が多いと思いますが、雰囲気的にはどちらもいけそうではないですか？　ここで必要なのは urgent action（緊急の対策）という非常に頻繁に用いられるフレーズを知っていることです。知っていれば即答できます。実は、call for urgent action 自体が「緊急の対策を要請する」という意味のよくあるフレーズなのです。

入試ではこういう問題が**かなり頻繁**に出題されています。「単語の意味だけで何とか判断できる」と言い張ったところで、フレーズや用法まで知っていれば即答できるわけですから、やはりその方が圧倒的に強いのです。

（山崎）

◀)) 03

最初は大変でも、語彙には有機的な関連があるので、
やればやるほどラクになっていく。
自転車をこぐ時のように。

（萩澤）

061 ☐ ☐ ☐ ☐

arduous
/ɑ́ːrdʒuəs/

形 骨の折れる、非常に難しい、多くの労力を要する

Completing his dissertation was an arduous task that took him many years of hard work and perseverance, but it ultimately paid off when he earned his PhD.

博士論文を書き上げるのは、何年にもわたる努力と忍耐力を要するきわめて困難な作業だったが、その苦労は最終的に実を結び、博士号の取得に至った。

「長い時間を要する」というニュアンスがある。task、journey、work、processといった名詞を修飾することが多い。補語としても使えるが頻度は比較的低い。

📖 併せて覚えたい！

grueling /grúːəliŋ/	形 へとへとに疲れさせる、厳しい、きつい　例 a grueling schedule 過酷なスケジュール
demanding /dimǽndiŋ/	形 骨の折れる、きつい　▶「大変な努力を要する」という意味合いがある。例 a physically demanding job 肉体的にきつい仕事
strenuous /strénjuəs/	形〔仕事などが〕骨が折れる（→062）
punishing /pʌ́niʃiŋ/	形〔予定・活動などが〕すごく大変な　例 a punishing schedule 過酷なスケジュール

✏️ ここにも注目！

① dissertation は「博士論文、学術論文」という意味の名詞。「博士論文」は「博士(号)」を意味する doctoral をつけて a doctoral dissertation [thesis] と表現されることもある。一方、「修士論文」は a master's thesis [dissertation/essay] と表現される。

② perseverance は「忍耐、根気強さ、粘り強さ」という意味の名詞。

③ pay off は「〔努力などが〕報われる、実を結ぶ、うまくいく」という意味の表現。問題文の paid off when SV(実を結び〜、〜したときに報われた)はかなりよく用いられるフレーズである。

062

strenuous
/strénjuəs/

形 ①〔仕事・運動などが〕激しい、過酷な ②〔人が〕精力的な、熱心な ③〔反対などが〕猛烈な

The trek up the mountain was arduous, requiring **strenuous** physical exertion, yet the climbers persevered with tenacity.
その山登りは過酷で、体を激しく酷使しなければならなかったが、登山者たちは粘り強く耐え抜いた。

①の意味には「多大な肉体的努力と体力を要する」、②の意味には「多大な精力と決意を示す」という意味合いがある。例 She is making a strenuous effort to master English. 彼女は英語を身につけようと懸命な努力を行っている。
また、②の意味から拡張的に③の「猛烈な」という意味でも用いる。例 The proposal was met with strenuous opposition. その提案は猛烈な反対に遭った。
arduous と意味が似ているが、strenuous は「必要とされる努力の度合いは大きいものの、かかる時間は長くないかもしれない」という意味合いなのに対し、arduous は「ある程度の期間にわたる継続的な努力を要する」というニュアンスがある。

📖 併せて覚えたい！

grueling
/grú:əliŋ/

形 へとへとに疲れさせる、厳しい、きつい →061

✏️ ここにも注目！

① arduous は「骨の折れる、難儀な、つらい、厳しい、大変な」を意味する形容詞。→061
② exertion は「〔肉体や精神の〕激しい活動；努力、尽力；〔能力、権力などの〕行使、発揮」という意味の名詞。
③ tenacity は「粘り強さ、頑強；固執、執着；記憶力の良さ；粘着性」という意味の名詞。
  tenacity of purpose（不屈の精神）というフレーズは押さえておきたい。 →219 : tenacious

063

excruciating
/ikskrú:ʃièitiŋ/

形 ①極度に痛い、極度に苦しい ②極度の、うんざりするような

The injury I sustained in the car accident was the most **excruciating** that I had ever experienced.
その交通事故で負った怪我は、それまでに経験したことのないほど極度の痛みを伴うものだった。

excruciating pain（極度の痛み）が定番のフレーズ。painful のより強いバージョンだ

と思えばよい。「(嫌になるほど)極端な」といった意味でも使われる。**例** in excruciating detail うんざりするほど細かく

📖 **併せて覚えたい！**

agonizing
/ǽɡənàiziŋ/

形 苦しい、苦しめる　**例** an agonizing death 苦しみながらの死／an agonizing decision つらい選択、苦渋の決断　▶動詞の agonize は「〔精神的に〕～をひどく苦しめる：〔精神的に〕ひどく苦しむ、悩む」の意味。

wrenching
/réntʃiŋ/

形 胸を締めつける、痛みを伴う　**例** a wrenching decision 苦渋の決断　▶wrenching が含まれる単語として gut-wrenching という形容詞があり、こちらは「断腸の思いの、心配させる、怒らせる」という意味。なお、動詞の wrench は「～をひねる、ねじる：もぎ取る」という意味。

torment
/tɔ:rmént/

動 ～を悩ませる、苦しめる　名 苦痛、苦悩 → 037

✏️ **ここにも注目！**

sustain は動詞で「～を維持する、継続させる、支える」という意味で覚える人が多いが、問題文のように「(損害など)を被る、経験する、(病気など)にかかる」の意味でも使われる。後者の意味の場合、suffer、go through、undergo などとほぼ同義。

064 ☐ ☐ ☐ ☐

daunting
/dɔ́:ntiŋ/

形 気力をくじくような、ひるませるような、怖じ気づかせるような、非常にきつい

Addressing a large audience must be a daunting challenge for a shy and introverted person.
恥ずかしがり屋で内向的な人にとって、大勢の聴衆に向けて演説するのは厳しい試練に違いない。

task、challenge、problem、prospect(予想)、obstacle(妨害)といった名詞とともに使われることが多い。なお、daunted という受け身の形は使用頻度が低いが、undaunted by X (X にひるむことなく)は比較的よく使われ、Undaunted by X, SV ...(X にひるむことなく……)という分詞構文は定番である。

📖 **併せて覚えたい！**

demoralize
/dimɔ́:rəlàiz/

動 ～の士気をくじく、やる気をなくさせる

✎ ここにも注目！

① address は多義の動詞で「(問題など)に対処する」という基本の意味とは別に、「～に向けて演説をする、話し掛ける」の意味がある。「会議で話をする」は address the meeting であって address at the meeting ではないので注意。

② introvert/introverted は「内向的な」という意味の形容詞。反対の extrovert（外向的な）と併せて覚えておこう。問題文の shy and introvert(ed)（恥ずかしがり屋で内向的な）は比較的よく使われる言い回し。なお、名詞を修飾する場合には introverted の方がよく使われる。

065

intractable
/ɪntrǽktəbl/

形 ①〔問題が〕解決困難な、手に負えない ②〔人が〕強情な ③〔症状が〕しぶとい

Leaders are engaged in high-level talks to solve the seemingly intractable problem of conflict between the warring factions.
敵対する派閥間の紛争という解決困難とも思われる問題を解決すべく、指導者たちは首脳会談を行っている。

in-（否定）+ tract（扱う）+ -able（可能）という成り立ちの語で、tract は treat（扱う）と同語源。「解決困難な、手に負えない」という意味では unmanageable と同義、「強情な」という意味では stubborn と同義である。名詞を前から修飾する形で用いられることが多い。**intractable pain**（慢性的な痛み）、**intractable problems**（手に負えない問題）、**an intractable situation**（厄介な状況）などが頻出。

📖 併せて覚えたい！

formidable
/fɔ́ːrmidəbl/

形 手強い、手に負えそうにない；威圧感のある；圧倒的な、並外れた 例 a formidable task 手に負えない仕事／a formidable opponent 手強い相手

066

insurmountable
/ìnsərmáuntəbl/

形 乗り越えられない、克服できない、解決できない

The government had repeatedly put off facing the diplomatic issue until the problem became seemingly insurmountable.
政府はその外交問題と向き合うことをたびたび後回しにしてきたが、その結果、その件はもはや打開不可能と思えるほどになってしまった。

problem、obstacle、challenge、lead、barrier、task、hurdle(障害物)など「難題」系の意味を持つ名詞とともに使われる傾向がある。**insurmountable odds**(全く勝ち目がない状況)というフレーズも重要。また、**a seemingly insurmountable obstacle**(手に負えそうにない障害)のように seemingly に修飾されることが多い。difficult や impossible の難しいバージョンと考えるとよい。

📖 **併せて覚えたい!**

impregnable
/imprégnəbl/

形 難攻不落の、落とせない、揺るぎない　例 an impregnable position 揺るぎない立場 ▶ 動詞の impregnate は「〜を受精させる」が基本の意味だが、そのほかに「(思想など)を吹き込む」という意味でも用いる。

067 □ □ □ □

condescending
/kàndəséndiŋ/ ｜ 形 上から目線の、偉そうな、見下したような、尊大な

Though his suggestion sounded <u>plausible</u>, his **condescending** attitude spoiled it all, and we all <u>voted against</u> it in the end.
彼の提案は妥当なものに思えたが、彼の人を見下すような態度のせいですべてが台なしになっており、結局私たちは皆その提案に反対票を投じた。

tone、attitude、comment、smile、manner、remark といった名詞を修飾することが多い。descend(降りる)と関連しており、「身をかがめる」が原義。派生語 **condescend** 動 ①偉そうな態度をとる　例 The professor condescended to his colleagues. その教授は同僚に偉そうな態度をとった。②〔目下の者に合わせて何かを〕する、してあげる　例 The actor finally condescended to tell the press about the incident. その俳優はついに報道陣に対してその事件について話してやった。

📖 **併せて覚えたい!**

condescension
/kàndəsénʃən/

名 見下したような態度、尊大さ　例 without condescension 見下した感じもなく

disdain
/disdéin/

名 軽蔑、侮辱、高慢(な態度) →215

contemptuous
/kəntémptʃuəs/

形 軽蔑した；〔危険などを〕ものともしない　例 contemptuous of the scholar その研究者を軽蔑している

✏️ **ここにも注目!**

① plausible は「もっともらしい、理にかなっている、納得のいく」という意味の形容詞。→021

② vote against X で「Xに反対票を投じる」という意味になる。反対の「Xに賛成票を入れる」
は vote for X と言う。vote in favor of X も同じく「Xに賛成票を入れる」の意味。

068 □ □ □ □

blatant
/bléitənt/

形 ①〔悪行などが〕露骨な、〔うそが〕見え透いた ②やかましい、耳障りな

The professor's **blatant** favoritism toward certain students was a source of exasperation for those who felt they were not receiving equitable treatment.
特定の学生に対するその教授の露骨なえこひいきが、公平な扱いを受けていないと感じていた学生たちの憤慨の原因だった。

①は「好ましくない行為が容易に目につく形で行われている様子」を表す。名詞を前から修飾する形で使うことが多いが、補語として用いることもある。例 a blatant lie 見え透いたうそ／a blatant disregard 露骨に無視すること／The discrimination was blatant. その差別は露骨だった。
②の意味は若干頻度が低い。例 the blatant noise of the construction site 工事現場のやかましい騒音

📖 併せて覚えたい！

overt
/ouvə́ːrt/

形 露骨な、目につく →208

glaring
/gléəriŋ/

形 明白な、著しい；ぎらぎら光る、眩しい；〔目などが〕怒りに燃えた ▶名詞を前から修飾する形で用いるのが一般的。例 glaring errors 明らかな誤り

✏️ ここにも注目！

① favoritism は「えこひいき、偏愛、情実、優遇」を意味する名詞。
② exasperation は「憤激、激怒、激昂」を意味する名詞。
③ equitable は「〔配分・決定などが〕公正な、公平な、平等の」という意味の形容詞。社会的な制度に関して使われやすいフォーマルな語で、fair とほぼ同義である。

audacious
/ɔːdéiʃəs/

形 ①大胆な ②無謀な ③勇敢な ④厚かましい

The CEO's audacious move to acquire a formidable competitor left industry experts astounded, as it demonstrated her strategic acumen and ambitious vision for growth.

手ごわい競合企業を買収するという大胆な動きに出た同社のCEO。その行動は戦略的洞察力と成長への野心的なビジョンを示すものであり、業界の専門家らを驚嘆させた。

daring(大胆な、勇敢な)に近い意味を持つ語。daring同様、「勇敢な」というポジティブな意味合いでも「無謀な」というネガティブな意味合いでも用いられる。**an audacious plan [claim]**(大胆な計画[主張])で覚えておこう。 派生語 audacity 名〔人・計画・行為などの〕大胆さ、無謀さ、厚かましさ ▶ オバマ元大統領の著書 *The Audacity of Hope*(直訳は「希望が持つ大胆さ」で、邦訳版の書名は『合衆国再生』)にも用いられている。

📖 併せて覚えたい！

gallant
/gǽlənt/

形〔戦いや苦境において〕勇敢な、勇ましい ▶ やや古い、文語的な表現。 例 gallant soldiers 勇敢な戦士たち

gutsy
/gʌ́tsi/

形 気力に満ちた；勇敢な、大胆な、ガッツのある ▶ インフォーマルな語。 例 a gutsy decision 勇敢な決断

✏️ ここにも注目！

① formidable は「手強い、手に負えそうにない；威圧感のある；圧倒的な、並外れた」を意味する形容詞。a formidable opponent [challenge](手強い相手[難題])のように使う。
→065

② acumen は「鋭い判断力、洞察力、機敏さ」という意味の名詞で、business acumen は「商才」の意味。そのほか political acumen(政治的洞察力)も比較的よく使われる。

070 □ □ □ □

complacent
/kəmpléisnt/

形 ①〔態度などが〕自己満足の、独りよがりの ②慢心している ③のんきな

Despite the <u>looming</u> challenges in the industry, the company took a **complacent** approach toward innovation and adaptability, which hindered its growth and competitiveness.

業界に差し迫った難題が存在するにもかかわらず、技術革新や柔軟性に関して慢心した取り組み方をしていたため、それが同社の成長と競争力の妨げとなった。

「実際には問題があるのに、自身または現状に満足し、変化や努力は不要だという心理状態にあること」を表す語で、批判的なニュアンスがある。名詞を前から修飾する形で用いるほか、**complacent about X**（X について慢心して、独りよがりの）という形でも用いる。例 A lot of people in Japan are complacent about their security. 日本で暮らす多くの人は自らの安全に関して慢心している。
self-complacent（自己満足の、独りよがりの）という語もある。 派生語
complacency 名 自己満足、独りよがり、慢心 例 There is no room [time] for complacency. 自己陶酔している場合ではない。

📖 併せて覚えたい！

smug
/smʌg/

形 独りよがりの：うぬぼれた、自己満足した ▶ 非難のニュアンスがある。smug about X で「X にうぬぼれた」という意味。例 a smug face 自慢げな顔、ドヤ顔

self-righteous
/sélfráitʃəs/

形 独善的な、独りよがりの ▶ 非難のニュアンスがある。例 I saw him as pretty clever, but self-righteous. 私は彼を結構賢いが独善的だとみなしていた。

sanctimonious
/sæ̀ŋktəmóuniəs/

形 ❶信心ぶった、聖人ぶった、善人ぶった、殊勝らしい ▶ 非難のニュアンスがある。例 his sanctimonious attitude 彼の善人ぶった態度

✏️ ここにも注目！

looming は「差し迫った、不気味な：ぼんやり現れる」を意味する形容詞。「ぼんやり現れる」の意味では名詞を前から修飾する形で用いる。 →412：loom

071

□ □ □ □

erratic
/irǽtik/

形 〔行動などが〕気まぐれな、とっぴな、不安定な、不規則な、一貫性のない

His team seemed invincible last year, but its performance has been erratic recently, disappointing its fanatical supporters.

昨年は無敵に思えた彼のチームだが、最近のパフォーマンスは波があり、熱心なサポーターたちをがっかりさせている。

behavior、pattern、movement、schedule といった名詞と結びついて「不規則な」という意味になるほか、「変わりやすい」という意味で wind、weather など天気に関する語を修飾したりもする。語源的には error（誤り）と関係している。

📖 併せて覚えたい！

variable
/vέəriəbl/
形 変わりやすい、一定しない、むらのある　**例** variable weather 変わりやすい天気

invariably
/invέəriəbli/
副 いつも決まって　**例** be invariably late いつも決まって遅い

✐ ここにも注目！

① invincible は「無敵の、揺るぎない、不屈の」という意味のかなり難しい形容詞だが、victory（勝利）から連想するとよい。意味が似ている unbeatable（負かすことのできない、最も優れた）も一緒に覚えておきたい。

② fanatical は「熱狂的な、熱烈に支持している」という意味の形容詞。

072

□ □ □ □

fickle
/fíkl/

形 気分屋な、気まぐれの、変わりやすい、一定しない

What I wanted was a steady, enduring relationship, but my ex, whose unwavering love I had believed in, turned out to be a fickle womanizer, and we soon broke up.

自分が望んでいたのは安定した、長く続く関係だった。でも、あの人の変わらぬ愛を信じていたのに、私の元カレは気分屋の女たらしであることが判明。私たちはすぐに破局した。

notoriously fickle（気まぐれなことで悪名高い）という特徴的なフレーズは重要。人の態度や感情のほか、天気や成り行きなどを形容するのにも使われる。**例** fickle weather 変わりやすい天気／a fickle business 不安定なビジネス／the fickle finger of fate 運命のいたずら

steady、stable など「安定」を表す語の対義語であり、unpredictable の類義語だと覚えておこう。

📖 併せて覚えたい！

volatile
/vάlətl/

形 変わりやすい、不安定な ▶特に、感情が変わりやすいこと、市場、情勢などが不安定なことを表して使われる。例 a volatile market 不安定な市場／a volatile personality [character] 気まぐれな性格

✏️ ここにも注目！

① enduring は「長期間続く、永続的な、耐久性のある」という意味の形容詞。よく使われるフレーズは、an enduring love（変わらない愛情）、enduring popularity（長期にわたる人気）、an enduring appeal（衰えない魅力）など。

② unwavering は「揺るぎない、断固とした」という意味の形容詞。 →004

073 ☐☐☐☐

precarious
/prikέəriəs/

形 ①不安定な、危うい、運次第の ②〔足場などが〕安定しない

Due to his conspicuous consumption, their marriage was in a precarious situation.
彼の誇示するような消費行動のせいで、ふたりの結婚生活は不安定だった。

situation 以外に position、balance、life、state、condition、existence、health、status といった名詞を修飾し、「状況や立場などが安定しない、悪化しそうだ」という状況を表す。山道やハシゴなどについて描写して、「転びそう」「落ちそう」という意味でも使われる。派生語 precariously 副 不安定に ▶ perch precariously on X（Xの上に不安定なバランスで乗っている）のように使う。

✏️ ここにも注目！

conspicuous は「目立った、人目を引く」という意味の形容詞で、a conspicuous dress（人目を引くドレス）のように後ろの名詞を修飾する用法と、(be) conspicuous for X（Xで目立っている）のように補語として使う用法がある。問題文の conspicuous consumption は「財力などを誇示するための消費（行動）」という意味の決まった表現。そのほかによく使われる言い方として、conspicuous by one's absence（いないことでかえって目立つ）がある。

074 □ □ □ □

treacherous
/trétʃərəs/

形 ① 危険な、当てにならない、油断のできない ② 不誠実な、裏切りの

The **treacherous** road conditions, exacerbated by heavy precipitation, may be the reason why the fatal traffic accident happened.
危険な路面状況が大雨の影響でさらに悪化していたことが、死者の出る交通事故が生じることになった原因かもしれない。

②の意味では、**a treacherous person**（信用できない人）や **a treacherous act**（裏切り行為）のように使う。そこから発展して「道路や海などが安全そうに見えるが油断できない」という意味でも用いる。「印象を裏切ってくる」と考えるとわかりやすい。この場合、後ろに続く名詞は mountain、road、path、journey などが多い。**treacherous weather** なら「急変しそうな（不安定な）天気」という意味。

✎ ここにも注目！

① precipitation は「降水（量）、降雨（量）」という意味の名詞。 →279 : precipitate

② fatal は「死に至る、致死の、死者を出す；〔失敗などが〕致命的な」という意味の形容詞。
fatal shootings（死者を出す銃撃）、a fatal mistake（致命的な失敗）、a fatal disease（死に至る病）などがよく使われる。

075 □ □ □ □

📢 formal

capricious
/kəpríʃəs/

形 ①〔人が〕気まぐれな、移り気な ②〔天候、動向などが〕気まぐれな、突然変化しやすい

The stock market is known for its **capricious** nature, where sudden and unpredictable fluctuations can cause great upheaval in the financial world.
株式市場は不安定な性質を持つことで知られており、そこでは突然で予測不能な変動が金融界に大きな波乱をもたらすことがある。

名詞を前から修飾する用法が比較的多い。nature、manner、behavior、action、decision、fate、wind、weather などの名詞とともに用いられることが多い。 派生語 **caprice** 名 気まぐれ、移り気

📖 併せて覚えたい！

whimsical
/hwímzikəl/
形 風変わりな、奇抜な、とっぴな；気まぐれな、移り気な 例 He had a whimsical side. 彼には気まぐれな一面があった。→077：whim

erratic
/irǽtik/
形 気まぐれな、とっぴな、不安定な、不規則な →071

volatile
/vɑ́lətl/
形 変わりやすい、不安定な →072

arbitrary
/ɑ́:rbətrèri/
形 任意の；恣意的な；〔行動などが〕勝手な 例 arbitrary decisions 勝手な決定

✏️ ここにも注目！

① fluctuation は「〔価格・為替などの〕変動」を意味する名詞。
② upheaval は「激変、激動、大変動」を意味する名詞。 →011

076

☐ ☐ ☐ ☐

quirk
/kwə́:rk/

名 ①癖、〔行動・考えなどの〕奇抜さ ②〔運命などの〕急展開 ③急な曲がり、ひねり

It is an intriguing quirk of human nature to find comfort in familiarity, even when it hinders progress and innovation.
人間には興味深い癖があり、たとえ進歩や革新の妨げになったとしても、慣れ親しんだものの方が快適だと感じてしまう

①の意味には「人の性格や行動における若干変わった側面」、②の意味には「偶然によって急に起こる奇妙な出来事」というニュアンスがあり、この二つの意味で主に用いられる。 例 by a (strange) quirk of fate 運命の(奇妙な)急展開によって
派生語 quirky 形 癖のある、曲がりくねった 例 a quirky dress sense 奇抜な服のセンス

📖 併せて覚えたい！

foible
/fɔ́ibl/
名 〔性格上の〕ちょっとした欠点、短所；うぬぼれている点；変な癖 例 his foible of collecting bottle caps ボトルのキャップを収集するという彼の奇癖

✏️ ここにも注目！

intriguing は「非常に興味をそそる、好奇心をかきたてる、魅力的な、大変面白い」という意味の形容詞。

whim
/ʰwím/

名 気まぐれ、思いつき、ひらめき、出来心

The correspondent was abruptly dismissed at the whim of the personnel manager.
その特派員は人事部長の気まぐれで突然解雇された。

at the whim of X(Xの気まぐれで)、**on a whim**(とっさの思いつきで)、**have [take] a whim to do**(ふと〜する気になる)などの形で使う。 **派生語** whimsical **形** 気まぐれな、風変わりな ▶ 否定的に「厄介」、あるいは肯定的に「面白い」という含みがある。基本的に前から名詞を修飾する形で用いる。**例** one's whimsical side 気まぐれな性格／a whimsical sense of humor 変わったユーモアのセンス

📖 **併せて覚えたい！**

vagaries
/véigəri:z/

名 気まぐれ、突飛な考え、突然の変化 ▶ 単数形は vagary だが、ほとんどの場合複数形で用いる。**例** the vagaries of (the) weather 天候の気まぐれな変化、天候がころころ変わりやすいこと／the vagaries of the fate 運命のいたずら／vagaries of the stock market 株式市場の気まぐれな変動

✏️ **ここにも注目！**

① correspondent は「特派員、記者；投稿者、文通する人」という意味の名詞。a foreign correspondent(海外特派員、外国人記者、外国通信員)、a war correspondent(従軍記者)、an anonymous correspondent(匿名の投稿者)などで覚えておこう。動詞の correspond は correspond with [to] X(Xと一致する、調和する)、correspond to X(Xに相当する、該当する)という使い方が重要。実際の文では The U.S. Congress roughly corresponds to the British Parliament.(米国の Congress〈連邦議会〉は英国の Parliament〈連合王国議会〉におおよそ相当する)のように使う。

② abruptly は「突然」という意味の副詞。「予期せず」という意味合いが強い。unexpectedly、suddenly とおおよそ同じ意味と考えてよい。

③ dismiss は「〜を解雇する；(考えなど)を退ける、否定する」という意味の動詞。前者の意味では fire(〜を解雇する)がほぼ同義。少々難しいが、sack(〜を首にする)も意味が近い。

④ personnel は「人事(部)」という意味の名詞で、時に「職員、従業員」の意味で使うこともある。問題文の a personnel manager は「人事部長、人事担当者」という意味。そのほか medical personnel(医療従事者)、cut personnel(職員をカットする)、sales personnel(販売員)といったフレーズでもよく見るので覚えておこう。

078 ☐ ☐ ☐ ☐

hunch
/hʌ́ntʃ/

名 直感、(山)勘、虫の知らせ、予感

I have a **hunch** that the data contained in the **interim** report submitted today was **falsified**.
今日提出された中間報告に掲載されているデータは捏造されたものだという直感がある。

▶ 「根拠のない推測」という意味合いがある。典型的なフレーズは問題文の **have a hunch (that) SV**(〜という気がする)。そのほか、**My hunch is that SV.**(自分の直感では〜だ)、**(be) based on a hunch**(直感に基づいて)、**play [follow / act on] a hunch**(直感で行動する)などがある。

✏ ここにも注目！

① interim は「中間の、暫定の、仮の」という意味の形容詞。an interim government(暫定政府)、on an interim basis(暫定的に)、an interim agreement(暫定合意、仮契約)、an interim job(一時的な仕事)などのように使われる。近い意味の形容詞として provisional(一時的な、暫定的な)も覚えておきたい。a provisional government(臨時[暫定]政府)のように使われる。

② falsify は「〜を捏造する、改竄する、〜に不正に変更を加える」という意味の動詞。目的語には information、document、evidence、data、report などがよく用いられる。なお、**falsify the theory** は「その理論の誤りを立証する、その理論が誤っていることを示す」という意味になる。このように「(理論や仮説など)の誤りを立証する」の意味で使うこともある。この意味では disprove(〜が誤っていることを示す)と同じ意味と考えてよい。

079 ☐ ☐ ☐ ☐

shrewd
/ʃrúːd/

形 ①すご腕の、抜け目のない、頭の切れる、やり手の、賢明な ②〔判断が〕早い、明晰な

The **shrewd** businessman is famous not only for his business **acumen** but also for his personal **integrity**.
その敏腕ビジネスマンは優れた商才だけでなく人としての誠実さでも広く知られている。

▶ 「ずる賢い」のようなマイナスの含みはない。**a shrewd move**(賢明な行動)、**a shrewd businessman**(やり手のビジネスマン)、**a shrewd politician**(やり手の政治家)、**a shrewd eye for X**(X を鋭く察知する目)などが定番のフレーズ。

併せて覚えたい！

astute
/əstjúːt/
形 機敏な、鋭い；抜け目のない、ずるい →013

✏️ ここにも注目！

① acumen は「鋭い判断力、洞察力、鋭敏さ」という意味の名詞。 →069

② integrity は「誠実さ、高潔さ、良心」という意味の名詞。professional integrity（プロとしての誠実さ）、show [display] integrity（誠意を見せる）などのように使われる。honesty の難しい語と考えておくとよいだろう。

080

peruse
/pərúːz/

動 ①〜を熟読[精読]する ②〜にざっと目を通す ③〜を精査する

As a diligent researcher, it is **imperative** to peruse the relevant literature and conduct comprehensive analyses to **ascertain** the validity of the data.
真摯な研究者であれば、データの妥当性を確認するために、関連する文献を熟読し、包括的な分析を行うことが不可欠である。

本来は「一つひとつ吟味する、注意深く詳細を検証する」という①の意味だが、そこから拡張的に「本（などの文字情報）の全体に目を通す」という意味で広く使われるようになり、さらに皮肉を込めた言い方として「〜を拾い読みする、〜にざっと目を通す」という②の使い方が出てきた。結果として、今では「〜を熟読する」と「〜にざっと目を通す」という、一見相反するような二つの意味で用いられる。 派生語▶
perusal 名 精読；精査 例 I enclosed a copy for your perusal. 一部写しを同封しましたので、ご覧ください。

📖 併せて覚えたい！

pore
/pɔ́ːr/
動 熟読する；熟考する ▸ 対象を示すときは、pore over X（X〈本など〉を熟読する；X〈物事〉を熟考する）とする。 例 She pored over the book all day. 彼女は一日中その本を熟読した。

scrutinize
/skrúːtənàiz/
動 〜を綿密に調べる、吟味する 例 The items were closely scrutinized for signs of damage. 品物は破損の痕跡がないかどうか綿密に検査した。

✏️ **ここにも注目！**

① imperative は「必須の、絶対に必要な、不可欠の」という意味のフォーマルな形容詞。It is imperative to do 以外には It is imperative that SV.(～は不可避である)という形もとり、受験でもおなじみのとおり「that 節の中の動詞は**原形または should ＋原形**」が用いられる。

② ascertain は「～を確かめる、確認する、突き止める」を意味するフォーマルな動詞。

081 □ □ □ □

delve
/délv/

動 ① 掘り下げる、精査する ② 手を突っ込んで探す

The renowned philosopher was eager to **delve** into the intricacies of the human mind, using her extensive knowledge of neurology and cognitive science to unlock its mysteries.

その著名な哲学者は、人間の心の複雑な実態を掘り下げることに意欲的で、神経学と認知科学の幅広い知識を駆使して心の謎の解明に取り組んだ。

delve into X(X を掘り下げる)の形で用いることが圧倒的に多く、「より多くの情報を見つけようとして」という含意がある。そのほか、**delve in [into] X (for Y)** で「(Y を見つけようと[取ろうと])X の中を手で探る」という用法もある。**例** She delved in her bag for a lip balm. 彼女は鞄に手を突っ込んでリップクリームを探した。

📖 **併せて覚えたい！**

probe /próub/	**動** (～を)徹底的に調べる；(～に)探りを入れる；[探針で]検査する ▶ 他動詞の用法もあるが、自動詞で probe into X(X を徹底的に調べる、X〈傷・体内〉を探針で検査する)とする用法もある。報道などでよく使われる語。**例** probe into her past 彼女の過去を探る／probe the scandal そのスキャンダルを徹底的に調べ上げる
inquire /inkwáiər/	**動** 質問をする、尋ねる ▶ inquire into X で「X について(尋ねて)調査する」という意味。**例** inquire into the allegations of sexual assault 性的暴行の疑惑を調査する

✏️ **ここにも注目！**

① intricacy は「込み入っていること、入り組んでいること、複雑さ」を意味する名詞。複数形の intricacies は「込み入った事柄、複雑な問題」という意味。understand the intricacies of the human brain(人間の脳の複雑な詳細を理解する)のように使う。

② extensive は「広範囲の、多方面にわたる」を意味する形容詞。

082

grandeur
/grǽndʒər/

名 壮大、荘厳、華麗、壮麗、雄大

The **grandeur** of the ancient cathedral I visited last month **transcended** description.
先月訪れた歴史ある大聖堂の壮大さは言葉を失うほどのものだった。

「大きさ、美しさ、威厳などが圧倒的である」といった意味合いの語。問題文のように建物の描写に使われるほか、**the grandeur of Grand Canyon**（グランドキャニオンの荘大さ）、**the grandeur of the ocean [scenery/landscape/view]**（大海［景色／景観］の雄大さ）のように自然や景色の描写にもしばしば用いられる。

📘 併せて覚えたい！

magnificence
/mægnífəsns/

名 壮麗、華麗、壮大　**例** be impressed by the magnificence of Grand Canyon グランドキャニオンの壮大さに感銘を受ける

splendor
/spléndər/

名 豪華さ、壮麗さ、壮観　**例** the splendor of the palace 宮殿の壮麗さ

✏️ ここにも注目！

transcend は「〜を超越する」という意味の動詞で transcend description は「筆舌に尽くしがたい」の意味。そのほか transcend one's understanding [comprehension]（理解を超越している）などのフレーズで使われる。

083

fraught
/frɔ́ːt/

形 ①〔問題などを〕はらんだ、〔危険・問題に〕満ちた　②〔気持ち・状況が〕不安な、張り詰めた

Although the issue of implementing new tax policies in an election year is **fraught** with political peril, the government is **unwavering** in its commitment to bring about certain changes.
選挙のある年に新たな税制を導入する件は政治的危険をはらんでいるが、一定の変更を実現させるという政府の決意は揺るがない。

①の意味では with を伴って **fraught with danger [difficulties/problems]**（危険［困難／問題］に満ちた）の形で用いる。②の意味はイギリス英語でよく用いられる。**look [sound] fraught**（心配している様子だ）のように補語になるほか、**fraught relationship** [history/issue/situation] (緊張をはらんだ関係[歴史／問題／状況])のように名詞を前から修飾することも可能。この意味の類義語としては tense が挙げられる。「貨物(freight)を積み込んだ」というのが原義で、そこから「問題が満載だ」「〔心に〕重荷を負った」のように意味が展開した。

📖 併せて覚えたい！

laden
/léidn/
形 〔荷物などを〕積んでいる；〔悩みや問題を〕抱えた 例 a heavily laden cart 荷物が満載のカート

✒ ここにも注目！

unwavering は「揺るぎない、確固たる、動揺しない」という意味の形容詞。→072

084 ⬜⬜⬜⬜

rife
/ráif/
形 〔悪いことが〕あふれている、いっぱいである、満ちている

The internet is notoriously rife with misinformation, lies, and biased opinions.
インターネットには周知のように誤った情報、虚偽、偏見が氾濫している。

「悪いこと」が主語の場合、X be rife (in [on] Y)で「X(悪いこと)が(Yに)蔓延している」となる(Yが the internet や social media などの場合に例外的に前置詞が on となる)。「悪いこと」の例としては、corruption、problem、rumor、speculation、conflict などが用いられることが多い。一方、「蔓延している場所」を主語とする場合は、Y be rife with Xで「YがX(悪いこと)でいっぱいである」となる。問題文は後者のパターンだが、「悪いこと」を主語にして Misinformation is rife on the internet. とも表現できる。同じような二つのパターンで用いられる語としては、動詞の abound(豊富である)がある。X abound in Y(XがYにいっぱいである)、Y abound with [in] X(YにXがいっぱいある)のように使う。形容詞の abundant も同じパターンをとる。

📖 併せて覚えたい！

prevailing
/privéiliŋ/
形 広く受け入れられている、普及している ▸ 考え方や態度、文化などを形容して使うのが一般的。例 the prevailing view 広く受け入れられている見方

prevalent
/prévələnt/
形 広く行きわたっている、蔓延している、流布している ▸ 考え方だけではなく、病気や問題などについても使える。例 the prevalent view 広く行きわたっている見方／prevalent diseases 蔓延している病気

replete
/riplí:t/
形 満ちた、いっぱいの、備わっている ▸ be replete with X(Xでいっぱいである、満たされている)のように使う

replenish
/ripléniʃ/

動 ～を再び満たす、補充する　例 replenish the glass with wine グラスにワインを注ぎ直す

085 ▢ ▢ ▢ ▢

rampant
/rǽmpənt/

形 ①〔病気・犯罪などが〕蔓延して、猛威を振るって
②〔噂などが〕蔓延して　③〔植物が〕生い茂って

Despite efforts to control the situation, corruption remains **rampant** in many countries, posing a significant threat to their economic development and political equilibrium.

事態の収拾を図る取り組みはなされているものの、依然として多数の国で汚職が横行しており、経済発展と政治的均衡が著しく脅かされている。

「抑制が効かずに悪いものがあらゆるところに遍在している、または広まっている様子」を表す語。名詞を前から修飾する形で **rampant inflation**(猛威を振るっているインフレ)のような使い方をするほか、補語として用いる **become rampant**(蔓延する、はびこる)、**remain rampant**(蔓延したままである)、**go rampant**(蔓延する、はびこる)といったフレーズが頻出。中でも群を抜いてよく使われるのが **run rampant**(蔓延する、はびこる)という表現である。この場合、前置詞 **in** を伴って「蔓延している場所」を表す語句が続くことが多い。例 Corruption has run rampant in politics for the past several decades. 過去数十年間、政治の世界では汚職が蔓延していた。

📖 併せて覚えたい！

rife
/ráif/

形〔悪いことが〕あふれている、いっぱいである、満ちている →084

unchecked
/ʌ̀ntʃékt/

形 抑制のない、野放しの；検査を受けていない、点検されていない　例 Noise pollution often goes unchecked. 騒音公害は野放しにされることが多い。
→130：unabated

✏️ ここにも注目！

equilibrium は「平衡、均衡；〔心の〕平静」を意味する名詞。

086

clutter
/klʌ́tər/

動 ①(場所など)を散らかす、雑然とさせる ②(頭など)をいっぱいにする

The exquisite paintings hung on the wall contrast with the desk cluttered with books and newspapers.
優美な絵画が壁に飾られているのとは対照的に、机は本や新聞で散らかっている。

be cluttered (up) with X の形で「Xでいっぱいである、Xが散らかっている」という意味を表す用法が多い。名詞として用いて「雑然と散らかったもの」という意味になることもある。例 (be) clear of clutter ゴミの山がない、片付いている
語源的にはclot(凝固した塊)に由来。cluster(集団)やclatter(ガチャガチャという音)と連想が働き、「ゴチャゴチャした集まり」というイメージの語になった

📖 併せて覚えたい！

jumble
/dʒʌ́mbl/

名 寄せ集め、混乱状態；古着、がらくた ▶「古着、がらくた」の意味ではrummageとほぼ同義。a jumble of X (and Y)で「X(とY)をごちゃまぜにしたもの」という意味の用法で使われることが多い。動詞用法もあり、その場合は「〜をごちゃ混ぜにする、混乱させる」の意味。upやtogetherを伴い、be jumbled up [together](ごちゃ混ぜにされる)という受け身の形で使われることが多い。例 in a jumble ごちゃ混ぜになって、雑然として

clog
/klɑ́g/

動 (管・道路など)を詰まらせる、が詰まる、の動きを妨げる 例 be clogged with dirt 泥が詰まっている

litter
/lítər/

動 (場所など)を散らかす、汚す、満たす ▶ be littered with X は比喩的に「X(好ましくないもの)であふれている」という意味でもよく使われる。例 The floor is littered with trash. 床がゴミで散らかっている。／His essay is littered with spelling mistakes. 彼のレポートはスペルミスだらけだ。

✏️ ここにも注目！

exquisite は「非常に繊細な、極めて美しい、非常に見事な」という意味の形容詞で、非常に意味が強い語。英英辞典では extremely beautiful などと定義されることが多いことからもわかるように、普通は very、extremely といった強調の副詞でさらに修飾することはない。

antagonism
/æntǽgənìzm/

名 ①敵対心、敵意、〔相互の〕反目 ②反対、反抗

The political scientist analyzed the deep-seated antagonism between the two competing parties, and their sustained ideological conflict and entrenched polarization.

その政治学者が分析したのは、対立する二党間の根深い対立と、思想的な衝突が続いて二極化が固定化している状況である。

---

hostility(敵意)を表す語の中では、書き言葉でよく用いられる語。「敵対する相手に対する強い嫌悪」を表し、対象は個人ではなく(社会階級や人種などの)集団となるのが一般的。**antagonism between X and Y**(XとYの間にある敵対心)、**antagonism to [toward] X**(Xに対する敵対心)が頻出。通例、不加算あるいは複数形で用いる。 例 racial antagonism toward Hispanics ヒスパニックに対する人種的敵対心 派生語 antagonistic 形 敵対する、敵意を持つ

📖 **併せて覚えたい!**

animosity
/ènəmásəti/
名 敵意、憎しみ、憎悪、嫌悪 →088

antipathy
/æntípəθi/
名 反感、嫌悪 →162

enmity
/énməti/
名 長期的な強い嫌悪(感)、憎しみ、憎悪 例 deep enmity between the two countries 二国間の根深い敵意／That remark of his earned him their lasting enmity. 彼のその発言で、彼は彼らに長期にわたり憎まれることになった。

✏️ **ここにも注目!**

① deep-seated は「根強い、根深い」という意味の形容詞。 →051
② sustained は「持続的な、長期間維持された」を意味する形容詞。
③ entrenched は「強固な、確固たる、凝り固まった、確立した」という意味の形容詞。 →051
④ polarization は「分裂、二極化、対立」を意味する名詞。

088

animosity
/ænəmásəti/

名 敵意、憎しみ、憎悪、嫌悪

Despite the long history of **animosity** between the neighboring countries, the peace **treaty** has created a **tranquil** atmosphere.
その隣り合う二国は長らく敵対的な関係にあったが、平和条約によって融和的なムードが生まれた。

▶ **animosity between X and Y**(XとYの憎み合い)、**animosity toward X**(Xへの敵意)の形でよく使われる。個人の感情や人間関係に基づく敵意や憎悪を示唆する傾向があり、**personal**、**racial** などの形容詞で修飾されることも多い。

📖 **併せて覚えたい！**

hostility /hɑstíləti/	**名** 敵意、憎しみ　**例** hostility toward [to] the country その国への敵意
hostile /hástl/	**形** 敵意を持った、〔考えなどに〕反対している；〔天候・条件などが〕厳しい　**例** a hostile environment 過酷な環境
antagonism /æntǽgənìzm/	**名** 敵対心、敵意、反目；反対、反抗 →087
antagonistic /æntæ̀gənístik/	**形** 敵対する、敵意を持つ
enmity /énməti/	**名** 長期的な強い嫌悪、憎しみ、憎悪 →087
hatred /héitrid/	**名** 憎しみ、憎悪、嫌悪　**例** hatred of [for] socialism 社会主義への嫌悪
malice /mǽlis/	**名** 悪意　**例** with malice 悪意で／out of malice 悪意から
malicious /məlíʃəs/	**形** 悪意のある　**例** malicious gossip 悪意のある噂話／with malicious intent 悪意で
malevolent /məlévələnt/	**形** 悪意のある　▶ give X a malevolent smile(Xに悪意のこもった笑顔を向ける)のように使う。

✏️ **ここにも注目！**

① **treaty** は「条約、協定、取り決め」という意味の名詞で、**agreement**、**pact**、**concord** が類義語。**ratify a treaty**(条約を批准する)、**sign a treaty**(条約に署名する)というフレーズで覚えておきたい。

② **tranquil** は「穏やかな、落ち着いた」という意味の形容詞。関連して **tranquilizer**(精神安定剤)も覚えておきたい。

loathe
/lóuð/

動 ～をひどく嫌う、憎む

I absolutely **loathe** the notion of participating in **mundane small talk,** as it tends to be a **tedious** and **banal** exercise.
退屈で陳腐な行為になりがちなので、ありきたりな世間話に加わるのは自分としては絶対に嫌だ。

一般的に hate よりも強い嫌悪を表すが、くだけた会話などでは「あまり好きじゃない」程度の意味で使われることも少なくない。目的語に名詞をとる以外では、**loathe V-ing**（～するのをひどく嫌う）の形で用い、後ろに **to do** がくることはない（この点は hate とは異なり、dislike と共通）。**例** I **loathe** being near someone who's smoking. 私はタバコを吸っている人の近くにいるのがすごく嫌だ。

📖 併せて覚えたい！

abhor
/æbhɔ́:r/

動 ⊖ ～を〔道徳上の理由で〕忌み嫌う、憎悪する ▸ hate より嫌悪の度合いが強い語であり、進行形にしないのが一般的。**例** She abhors any form of animal testing. 彼女はあらゆる形態の動物実験を忌み嫌っている

detest
/ditést/

動 ❶ ～をひどく嫌う、憎む ▸ hate より嫌悪の度合いが強い語であり、進行形にしないのが一般的。detest V-ing で「～することをひどく嫌う」という用法もある。**例** She detests being treated unfairly. 彼女は不当な扱いを受けることをひどく嫌っている。

✏️ ここにも注目！

① mundane は「ありふれた、日常的な、面白味や新鮮味に欠ける」を意味する形容詞。ordinary（普通の、平凡な）とほぼ同義であり、一方で banal（平凡な、陳腐な）ほどマイナスの含みはない。mundane tasks（ありふれた仕事）のように使う。

② small talk は「世間話」という意味。

③ tedious は「〔長時間・単調で〕退屈な、うんざりするような」を意味する形容詞。

④ banal は「ありきたりな、面白味のない、平凡な、陳腐な」を意味する形容詞。 →300

090

xenophobia
/zènəfóubiə/

图 外国人嫌悪、外国人嫌い、外国人恐怖症

One of the major <u>obstacles</u> to world peace is the racism and xenophobia found around the world.
世界平和にとって大きな障壁となっているものの一つは、世界中で見られる人種差別と外国人嫌悪である。

phobia には「恐怖症」という意味があり、接尾辞的に使うと acrophobia（高所恐怖症）、claustrophobia（閉所恐怖症）、hydrophobia（恐水病、狂犬病）、agoraphobia（〔人が多数いる〕広場恐怖症）、arachnophobia（クモ恐怖症）、aichmophobia（先端恐怖症）などの語を作る。単独でも使用可能で、a phobia of [about] X で「X に対する恐怖症」という意味になる。

✎ ここにも注目！

obstacle は「障壁、邪魔、障害、支障」などの意味の名詞。物理的なものにも非物理的なもの（例えば心理的なものなど）にも使うことができる便利な語。an obstacle to X（X に対する障害）、get over [overcome] many obstacles（多くの障害を乗り越える、克服する）で覚えておこう。似た意味の語として impediment も覚えておこう。こちらは「妨げ、障害、障壁」という意味の名詞で、やはり an impediment to X（X に対する妨げ）というように to を用いる点に注意。この語は「進歩、進展」など何かしら変化していくものを「妨げる」という意味合いが強い。an impediment to progress（進歩の障害となるもの）で覚えておこう。なお、心身機能に見られる「障害」の意味でも用いられ、特に a speech impediment（言語障害）はよく使われる。

具体的なフレーズで覚える必要性(2)

コラム①で「フレーズや言い回しを覚えることが重要」だと書きました。では、よくある具体的なフレーズに気づくためにはどうしたらよいのでしょうか。それにはまず、「同じようなパターンが繰り返し使われている」という事実そのものを意識することが大切です。文法のルールに単語を当てはめて英文は作られているというイメージを持っている受験生が多いのですが、それだと英文に触れるときにすべてが初見に見えてしまうのではないでしょうか。これからは意識を変えて、**「英文は、かなりの部分が同じことの繰り返し」**と考え、「これまでに見たことのある英語表現がこの長文にも出てこないかな?」と思いながら英文に当たってください。それだけでも英文の見え方がかなり違ってくるはずです。

次に、辞書、特に**英英辞典を頻繁に引きましょう**。そしてそれらの辞書の**「例文」をしっかり見てください**。辞書にはよくあるフレーズが掲載されていることが多く、特に頻出の定番フレーズに関しては、太字で強調されているのが一般的です。例えば、コラム①で紹介したurgentという単語を、一般に初心者にも使いやすいとされている『ロングマン現代英英辞典』で引くと、The report **called for** urgent action to reduce lead in petrol. という例文が載っています。辞書を確認するときには、訳語や定義も大事ですが、例文に頻繁に目を向けることでこうした出現頻度の高いフレーズをかなり身につけやすくなるのです。

ところで、本書に掲載しているunderscore →016 は共著者の萩澤さんの担当でしたが、それに気づかずに僕も誤ってunderscoreの原稿を書いてしまいました(収録されているのは萩澤さんが執筆したものです)。彼と僕の原稿を見比べてみたところ、ともにunderscore the importanceという頻出フレーズで例文を書いていて、思わずニヤリとしてしまいました。今後の学習ではみなさんも「xxxxxという単語を耳にしたらまずどんなフレーズを思い浮かべる?」と常に自問自答を繰り返してもらいたいと思います。それが癖になると間違いなく英語力は格段にアップするでしょう。

(山崎)

4

◀》 04

Reading without sufficient vocabulary is just speculating.
十分な語彙を持たずに読むことは、憶測することにすぎない。
(駒橋)

calamity
/kəlǽməti/

名 ①災難、惨事 ②不幸、苦難

The nation was left in a state of utter **calamity** as the pandemic **engulfed** its population in **turmoil**, causing a massive **upheaval** in the country's economy and health care infrastructure.

感染症の大流行が国民を混乱の渦に飲み込み、経済や医療インフラを著しく激変させたことに伴い、同国は紛れもない災害状態となった。

「国や組織の政治的・財政的情勢あるいは個人の生活に対して大きな害をもたらす出来事」、および「その出来事がもたらす状況」を表す。disaster や catastrophe ほどは意味は強くないが、大地震、津波、テロ攻撃などを表すこともあり、事の深刻さによる明確な区別はない。**例** a calamity caused by the tsunami その津波により生じた惨事／ the calamity of war 戦禍

📖 併せて覚えたい！

catastrophe
/kətǽstrəfi/

名 大災害、大惨事 **例** a looming environmental catastrophe 迫りくる環境破壊

adversity
/ædvə́ːrsəti/

名 逆境、不運；不幸な出来事、災難 **例** overcome adversities 不幸な出来事を乗り越える

mishap
/míshæp/

名 〔軽い〕トラブル **→284**

scourge
/skə́ːrdʒ/

名 ●多大な災難［苦難］；天罰、祟り **例** the scourge of war 戦禍

woe
/wóu/

名 災い、苦難 ▸ この意味では通例複数形で用いる。**例** financial woes 金銭的苦難 **→286**

✏️ ここにも注目！

① **engulf** は「〜を突然襲う、飲み込む；〜を圧倒する」という意味の動詞。**→135**

② **turmoil** は「混乱、騒動」を意味する名詞。The country was thrown into turmoil.（その国は混乱に陥った）のように使う。economic turmoil（経済的混乱）、emotional turmoil（情緒の不安定）などのフレーズはよく使われる。

③ **upheaval** は「激変、激動、大変動」を意味する名詞。**→011**

092

havoc
/hǽvək/

名 ① 〔天災・戦争・暴動などによる〕大破壊、大損害 ② 大混乱、無秩序

The invasive species has the potential to wreak **havoc** on the ecosystem, disrupting its balance and causing irreversible damage.
その外来種は、生態系のバランスを乱し不可逆的な被害を引き起こして、生態系を著しく破壊してしまう恐れがある。

wreak havoc on X、play [raise] havoc with X の形で用いることが非常に多く、どちらも「Xに大混乱を起こす、Xをめちゃくちゃに破壊する」という意味になる。**wreak** は「(損害など)をもたらす」という意味の動詞で、過去形には **wreaked** のほかに **wrought** という古い形もあり、このフレーズではあえて **wrought** が用いられることが多い。そのほか、**cause、create** といった動詞が使われることも多い。**例** The wildfire caused havoc to wildlife in the forest. その山火事は森の野生生物に大きな被害をもたらした。

📖 **併せて覚えたい！**

commotion
/kəmóuʃən/

名 突然の騒動、混乱 ▶ 通例単数形で用いる。**例** cause a commotion 騒ぎを引き起こす

mayhem
/méihem/

名 大混乱、パニック → 011

✏️ **ここにも注目！**

disrupt は「~を混乱[中断]させる、乱す；(制度など)を分裂[崩壊]させる」を意味する動詞。

093

influx
/ínflʌks/

名 流入、殺到

The government is struggling to manage the massive **influx** of refugees, which has exacerbated the strain on the country's already precarious infrastructure.
政府は、すでに不安定な同国のインフラへの負担を悪化させている難民の大量流入をコントロールするのに苦慮している。

the [a] influx of X (into Y) (Xが(Yに)流入[殺到]すること)の形で使う。Xは「人」や「資金」などを表す名詞が多い。接頭辞 **in-**(中へ)と **flux**(流れ)からできている語。こ

の **flux** は単独で「流動、変転」の意味で使われるほか、**efflux**(〔液体・ガスなどの〕流出)や **reflux**(逆流)などにも見られ、いずれも「流れ」の意味が共通する。

✏️ ここにも注目！
① **exacerbate** は「〜をさらに悪化させる」という意味の動詞。→030
② **precarious** は「不安定な、危うい、運次第の;〔足場などが〕安定しない」という意味の形容詞。→073

---

094 ☐ ☐ ☐ ☐
📢 formal

insidious
/insídiəs/

形 ①〔悪影響などが〕じわじわと広がる ②〔病気などが〕潜行性の ③狡猾な、油断のならない

The **insidious** nature of climate change is <u>exacerbated</u> by <u>anthropogenic</u> activities, such as deforestation, which accelerate the degradation of ecosystems.
気候変動の潜行的な性質は、生態系の崩壊を加速させる森林伐採などの人為的活動によって悪化している。

「〔病気・脅威・偏見など〕有害、危険、あるいは不快なものが気づかれないまま徐々に広がって[進行して]いく様子や性質」を表す語。「狡猾な、油断ならない、陰険な」という意味で用いることもある。例 an insidious plan 陰険な計画／an insidious enemy 狡猾な敵

📖 併せて覚えたい！
stealthy
/stélθi/
形 ひそかな、人目を忍んだ、内密の　例 a stealthy movement ひそかな動き

stealthily
/stélθili/
副 こっそりと、ひそかに　例 Viruses spread stealthily. ウイルスはひそかに広まるものである。

✏️ ここにも注目！
① **exacerbate** は「〜をさらに悪化させる」という意味の動詞。→030
② **anthropogenic** は「人間の生み出した、人間が発生させる、人間に起因する」を意味する形容詞。

095

tacit
/tǽsit/

形 暗黙の、言葉では直接表されない

There was a **tacit** understanding among journalists around the world that the invasion was totally <u>unwarranted</u>.
世界中のジャーナリストの間でその侵略行為は正当性を完全に欠いているという暗黙の了解があった。

「言葉には出さないが、同意・協力している」というニュアンスの語。**a tacit approval [agreement]**(暗黙の合意)、**tacit knowledge**(経験則)、**tacit support**(実質的な支持)、**tacit understanding**(暗黙の了解[理解])、**a tacit admission**(暗黙のうちに認めること)などが定番のフレーズ。 派生語 **tacitly** 副 暗に ▸ **tacitly accept [acknowledge/ agree/admit] X**(暗にXを受け入れる[認める])のように使う。

📖 併せて覚えたい！

implicit
/implísit/

形 暗黙の、それとなしの；絶対的な   例 **an implicit understanding** 暗黙の了解
▸ explicit(明示的な)とセットで覚えよう。

✏️ ここにも注目！

unwarranted は「根拠のない、正当性のない、正当化されない」という意味の形容詞。主に attack、invasion、interference、assumption、criticism といった名詞とともに用いられることが多い。関連語の warrant には名詞と動詞の用法がある。名詞は「令状、法的な許可；十分な根拠、理由；証明書」、動詞は「~を正当化する、妥当とみなす；~を保証する」の意味である。warrant criticism(批判を正当化する)、warrant the quality(品質を保証する)などのように使う。

096

unwittingly
/ʌnwítiŋli/

副 知らず知らずのうちに、無意識に、意図せずして

The restaurant managers **unwittingly** broke the law by operating without meeting the <u>requisite</u> <u>hygiene</u> standards.
その飲食店経営者らは必須の衛生基準を満たすことなく営業してしまい、無自覚のうちに法律違反をしていた。

unknowingly(知らず知らずのうちに)に近い意味の語。「気づいていないが実は~している」というニュアンス。 派生語 **unwitting** 形 気づいていない、故意ではない   例

| **an unwitting accomplice** 意図せずして共犯になってしまった人

✏️ **ここにも注目！**

① **requisite** は「必要な、不可欠の」という意味のフォーマルな形容詞。「何かのために条件として必要な」という意味合いで、名詞を前から修飾する形で用いる。**the requisite skills for the task**（そのタスクに必須の技能）のような使い方をする。

② **hygiene** は「衛生（状態）」という意味の名詞。**mental hygiene**（精神衛生）、**public hygiene**（公衆衛生）というフレーズで覚えておこう。

097 ☐ ☐ ☐ ☐

anecdote
/ǽnikdòut/

名 エピソード、小話、〔ある人物に関する〕逸話

To illustrate this point, let me share a personal anecdote from my childhood.
この点を説明する例として、私が子ども時代に経験した個人的なエピソードを紹介しましょう。

「実際にあった短くて面白い話」という意味合いがある。**tell** や **share** のほか、**relate**（～を語る）の目的語になることも多い。時に「信憑性の低い話、噂」（≒ **hearsay**）の意味で使われることもある。**派生語** **anecdotal** 形〔話などが〕人の経験に基づいた；不確かな　例 **based on anecdotal evidence** 信憑性の低い証拠に基づく　※確実な調査結果ではない、という含みがある。

📖 **併せて覚えたい！**

hearsay
/híərsèi/

名 伝聞、噂 ▶「伝え聞いたが本当かどうかはわからない」というニュアンスの語　例 **be based on hearsay** 噂に基づいている

098 ☐ ☐ ☐ ☐

demeanor
/dimí:nər/

名 態度、振る舞い、物腰、話し方

Despite his gentle demeanor, the diplomat possessed an unwavering conviction and a sharp intellect that made him a formidable negotiator on the international stage.
穏やかな物腰とは裏腹に、その外交官は揺るぎない自信と鋭い知性を有し、それによって国際舞台での手強い交渉相手となっていた。

「人の人格、性格、特徴を印象付ける振る舞い」を意味する語。問題文のように形容

詞を伴って「〜な物腰[性格]」の意味で使うことが多い。よく用いられる形容詞は **reserved**（控えめな）、**calm**、**cheerful** など。There is something in his demeanor that SV.（彼の態度には〜な部分がある）のような言い方もある。

📖 併せて覚えたい！

misdemeanor
/mìsdimí:nər/

名 ➖不品行、非行、不行跡；軽犯罪 ▸ felony（重犯罪）も併せて覚えておきたい。felony には murder、rape、arson（放火）などが含まれる。例 The man was charged with a misdemeanor. その男は軽犯罪で起訴された。

mien
/mí:n/

名 ➖［その人特有の］物腰、態度、様子、表情 例 the young girl's calm mien その少女の落ち着いた物腰

comportment
/kəmpɔ́:rtmənt/

名 ➖ 立 ち 居 振 る 舞 い、態 度 例 People were touched by the emperor's comportment. 天皇陛下の立ち居振る舞いに人々は心を動かされた。

deportment
/dipɔ́:rtmənt/

名 ➖［礼儀作法としての］立ち居振る舞い；〔人前での〕態度、振る舞い；行儀 例 lessons in deportment and manners 立ち居振る舞いと礼儀作法のレッスン

✏️ ここにも注目！

① unwavering は「揺るぎない、確固たる、動揺しない」という意味の形容詞。 →072

② conviction は「信念、自信」を意味する名詞。

③ formidable は「手強い、手に負えそうにない；威圧感のある；圧倒的な、並外れた」を意味する形容詞。 →069

④ negotiator は「交渉者、交渉相手、協議者」を意味する名詞。

099 ☐ ☐ ☐ ☐

backdrop
/bǽkdràp/

名 ①〔事件などの〕背景 ②背景幕

Against a **backdrop** of economic downturn and financial instability, the central bank unveiled a comprehensive stimulus package to revive the ailing economy.
景気低迷と金融不安を背景に、中央銀行は不振にあえぐ経済を回復させるための包括的な景気刺激策を発表した。

②の「舞台上に吊される背景幕」が原義で、そこから拡張して「物の背景や（背後に見える）風景」、さらには①の「事件などの背景」という意味でも用いられる。①の意味で用いられることが最も多く、問題文にあるように against a [the] backdrop of X（X を背景として）というフレーズで用いることが非常に多い。類義語の background ほど幅広く使える単語ではないので注意が必要。

併せて覚えたい！

milieu 名〔生活・仕事をしている〕社会的な環境、周囲（の状況）　▶ フランス語からの外来語。
/miːljə́ː/　例 The artist captured the essence of the urban milieu in his paintings. その芸術家は都市
環境の本質を捉えて絵画の中に表現した。

ここにも注目！

① unveil は「〜の覆いを取る：（秘密など）を明らかにする、公表する、発表する」という意味
の動詞。unveil a new product line（新製品シリーズを公開する）のように使う。

② ailing は「不況の、不振の（続く）：（慢性的に）病気の、病弱な」という意味の形容詞。

100 ☐ ☐ ☐ ☐

cumulative 形①〔影響などが〕累積する、次第に増加する ②〔数値な
/kjúːmjulətiv/ ど〕累積による

The <u>devastating</u> effects of climate change are the result of not only current but
also cumulative human activities, <u>underscoring</u> the urgent need for sustainable
practices to <u>mitigate</u> their impact.
気候変動の壊滅的な影響は、人間による現在の活動だけでなく過去の積み重ねの結果でもあり、その影
響を軽減するための持続可能な慣行が急務であることを強調している。

名詞を前から修飾する形で用い、effect、impact、exposure（晒されること、被曝）、
emission（排出）、loss、total、number、figure（数値）といった名詞とともに用いら
れることが多い。意味も形も似た accumulate（蓄積する）と関連づけて覚えるとよい。

併せて覚えたい！

aggregate 形 総計の、総合の；集合した　例 aggregate demand 総需要
/ǽɡrɪɡət/

ここにも注目！

① devastating は「〔影響などが〕壊滅的な、〔情報などが〕衝撃的な」という意味の形容詞。「壊
滅的な」という意味では disastrous とほぼ同義である。catastrophic（大惨事の、悲惨な）
と一緒に覚えておこう。

② underscore は「〜を強調する、目立たせる；〜に下線を引く」という意味の動詞。→016

③ mitigate は「〜を和らげる、緩和する；〜を軽減する」という意味の動詞。→023

101

□ □ □ □

incremental
/ìnkrəméntəl/

形 ①〔コストなどが〕徐々に増加する、漸増する ②〔変革などが〕漸進的な、少しずつの

Education in the country has undergone a transformation, which was made possible by a series of gradual, **incremental** improvements in the curriculum.

その国の教育は変貌を遂げた。それが実現したのは、教育課程に一歩一歩、少しずつ改善を加えていったことによる。

修飾する名詞は「変化」に関するものが多く、change、progress、reform、step、process などが頻出。②の意味の場合、radical が反意語となる。 **派生語** incrementally 副 徐々に 例 increase incrementally over time 時間をかけて徐々に増加する

102

□ □ □ □

exponentially
/èkspounénʃəli/

副 加速（度）的に、急速に、幾何級数的に

The world's population has been increasing **exponentially**, and unless we take drastic action immediately, it is inevitable that future generations will suffer from a shortage of food and resources on an **unprecedented** scale.

世界の人口は加速度的に増えており、すぐにでも抜本的な対策を取らない限り、未来の世代が前例のない規模の食料不足と資源不足に直面することは避けられない。

increase、grow、expand などの動詞とともに使うことが多い。形容詞 exponential の副詞形だが、実際には副詞の exponentially の方がよく使われる。exponential は本来「指数（の）」という意味だが、日常的には「加速度的な、急速な」という意味で使われることが圧倒的に多い。exponential growth（急激な成長）、exponential increase（爆発的増加）は頻出のフレーズ。 **派生語** exponent 名 指数；主唱者、擁護者、代表者（≒ proponent、advocate、champion） →245：champion

✏️ ここにも注目！
unprecedented は「前代未聞の、空前の、類を見ない、無比の」という意味の形容詞。an unprecedented food crisis（未曾有の食糧危機）のように使う。an unprecedented level of X / unprecedented levels of X（前例のないレベルのX）という頻出フレーズも覚えておきたい。

103 □ □ □ □ □

augment
/ɔːgmént/

動 ①(数量・程度など)を増加させる、増大させる、(価値など)を上昇させる ②〜を補う

The company aims to **augment** its profits by diversifying its portfolio and implementing innovative strategies to increase revenue streams.

その会社は、自社の製品・サービスを多様化し、収益源を増やすための革新的な戦略を実施することで、利益の拡大を目指している。

現実環境にコンピューターが生成した画像を合成する技術のことを AR と言うが、これは augmented reality(拡張現実)の略。また、augmented chord(オーギュメントコード)はメジャーコードの完全五度を半音上げて増五度にした和音のこと(ただし、英単語の発音とは「ギュ」の部分が大きく異なるので注意)。IT技術や音楽に関心のある人は、これらをきっかけにすると覚えやすいだろう。 **派生語** augmentation **名** 増加、増大(すること) **例** the augmentation of capital 資本の増強

📖 併せて覚えたい!

diminish
/dimíniʃ/

動 〜を減らす、小さくする;〔意図的に〕〜を軽視する、〜の権威を低める **例** diminish its importance その重要性を減ずる／His influence quickly diminished. 彼の影響力は一気に低下した。

abate
/əbéit/

動 〜を減ずる、弱める;〜を静める;〜を引き下げる →015

✏️ ここにも注目!

① diversify は「〜を多様化する」という意味の動詞。

② portfolio は「書類鞄;〔投資家・金融機関の〕ポートフォリオ、有価証券の目録;製品やサービスの品ぞろえ」を意味する名詞。

③ implement は「(政策など)を実行する、実施する」という意味の動詞。 →023

④ revenue は「(総)収入、収益;〔税による国・自治体の〕歳入」を意味する名詞。revenue stream(〔企業の〕収益源;高収益商品)も覚えておこう。

104

bolster
/bóulstər/

動 ①〜を強化する、改善する ②(自信・信頼・士気など)を高める、(人)を元気づける ③(学説・政府など)を支持する

The lawyer's **astute** observations **bolstered** the defense's argument, leaving the **jury** with little doubt of the **defendant's** innocence.

その弁護士の鋭い観察によって弁護側の主張は補強され、被告人の無罪に関する陪審員団の疑念はほぼ払拭（ふっしょく）された。

元々は筒状の枕のことを指す(= bolster pillow)。これは普通の枕の下やソファの背もたれ部分に置いて、よりしっかりと体を支えることを目的とするもので、ここから、「よりしっかりとしたものにする」あるいは「より高いものにする」といった意味合いで広く用いる。confidence、courage、economy、credibility(信頼性)、standing(地位)などの名詞を目的語にとることが多い。**bolster up X**(X を活性化する)という形もよく使われる。**例** bolster up the economy 経済を活性化する

📖 **併せて覚えたい！**

cement
/simént/

動 (合意や関係など)をより強固なものにする **例** cement alliance 同盟関係を強化する

shore
/ʃɔ:r/

動 (屋根・壁など)を支える；〜を支持する、支援する ▸ shore up X または shore X up の形で用いる。**例** shore up the slow economy 停滞する経済にテコ入れする

buoy
/búːi/

動 (気分など)を高める、〜を元気づける；(値段など)を高い水準に保つ、〜を浮かせておく(→ 107)

✏️ **ここにも注目！**

① astute は「機敏な、鋭い；抜け目のない、ずるい」という意味の形容詞。(→ 013)

② jury は「陪審、陪審団」を意味する名詞。アメリカの裁判には、民間人から選ばれた12人の陪審員(juror)による陪審員団が構成され、彼らが裁判の中で事実認定や判決を行う「陪審制度」がある。

③ defendant は「被告(人)」という意味の名詞。一方の「原告」は plaintiff である。なお、関連する語に defense があり、これにはスポーツなどでなじみのある「防衛、防御」という意味のほか、a defense lawyer(被告側弁護人)という使い方がある。

105 □ □ □ □

galvanize
/gǽlvənàiz/

動 ①〜に刺激を与える、刺激を与えて〜させる ②〜を活気づける ③〜に電流を通す

The proposal to cut funding for the arts galvanized the community into action, igniting a fervent campaign to preserve artistic expression in the region.

芸術に対する助成金を削減してはどうかという提案は、地域社会を刺激して行動に駆り立て、地域の芸術表現を守るための激しい運動に火をつけた。

元々の意味は「電流で刺激する」で、生物電気（生物に見られる発電現象）の発見者として知られるイタリア人解剖学者 Luigi Galvani の名前に由来する語。今は galvanize X into Y / galvanize X into V-ing / galvanize X to do などの形で「X を刺激して Y [〜] させる」という意味で用いることが多い。**例 We need to find ways to galvanize the community to deal with this problem.** コミュニティーを刺激してこの問題に取り組ませる方法を見つける必要が私たちにはある。

「〜を元気づける」という意味で用いられることもある。**例 This win galvanized the club.** この勝利はクラブを活気づけた。

📖 併せて覚えたい！

spur
/spə́:r/

動 〜を急き立てる、駆り立てる：〜を急き立てて…させる ▶ spur X (on) to do（〜するようX を急き立てる）、spur X into Y（X を急き立てて Y させる）、spur X into V-ing（X を急き立てて〜させる）など、さまざまな用法がある。**例 spur the players (on) to give their best** 選手たちにベストを尽くすよう駆り立てる／**Her encouragement spurred me into action.** 彼女の励ましで、私は行動を起こそうという気持ちになった。

exhort
/igzɔ́:rt/

動 ❷〜を強く勧める[説得する／勧告する／訓戒する] ▶ 発音に注意。exhort X to do で「X に〜するよう強く勧める」、exhort X to Y で「Y を X に強く勧める」という意味になる。**例 The president exhorted the citizens to fight for freedom.** 大統領は国民に自由のために戦うよう強く説得した。／**He was exhorted to diligence.** 彼はしっかり頑張りなさいと諭された。

✏️ ここにも注目！

① ignite は「〜に火をつける：（人・心など）を奮起させる、（議論など）を燃え上がらせる」を意味する動詞。

② fervent は「熱心な、熱烈な、熱の入った」という意味の形容詞。 →005

106

invigorate
/invígərèit/

動 ① ~を元気づける、活気づける、やる気にさせる ②（経済など）を活性化させる

The new salary system is expected to **invigorate** the employees and boost morale in the company.
新しい給与体系は社員のやる気を高め、社内の士気を高めることが期待されている。

「人」を目的語にするか、あるいは invigorate the economy（経済を活性化させる）というフレーズで使われることが多い。vigor（活力、精力）を知っていれば、それに in-（中へ）と -ate（動詞化）がついて「活気のある状態にする」という意味であることがわかるので覚えやすいやすい。 派生語 invigorating 形 元気の出る（≒ refreshing） 例 (an) invigorating experience やる気を与えてくれる経験 invigorated 形 元気が回復した 例 feel invigorated 元気になった気がする

📖 **併せて覚えたい！**

galvanize
/gǽlvənàiz/

動 ~に刺激を与える；~を活気づける；~に電流を通す →105

✏️ **ここにも注目！**

① boost は「（やる気など）を高める、（値段など）を高くする、（経済）を活性化させる」という意味の動詞。「上昇、励まし、押し上げ」という意味の名詞としても使われる。boost the economy（経済を活性化させる）、boost sales（売り上げを伸ばす）など、ビジネスの文脈でよく用いられる。

② morale は「士気、やる気、労働意欲」の意味の名詞。boost [raise/improve] morale（士気を高める）という形で使われることが多い。

107

((pronunciation

buoy
/búːi/

動 ①（気分など）を高める、（人）を勇気[元気]づける ②（値段など）を高い水準に保つ ③（物体など）を浮かせておく

She was **buoyed** by the positive feedback from her teacher in the obligatory writing class.
必修の作文授業で先生からもらった前向きなコメントに彼女は励まされた。

名詞の buoy が「（救命）ブイ、浮袋」という意味で、そこから「落ち込んだ状況を引き上げる」のような発想を持てば動詞用法が理解しやすい。①の意味では受け身で用い

られることが多い。また、**buoy X up / be buoyed up** のように up を伴うこともある。
[派生語] **buoyant** 形 陽気な、上昇傾向にある　[例] **in a buoyant mood** ウキウキした気分で／**the buoyant economy** 好景気

📖 **併せて覚えたい！**

embolden
/imbóuldən/

動（人）を元気づける、励ます　▸ embolden X to do（〜するよう X を元気づける、励ます）のように使う。

✏️ **ここにも注目！**

obligatory は「義務の、義務的な、必須の、強制的な」という意味の形容詞で、**It is obligatory to do ...**（……することは義務である）、**an obligatory subject [course/class]**（必修科目［授業］）で覚えよう。「必修科目」は **a compulsory [required] subject** とも言う。**an elective [optional] subject**（選択科目）と併せて覚えておくとよいだろう。

108 □ □ □ □

exalt
/igzɔ́:lt/

動 ①〜を褒めたたえる ②〜を昇進させる ③〜を高める、昇華させる、高尚なものにする

The April bulletin exalts a member for enhancing the fame of the organization, but the member in question seems to have insisted on remaining anonymous.
4月の会報は、組織の評価向上に貢献したとして、とある会員のことを称賛しているが、当人は名前を出さないでほしいと要請したようだ。

さまざまな意味があるが、どれも「高くする」という要素が共通している。alt が「高める」という意味合いのパーツで、**altitude**（高さ）や **alto**（アルト：男声の最高音部）などとセットしておくと覚えやすい。「褒めたたえる」は **praise**、「昇進させる」は **promote**、「高める」は **inspire** がそれぞれ意味の近い動詞。[派生語] **exalted** 形 高貴な；高揚した　[例] **I felt exalted.** 私は気分上々だった　**exaltation** 名 喜びの絶頂；昇進

📖 **併せて覚えたい！**

extol
/ikstóul/

動 〜を激賞する　▸ extol X as Y（X が Y であると褒めたたえる）のように使う。

dignify
/dígnəfài/

動 〜に威厳をつける、〜を重要なもののように見せかける　[例] **dignify the ritual** その儀式を仰々しく見せる

glorify
/glɔ́:rəfài/

動 〜を美化する、よく見せる　▸「実際以上によく見せる」という意味合いで使われる。[例] **glorify violence** 暴力を美化する

✏️ ここにも注目！

① bulletin は「会報、社報；広報；ニュース速報」という意味の名詞。bulletin board（掲示板）を併せて覚えておきたい。

② anonymous は「匿名の」という意味の形容詞。remain anonymous（名前を明かさない）は頻出フレーズ。unanimous と混同されやすいが、こちらは「満場一致の、全員一致の」という意味の形容詞。これも基本単語なので必ず覚えること。

109 ☐ ☐ ☐ ☐

dwarf
/dwɔ́ːrf/

動 〔相対的に〕～を小さく見せる

The celebrity's mansion used to be the highest and largest building around here, but now it is dwarfed by the surrounding skyscrapers.

その有名人の大豪邸はかつてこの一帯では最も高く大きな建物だったが、今では周りを取り囲むようにして建っている超高層ビルのせいで小さく見える。

dwarf は名詞では「小人」、形容詞では「非常に小さな」という意味だが、動詞用法も必ず覚えておきたい。be dwarfed by X（X に比べれば大したことないように思える）の形で用いられることが多く、「重要ではないと思わせる、取るに足らないように見せる」というニュアンスを含む。能動で用いる場合は dwarf everything [all]（すべての[あらゆる]ものを重要ではないと思わせる）の形が頻出。関連して pale in comparison to [with] X（X と比べると見劣りして）というフレーズも覚えておきたい。

📖 併せて覚えたい！

overshadow
/òuvərʃǽdou/

動 ～を見劣りさせる、～の影を薄くさせる　例 He has always been overshadowed by his brilliant older brother. 彼はいつも聡明な兄のせいで影が薄かった。

outweigh
/àutwéi/

動 〔重要性などの点で〕～に勝る、上回る　例 Its advantages outweigh its disadvantages. それが持つメリットは、デメリットを補って余りある。

outstrip
/àutstríp/

動 〔需要などが〕～を上回る、超える；（競争相手など）を上回る ▶「相手を上回る」という意味では surpass、excel、exceed、outshine などとほぼ同義。例 Demand for this car outstripped supply. この車は需要が供給を上回ってしまった。

outnumber
/àutnʌ́mbər/

動 ～を数の点で上回る、～より多い　例 Girls outnumber boys in this club. このクラブでは女子が男子より多い。

eclipse
/iklíps/

動 ～の影を薄くする；～を覆い隠す　例 She was eclipsed by her younger sister.
彼女は妹の陰に隠れて目立たなかった。▶ 名詞としては「日食、月食」という意味。
またそこから比喩的に「喪失、失墜」などの意味でも使われる。

✏️ ここにも注目！

① **celebrity** は「有名人、著名人」という意味の名詞。日本語の「セレブ」と違ってスポーツ選手も含む。**a celebrity chef**（有名シェフ）のように名詞を修飾して使われることもある。**personality** も「有名人」の意味で使われる。**a TV personality**（テレビタレント）で覚えるとよい。

② **skyscraper** は「超高層ビル」という意味の名詞。**towering skyscrapers**（そびえ立つ超高層ビル）は比較的よく用いられるフレーズ。

110 ☐ ☐ ☐ ☐

voracious
/vɔːréiʃəs/

形 ①貪欲な、飽くなき、貪るような、熱心な ②大食いの、食欲旺盛な

His **voracious** appetite for knowledge finally led him to make a **breakthrough** in medicine.
彼は旺盛な知識欲のおかげで、最終的に医学の世界で画期的な成果を収めることができた。

▶ **a voracious reader**（熱心な読書家）、**a voracious appetite**（ものすごい食欲）、**a voracious predator**（食欲旺盛な捕食者）、**a voracious appetite [hunger] for X**（Xを貪るように欲すること）、**a voracious consumer**（貪欲な消費者）といったフレーズでよく用いられる。派生語 **voraciously** 副 貪欲に　例 read voraciously 貪り読む／feed voraciously〔動物が〕ガツガツと食べる

📖 併せて覚えたい！

avid
/ǽvid/

形 熱心な、熱狂的な、熱烈な →006

ravenous
/rǽvənəs/

形 ものすごくお腹が空いている　例 a ravenous appetite ものすごい食欲

✏️ ここにも注目！

breakthrough は「大発見、大躍進」という意味の名詞。ある程度決まったフレーズで用いられることが多く、**make a breakthrough**（大発見をする）、**achieve a breakthrough**（大躍進をする）、**represent a major [scientific] breakthrough**（かなりの[科学的な]大躍進である）などがその典型である。

111 ☐ ☐ ☐ ☐

insatiable
/inséiʃəbl/

形 飽くなき、底なしの

He repeatedly fell prey to fraud because of his insatiable appetite for luxurious furniture.
高級家具を求める底なしの欲求ゆえに、彼は幾度となく詐欺の餌食になっている。

問題文の an insatiable appetite for X（Xへの飽くなき欲求）はよく使われる表現なのでこのまま覚えておこう。an insatiable curiosity（飽くなき好奇心）や an insatiable desire to do（～したいという底なしの欲望）も頻出のフレーズ。sati- は「十分な」という意味で、satisfy とも関連している。それに in-（否定）と -able（可能）がついて「満たすことができない」という意味になると考えれば覚えやすい。

🖊 ここにも注目！

fraud は「詐欺（行為）、ペテン」という意味の名詞。「詐欺師」あるいは「偽物」という意味で使われる場合もある。ほぼ同じ意味の名詞としては scam、swindle などがある。swindle には「～を騙し取る、～を騙す」という意味の動詞の用法もある。なお、形容詞の fraudulent は「詐欺の、不正な」という意味。

112 ☐ ☐ ☐ ☐

gluttony
/ɡlʌ́təni/

名 大食（癖）、暴飲暴食

The man's gluttony knew no bounds as he consumed plate after plate of food, heedless of the impact on his health and waistline.
その男の大食漢ぶりはとどまるところを知らず、健康や体型への影響も顧みず、次々と皿に盛られた料理を食べていった。

キリスト教にはさまざまな罪の根源とされる悪の類型 the seven deadly sins（七つの大罪）があり、gluttony はその一つ。残りは pride（高慢）、covetousness（貪欲）、lust（色欲）、anger（怒り）、envy（羨望）、sloth（怠惰）である。派生語 glutton 名〔批判的に〕大食家；凝り性の人、どんな仕打ちにも耐えられる人 例 a glutton for punishment 苦難にいくらでも耐えられる人　a glutton for work 嫌な仕事を喜んでする人　gluttonous 形〔批判して〕大食いの；貪欲な　例 a gluttonous and lazy man 大食いで怠惰な男

heedless は「気に留めない、不注意な、無頓着な」を意味する形容詞。heedless of X で「X を気に留めない、X に無頓着な」という意味になる。

---

113 ☐ ☐ ☐ ☐

((pronunciation

devour
/diváuər/

動 ①〜を貪り食う ②（本など）を貪り読む ③〔火が〕〜をなめつくす、〔海・闇が〕〜を飲み込む

The voracious reader would devour books at an astonishing rate, often staying up late into the night, her insatiable appetite for knowledge never satisfied.

その飽くなき読書家は、驚くほどのペースで本を読みあさり、夜遅くまで起きていることもしょっちゅうだったが、そのとどまるところを知らない知識欲が満たされることはなかった。

元々の意味は①の「〜を貪り食う」で、そこから拡張的に②の意味でも用いる。また、自然現象や災害などに飲み込まれるようなイメージから③の意味も表す。例 The fire devoured a large area of forest. その火事は広大な森林を焼き払った。

さらに、be devoured by X で「X（心配・好奇心など）で心を奪われる」という意味で用いられることもある。これも「感情に飲み込まれる」というイメージを持つと覚えやすいだろう。例 The boy was devoured by jealousy and hatred. 少年は嫉妬と憎悪に苛まれた。

📖 **併せて覚えたい！**

gobble
/gάbl/

動 〜をがつがつ食べる、かき込む ▸ up [down] を伴うこともある。例 He gobbled up a big burger. 彼は大きなハンバーガーをがつがつ食べた。

gorge
/gɔ́ːrdʒ/

動 〜をがつがつ食べる、満腹にする ▸ gorge (oneself) on X で「〔時に非難して〕X を貪り食う、腹いっぱいに詰め込む」という意味を表す。例 gorge yourself on ice cream アイスクリームを腹いっぱい食べる

gulp
/gΛlp/

動 （飲み物）をごくりと飲み込む；（食べ物）をがつがつ食べる ▸ down を伴うこともある。例 He gulped down his remaining beer. 彼はビールの残りを一気に飲んだ。

scarf
/skάːrf/

動 ⭕〜をがつがつと食べる、一気に食べる、ぺろりと食べる ▸ scarf はアメリカ英語で、イギリス英語では scoff と言う。例 The girl scarfed [scoffed] the pancakes. その女の子はパンケーキをぺろりと平らげた。

✏️ **ここにも注目！**

① voracious は「貪欲な、飽くなき、貪るような、熱心な；大食いの、食欲旺盛な」という意味の形容詞。 →110

② insatiable は「〔欲求・好奇心などが〕飽くことのない、貪欲な」という意味の形容詞。 →111

114　☐ ☐ ☐ ☐

ⓘ やや formal

destitution
/dèstətjúːʃən/

名 貧困、極貧、困窮(状態)

Despite her hard work, the widow found herself in a state of abject destitution and was unable to meet her children's basic needs.

懸命に働いたが、夫を亡くしたその女性はいつの間にか極度の貧困に陥っており、最低限必要なものを子どもに与えることすらできなかった。

poverty(貧困)の類語。「お金、食べ物、その他生活物資、家などが欠乏している状態」を表し、「貧困の度合いが深刻である」という含意がある。 **派生語** destitute 形 極貧の **例** the destitute 生活困窮者／a destitute family 極貧の家族　▶ be destitute of X で「X が欠けている(≒ be lacking in X / lack X)」の意味で使われることもある。

📖 併せて覚えたい！

deprivation
/dèprəvéiʃən/

名 〔生きていくのに必要なものが〕欠乏すること、窮乏；〔権利などの〕剥奪；〔生命維持に不可欠なものの〕不足、欠乏　▶ deprivation of X (X の剥奪、欠乏、不足)のように使う。例 sleep deprivation 睡眠不足／deprivation of liberty 自由の剥奪／Many citizens suffered severe deprivation. 多くの市民が深刻な困窮に見舞われた。

privation
/praivéiʃən/

名 ❶〔生活必需品などの〕欠乏、不足、窮乏　例 the privations of poverty 貧困のもたらす窮乏

✏️ ここにも注目！

① widow は「未亡人、寡婦」を意味する名詞。「夫を亡くした女性」を指す。

② abject は「〔状態などが〕悲惨な、ひどい、絶望的な；〔結果などが〕惨めな」を意味する形容詞。フォーマルな語で、通例名詞を前から修飾する形で用いる。

115　☐ ☐ ☐ ☐

impoverished
/impávəriʃt/

形 (ひどく)貧しい、貧困の

Children living in impoverished countries are suffering from malnutrition.

貧しい国で暮らす子どもたちは栄養失調に苦しんでいる。

ある地域やそこに住む人の貧困を表す語で、報道で多用される。poor の難しい語と

考えてよいが、**poor** よりも意味が強い。 派生語 impoverish 動 ～を貧しくする;～を貧弱にする、弱らせる 例 impoverish the quality of service サービスの質を下げる

ここにも注目！

malnutrition は「栄養失調、栄養不足」という意味の名詞。nutrition は「栄養（補給）、栄養摂取」という意味の名詞で、これに mal- というマイナスの意味を表す接頭辞がついたものが malnutrition である。 関連語 nutritionist 名 栄養士　nutritional 形 栄養の 例 nutritional supplements 栄養補助剤、サプリ ▸ 同じ形容詞でも nutritious は「栄養のある、健康に良い」の意味で、a nutritious meal（栄養価の高い食事）のように使う。

116 □ □ □ □

bombard
/bɑmbáːrd/

動 ①（質問など）を浴びせる ②～を爆撃する

At the press conference, the actor was **bombarded** with a lot of nasty questions, and he felt deeply <u>insulted</u>.
記者会見で、その俳優は数々の不快な質問を浴びせられ、ひどい侮辱を受けたと感じた。

bombard X with Y という形で「X に Y を浴びせる」という意味を表す。問題文のように受け身で使うことも多い。Y には message、question、image、information、advertisement [advertising] などの名詞がよく用いられる。 関連語 bombardment 名 質問などを浴びせること、殺到、砲撃 例 the constant bombardment of questions 絶え間ない質問攻め

併せて覚えたい！

bomber
/bámər/
名 爆撃機、爆撃する人 例 a suicide bomber 自爆テロ犯

barrage
/bərɑ́ːʒ/
名〔質問や批判などの〕集中砲火、集中攻撃 ▸ bombard と同じ意味・構文で動詞として使われることもあるが、名詞で使う方がはるかに一般的。例 a barrage of questions 質問攻撃

ここにも注目！

insult は「（人）を侮辱する、（人）に無礼を働く」という意味の動詞で、insulted は「侮辱された、傷ついた」の意味。insulting は「〔言動などが〕侮辱的な」という意味の形容詞で、insulting comments（侮辱的なコメント）のような形で覚えておきたい。

117 □ □ □ □

cascade
/kæskéid/

名 ①階段状の滝、小滝 ②波状に垂れ下がったもの ③次々と起こる多数のこと ④連続的な情報伝達

The **cascades** of applause that followed the pianist's virtuoso performance were a testament to her exceptional skill and artistry.
そのピアニストの達人的な演奏が終わると拍手の波が沸き起こり、それは彼女の卓越した技術と芸術性を証明するものだった。

本来の意味は「小滝(階段状の滝)」で、転じて **a cascade of X / cascades of X** で「次々と生じる X」という意味で用いることが多い。X には「出来事、変化」を表す名詞が用いられる。この表現では通例 a cascade か無冠詞で複数形の **cascades** が用いられるが、問題文では内容を限定する関係詞の節が続くため、the がついている。小滝のイメージ通り、出来事が連鎖的に生じたり、情報が次々と伝播したりするような状況を表す。

📖 併せて覚えたい!

avalanche
/ǽvəlæ̀ntʃ/

名 雪崩 ▸ an avalanche of X で「殺到する[押し寄せる]X」という意味になる。**例** an avalanche of applications 殺到する申し込み

torrent
/tɔ́ːrənt/

名 急流、激流;連発 →118

deluge
/déljuːdʒ/

名 ❶大洪水 動 ❷~が殺到する、押し寄せる;❸~を水浸しにする ▸ a deluge of X は「大量[多数]の X、X の殺到」、be deluged with [by] X は「X が殺到する、押し寄せる」という意味になる。**例** deluge of inquiries 問い合わせの殺到 / He was deluged with messages of congratulations. 彼の元には、お祝いのメッセージが殺到した。/ The area was deluged by a heavy thunderstorm. その地域は激しい雷雨により水浸しになった。

✏️ ここにも注目!

① applause は「拍手(喝采)」を意味する名詞。

② virtuoso は、ここでは「達人的な、名人の」という意味の形容詞。名詞の方が一般的で、その場合は「名人、巨匠;名演奏家、ヴィルトゥオーソ」という意味。イタリア語からの外来語である。

③ testament は「証拠、証明;遺言」の意味の名詞。the Old [New] Testament は「旧約[新約]聖書」。

④ exceptional は「卓越した、並外れた;例外的な、異常な」という意味の形容詞。

118

□ □ □ □

torrent
/tɔ́:rənt/

名 ①急流、激流 ②連発

When he was criticized at the press conference for the past misdemeanor, he unleashed a torrent of abuse.

記者会見で過去の軽犯罪のことを批判されたとき、彼はとめどない暴言を吐いた。

---

a torrent of X(ほとばしる X)という表現で使われることが多い。X には **bad language**（下品な言葉）、**criticism**、**questions** など「言葉」に関する語句が入ることが多く、それが「唐突で攻撃的に発せられた」という含みがある。**派生語** torrential **形** 激しく降り注ぐ　**例** torrential rain [rainfall/downpour] 豪雨

📖 **併せて覚えたい！**

avalanche
/ǽvəlæntʃ/

名 雪崩 →117

✏️ **ここにも注目！**

① misdemeanor は「不品行、非行、不行跡；軽犯罪」という意味の名詞。→098
② unleash は「(感情など)を爆発させる、解き放つ」の意味の動詞。unleash one's anger on X(怒りを X にぶちまける)のように使う。

119

□ □ □ □

lucid
/lúːsid/

形 ①明快な ②正気を失った状態から回復して、意識のはっきりした

Her recently published article presents a lucid and engaging account of what exactly language is.

言語とは一体どういうものなのかという問いに、最近公開された彼女の論文は明快で魅力的な説明を提示している。

---

clear とほぼ同義。「文章や説明が明快である」という意味で使われることが多く、**a lucid analysis [account] of X**(X の明晰な分析[説明])などのように使う。「これは夢だ」という自覚のある夢を lucid dream(明晰夢)と言う。lucid の元々の意味は「明るい」で、elucidate(〜をわかりやすく説明する →120)にも同じパーツが見てとれる。**派生語** lucidly **副** 明快に、はっきり　**例** clearly written and lucidly presented 表現は明確で、示し方もわかりやすい

📖 併せて覚えたい！

elucidate
/ilúːsədèit/

動 ～をわかりやすく説明する、詳細に説明する、解明する →120

120 ☐ ☐ ☐ ☐

elucidate
/ilúːsədèit/

動 ～をわかりやすく説明する、詳細に説明する、解明する

The popular science book elucidates the intricate mechanism of the chemical reaction in such a way that even a layperson can understand it.
その大衆向けの科学本は、その化学反応の複雑なメカニズムを素人にもわかるように明瞭に説明している。

辞書では「～を解明する、明らかにする」という訳語が目につくが、実際には「詳細な説明によって明確でわかりやすくする」ことを表すので、むしろ「～を説明する、わかりやすく述べる」（≒ explain、clarify）という意味で理解した方がよい。ラテン語の *lucidus*（光）と関連しており、日本語の「説明する」にも「明」が使われていることに注目すると覚えやすい。「光を当てて見えやすくする」→「わかりやすくする」という発想。

📖 併せて覚えたい！

clarify
/klǽrəfài/

動 ～を明確にする、わかりやすく説明する　例 clarify one's own position 自分の立場を明確にする

delineate
/dilínièit/

動 ～を正確に描写する；～の境界を示す；～を詳細に説明する　▶単語の成り立ち通り「線を引いて区切る」というイメージを持つとよい。例 This document delineates what you can and cannot do. この文書では、何をしてよくて何をしてはいけないのかが明確に線引きされている。

✏️ ここにも注目！

① intricate は「複雑な、込み入った、難解な」という意味の形容詞。complex、complicated とほぼ同義なので、一緒に覚えておくとよい。なお、かなり難度が高いが、convoluted（〔文・考え・制度などが〕複雑すぎる、異様に込み入った）も意味的に近い。

② layperson は「〔専門家に対して〕一般人、素人、門外漢」という意味の名詞。layman も同意で、lay そのものに「素人の、専門家ではない」という意味の形容詞用法があることを覚えておこう。

DAY

5

🔊 05

受験生は、「単語もっと覚えておけばよかった」と
受験直前に（受験が終わってから）言いがち。
そうならないように早いうちからたくさん覚えよう。

（山崎）

backfire
/bǽkfàiər/

動 裏目に出る、逆効果になる、うまくいかない

Young entrepreneurs tend to set too ambitious a goal, which can backfire and lead to their confidence waning.

若い起業家は過度に野心的な目標設定をしてしまう傾向にあり、それが裏目に出て自信喪失につながることもある。

「予想や期待していた結果と異なる結果に終わる」というニュアンスがある。**can [could] backfire**(裏目に出てしまうことがある、逆効果になりかねない)という組み合わせは非常によく見るので覚えておきたい。また、**backfire on X**(Xが期待するのとは逆の結果になる)という用法もある。**例** The behavior backfired on him. その行動は彼が期待するのとは逆の結果を生んでしまった。

そのほか **backfire and (S)V**(裏目に出て〜する)、**backfire when SV**(裏目に出て〜してしまう)という表現もよく使われる。このwhenは「〜するとき」ではなく、backfireの具体的な内容を述べていることに注意。**例** His plan to make her jealous backfired on him when she started dating his best friend. 彼女にやきもちを焼かせようという計画は裏目に出て、彼女は彼の親友と付き合い始めた。

📖 **併せて覚えたい!**

founder
/fáundər/

動 〔計画などが〕挫折する、破綻する　**例** Their marriage started to founder. 彼らの結婚生活は破綻し始めた。／ The new project foundered because of a lack of interest on the part of the manager. 上司が興味を示さなかったためにその新しいプロジェクトは頓挫した。

flounder
/fláundər/

動 問題を抱えている、うまくいかなくなる　**例** His administration is floundering. 彼の政権は多くの問題を抱えている。

counterproductive
/kàuntərprədÁktiv/

形 逆効果の、非生産的な　**例** This sanction turned out to be counterproductive. この制裁措置は逆効果であることがわかった。

✏️ **ここにも注目!**

① entrepreneur は「起業家、事業家」という意味の名詞。→049

② wane は「〔力・効力・感情などが〕衰える、徐々に弱まる;〔月が〕欠ける;〔期間などが〕終わりに近づく」という意味の動詞。→015

122

blunder
/blʌ́ndər/

名 大失策、大失敗、不手際　動 大失敗する

Ironically, the restaurant's reputation was seriously marred by the strategic blunder they made when attempting to get publicity.

皮肉にも、知名度の向上を狙った戦略で失策を犯したことで、そのレストランの名声はひどく損なわれてしまった。

「無知や不注意などによる大変な失敗」を表す。**make [commit] a blunder**（大失敗をする）という頻出フレーズを覚えておこう。big、great、major、huge、serious、colossalなどで強調したり、失敗の種類をstrategic、political、tactical（戦略上の）などで表したりする。語源的にはblindと関連していると考えられ、「目をつぶって何かをする」→「うまくできない」と考えれば覚えやすい。

📖 併せて覚えたい！

fiasco
/fiǽskou/
名 大失敗、大失態　例 turn out to be a complete fiasco 完全なる大失敗に終わる

debacle
/deibá:kl/
名 大失敗、大敗　例 take responsibility for the debacle その失敗の責任を取る

✏️ ここにも注目！

marは「〜を損なう、台なしにする」という意味の動詞。問題文のように受け身の形で使うことが多い。実際の文ではThe trip was marred by the storm.（嵐で旅行が台なしになった）、The view from the hotel window was marred by the scattered traffic lights.（ホテルの窓からの眺めは、あちこちに信号機があるせいで台なしだった）のように使う。

123

anomaly
/ənɑ́məli/

名 異常（なこと）、例外（的なこと）、特異なこと[存在]、異例、変則

The researcher's findings unveiled an array of anomalies in the clinical trial data, necessitating a comprehensive investigation into the study's methodology and conclusions.

その研究者の研究結果から、臨床試験データにおける数々の異常が明らかになり、研究の方法論と結論について包括的な調査が必要になった。

「通常の状態、または予期される状態とは異なるものや状況」を表す語。問題文のよ

うに **anomalies [an anomaly] in X**（Xにおける異常）という形で用いることが多い。**statistical anomaly**（統計上の変則）や **detect anomalies**（異常を検知する）というフレーズが頻出。

📖 併せて覚えたい！

aberration
/ӕbəréiʃən/

名〔常軌からの〕逸脱；異常な行為［出来事］　例 in a moment of aberration ふと魔が差して

freak
/frí:k/

名 オタク；奇人、変人；予期せぬこと；気まぐれ　例 by a [some] freak of fate 運命のいたずらで

vagaries
/véigəriz/

名 予想のつかない変化；気まぐれな変動 →077

oddity
/ádəti/

名 変人、奇妙なもの；珍しさ、特異性　例 the oddity of the local dialect その方言の特異性

✏️ ここにも注目！

① unveil は「～の覆いを取る；～を明らかにする、公表する、発表する」という意味の動詞。→099

② an array of X は「勢ぞろいのX、ずらりと並んだX、多様なX」の意味。問題文のように array の前に wide、impressive、diverse、dizzying、dazzling、amazing などの形容詞を置いて用いられることが多く、いずれも「非常に多様である」ことを強調していると考えればよい。an impressive array of artworks（ずらりと並んだ圧巻の芸術作品群）のように使う。

③ necessitate は「～を必要とする」という意味の動詞。necessitate an urgent response（緊急の対応を必要とする）のように使う。

124 ☐ ☐ ☐ ☐

enunciate
/inʌ́nsièit/

動 ①（言葉）を明確に発音する ②🔊（考え・意見など）を明確に述べる、表明する

During his speech, the professor was able to **enunciate** his complex theories with precision and clarity, impressing the audience with his erudition and eloquence.
自らの講演の中で、その教授は自身の複雑な理論を正確かつ明瞭に表現し、豊富な知識と講演の巧みさを聴衆に印象付けた。

pronounce、pronunciation、announce などと語源的に関連しており、それに e-（外へ）という接頭辞がついていると考えると覚えやすいだろう。②の意味の方が使用頻度が高い。 派生語 **enunciation** 名 発音（の仕方）、口ぶり；表明、言明、宣言

📖 併せて覚えたい！

articulate
/ɑːrtíkjulèit/

動 ❶(考えや気持ちなど)をはっきりと述べる、表明する；(語・音など)をはっきり発音する；～を関連付ける ▶ articulate X with Y で「X を Y と関連付ける」という意味になる。**例** articulate each word それぞれの語をはっきりと発音する／You need to be able to articulate your thoughts. 自分の考えを明確に述べることができる必要がある。

/ɑːrtíkjulət/

形 明瞭に述べられる；明瞭な **例** be an articulate person 意見をはっきりと述べられる人／be not articulate 口下手である

✏️ ここにも注目！

erudition は「博識、学識」という意味の名詞。形容詞は erudite で、「(人が)博学な；〔本・文体などが〕学識の深さを示す」という意味である。

125

⏪ formal

exemplify
/igzémpləfài/

動 ①～の好例［実例］となる ②～を体現する、表す ③～を例で示す、例証する

The architecture of ancient Rome **exemplifies** the achievements of a civilization that valued <u>grandeur</u> and functionality in public buildings and infrastructure.
古代ローマの建築は、公共建築やインフラに壮麗さと機能性を重視した文明の成果の好例である。

「あることの良い例、典型的な実例である」という意味の語で、**X exemplify Y**(X は Y の好例［典型例］である)のように使う。受け身で用いることが比較的多い。①の意味から拡張的に「例を提示してわかりやすくする」という illustrate に似た意味でも用いる。**例** The rise in health consciousness is exemplified by the growing sales of superfoods. 健康への意識の高まりを示す好例として、スーパーフードの売り上げが伸びていることが挙げられる。／He exemplified each step of his argument. 彼は自分の主張の各段階を例証した。

📖 併せて覚えたい！

epitomize
/ipítəmàiz/

動 ～を縮図的に示す、～の典型である；～を要約する、概括する →126

elucidate
/ilúːsədèit/

動 ～をわかりやすく説明する、詳細に説明する、解明する →120

✏️ ここにも注目！

grandeur は「壮大、荘厳、華麗、壮麗、雄大」という意味の名詞。→082

126

i やや formal

epitomize
/ipítəmàiz/

動 ①〜を縮図的に示す、〜の典型である ②〜を要約する、概括する

The classic novel *To Kill a Mockingbird* epitomizes the struggle for justice and equality in the racially charged milieu of the American South in the 1930s.
古典小説である『アラバマ物語（ものまね鳥を殺すのは）』は、1930年代のアメリカ南部の強い人種差別がある環境での正義と平等を求める奮闘が凝縮された作品である。

「あるものの完璧な例である」ことを表す語。**X epitomize Y**（XはYの典型例だ）のように使い、進行形にはしない。派生語 **epitome** 名 縮図、典型、権化 ▶「イピティミー」のように発音するので注意。例 **He is the epitome of the American Dream.** 彼はまさにアメリカンドリームの体現者だ。

📖 併せて覚えたい！

embody
/imbádi/

動 ❶（思想・性質など）を具体化する、具現化する；❷〜を包含する、盛り込む 例 a person who embodies the American Dream アメリカンドリームを体現する人物

exemplify
/igzémpləfài/

動 〜の好例となる；〜を体現する、表す；〜を例で示す、例証する →125

✏️ ここにも注目！

① **racially charged** は「人種差別の強い」という意味のフレーズ。**charged** には「強い感情や意見に満ちた[を巻き起こす]」という意味がある。**emotionally charged**（感情のこもった）というフレーズも覚えておきたい。

② **milieu** は「〔生活・仕事をしている〕社会的な環境、周囲（の状況）」を表す名詞。→099

127

formal

nascent
/néisnt/

形 初期の、芽生えつつある、成長し始めたばかりの

While the advent of the new, highly accurate online translation system has astonished laypeople, experts in the field say it is still in the nascent stages of development.
その新しい、かなりの精度のオンライン翻訳システムの登場は一般人を非常に驚嘆させているが、その分野の専門家はそれはまだ発達の初期段階にあると言っている。

名詞を修飾する用法のみで、補語としては使わない。**nascent industry**（発展中の産

業）、**a nascent field**（誕生して間もない分野）、**nascent democracy**（初期段階の民主主義）などでよく使われる。問題文の **in the nascent stage(s)** は「始まったばかり」という意味の頻出フレーズなので、ほぼ同義の **in one's infancy**（〈発達の〉初期段階にある）と併せて覚えておこう。

📖 **併せて覚えたい！**

incipient
/insípiənt/
形 初期の、始まりの、発端の　例 an incipient problem 出てきたばかりの問題／incipient trend 生まれたばかりの流行

inception
/insépʃən/
名 開始、始まり、発足 →130

✏️ **ここにも注目！**

① **advent** は「到来、出現」の意味の名詞で、**with the advent of X**（Xの到来とともに、Xの到来に伴って）というフレーズで多用される。

② **astonish** は「（人）を仰天させる、驚愕させる」という意味の動詞で、**surprise** より意味が強い。ほぼ同じ意味の動詞に **astound** がある。

③ **laypeople/layperson** は「〔専門家に対して〕一般人、素人、門外漢」という意味の名詞。
→120

128　□ □ □ □　🔊 formal

burgeoning
/bə́:rdʒəniŋ/

形 急成長している、急増している

The university is regarded as the world hub of cognitive linguistics, which is one of the **burgeoning** fields of interdisciplinary research.
この大学は、急成長を遂げている学際分野の一つである認知言語学の世界的中枢とみなされている。

動詞の **burgeon** は「（植物が）芽を出す」という意味と「（産業などが）急成長する」という意味。これが形容詞となったのが **burgeoning** である。「急成長している」の意味では **industry**、**market**、**field** などを、「急増している」の意味では **population**、**demand** などを修飾することが多い。例 **feed [accommodate] the burgeoning population** 急増する人口に食べ物[住む場所]を行きわたらせる

✏️ **ここにも注目！**

① **hub** は「中心（地）、中枢、中核」という意味の名詞。

② **interdisciplinary** は「学際的な、多くの分野にまたがる」という意味の形容詞。

129

fledgling
/flédʒlɪŋ/

名 ①羽の生えたばかりのひな鳥 ②駆け出しの若者、青二才　形 駆け出しの、未熟な

The **fledgling** author's debut novel was hailed as a masterpiece, earning critical acclaim and attracting a wide readership.

その駆け出しの作家のデビュー小説は傑作と評価され、批評家からの称賛を得て、幅広い読者を獲得した。

本来の意味は「羽が生えて飛び方を学んだばかりのひな鳥」という①の意味で、そこから拡張的に②の意味でも用いる（②の方がよく使われる）。問題文のように後ろの名詞を修飾する形容詞で用いることもある。**派生語** fledge 動 (ひな鳥を)飛べるまで育てる；〔ひな鳥の〕羽毛が生えそろう；一人前になる ▶ fledged を形容詞的に用いることが多く、**full-fledged / fully-fledged**（十分に成長[発達]した、一人前の）という複合語での使用頻度が高い。**例** full-fledged American citizens 完全な資格を持ったアメリカ市民／a full-fledged democracy 十分発達した民主国家

✏ ここにも注目！

① hail は「〜を(好意的に)迎える、認める」という意味の動詞。hail X as Y で「X を Y だとして評価する、褒める、認める」という意味になる。受け身で使われることが多い。

② acclaim は「拍手喝采、称賛、歓呼」を意味する名詞。

130

📢 formal

inception
/insépʃən/

名 開始、始まり、発足

Since its **inception**, the popularity of the TV drama series has continued unabated.

放送開始当初から、その連続テレビドラマの人気は衰えるところを知らない。

「活動や組織の始まり」を表す。**since [from] one's (very) inception**（開始時から、発足以来）が高頻度。そのほか **at the inception of a program [project]**（計画を開始したとき）のように、**at the inception of X**（X の開始時に）というフレーズも使われる。

📖 併せて覚えたい！

commencement
/kəménsmənt/

名 ●開始、始まり；卒業式、学位授与式 ▶ at the commencement of X（X の始まりに、X の初めに）の形で用いる。**例** the commencement address 卒業式の式辞、スピーチ

onset
/ánsèt/

名 始まり、開始、発症 ▶あまり良くないものの始まりについて述べることが多い。例 the onset of (a) disease 発病、発症／the onset of winter 冬の始まり

outset
/áutsèt/

名 最初、着手 例 from the outset 最初から／at the outset 最初に

dawn
/dɔ́ːn/

名 夜明け：始まり、黎明期 例 at (the break of) dawn 夜明けに、明け方に／from the dawn of history 歴史の始まりから／the dawn of civilization 文明の幕開け

✏️ **ここにも注目！**

unabated は「弱まることがない、衰えない」という意味の形容詞。continue unabated（弱まらずに[衰えることなく]続いていく）、go [remain] unabated（衰えない、強いままである）の形でよく使われる。 →015：abate

131 ☐ ☐ ☐ ☐

inauguration
/inɔ̀ːgjuréiʃən/

名 ①〔大統領などの〕就任（式）②〔公共施設などの〕開所、開業、除幕 ③▶〔新時代などの〕開始、〔新事業などの〕発足

The **inauguration** of the new president marked a pivotal moment in the nation's history, signifying the commencement of a transformative era filled with promise and responsibility.
新大統領の就任は、その国の歴史における重大な転機であり、希望と責任に満ちた変革の時代の幕開けを告げるものだった。

①は大統領や学長など地位のある人の「就任（式）」を指して用いる。まずはこの意味から覚えたい。例 an inauguration ceremony〔大統領・学長などの〕就任式／Inauguration Day〔アメリカの〕大統領就任式の日（現代では1月20日）

文脈によってはより広く②の意味で用いることもある。例 the inauguration of the new library 新しい図書館の開館（式）

さらに拡張的に③の意味でも用いることがあるが、こちらは形式的な表現である。例 inauguration of an era of peace and prosperity 平和と繁栄の時代の開始

派生語 inaugurate 動 就任する、（公共施設など）を開く：（新時代など）を開く、（新事業）を開始する 例 The new public library was inaugurated by the mayor. 新しい公共図書館が市長の宣言により開館した。／The spread of the internet inaugurated a new era of global communication. インターネットの普及により、世界的コミュニケーションの新時代が開かれた。 inaugural 形 就任（式）の、開会の、開始の 例 inaugural speech [address]〔一般的な〕就任演説／Inaugural Address〔アメリカの〕

📖 併せて覚えたい！

oath
/óuθ/

名 誓い、宣誓 ▸ the oath of office of the president of the United States は「アメリカ合衆国大統領就任宣誓」のこと。take the oath of office で「大統領就任宣誓を行う」という意味を表す。

✏️ ここにも注目！

① **pivotal** は「〔役割などが〕中核をなす、〔瞬間などが〕重要な、決定的な」という意味の形容詞。 →043

② **commencement** は「開始、始まり；学位授与式、〔高校の〕卒業式」という意味の名詞。 →130

---

132 □ □ □ □

vandalize
/vǽndəlàiz/

動 （芸術作品・公共物など）を破壊する

It is unacceptable to vandalize public property as it underlines the shared cultural heritage of society and violates the fundamental principles of civic responsibility.

公共財産を破壊することは、社会が共有する文化遺産を損ない、市民としての責任の基本原則に反するものであるため、容認することはできない。

「芸術作品や公共物などを意図的に破壊する」という意味。受け身で用いることの方が多いが、問題文のように能動で使われることも十分にある。ローマを占領し略奪行為等を行ったヴァンダル族（Vandal）に由来する語であり、現在では vandal は「〔公共物などの〕破壊者」という意味の名詞でも使われる。 **関連語** vandalism 名〔芸術作品・公共物などの〕〔意図的な〕破壊、汚損；非文化的蛮行

📖 併せて覚えたい！

sabotage
/sǽbətàːʒ/

動 （敵の兵器・設備など）を破壊する、〜に破壊工作を行う；（他人の計画）を〔故意に〕妨害する、だめにする　名 サボタージュ；〔敵に対する〕破壊工作；妨害行為 ▸ 動詞の場合、be sabotaged by X のように受け身で「〔敵の兵器などが〕X によって破壊される」という意味で用いることが多い。名詞の「サボタージュ」とは、労働者による生産妨害、あるいはスパイによる破壊工作のこと。例 The dam was sabotaged by the terrorists. そのダムはテロリストによって破壊された。／ Production halted due to sabotage. 労働者による操業妨害により生産は停止した。

deface
/diféis/

動 〜の外観を損なう；表面を汚す、〔落書きで〕（印刷物・壁など）を汚す；だめにする　例 The wall was defaced by graffiti. その壁は落書きで汚れていた。

✎ **ここにも注目！**

undermine は「〜をひそかに傷つける、徐々にだめにする」という意味の動詞。目的語には autonomy（自律性、自主性）、democracy、confidence、dignity（威厳、尊厳）、legitimacy（妥当性、正当性）などが用いられることが多い。意味が近い語に impair（〈能力、価値など〉を弱める、減じる；〈健康など〉を損なう）、erode（〜を侵食する；〈関係・力など〉を徐々に弱める）などがあるので、まとめて覚えておくとよい。

133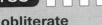

obliterate
/əblítərèit/

動 〜を完全に破壊する、（記憶・思い・痕跡など）を消し去る

The atrocious bombing raid by the enemy forces obliterated the whole city.
敵軍による残虐な爆撃によって街全体が完全に破壊された。

「消し去る」の意味では、memory、image、data、record などの名詞を目的語にとる。**例** He tried to obliterate all memories associated with the event. 彼はその件に関わる記憶を完全に抹消しようとした。
obliterate 自体に「完全に」という意味合いが含まれているが、completely、entirely、totally など同じような意味の副詞で修飾されることもある。

📖 **併せて覚えたい！**

eradicate
/irǽdəkèit/

動（病気や社会問題など）を根絶する、根こそぎにする **例** eradicate illegal drugs from the country 違法薬物を国内から根絶する

demolish
/dimɑ́liʃ/

動（建物など）を取り壊す、破壊する **例** demolish the building その建物を破壊する

✎ **ここにも注目！**

① atrocious は「〔行為などが〕残虐な；〔天気などが〕ひどい」という意味の形容詞で、前者の意味では cruel の、後者の意味では terrible の難しい語だと考えてよい。基本的に前者の意味で使うことが多い。an atrocious crime（残虐な犯罪）、atrocious acts [conduct]（残虐な行為）などのフレーズで覚えておこう。

② raid は「急襲、襲撃」という意味の名詞で、an air raid（空襲）と a bombing raid（奇襲爆撃）の二つで覚えておこう。なお、a police raid は「（警察の）ガサ入れ、踏み込み」の意味。

134

annihilation
/ənàiəléiʃən/

名 ①全滅、絶滅、壊滅、消滅 ②完全なる打破、打倒

The climatologist's research warned of the catastrophic annihilation of coastal cities due to rising sea levels and called for urgent action to mitigate the effects of climate change.

その気候学者の研究は、海面上昇により沿岸都市が壊滅的に消滅しかねないと警告し、気候変動の影響を緩和するための緊急の行動を求めた。

単体でも「全滅、絶滅」という意味だが、**complete [total] annihilation of X**(Xの完全な消滅)のように「完全な」という意味の形容詞で強調されることも多い。nuclear(核の、核兵器の)とともに用いられることも比較的多い。**例** nuclear annihilation of the entire human race 核による全人類の絶滅

派生語 annihilate 動 〜を全滅[絶滅]させる；〜を完全に打ち負かす **例** The human race has the capability to annihilate itself. 人類には自身を滅亡させる力がある。

併せて覚えたい！

decimation
/dèsəméiʃən/

名 特定地域の大部分の人や動植物を殺すこと；〔組織などの〕大規模縮小、衰退
▶ 後者の意味の場合、「不況などによる企業の衰退」といった文脈で用いる。**例** decimation of the population by the plague 疫病による人口の激減

demolition
/dèməlíʃən/

名 〔建物などの〕取り壊し、解体；爆破；〔試合での〕圧勝 **例** demolition of the high-rise その高層ビルの解体

eradication
/irǽdəkéiʃən/

名 根絶、撲滅 **例** the eradication of smallpox 天然痘の根絶

extermination
/ikstə̀ːrmənéiʃən/

名 根絶、絶滅、駆除 **例** the extermination of rats and cockroaches ネズミとゴキブリの根絶

ここにも注目！

① climatologist は「気候学者」という意味の名詞。
② catastrophic は「大惨事の、壊滅的な」という意味の形容詞。 →038
③ coastal は「沿岸の、海岸沿いの」を意味する形容詞。
④ mitigate は「〜を和らげる、緩和する；〜を軽減する」という意味の動詞。 →023

135 ☐ ☐ ☐ ☐

engulf
/ɪnɡʌ́lf/

動 ①〜を突然襲う、飲み込む、覆い込む ②〜を圧倒する

The war is threatening to **engulf** the whole of Europe, with both sides amassing state-of-the-art arms and deploying them along their borders.
両陣営が最新鋭の兵器を蓄え、国境沿いに配備しており、この戦争はヨーロッパ全土を巻き込みかねない勢いだ。

大まかに言えば「飲み込む」という意味で、より具体的には「火や波などに飲み込まれる」「強い感情に襲われる」「戦争・災害などが国などを一変させる」といった意味を表す。**be engulfed in flames**（炎に包まれる）、**threaten to engulf X**（Xを飲み込みそうである）などが頻出。そのほかに **be engulfed by grief [guilt/fear]**（悲しみ［罪悪感／恐怖］に襲われる）のような使い方もある。

✏️ ここにも注目！

① amass は「〜を蓄える、蓄積する」という意味の動詞。amass a fortune（財産を蓄える）、amass wealth（富を蓄える）、amass evidence [information]（証拠［情報］を収集する）などのように使う。

② deploy は「（武器や部隊など）を配備する、配置する」という意味の動詞。問題文のように arms、weapons、forces、troops などを目的語にとり、軍事の文脈で使われるのが一般的。

136 ☐ ☐ ☐ ☐

🔊 formal

penchant
/péntʃənt/

名 偏重、強い好み、偏愛

In today's class, we will explore the roots of the American **penchant** for individualism.
今日の授業ではアメリカ人が個人主義に偏重することの起源を探りたいと思います。

時に「他人が好まないような物事を習慣的に強く愛好する」という意味合いを持つことがある。**X's penchant for Y**（XがYを強く好むこと）、**have a penchant for X**（Xを偏愛している）などの形でよく用いられる。**a penchant for secrecy**（徹底した秘密主義）は決まった言い方で、**a penchant for wearing X**（Xの着用を好む）も頻出。**preference** の難しい語と考えるとよい。

affinity
/əfínəti/

名 好み、親近感、相性；関連性、類似性 →137

✏️ ここにも注目！

individualism は「個人主義、自立主義、利己主義」という意味の名詞。individualistic（個人主義の；個性的な）という形容詞も併せて覚えよう。

137 ☐ ☐ ☐ ☐

affinity
/əfínəti/

名 ①好み、親近感、相性 ②関連性、類似性

The frequent use of anthropomorphic cats in his novels reflects his strong affinity for animals.

彼の小説で擬人化されたネコが頻繁に用いられるのは彼が大の動物好きであることの表れである。

▶ have [feel] an affinity for [with] X（Xに愛着がある、親近感がある）というフレーズがよく使われる。②の意味では、特に動植物や言語に関して an affinity between the two（その二者間の類似性）のように使う。

✏️ ここにも注目！

anthropomorphic は「擬人化された、人間のような、〔人ではない対象を〕擬人化するような」という意味の形容詞。anthropomorphic characters（擬人化されたキャラクター）のように修飾された名詞が「擬人化されたもの」を表す使い方とは別に、anthropomorphic terms（擬人的な言葉遣い）、in an anthropomorphic way（擬人的に）のような使われ方もする。

138 ☐ ☐ ☐ ☐

muster
/mʌ́stər/

動 （勇気など）を奮い起こす、（支援など）を集める

Faced with the intimidating opponent, Roger and his teammates huddled together and mustered up the courage and strength to try their hardest.

威圧的な相手を前にしたロジャーとチームメートは円陣を組み、全力を尽くす勇気と力を振り絞った。

energy や force のほか、support や vote なども目的語にとることができる。**with all the X one could muster**（ありったけの X を振り絞って）は頻出の表現パターン。その他重要なフレーズとしては **muster (up) one's courage [energy/confidence]**（勇気［力／自信］を振り絞る）がある。

✏️ **ここにも注目！**

huddle は「体を寄せ合う」という意味の動詞。

---

139 ▢ ▢ ▢ ▢

garner
/gáːrnər/

🔲 （情報・支持など）を手に入れる、収集する

The controversial decision made by the prime minister has garnered considerable international attention and sparked heated and wide-ranging debate.
首相が下した賛否両論の決断は国際的にも大きな注目を集め、広い範囲で白熱した論争に火をつけた。

---

garner many awards（数々の賞を受賞する）、**garner critical praise**（評論家から称賛を集める）、**garner more than 70 percent of the vote**（7割超の得票率を記録する）、**has already garnered almost 3 million views**（すでに300万もの閲覧数を集めた）のように使う。grain（穀物）と同じ語源を持ち、本来は「穀物庫」という意味で用いられた。そこから「穀物を集めて倉庫に蓄える」というイメージができると覚えやすいだろう。

📖 **併せて覚えたい！**

accumulate
/əkjúːmjulèit/

🔲〔長期間にわたって〕蓄積する

glean
/glíːn/

🔲 （データ・知識など）を収集する ▶「苦労して、根気よく、少しずつ、さまざまな情報源から」といったニュアンスを持つことが多い。例 What insights can be gleaned from these case studies? こうした事例研究から、どのような知見が得られるだろうか。

✏️ **ここにも注目！**

spark は「〜を引き起こす、駆り立てる」という意味の動詞。spark controversy は「議論を巻き起こす」の意味の頻出フレーズで、X that spark controversy（賛否両論を引き起こす X）の形は特に頻出である。そのほか spark debate（議論に火をつける）、spark protests（抗議行動を引き起こす）なども知っておくとよいだろう。

procure
/prəkjúər/

📢 formal

動 〔苦労して〕〜を手に入れる、獲得する、調達する

Its best efforts notwithstanding, the company was unable to procure the necessary funds to complete the project on time.

その会社は、最善の努力を尽くしたにもかかわらず、プロジェクトを予定通りの日程で完成させるために必要な資金を調達することができなかった。

「苦労して何かを手に入れる」という意味の語。問題文のように、ビジネスのシーンで「資金[物資]などを調達する」という意味で用いられることが多い。**procure X Y** / **procure Y for X**（XのためにYを手に入れてやる）の用法もある。**例** He procured us some of the best seats for the NBA finals. 彼は私たちにNBAファイナルの最高の席を用意してくれた。

派生語 procurement 名〔物資などの〕調達、獲得　　procuration 名 入手、調達、獲得

📖 併せて覚えたい！

land
/lǽnd/

動 ❶ 〜を得る、手にする、つかむ ▶「仕事、契約、機会などを手に入れる」という文脈で使われる。land a contract（契約を取る）のように使うのが一般的だが、land oneself with X（Xを手にする）という形で用いることもある。**例** He landed a starring role in what was to be one of Kore-eda's best-known movies. 彼は是枝監督の最も有名な映画の一つで主演の座を獲得した。

net
/nét/

動 〜を〔巧みに〕手に入れる；〜を押収する；（犯人など）を捕まえる ▶書き言葉、特に報道でよく用いられる。**例** Last Tuesday, customs officers netted 100 kilograms of cocaine. 先週の火曜日、税関職員が100キログラムのコカインを押収した。

✏️ ここにも注目！

notwithstanding は「〜にもかかわらず」という意味。後ろに名詞(句)を置いて notwithstanding X（Xにもかかわらず）の形で使うほか、名詞の後ろに置く X notwithstanding の形があり、後者で用いられることの方が多い。

141

□ □ □ □

jostle
/dʒásl/

動 ①〜を押しのける、突く ②押し合う、争う ③〜を押し分けて進む

As the protesters attempted to breach the police barrier, they began to jostle each other, creating a chaotic and volatile situation.
デモ隊が警察の防護線を突破しようとすると押し合いが始まり、騒然とした一触即発の状態となった。

「群衆の中で人を手荒に押す」という意味の語で、特に「動こうとして、前に進もうとして、スペースを確保しようとして」というニュアンスがある。①の意味では**jostle X from Y**、**jostle X away [aside] from Y**で「XをYから押しのける」という用法が頻出。**例** I was jostled away from the crowd as the commotion intensified. 騒ぎが激しくなると、私は群衆から押し出された。
②の意味の場合は**jostle for X**(Xを求めて押し合う、争う)のように使う。**例** People jostled for position to watch the parade. 人々はパレードを見る場所を確保しようと押し合った。
③の意味では**jostle (one's way) through X**(Xを押し分けて進む)を覚えておこう。**例** He jostled (his way) through the crowd. 彼は人混みをかき分けて進んでいった。

📖 併せて覚えたい!

shove
/ʃʌ́v/

動 〜を押す、押しやる;〜を押し分けて進む;(物)を置く、突っ込む ▶ どの意味にも「手荒く、無造作に」というニュアンスがある。**shove away [aside] X**(Xを押しやる)の用法を押さえておこう。**例** People were pushing and shoving to get closer to the stage. ステージに近づくために人々は押し合いへし合いしていた。

barge
/bá:rdʒ/

動 無理やりに進む ▶「人を押しのけたり、人や物にぶつかったりしながら進む」という意味合い。**例** He barged (his way) through the crowd. 彼は人混みをかき分けて進んでいった。

✏️ ここにも注目!

① **breach**には動詞と名詞の用法がある。動詞は「(法律・約束など)を破る、(法律・約束など)に違反する」、あるいは「(防護壁・塀など)に穴を開ける、(防護壁・塀など)を(突き)破る」という意味、名詞は「〔法律・協定・約束などの〕違反、不履行;不和、仲たがい;断絶」という意味で、どちらもフォーマルな語。名詞用法については、**be in breach of X**(Xを違反している)、**a breach of contract**(契約違反)、**heal the breach**(仲たがいを解消する)といった用法を押さえておきたい。

② **volatile**は「〔状況・情勢などが〕不安定な、波乱含みの;感情の変化が激しい、気まぐれな」という意味の形容詞。**→072**

142

poised
/pɔ́izd/

形 ①構え[姿勢]ができて、準備が整って ②平衡がとれて、〔～の間で〕揺れ動いて ③落ち着き[自信]のある

The talented musician sat in front of the piano, fingers hovering over the keys, poised to perform a masterpiece that would captivate the audience.
その天才音楽家はピアノの前に座り、鍵盤の上に指をかざして、聴衆を魅了することになる名曲を演奏しようと構えていた。

①は「完全に止まっているが、いつでも動ける状態」という意味合いで、**poised for X**（Xの構え[準備]ができていて）、**poised to do**（～する構え[準備]ができていて）の形で用いる。例 She remained poised for flight. 彼女はいつでも逃げられる姿勢を保った。／She is poised to become the first female president. 彼女は初の女性大統領になる準備ができている。

②には「平衡がとれているが今にも動きそうな」というニュアンスがあり、**The project's success is as delicate as an egg poised on a spoon.**（そのプロジェクトが成功するかどうかは、スプーンの上に乗った卵のように際どいものである）のように使う。この「不安定ながらもなんとかバランスを保っている」イメージから、比喩的に **poised between X and Y**（XとYの間で揺れ動いて、さまよって）という使い方もする。例 poised between life and death 生と死の間でさまよって

③の「自信に満ちた」は①の意味から転じたもの。例 a very poised individual とても自信に満ちた人

📖 **併せて覚えたい！**

unflappable
/ʌ̀nflǽpəbl/

形 ●慌てない、ばたばたしない　例 her unflappable behavior 彼女の慌てることのない振る舞い

imperturbable
/ìmpərtə́ːrbəbl/

形 ●〔困難な状況でも〕沈着冷静な、動じない、うろたえない　例 She remained imperturbable. 彼女は沈着冷静なままだった。 →333 : perturb

unruffled
/ʌ̀nrʌ́fld/

形 〔困難な状況でも〕落ち着いた、冷静で、動じない　例 remain unruffled 平然としている

✏️ **ここにも注目！**

① hover は「〔鳥・ヘリコプターなどが〕旋回する；空中にとどまる」という意味のほか、「たたずむ；うろうろする；つきまとう」や「〔金額・温度などが〕とどまる、収まる」といった意味がある動詞。

② captivate は「～を魅了する」を意味する動詞。

143

☐ ☐ ☐ ☐

placid
/plǽsid/

形 落ち着いた、おとなしい、穏やかな

The prime minister remained **placid** in the face of fierce criticism from the public **skeptical** about his financial policy.
金融政策に懐疑的な国民からの激しい批判にもかかわらず、首相は平静を保っていた。

人や動物を形容する場合は「すぐに取り乱したりしない（≒ calm）」、海や川について言う場合は「波風が立っていない（≒ tranquil）」という意味合いとなる。**例** a placid child おとなしい子ども／a placid expression 落ち着いた表情／have [be of] a placid disposition [temperament/nature] 気性が穏やかだ
前半部分は please と関連していて、「気持ちの面で満足している」→「穏やかな」というイメージを持つと覚えやすい。-id は形容詞を作る語尾で、stupid、rapid、valid、humid などと共通。

📖 **併せて覚えたい！**

composed
/kəmpóuzd/

形 落ち着いた、冷静で、平静で **例** stay composed 落ち着きを保つ

serene
/sərí:n/

形 〔表情・生活・水面などが〕落ち着いた、平静な、穏やかな **例** wear a serene expression 穏やかな表情である

unruffled
/ʌnrʌ́fld/

形 〔困難な状況でも〕落ち着いた、冷静で、動じない →142

unperturbed
/ʌnpərtə́:rbd/

形 ●落ち着いた、動揺しない ▸ unperturbed by X（X にも動揺しない）のように使う。 →333：perturb

✏️ **ここにも注目！**

skeptical は「懐疑的な、疑っている」という意味の形容詞。skeptical about [of] X で「X に対して懐疑的である」の意味で使うのが一般的。

131

discrepancy
/dɪskrépənsi/ | 名 食い違い、不一致、ズレ、矛盾

The auditor identified several discrepancies between the two inventory records.
会計監査人は二つの在庫記録にいくつか食い違う点があることに気づいた。

「同一になるはずのデータや数値などに目立った不一致があるため、その解消や理由の説明を目指す」といった文脈で使われることが多い。**a discrepancy between A and B**（AとBの間の不一致）の形が多いが、**discrepancy in the results**（結果の食い違い）のように in が使われることもある。

✎ ここにも注目！
① auditor は「会計監査人、監査役」という意味の名詞。
② inventory は「在庫；目録、一覧表」という意味の名詞。

▶ formal

discrete
/dɪskríːt/ | 形 ①別々の、分離した、個別的な ②不連続の

The scientist analyzed the data with meticulous care, separating the results into discrete categories to discern patterns that might be missed with a less refined approach.
その科学者は細心の注意を払ってデータを分析し、結果を別個のグループに分類することで、精度の劣る手法であれば見逃してしまいかねないパターンを認識することができた。

separate（別々の）や distinct（別個の、他とはっきり異なる）に近い意味の語。通例、units（単位）、events、time、categories、types、skills、steps といった名詞を前から修飾する形で用いる。②の意味では、例えば **Perception is not continuous, but consists of discrete moments.**（知覚認識は連続的なものではなく、不連続の瞬間瞬間で構成される）のように用いる。同音異義語の **discreet**（慎重な）にも注意。
→309：discretion

✎ ここにも注目！
① meticulous は「細心の注意を払った、とても注意深い、几帳面な、細部にこだわる」を意味する形容詞。→018

② discern は「〜を読み取る、気づく、識別する」という意味の動詞。discern one's true intentions [intents]（人の真意を読み取る）、discern good from bad [evil]（善悪を識別する）などのように使う。

③ refined は「改良[改善]された；微細な；精巧な；教養のある、上品な、洗練された；〔石油・小麦粉などが〕精製された」という意味の形容詞。

---

146 ☐☐☐☐ 🔊 formal

demarcation
/dìːmɑːrkéiʃən/

名 境界線、区別、境界線を引くこと

It is not always possible to establish a clear line of **demarcation** between work and leisure in our "always connected" digital society.

私たちが暮らす「常時接続」のデジタル社会では、常に仕事と余暇の間に明確な境界線を定めることができるわけではない。

アカデミックな文章で使われることが圧倒的に多い。**a line of demarcation between X and Y**（X と Y の境界線）はよく使われる表現。「境界線」という意味では **boundary** とほぼ同義、「境界線を引くこと」は **separation** や **delimitation** と意味が近い。**mark**（印）と関連していることを意識すると覚えやすい。

---

147 ☐☐☐☐ 🔊 formal

dichotomy
/daikátəmi/

名 二分すること、対立

Presenting a false **dichotomy**, such as one between globalism and nationalism, in an argument can lead to a divisive and unproductive debate.

議論の中でグローバリズム対ナショナリズムのような誤った二分法を提示すると、対立をあおるような非生産的な討論になりかねない。

アカデミックな文章で使われることが圧倒的に多く、また単数形で使うことが多い。「著しく異なるものを二分すること」「二つのものの間の対立」といった意味を持ち、**a dichotomy between X and Y**（X と Y の二分）のように使う。**false dichotomy**（誤った二分法）は「実際にはほかの可能性もあるのに、二つしか存在しないかのように考えること」を指す用語。dicho-（二つ）+ tom(y)（分ける）という成り立ちの語で、-tom(y) は anatomy（解剖）などにも共通する。**派生語▶ dichotomous 形** 二つに分かれた、二項対立の

133

binary
/báinəri/

形 二つの　名 二進法　例 binary variable 二値変数

bifurcation
/bàifərkéiʃən/

名 分岐

---

148 ▢ ▢ ▢ ▢

squander
/skwándər/

動 （お金や時間、機会など）を無駄遣いする、浪費する

The scholar **squandered** his time and energy on preposterous projects that are unlikely to yield any meaningful outcomes.

その学者は有意義な結果が生まれるとは到底思えない荒唐無稽なプロジェクトに時間とエネルギーを無駄遣いした。

---

waste に似た意味を持つが、「派手に［向こう見ずに、軽率に］浪費する」というニュアンスがある。**squander X on Y**（X を Y に無駄遣いする）、**squander X V-ing**（〜して X を無駄遣いする）という spend や waste と同じような形で使われる。money、time のほか opportunity が目的語になることも多い。例 squander an opportunity (to do)（〜する）せっかくの機会を無駄にする

📖 併せて覚えたい！

dissipate
/dísəpèit/

動 （お金や時間など）を浪費する、使い果たす；〔恐怖などが〕消える、晴れる　例 dissipate precious money on rubbish 貴重なお金をくだらないものに浪費する／His anger slowly dissipated. 彼の怒りはゆっくりと消えていった。

expend
/ikspénd/

動 （お金や時間など）を費やす、かける　▶ expend a lot of energy on X で「多くの労力を X に費やす」という意味になる。

splurge
/splə́:rdʒ/

動 （お金）を湯水のように使う、無駄遣いする　例 splurge on an unnecessary dress いらないドレスに散財する

✏️ ここにも注目！

preposterous は「馬鹿げた、突拍子もない、不合理な」という意味のかなり難しい形容詞。pre（前）と post（後ろ）に注目し、「前後を逆にするほど非常識」というイメージで覚えるとよい。

149 □□□□

exorbitant
/ɪgzɔ́ːrbətənt/

形 〔値段などが〕法外な、〔必要以上に〕高い、異常に高い

Some restaurants charge **exorbitant** prices for mediocre meals.
一部のレストランは大しておいしくもない食事に法外な値段を請求してくる。

異様に高額であることを表す語で、**exorbitant prices [costs/fees/rates]**(法外に高い値段[コスト／費用／料金])などが重要。「軌道(**orbit**)からから外れた(**ex-**)」が含まれており、要は「常軌を逸した金額」ということ。

📖 **併せて覚えたい!**

extortionate
/ɪkstɔ́ːrʃənət/

形 法外な、不当に高い　例 **extortionate prices** 法外な値段

✏️ **ここにも注目!**

mediocre は「大したことない、ぱっとしない、さほどでもない」という意味の形容詞。基本的にマイナスの意味で使われる。a mediocre performance(ぱっとしないパフォーマンス)、mediocre results [grades](平凡な結果[成績])など。

150 □□□□

ostentatious
/ὰstentéiʃəs/

形 これ見よがしの、見栄を張った、印象づけようと必死な、派手な、贅沢な

He is leading an **ostentatious** lifestyle, wearing fancy clothes, carrying an expensive bag, and purchasing whatever is in vogue.
彼は派手な服を身に着け、高い鞄を持ち歩き、はやりのものは何でも買うといった、これ見よがしに派手なライフスタイルを送っている。

「他人に良く思われようと必死だ」や「注目を集めようとわざと大げさな動きをしている」というニュアンスを持つ。**on ostentatious display of X**(これ見よがしにXを見せびらかして)、**ostentatious consumption**(派手な消費)などのフレーズで覚えておこう。

lavish
/lǽviʃ/

形〔物などが〕贅沢な；〔人が〕惜しみない　動 ～を惜しみなく与える　例 a lavish lifestyle 贅沢な暮らしぶり／be lavish with financial aid 経済的援助を惜しみなく与える／lavish praise 褒めちぎる

✏️ ここにも注目！

① fancy は「〔値段などが〕異常に高い、高価な；派手な」という意味の形容詞。a fancy price（ばか高い値段）、fancy clothes（派手な服）で覚えておこう。なお、動詞としても使われることがあり、その場合は「～を欲しがる；～を想像する」という意味である。さらに名詞としても使われることがあり、その場合は「好み」という意味になる。これに関しては、have a fancy for X（X が好きである）というフレーズで覚えておくとよいだろう。

② vogue は「（一時的）流行、はやり」という意味の名詞。in vogue（流行している）、a vogue for X（X の流行）、come into vogue（流行する）などを覚えておきたい。

6

🔊 06

英和辞典の収録語数が約10万。
それをひたすら覚えていくのと比べれば、
語彙を精選した本書は圧倒的に効率がいい。

（萩澤）

151

□ □ □ □

staunch
/stɔ́:ntʃ/

形 ①忠実な、信頼に足る、熱烈な ②頑強な、揺るがない、断固とした

Ralf was deceived by a man whom he had believed to be his **staunch** friend.
ラルフは信頼できる友達だと思っていた男に騙された。

基本は「忠実な」の意味で、**loyal**、**faithful** が類義語にあたる。**supporter**(支持者)、**ally**(同盟者)、**defender**(弁護者)、**advocate**(擁護者)といった名詞を修飾することが多い。**a staunch opposition**(断固とした反対)も頻出のフレーズ。前置詞との組み合わせに関しては、**be staunch in one's conviction that SV**(～という確固たる確信がある)、**be staunch in one's support of X**(断固としてXを支持している)のように in との結びつきを覚えておきたい。

✎ ここにも注目！

deceive は「(人)を騙す、欺く」という意味の動詞。**deceive X into V-ing**(Xを騙して～させる)の形で覚えておきたい。似た意味・用法の動詞として、**fool X into V-ing**(Xを騙して～させる)、**dupe X into V-ing**(Xを騙して～〈違法なこと〉をさせる)、**delude X into V-ing**(Xを欺いて～させる) →261、**trick X into V-ing**(Xを騙して～させる)などもセットで覚えておこう。なお、以上の V-ing の部分には、もちろん名詞が使われることもある。

152

□ □ □ □

allegiance
/əlí:dʒəns/

名 ①〔国家・主義・君主などに対する〕忠誠(心)、忠実さ ②支持、献身

In the hallowed halls of the courthouse, the judge administered the oath, and the witnesses solemnly pledged their **allegiance** to truth and justice.
裁判所の神聖なる法廷で、裁判官が宣誓をさせ、証人は真実と正義への忠誠を厳粛に誓った。

pledge [swear] allegiance to X(Xへの忠誠を誓う)というフレーズで使うことが最も多い。そのほかに **declare allegiance to X**(Xへの忠誠を公言する)、**switch [change/transfer] allegiance**(寝返る)、**abandon one's allegiance**(忠誠心を捨てる)、**an oath [a vow / a pledge] of allegiance**(忠誠の誓い)、**a statement of allegiance**(忠誠の表明)という表現を覚えておくとよい。アメリカでは、以下の例に挙げる **the Pledge of Allegiance**(忠誠の誓い)を国旗に向かい、右手を胸に当てて述べる習慣があり、朝の始業前に皆で暗唱する学校も多い。**例** I pledge allegiance to the flag of the United

States of America, and to the republic for which it stands, one nation under God, indivisible, with liberty and justice for all. 私は、アメリカ合衆国国旗とその国旗が象徴する共和国、すなわち神の下に一つであり、不可分で、全ての民に自由と正義があるこの国家に忠誠を誓います。

📖 併せて覚えたい！

deference
/défərəns/

名 〔人への〕敬意、尊重；〔人の意見・判断への敬意に基づく〕服従 →058

adherence
/ædhíərəns/

名 固守、執着、支持 ▶ adherence to X で「Xの順守」という意味。例 strict adherence to law 法の順守

fidelity
/fidéləti/

名 忠実、忠誠；貞操；正確性、忠実度 ▶ fidelity to one's principles（自分の主義に忠実であること）、marital [sexual] fidelity（夫婦間の［性的］貞操）、with great fidelity to the original（原物にとても忠実に）といったフレーズを覚えておこう。

✏️ ここにも注目！

① hallowed は「神聖化された，神聖な」という意味のフォーマルな形容詞。通例、名詞を前から修飾する形で用いる。

② administer は「～を運営する；～を執行する、施行する；（薬など）を投与する；（宣誓）をさせる」という意味の動詞。「（宣誓）をさせる」という意味の場合、通例 administer the oath to X（Xに宣誓させる）という形で用いるが、問題文では to X に相当する内容が and 以降に述べられている。

③ oath は「宣誓、誓い」という意味の名詞。 →131

④ solemnly は「厳粛に、厳かに、真面目に」という意味の副詞。

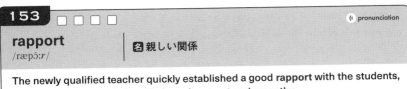

153 □ □ □ □   ((pronunciation

rapport
/ræpɔ́:r/

名 親しい関係

The newly qualified teacher quickly established a good **rapport** with the students, developing a close relationship based on trust and empathy.
教員になったばかりのその先生はすぐに生徒と良好な関係を築き、信頼と共感の上に成り立つ親しい関係性を作り上げた。

「信頼や相互理解などに基づく関係」という意味合いの語。a rapport with X（Xとの親密な関係）のほかに **a rapport between X and Y**（XとYの間の親しい関係）という形も使われる。X（やY）に入るのは「関係を結ぶ相手」で、**student**、**client**、**audience**、**patient** などがよく見られる。また、**establish**、**build**、**develop** といった動詞の目的

語になることが多い。

✏️ ここにも注目！

empathyは「共感、感情移入」と訳される名詞で、具体的には「人の気持ちを理解し、それに共感する能力」という意味。

154 ☐☐☐☐

🔊 formal

acquiescence
/ækwiésns/

名 黙従、消極的同意、渋々〔不本意ながら〕認める〔従う〕こと

Everyone was surprised by her **acquiescence** to the plan, as she had previously been **adamant** about her opposition to it.
彼女がその計画に渋々従ったことには皆驚いてしまった。というのも、以前は断固として反対していたのだから。

▶ **acquiescence to [in] X**（渋々Xに従うこと）という形で用いることが多い。**the acquiescence of X / X's acquiescence** は「Xによる同意」の意味。「黙認」と訳されることがあるが、「黙認」は「良くない行為を察知しつつ、それを大っぴらに認めはしないが禁止もせず、実質的に許容する」という程度の意味であり、「不満を飲み込んで従う」という acquiescence とは力点がかなり異なる。語源的には quiet とつながっており、それを意識すると意味も形も覚えやすい。 **派生語** acquiesce **動** 〜に仕方なく従う、不本意ながら同意する ▶ acquiesce to [in] X（Xに仕方なく従う）のように使う。 **例** acquiesce to their demand 彼らの要求に仕方なく従う

📖 併せて覚えたい！

assent
/əsént/

名 同意、承認 ▶ approval とほぼ同義 **例** in assent 同意して

✏️ ここにも注目！

adamantは「断固とした、譲らない」という意味の形容詞で、**adamant that SV**（〜だと言って聞かない）、**adamant about [in] X**（Xに関して断固とした態度をとって）という形で使う。

140

155

☐ ☐ ☐ ☐

🎧 formal

subjugate
/sʌ́bdʒugèit/

動 ① ～を征服する ② ～を支配する ③（欲求など）を優先する

Throughout history, invaders have often sought to **subjugate** the peoples of the places they have invaded, using force and coercion to assert their dominance and control over them.

歴史上、侵略者というのは侵略した土地の民族を隷属させようと試みることが多く、その際に武力や威圧に頼ることで相手の民族に対する支配と統制を主張してきた。

「集団、敵などを打ち負かして征服する」または「打ち負かした後に服従させる、支配する」という意味で用いる。受け身で使うことが多いが、問題文のように能動で用いることもある。また、**X be subjugated to Y** で「X が Y に服従させられる、隷属させられる」という用法もある。**例** the British experience of being subjugated to Rome ローマに隷属するというイギリスの経験

この用法は比喩的に「X（願い・願望）よりも Y を優先する」という意味でも用いる。**例** In the pursuit of a greater goal, one's personal aspirations and inclinations must be subjugated to that higher purpose. より大きな目標を追求する際には、個人的な願望や意向は二の次にし、より崇高なその目標を優先しなければならない。

派生語 subjugation **名** 征服、隷属

📖 併せて覚えたい！

subdue
/səbdjúː/

動 ❶［軍隊などが］～を征服する、～を鎮圧［制圧］する；（感情）を抑える、抑制する **例** The conqueror's army subdued one nation after another. 征服者の軍隊は各国を次から次へと征服していった。／She managed to subdue her nervousness. 彼女は緊張をなんとか抑えることができた。

✏️ ここにも注目！

coercion は「強要、強制（力）、威圧、抑圧：弾圧政治」という意味のフォーマルな名詞。

→ 263：coerce

aftermath
/ǽftərmæθ/

名 ①〔災害・戦争・事件などの〕余波、影響、結果 ②〔災害などの〕直後の時期

The **devastating aftermath** of the typhoon **necessitated** the **deployment** of an international humanitarian mission to provide aid and assistance to the **affected** population.

台風の結果生じた壊滅的な状況により、被害を受けた人々へ援助と支援を提供するための国際人道支援団を派遣することが必要となった

災害、戦争、事故、事件など、「通常好ましくない出来事の結果として生じる状況、あるいはそのような出来事の直後の時期」を表す語。**in the aftermath of X**(Xの余波で[結果として])というフレーズで用いることが多く、すぐ後であることを強調して**immediate aftermath**(直後)とも言う。

📖 併せて覚えたい！

wake
/wéik/
名 後ろ；結果；通った跡 ▸ **in the wake of X / in X's wake**で「Xの結果として、Xのあとに；(人)にならって」という意味。例 In the wake of the scandal, the politician suffered a plunge in the polls. そのスキャンダルの結果、その政治家は世論の支持率の急落に見舞われた。

✏️ ここにも注目！

① devastating は「破壊的な、壊滅的な」という意味の形容詞。→100

② necessitate は「～を必要とする」という意味の動詞。→123

③ deployment は「配備、配置、展開」という意味の名詞。deployment of X で「X(部隊・兵器など)の配置、展開；X(人材・資金など)の活用」という意味で用いる。→135：deploy

④ affected は「影響を受けた」あるいは「〔病などに〕冒された」という意味の形容詞。

157

tumultuous
/tjuːmʌ́ltʃuəs/

形 ①騒々しい、騒がしい ②激動の、波乱に満ちた ③熱烈な

The **tumultuous** events of the revolution had a profound impact on the nation's political and social landscape, <u>ushering in</u> a new era of <u>upheaval</u> and transformation.

革命による波乱に満ちた一連の出来事は、その国の政治的・社会的情勢に大きな衝撃を与え、激動と変革の新時代の到来を告げた。

通例、名詞を前から修飾する形で用いる。本来は①、②の意味の語だが、騒がしい様子というのは一般的に「大きな音や声がしていて、感情が高ぶっている状況」であるというイメージから、拡張的に③の意味でも用いる。これは、「満足感や興奮によって歓声や拍手などが沸き起こっている状況」を表す。例 tumultuous applause 熱烈な拍手喝采

派生語 tumult 名 〔群衆などの〕騒ぎ、喧噪、騒動；〔心の〕混乱、興奮 例 in (a) tumult 混乱[興奮]して

📖 併せて覚えたい！

tempestuous
/tempéstʃuəs/

形 ⬅ 〔関係・人などが〕熱烈な、激情に駆られた；〔時代などが〕激動の、動乱の；大嵐の、吹雪の ▶ 通例、名詞を前から修飾する形で用いる。例 a tempestuous relationship 波乱万丈な人間関係

✏️ ここにも注目！

① usher X in / usher in X は「Xの先駆けとなる、Xの到来を知らせる」という意味。→292
② upheaval は「激変、激動、大変動」を意味する名詞。→075

158

clamor
/klǽmər/

名 ①〔群衆・動物の〕騒ぎ ②要求[抗議]の声、怒号 動 ①〔大声で〕要求する ②〔大声で〕騒ぐ

The **clamor** of protesters <u>echoed</u> through the streets as they demanded justice for the victims of police <u>brutality</u>, their voices <u>resounding</u> with <u>unwavering</u> determination and <u>fervor</u>.

警察による残虐行為で生じた犠牲者に対する正義をデモ隊が求めると、激しい訴えは通りいっぱいに響きわたり、その轟く声には揺るぎない決意と熱意がこもっていた。

単に「多くの人やものによる騒がしい音」を表す場合と「大勢の人による要求・抗議の声」を表す場合がある。後者は **clamor for X**(X を要求する叫び)の形で用いることが多い。**例** the clamor for the prime minister's resignation 首相の辞任を求める声　動詞用法もあり、**clamor for X**(X を強く求める、やかましく要求する)、**clamor to do**(～したいと強く求める、やかましく要求する)、**clamor against X**(X に抗議して声を上げる)といった使い方をする。**例** The crowd clamored for his resignation. 群衆は彼の辞任を求めて声をあげた。／ People clamored to know the truth. 人々は真実を教えろと大声で要求した。／ The protesters clamored against police brutality. デモ参加者は警察の残虐行為に抗議の声をあげた。

📖 **併せて覚えたい！**

outcry
/áutkrài/

名 激しい抗議(運動)、大反発　**例** an outcry against a tax raise 増税に対する激しい抗議／ raise [cause/prompt/provoke] an outcry 激しい抗議 運動を引き起こす

uproar
/áprɔ̀ːr/

名 大騒動、大騒ぎ；わめき叫ぶ声、騒々しい物音；大論争　**例** Their decision to close the library provoked an uproar. 図書館を閉鎖するという彼らの決定によって騒動が起こった。

furor
/fjúərɔ̀ːr/

名 激しい怒り、怒号；大騒ぎ　**例** His remark about religion caused a furor among some faithful believers. 彼の宗教に関する発言は、一部の信仰心が強い人たちの激しい怒りを買った。

✏️ **ここにも注目！**

① **echo** は「反響する、響きわたる」を意味する動詞。「同じ音が反響して繰り返し響く」というイメージから拡張して、「〔同意して〕(考え・意見)を繰り返す、反復する；～を模倣する」という意味にもなる。a view echoed by environmentalists(環境保護論者たちが繰り返し述べる見解)のように使われる。

② **brutality** は「残虐行為、残忍な行為、蛮行；残忍さ；野蛮」という意味の名詞。

③ **resound** は「鳴り響く、反響する、響きわたる」という意味の動詞。

④ **unwavering** は「揺るぎない、確固たる、動揺しない」という意味の形容詞。 →072

⑤ **fervor** は「熱情、情熱、熱烈」という意味の名詞。 →005：fervent

159

roaring
/rɔ́ːrɪŋ/

形 ①〔音などが〕轟く、騒々しい ②活気がある、ものすごい

The <u>collaborative</u> <u>enterprise</u> we <u>embarked</u> on last year was a roaring success.
私たちが昨年着手した共同事業はものすごい成功を収めた。

> 問題文の **a roaring success**（ものすごい成功）をはじめとして、いくつか決まったフレーズがある。**a roaring fire**（燃え盛る炎）、**a roaring sound**（とどろく音）、**roaring waters**（轟音を立てる水）などは覚えておきたい。**派生語** roar **動**〔トラなどが〕吠える；轟音がする ▶ 特に小説などで、せりふの引用を伴って "...," S roared.（「…」とSは怒鳴るように言った）という使い方をする。／**名** 吠え声；怒号、どよめき、轟音

✎ **ここにも注目！**
① collaborative は「共同の」という意味の形容詞で、joint（共同の）とおおよそ同じ意味である。
② enterprise は「企て、大事業；企業、会社」という意味の名詞。後者の意味に関しては a multinational enterprise（多国籍企業）というフレーズで覚えておこう。なお、抽象的に「進取の気性、冒険心」という意味になることもあり、a woman with [of] great enterprise（進取の気性にあふれた女性）のように使う。
③ embark は「乗船する、搭乗する」という意味の動詞だが、embark on X で「X に着手する（≒ undertake →160 ）」の意味になる用法もあるので覚えておきたい。

160

crux
/krʌ́ks/

名 〔問題などの〕最重要要点、核心、最も難しい側面

The crux of the matter is that our organization cannot avoid <u>incurring</u> even more debt by <u>undertaking</u> the project.
問題の一番重要なポイントは、われわれの組織はそのプロジェクトを引き受けることでさらなる借金を背負うのを避けられないということだ。

> **the crux of the X**（X の核心）の形で使われる。X には matter、problem、issue、argument などが入る。

📖 **併せて覚えたい！**

kernel
/kə́:rnl/

名〔物事・問題などの〕核心、要点、肝心な部分 ▶ the kernel of X で「X（問題など）の核心、肝心な部分」という意味を表す。例 get the kernel of his argument 彼の議論の核心をつかむ ▶ kernel of X で「わずかの X」という使い方もある。

✏️ **ここにも注目！**

① incur は「（借金・損害など）を被る、負う」という意味の動詞。debt のほかに expenses や costs といった名詞が目的語になることが多い。少し趣が違うが、incur X's wrath [anger]（X の怒りを買う）も比較的よく使う言い方。

② undertake は「（仕事・責任など）を引き受ける；（仕事など）に着手する、取り掛かる」という意味の動詞。undertake the leadership（リーダーを引き受ける）、undertake full responsibility（全責任を引き受ける）、undertake the project（そのプロジェクトに着手する）で覚えておくとよい。名詞形の undertaking は「事業；保証」という意味。

161 ▢ ▢ ▢ ▢

gist
/dʒíst/

名〔話・記事などの〕要点、要旨、主旨、骨子

Despite the surface eloquence of his speech, it was difficult to comprehend the gist of the argument due to his obfuscating rhetoric.
表面的には彼のスピーチは雄弁だったが、煙に巻くような凝った言い回しのせいで、議論の要点を理解することは困難だった。

定冠詞 the をつけて単数形で使うのが一般的で、**get the gist of X**（X の要点をつかむ）の形が頻出。X には argument、story、article、conversation などが用いられることが多い。また、動詞には get のほかに「理解する」という意味の understand、comprehend、grasp、catch、「伝える」という意味の convey、give、「要約する」という意味の summarize（要約する）なども用いられる。

📖 **併せて覚えたい！**

tenor
/ténər/

名 ❶〔文書・議論・演説などの〕大意、概要、趣旨 例 the tenor of her speech 彼女の演説の概要

ここにも注目！

① obfuscating は「物事を難解にするような」という意味の形容詞。動詞の obfuscate は「〜を鈍らせる、〜をぼんやりさせる；〜をわかりにくくする」という意味のフォーマルな語。
② rhetoric は「レトリック、修辞表現；効果的な話し方[書き方]；〔特別な効果を狙った〕話術、説得術」を意味する名詞。

162

belated
/biléitid/

形 遅れて来た、遅すぎる

The politician's belated apology didn't abate the antipathy many harbored toward him for his earlier remarks.
その政治家は遅ればせながら謝罪したが、それまでの発言で多くの人々が彼に対して抱いていた反感を和らげることにはならなかった。

通例、名詞を前から修飾する形で用いる。**Belated happy birthday! / Happy belated birthday!**（遅れちゃったけど誕生日おめでとう！）というフレーズで覚えるのがよいだろう。happy birthday というメッセージが遅れているのだから論理的には前者が正しいはずだが、後者も同じ程度に用いられる。ほかに、**gift、present、recognition**（評価）、**attempt、response、arrival** といった名詞とともによく用いられる。

併せて覚えたい！

tardy
/tá:rdi/

形 ❷ 遅い；緩慢な、ぐずぐずしている；遅刻した　例 tardy in submitting their assignments 課題を提出するのが遅い／be tardy for school 学校に遅刻する

ここにも注目！

① abate は、「〜を減ずる、弱める；(気持ちなど)を静める；(価格など)を引き下げる」を意味する動詞。→015
② antipathy は「反感、(生理的)嫌悪(感)」を意味するフォーマルな名詞。He had a natural antipathy for people in power.（彼は生まれながらにして権力者への深い反感を持っていた）のように使う。
③ harbor は「(悪意、疑いなど)を(ひそかに)心に抱く；(生物・菌)のすみかとなる；〜をかくまう」を意味する動詞。

163

formal

procrastinate
/proukrǽstənèit/

動 (やりたくないこと)をぐずぐず先延ばしにする、後回しにする

You say you have been **contemplating** the matter before taking some concrete actions, but all you are doing is **procrastinating**.

具体的な行動に移る前にじっくり検討していると君は言うけれど、ただぐずぐずと先延ばしにしているだけじゃないか。

目的語をとることもできるが、自動詞として使われる方が普通。**Stop procrastinating.**(ぐずぐず先延ばしにするのをやめろ)、**Why do we keep procrastinating?**(なぜ私たちはぐずぐず先延ばしにし続けるのだろうか)のようにV-ingの形で用いることも多い。

派生語 procrastination 名 先延ばし **例** overcome (the habit of) procrastination 先延ばし癖を克服する

📖 併せて覚えたい！

defer
/difɔ́:r/

動 〜を引き延ばす、延期する **例** defer the final decision 最終決定を先延ばしにする/
Payments will be deferred until next month. 支払いは来月まで延期されるだろう。

✏️ ここにも注目！

contemplateは「〜を熟考する：〜を想定する」という意味の動詞。consider(〜を熟考する、検討する)の難しいバージョンと考えるとよい。おおよそ同じ意味で使われるponder(〜を熟考する、思案する)も一緒に覚えておこう。

164

plagiarism
/pléidʒərìzm/

名 剽窃、盗用

The **diffusion** of the internet accelerated the prevalence of **plagiarism**.

インターネットが普及したことによって剽窃の蔓延が加速してしまった。

「他人の作品や文章を、引用としてではなく自分のものとして許可なく利用[発表]すること」を意味する。**commit plagiarism**(剽窃をする)、**be suspected [found guilty / accused] of plagiarism**(剽窃の疑いがある[剽窃で有罪となる/剽窃の罪で訴えられる])などのフレーズで覚えておくとよい。**派生語** plagiarize 動 〜を盗用する、剽窃する **例** The professor was accused of **plagiarizing** a paper written by one of his students. その教授は指導学生の一人が書いた論文を盗用したとして非難された。

▸ plagiarize (X) from Y の形でも用いられ、「(Xを)Yから盗む、盗用する」という意味になる。plagiarize an idea from an article（記事からアイデアを盗む）、plagiarize from Wikipedia（ウィキペディアから盗用する）といったフレーズで覚えておこう。

✍ ここにも注目！
diffusion は「拡散、普及」という意味の名詞。the diffusion of new technologies（新しい技術の普及）のように the diffusion of X の形で使うことが多い。動詞の diffuse は「～を拡散する、普及させる；広まる」という意味で、diffuse heat [information]（熱を拡散する[情報を広める]）のように使う。

165 ☐☐☐☐

plunder
/plʌ́ndər/

🔲 ～を略奪する、略奪して荒らす、奪う、横領する
📛 略奪、戦利品

Hundreds of precious artworks were **plundered** from the museum during the military conflict that caused many casualties.
多数の死者を出したその軍事紛争で、何百もの貴重な芸術作品が美術館から略奪された。

▸「戦争、紛争」という文脈で使われるのが一般的。動詞として使う場合は構文パターンが複数あり、①plunder Y で「略奪して Y（場所）を荒らす（≒ ransack →274）」、②plunder Y of X で「Y（場所）から X（物）を略奪する（≒ rob）」、③plunder X (from Y) で「(Y（場所）から) X（物）を略奪する（≒ steal）」の三つを覚えておきたい。例 ①The soldiers plundered the village. 兵士たちが村を荒らし回った。②The soldiers plundered the castle of several statues. 兵士たちは城からいくつかの像を略奪した。さらに拡張して「ある領域の資源をみだりに枯渇させる」、あるいは「(他人の物など)をぶんどる」くらいの軽い意味で使われることもある。

📖 併せて覚えたい！

loot
/lúːt/
📛 略奪品、戦利品、盗品 🔲 (お金や物など)を略奪する、(場所)を荒らす 例 The rioters looted the embassy. 暴徒たちが大使館を散々に荒らした。

looting
/lúːtiŋ/
📛 略奪、強奪 例 widespread looting 横行する略奪行為

pillage
/pílidʒ/
📛 略奪、略奪品 🔲 ～を略奪する 例 Those artworks were pillaged. その芸術作品は略奪されたものだ。

✍ ここにも注目！
casualty は「死傷者(数)、犠牲者(数)」という意味の名詞。many [heavy] casualties（多数の

死傷者)というフレーズで覚えておこう。**toll** も「犠牲者(数)、死傷者(数)」の意味で使われる語で、**the death toll**(死者数)の形でよく使われる。なお、**take a (heavy) toll on X**(Xに大きな損害[ダメージ]を与える)という大切なフレーズもあるので、併せて覚えておきたい。

---

166 ☐☐☐☐

((pronunciation　✉ formal

usurp
/júːsə́ːrp/

| 動 ～を不法に奪う、強奪する、侵害する

The dictator usurped the king's power through a military coup.
その独裁者は軍事クーデターによって国王の権力を奪った。

▶ **usurp power**(権力を不法に奪う)、**usurp the authority of X**(Xの権限を不法に奪う)、**usurp one's role [position]**(人の地位を無理やり奪う)、**usurp a throne**(王位を簒奪する)などの表現が重要。特に **try to** に続く形で使い、「奪おうとする」という意味の文になることが多い。意味をさらに比喩的に展開して「悪いものが良いものを駆逐する(≒ supplant)」という意味合いで用いることもある。例 We must not allow lies [prejudices] to usurp the truth [careful judgment]. うそ[偏見]のせいで真実[慎重な判断]を失ってしまってはならない。

📖 併せて覚えたい！

seize
/síːz/

動 ～を奪い取る、押収する：(機会など)を捉える　例 seize power 権力を奪う／seize control over the capital 首都を掌握する／seize every opportunity あらゆる機会をものにする／seize the day 今を懸命に生きる

overthrow
/òuvərθróu/

動 (政府)を倒す、転覆させる：(規則など)を撤廃する　例 overthrow the government 政府を転覆させる／overthrow the old convention 古い慣習を廃する

✏️ ここにも注目！

① **dictator** は「独裁者、専制君主」という意味の名詞。比喩的に「威圧的な人」という意味で使われることもある。「独裁(体制)」そのものを表すには **dictatorship** という名詞を使う。「政治体制」を表す言葉として、**monarchy**(君主政治、君主制)、**anarchy**(無政府状態、無政府主義)も併せて覚えておくとよいだろう。ただし、**anarchy** は実際には **in a state of anarchy**(無秩序状態にある、混沌としている)、**be close to anarchy**(ほぼ無秩序である)などのように比喩的に「秩序がない様子」を表して使われることが多い。

② **coup** は「クーデター」という意味の名詞。**coup d'etat**(クーデター)と同じ意味になる。関連語として **junta**(軍事政権、軍事政府)も一緒に覚えておくとよい。これは「クーデターや革命などにより臨時的に樹立される政府」を指す。なお、**coup** は **make [be] a great [major] coup**(大成功を収める)のように「大成功、大当たり」の意味で使われることもある。

167 □ □ □ □

confiscate
/kánfəskèit/

動 ～を没収する、取り上げる

The money they gained through the crooked dealings was confiscated by the police.

彼らが不正取引で得た金は警察に没収された。

> police、government、authority など「権力を持つ公的組織」を表す名詞が主語、property、weapon、gun、land、wealth など「財産や証拠品」を表す名詞が目的語になることが多い。一方で「生徒の私物を教師が没収する」といった軽い文脈でも用いられる。語源的には fiscal (財政の) と関連があり、「一緒に」を表す接頭辞 con- がついて「個人の手を離れて国のお金と一緒にする」と考えるとわかりやすい。

📖 **併せて覚えたい！**

forfeit
/fɔ́ːrfit/

動 (権利や財産など)を喪失する、奪われる、剥奪される　例 forfeit one's life 命を落とす／forfeit the right to do ～する権利を喪失する／forfeit a game 没収試合となる、棄権する

✏️ **ここにも注目！**

crooked は「不正の、いんちきの」という意味の形容詞。the crooked business (不正ビジネス) などのように使う。「湾曲した、歪んだ」という意味で使われることもある。give X a crooked smile (〔唇を片端だけ上げて〕歪んだ笑みをXに向ける)のように使う。

168 □ □ □ □

🔊 formal

innocuous
/inάkjuəs/

形 当たり障りのない、悪意のない、差し障りのない、無害な、危害のない

He made what seemed like an innocuous remark on her appearance, but it seriously undermined her self-confidence.

彼はその女性の容姿に関して一見たわいもないようなことを口にしたが、それは彼女の自信を著しく傷つけるものだった。

> 「毒性がない」が本来の意味だが、比喩的に「言動に悪意がない」という意味も表し、実際に後者の方がよく使われる。harmless (無害な) を難しく言い換えた語だと考えよう。

併せて覚えたい！

benign
/bináin/

形 悪意のない、親切な；穏やかな；〔腫瘍が〕良性の **例** a benign smile 優しい笑み／a benign tumor 良性腫瘍　▶「悪性腫瘍」は a malignant tumor と言う。 →347：malignant

ここにも注目！

undermine は「〜をひそかに傷つける、徐々にだめにする」という意味の動詞。 →132

---

169 □ □ □ □

neurotic
/njuərátik/

形 ①神経症の、ノイローゼの ②神経過敏な、ひどく神経質な

A **propensity** for excessive worry and fear can be indicative of a neurotic tendency, often accompanied by a **preoccupation** with perceived threats and negative outcomes.

過度の不安や恐怖を感じがちであれば、それは神経症傾向の徴候である可能性があり、恐怖や良くない結果を想像してそれにとらわれる症状を伴うことが多い。

①の意味は医学用語で、「神経症（neurosis）やノイローゼ（nervous breakdown）で苦しんでいる」という意味になる。そこから拡張的に②の意味で用いる場合がある。後者は医学的な診断とは無関係に「不安を理由に合理的で落ち着いた振る舞いができなくなっている状態」を表す。**例** He is neurotic about keeping his schedule. 彼はスケジュールを守ろうとノイローゼ気味になっている。

併せて覚えたい！

jittery
/dʒítəri/

形 ●不安で神経過敏な、そわそわした、びくびくした、イライラした **例** I felt jittery before the big exam. 大きな試験の前で、私は神経過敏な気持ちになっていた。

ここにも注目！

① propensity は「〔生まれつきの〕傾向、性向、性癖」という意味の名詞。 →045

② preoccupation は「没頭、夢中、妄念、執念；最大の関心事；先入観、偏見」を意味する名詞。preoccupation with X（Xへの没頭、Xに夢中になること）のように使う。

170

☐☐☐☐☐ ⓘ やや formal

paranoid
/pǽrənɔ̀id/

形 ①偏執症の ②偏執症的な ③被害妄想的な

It is not uncommon for individuals with certain psychiatric disorders to exhibit paranoid tendencies, which can be exacerbated by stress and anxiety.
ある種の精神疾患を持つ人が被害妄想的な傾向を示すことは珍しいことではなく、ストレスや不安によって悪化することもありうる。

paranoia（偏執症、妄想症）という名詞から派生した形容詞。paranoia は医学的な文脈では「他者に危害を加えられる」「自分が重要な人物である」といった妄想を生じる精神疾患のことを指す。そこからくだけた口語表現では「被害妄想、病的な疑い深さ」という意味でも使われる。同様に paranoid も医学的な意味と一般的な意味の両方で用いる。なお、paranoiac という、paranoid とほぼ同義の形容詞もある。

📖 併せて覚えたい！

petrified
/pétrəfàid/

形〔恐怖で〕すくみあがって、ひどく怖がって　例 I'm petrified of heights. 私は高所恐怖症だ。▸ that 節を目的語にとって petrified that SV（～ということをひどく怖がって）のように使うこともできる。

✏️ ここにも注目！

① psychiatric は「精神医学の、精神病理学の、精神病療法の、精神科の」を意味する形容詞。
② exacerbate は「～をさらに悪化させる」という意味のフォーマルな動詞。→030

171

☐☐☐☐☐ 🔊 pronunciation

gross
/gróus/

形 ①総計の、全体の ②😠むごい、目に余る ③😝不快な、気持ち悪い ④下品な、野蛮な、粗野な

The company's decision to terminate the employee's contract was based on evidence of gross misconduct, which jeopardized the organization's reputation.
その従業員の契約を解除することを会社が決定したのは、重大な不正行為を示す証拠に基づく判断で、その行為は組織の評判を脅かすものだった。

多義的な語。①の意味では名詞を前から修飾する形で用いられる。「税金、経費や容器の重さなどを差し引く前の」という意味合いがある。GDP（国内総生産）は gross domestic product の略で、この言葉で覚えておくとよいだろう。②の場合も名詞を前から修飾する形で用いられる。否定的な意味を持つ語を強める役割を持つ。問題文の gross はこの意味。③はくだけた話し言葉で、disgusting に意味が近い。ネイテ

ィブ・スピーカーの子どもは、最初に食べ物に関してこの単語を覚えることが多い。例 "He puts sushi into milk." "Ooh, gross!"「あいつすしを牛乳につけて食べるんだよ」「ええ、気持ち悪い！」

④の意味では **gross behavior**（下品な振る舞い）という言い方を覚えておこう。

📖 併せて覚えたい！

revolting
/rivóultiŋ/

形 不快を催させる、胸をむかつかせる　例 The food looked revolting. その食べ物は胸をむかつかせる見た目をしていた。

repulsive
/ripʌ́lsiv/

形〔人・振る舞い・習慣などが〕嫌悪感を起こさせる、胸の悪くなる　▶ repulse は「〜を追い払う、拒絶する；〔受け身で〕不快にさせられる」という意味の動詞、repulsion は「嫌悪、反感；反発作用」の意味の名詞である。例 a repulsive sight 気分を害する光景／ repulsive force 斥力、反発力

nauseating
/nɔ́:zièitiŋ/

形 吐き気を催す、ひどく不快な　例 a nauseating smell 吐き気を催す臭い
→ 352 : nausea

✏️ ここにも注目！

jeopardize は「〜を危険にさらす、危うくする、危機に陥れる」という意味のフォーマルな動詞。→ 239 : jeopardy

172 □ □ □ □

holistic
/hòulístik/

形 ①全体論的な、全体論の ②〔医療が〕全体観的な、ホリスティックの

The **holistic** approach to medicine <u>encompasses</u> a comprehensive evaluation of the patient's physical, mental, and emotional health as well as environmental and social factors.

医療に対する全人的アプローチは、患者の身体的、精神的、感情的健康、さらには環境的および社会的要因に対する総合的な評価を包含するものである。

名詞の **holism**（全体論、全体観）は「全体は、単なる部分の足し合わせにとどまらない独自の性質を持つ」という考え方を指す学術用語。その形容詞形が **holistic** で、こちらは学術用語として用いるほか、一般的にも「全体を考慮する、俯瞰的な」といった意味で用いる。後者の意味では **approach**（取り組み方）、**way**（方法）、**view**（見解）、**perspective**（観点）といった名詞を修飾することが多い。例 take a more holistic view of the situation 状況をより広い視野で見る

医療の分野では holism や holistic は「全人的医療（の）、全体観的医療（の）」という専門用語として使われる。これは「病気や患部だけでなく、生き方も含めた人全体を考

慮に入れて治療にあたる」ことを表す。**例** holistic medicine [treatment/healing] 全人的医療[治療／治癒]

語源的には holocaust(大虐殺)と関連があり、whole(すべての)とも連想を働かせると覚えやすい。いずれも「全体的」という意味が共通する。

📖 併せて覚えたい！

atomism
/ǽtəmìzm/

名 原子論：原子主義 ▶「原子論」は哲学用語で、「万物の最小構成要素は原子である」という説。「原子主義」は心理学用語で、「すべての心理現象は単純な要素に還元できる」とする学説のことを表す。

✏️ ここにも注目！

encompass は「(さまざまな考え・テーマ・物など)を含む、包含する；(場所など)を取り囲む、包囲する」という意味の動詞。encompass a wide range of X(幅広い X を含む)、encompass the entire Asia-Pacific region(アジア太平洋地域全体を網羅する)のように使う。

173 ☐ ☐ ☐ ☐

contentious
/kənténʃəs/

形 ①議論[異論]を呼ぶ、物議をかもす ②口論好きの、けんか腰の ③言い争いになるような

The new policy on climate change was highly **contentious** among the members of the parliament, sparking a heated debate and raising fundamental questions about its feasibility and implementation.

気候変動に関する新しい政策は、国会議員の間で大いに議論を呼ぶもので、白熱した論争に火がつき、その実現可能性や実施に関する根本的な疑問が呈された。

①の意味は controversial(論争を呼ぶ、物議をかもす)とほぼ同義だが、controversial は「人物、本・映画などの作品、計画、建築」などを広く形容できるのに対して、contentious は主に「問題(issue)」や「意見(opinion)」の意味を含むものの描写に限られる。②の意味では a contentious fellow(けんかっ早い奴)、③の意味では a contentious meeting(言い争いが起こる会議)のように使う。**派生語▶** contention **名** ● 論争、議論、口論；争い、競争；〔討論などでの〕論点、主張、意見 **例** The continuation of nuclear power generation is the main source of contention. 原子力発電の継続が主な争点である。

📖 併せて覚えたい！

polemical
/pəlémikəl/

形 論争の；論争を引き起こす；論争好きの **例** a polemical article 論争を呼ぶ記事

✏️ ここにも注目！

① parliament は「国会、議会」という意味の名詞。

② spark は「〜を引き起こす；〜を駆り立てる」という意味の動詞。→139

③ feasibility は「実現可能性、実行可能性」を意味する名詞。→289 : feasible

④ implementation は「履行、実行、実施」を意味する名詞。→023 : implement

174 ⬜⬜⬜⬜

🔊 formal

dissent
/disént/

名 ①〔多数派・権威への〕異議、不賛成、不同意 ②意見の相違

The political leader faced <u>vehement</u> dissent from opposition parties regarding the proposed <u>legislation</u>, causing a heated debate in <u>parliament</u>.

その政治指導者は、同法案に関して野党からの激しい異議に直面し、結果として国会で激しい議論が交わされた。

「大半の人や権威が支持する決定や意見に対する強い異議、不満」を表す語。**serious**、**strong**、**vigorous**（激しい）、**growing**、**legitimate**（理にかなった）、**political**、**religious** といった形容詞で修飾されることが多い。定型表現としては、**dissent against X**（X に対する異議）、**dissent from X**（X からの異議）、**a voice of dissent**（反対の声）を押さえておこう。例 Voices of dissent against the authorities began to rise. 当局に対する異議の声が高まり始めた。

スポーツにおける「審判の判定に抗議する違反」も dissent で表現できる。例 Stojkovic was sent off for dissent. ストイコビッチは審判に抗議する違反で退場処分になった。

📖 併せて覚えたい！

discord
/dískɔːrd/

名 ❶不一致、不調和；仲たがい、不和；意見の相違；紛争、論争 ▸ family [marital/relationship] discord（家庭［夫婦間／人間関係］の不和）、political [social/racial/religious] discord（政治［社会／民族／宗教］紛争）のようなフレーズで覚えておこう。また、be in discord with X で「X と調和していない、X と不仲である」という用法もある。例 She is in discord with her father. 彼女は父親と不仲である。

✏️ ここにも注目！

① vehement は「痛烈な、強烈な、熱烈な、激しい」を意味する形容詞。→028

② legislation は「法律、法令；立法、立法制定」を意味する名詞。proposed legislation で「法案」という意味になる。

③ parliament は「議会、国会」という意味の名詞。→173

175

catapult
/kǽtəpÀlt/

動 ①（人）を突然［一躍］〔有名・スターなどに〕する ②勢いよく投げ出す、放り出す

The young singer's **prodigious** performance at the talent show **catapulted** her to instant stardom, **paving the way for** a successful career in the music industry.
その若き歌手は才能発掘番組で驚異的なパフォーマンスを披露したことで一躍スターの座に躍り出て、音楽業界で輝かしいキャリアをつかむ道が開けた。

名詞の **catapult** は「石弓」という石や矢などを射出する古代兵器のことを指していた。現代ではイギリス英語で小石を飛ばすY字型の玩具「ぱちんこ」を指す（アメリカ英語では slingshot と言う）。動詞の場合は **catapult X 副詞句** の形で文字通りには「Xを勢いよく〜に投げ出す」、比喩的には「Xを一躍〜（有名・スターなど）にする」という意味で用いることが多い。後者の方が使用頻度は高く、「突如としてトップの世界まで引き上げられる」とイメージすると理解しやすい。

📝 **ここにも注目！**

① **prodigious** は「驚異的な、並外れた；莫大な、桁外れの、巨大な」を意味するフォーマルな形容詞。→049：prodigy

② **pave the way for [to] X** は「Xを可能にする、Xの状況［道筋］を整える」を意味する。

176

simmer
/símər/

動 ①ことこと煮える、〜をことこと煮る ②〔感情などが〕煮えくり返る、爆発寸前である ③〔論争などが〕くすぶる

The tension between the two nations had been **simmering** for months, and it finally **culminated** in a boiling point when a border dispute erupted.
二国間の緊張は何カ月間もずっとくすぶっていたが、国境紛争が勃発すると、ついに沸点に達した。

元々はおそらく擬音語で、「シチューなどを煮立たない程度にことこと煮る」という①の意味。②、③の意味はそこから比喩的に発展したもの。②では通常 **be simmering with X** という進行形で用いて「X（怒りなど）で煮えくり返っている」という意味になる。**例** She was simmering with anger. 彼女は怒りで煮えくり返っていた。
そのほかに、**simmer down**（〔スープなどが〕煮詰まる；〔人・事態などが〕静まる、落ち着く）というフレーズも押さえておきたい。**例** He showed no sign of simmering down. 彼は落ち着く徴候を全く見せなかった。

seethe
/síːð/

動 煮えくり返る、激怒する；ごった返す；沸き立つ ▸ どの意味の場合も seethe with Xの形で用いて、それぞれ「X(怒りなど)で煮えくり返る；X(人・生き物)でごった返す；X(興奮など)で沸き立つ」となる。例 He was seething with dissatisfaction. 彼は不満で煮えくり返っていた。

smolder
/smóuldər/

動 〔火などが〕くすぶる；●〔感情が〕心の中でくすぶる、うっ積する；〔感情が〕現れる、〔目などが〕感情を示す ▸ smolder in X(〔感情が〕Xに現れる)、smolder with X(〔目などが〕Xの感情を示す)のように前置詞を伴う用法がある。例 Her eyes smoldered with rage. 彼女の目は激怒に燃えていた。／ Rage smoldered in her eyes. 彼女の目には激怒が現れていた。

✏️ ここにも注目！

culminate は「頂点に達する、全盛を極める」という意味の動詞。→ 317

177 ▢▢▢▢

🏷️ informal

scorching
/skɔ́ːrtʃiŋ/

形 ①焼けつくような ②〔非難などが〕痛烈な ③〔勝利などが〕一方的な

The scorching heat wave during the summer had a deleterious impact on agriculture, resulting in a significant decline in crop yields.
その夏の焼けつくような熱波は農業に悪影響を及ぼし、結果的に作物の収量が著しく減少した。

日常的には①の意味で「非常に暑い様子」を描写する用法が圧倒的に多い。**scorching hot**(焼けつくように暑い)というフレーズがよく使われるが、この場合の scorching は副詞の働きをしていることになる。②、③の意味は主にイギリス英語で使われる。例 a scorching criticism 痛烈な批判／ a scorching 10-2 victory 10対2の圧勝

📖 併せて覚えたい！

sweltering
/swéltəriŋ/

形 〔蒸し暑くて〕うだるような 例 sweltering heat うだるような暑さ

blistering
/blístəriŋ/

形 〔熱さが〕水ぶくれを起こさせような 例 a blistering summer day 灼熱の夏の日

searing
/síəriŋ/

形 焼けつくような、肌を焦がすような ▸ 一般的に、名詞を前から修飾する形で用いる。例 searing heat 焼けつくような暑さ

sizzling
/sízliŋ/

形 じりじりするほど暑い、燃えるように熱い 例 a sizzling day じりじりするような暑い日

✎ ここにも注目！

deleteriousは「〔心身に〕有害な、有毒な」を意味するフォーマルな形容詞。

178 ☐ ☐ ☐ ☐

watershed
/wɔ́:tərʃèd/

名 (重要な)転換点、転機、分岐点、分水嶺

Winning the championship marked a **watershed** in her career as a professional tennis player.
その選手権でタイトルを獲得したことは、彼女のプロテニス選手としてのキャリアにとっての分岐点となった。

文字通りの意味は「分水嶺(水が二つの川として分岐する場所)」で、一般にはturning point(転換点、岐路)の意味で用いられる。**mark [represent] a watershed**(重要な転換点である)という重要フレーズで覚えておこう。**a watershed moment [event]**(転機となる瞬間[出来事])のように複合語としての用例も多い。なお、成人向けTV番組が始まる時刻(通例21時)を指すこともあり、「ここからは大人の時間」と考えるとこの単語を覚えるのに有益。

179 ☐ ☐ ☐ ☐

🔊 formal

seminal
/sémənl/

形 先駆的な、重要で影響力のある

His article, published in 1982, proposes a unique view on language, and it is widely thought of as the **seminal** work on the subject.
1982年に発表された彼の論文は独特な言語観を提案し、そのテーマに関する画期的な研究として広く認められている。

work、book、study、articleなど「研究」に関わる語のほか、momentやeventなど「重要な転機となる出来事」を形容するのによく用いられる。semen(種：精子)の形容詞形で、「新しいものが誕生・発展してくる」イメージの語。同じくsemenに由来する語にseminar(ゼミ、研究会、セミナー)もある。これは「苗床」という意味から発展して「人を育てる場」という意味になったもの。

« pronunciation

seismic
/sáizmik/

形 ①地震の ②衝撃的な、大規模な

The region experienced increased seismic activity, with frequent **tremors** unsettling the local population.
その地域では地震活動が活発化し、度重なる揺れに地元の住民は不安を覚えた。

名詞を前から修飾する形で用いる。**the seismic center [focus]**(震源)で覚えておこう。**a seismic shift in the global economy**(世界経済を揺るがす大変化)のように比喩的に②の意味で用いることもある。そのほかに**a seismic change**(衝撃的な変化)も覚えておきたい。

✎ ここにも注目！

tremorは問題文のように「(小規模な)地震」を表すほか、「〔寒さ・恐怖・興奮などによる〕震え」、あるいは比喩的に「衝撃」の意味でも用いる。それぞれ **There was a slight tremor in her voice.**(彼女の声はかすかに震えていた)、**The scandal sent tremors through the government.**(スキャンダルで政権に衝撃が走った)のように使う。

DAY

7

🔊 07

語彙力は裏切らない。
(山崎)

181

☐ ☐ ☐ ☐

➡ formal

emancipate
/imænsəpèit/

動 (人) を解放する、自由にする

The aim of women's **suffrage** movements was to **grant** women the right to vote and emancipate them from male **hegemony**.
女性参政権運動の目的は女性に投票権を与え、男性の支配から自由にすることであった。

目的語には「不当な扱いを受けてきた人」を表す名詞が入り、特に **slaves**(奴隷)や **women** が頻出。受け身で使われたり、**emancipate oneself**(自分自身を解放する)という形をとったりすることが多い。いずれの場合も「何から解放するか」を **emancipate X from Y**(Y から X を解放する)の形で表す。 **派生語** **emancipation** 名 解放 ▸ Emancipation Proclamation といえばアメリカの「奴隷解放宣言」のこと。**例** women's [female] emancipation(女性の解放)

✎ ここにも注目！
① **suffrage** は「選挙権、参政権」という意味の名詞。→060
② **grant** は「〜を与える」という意味の動詞。**grant X Y** の形で「X に Y を(公式に・正式に)与える」という意味で使われる。
③ **hegemony** は「支配(権);覇権;優勢(性)」という意味の名詞。日本語でも「ヘゲモニー」と言うことがある。**American hegemony**(アメリカの覇権)、**political hegemony**(政治的覇権)、**economic hegemony**(経済的覇権)、**white hegemony**(白人が支配的権力を握っている状態)などのフレーズでよく用いられる。

182

☐ ☐ ☐ ☐

disentangle
/dìsentǽngl/

動 ① (謎や錯綜した考え) を解明する、〜を区別する
② 〜を離脱させる、自由にする ③ (結び目) をほどく

It is difficult to **disentangle** the negative effects of **consumerism** on the environment from other closely related factors.
大量消費主義が環境に与える悪影響を、密接に関連するほかの要因と区別することは難しい。

en-(動詞化) + tangle(もつれる、絡む)からできた entangle(絡ませる)という語に、プロセスの反転を表す dis- がついた形で、全体として「もつれを解く」という意味になる。**disentangle X from Y**(X を Y と区別する)の形で用いることが多い。**disentangle oneself from him**(彼との関係を断つ)、**disentangle facts from fiction**

（虚構と事実を区別する）といった使い方ができる。また、不定詞の形で用いられることも多く、**It is difficult to disentangle X.**（Xを解明するのは難しい）、**try [attempt/ struggle] to disentangle X**（Xを解明しようとする）のような形で用いる。

関連語 entangle **動** 〜をもつれさせる；〜を巻き込む ▸ 通例 **be entangled in [with] X**（Xに巻き込まれる）という受け身で用いる。**例 be entangled in the nets** ネットに絡まる／ **be entangled in the pot** 悪だくみ［犯行］に巻き込まれる

✎ ここにも注目！

consumerism は「経済成長のための消費拡大［促進］」という意味の名詞。語義通りのニュートラルな用法のほか、極端な消費活動を批判する意味合いでも使われることも多い。

183 ☐ ☐ ☐ ☐

dismantle
/dismǽntl/

動 〜を解体する、（徐々に）〜を廃止する、取り除く

Japan is expected to **dismantle** its English educational system that has been dubbed "insane" by foreigners.
日本は海外から「気が狂っている」と言われてきた英語教育システムを徐々に解体していく見込みである。

本来「構造物を物理的に分解すること」を表すが、「組織や制度を（順序立てて段階的に）解体する」という比喩的な用法の方が多い。**dismantle the nuclear weapons program**（核兵器計画を廃止する）のように使う。

✎ ここにも注目！

① dub は「〔称号などを〕授ける、〜を〔…というあだ名で〕呼ぶ」という意味の動詞。dub X (as) Y で「XをYと呼ぶ、XにYというあだ名をつける」の形で使う。問題文のように受け身で使うことが多い。name、call、nickname、title、entitle が意味と用法が近いので、セットで覚えておこう。

② insane は「気が狂っている、正気でない」というかなり強い意味の形容詞。同じくかなり意味の強い語として idiotic（ばかげた、愚かな）も一緒に覚えておきたい。**an idiotic comment [remark/question]**（愚かなコメント［発言／質問］）のように使われる。

184 □ □ □ □

dissect
/disékt/

動 ①(遺体・動物)を解剖する、解体する ②(理論・文章・状況など)を詳しく分析する、吟味する

The article analyzes the latest novel by Haruki Murakami in the minutest detail, thoroughly **dissecting** its implicit symbolism.

その論文は村上春樹の最新作となる小説を細部までとことん分析し、隠れた象徴を徹底的に解明している。

①の意味では **dissect the human body**(人間の体を解剖する)、**dissect a frog**(カエルを解剖する)、②の意味では **dissect the evidence**(証拠を分析する)、**dissect the details**(細部を分析する)のように使う。**dis-**(離す) + **sect**(切る)という成り立ちの語。同じ **sect** という要素を含む **insect**(昆虫)は「切れ目が入った生物」から来ている。なお、「解剖」を表す古風な日本語に「腑分け」があるが、**dissect** と同様に「詳細な分析」という意味で用いられる。

📖 **併せて覚えたい！**

anatomy
/ənǽtəmi/

名 解剖学；細かい分析　例 Her latest book is the anatomy of an effective web design. 彼女の新刊は効果的なウェブデザインがどういうものか詳しく分析している。

eviscerate
/ivísərèit/

動 動物の内臓を取り除く；(組織や制度)を弱体化させる、骨抜きにする

✏️ **ここにも注目！**

minutest は「細心の注意を払った」を表す形容詞 minute の強意的な最上級。同様に mere(単なる)、sincere(誠実な)、damned(とても)、staunch(忠実な **→151**)などにも merest hint(ほんのわずかな兆し)、my sincerest apologies(心からのおわび)、damnedest thing I ever saw(見たことないくらい途方もないもの)、even the staunchest supporters(最も熱心な支持者でさえ)といった強意表現があり、いずれも比較級の -er 形は普通使われない。

185

☐ ☐ ☐ ☐

ramification
/ræ̀məfikéiʃən/

名 影響、結果、成り行き、(思わぬ)展開

The new Immigration Act is bound to have far-reaching ramifications for the country's economy.
新しい移民法案が同国の経済に広範にわたる影響を及ぼすことは必至である。

「結果(consequence)」が基本の意味だが、特に「ある行為や発言から派生的に生じる、事前には想定しづらい厄介な問題」を指す。通例、複数形で使う。**have ramifications for X**(Xに影響を与える)、**the ramifications of X**(Xの影響、結果)が頻出パターン。understand や consider の目的語になることが多く、主に political、legal、social、serious、possible、potential といった形容詞で修飾される。

📖 **併せて覚えたい!**

repercussion
/rì:pərkʌ́ʃən/

名 (悪)影響、〔長期にわたる〕好ましくない影響 ▸ have repercussions on [for] X(Xに好ましくない影響を与える)のように複数形で使う。

implication
/ìmplikéiʃən/

名 影響；含意 ▸ 複数形で使う。implications を修飾する形容詞としては practical、important、far-reaching、serious、political などがあり、have practical implications for X(Xへの実際的な影響を与える)のように使う。

✏️ **ここにも注目!**

far-reaching は「〔変化などが〕広範囲に及ぶ」という意味の形容詞。 →052

186

☐ ☐ ☐ ☐

wince
/wíns/

動 ①〔苦痛に〕顔をしかめる ②〔恐怖・驚き・困惑などで〕たじろぐ、ひるむ、ぞっとする

Despite his best efforts to hide it, he couldn't help but wince in pain as the surgeon probed his injured leg.
必死で平静を装おうとしたが、負傷した脚の様子を調べようと外科医が探りを入れると、痛みで顔をしかめずにはいられなかった。

身体的な描写を表す①の意味の場合、身体がびくっとするような反応を伴うことがあったとしても、意味の焦点は表情の変化にある。心理的な描写を表す②は **wince at X**(Xにたじろぐ)という形で用いる。Xには「記憶、発想、光景、突然の音」などさまざまなものが用いられる。例 **I still wince at the memory of that embarrassing** moment. あの恥ずかしい瞬間を思い出すと今でもぞっとする。

名詞としても用いられ、「顔を歪めること：ひるみ、たじろぎ」という意味になる。

📖 併せて覚えたい！

flinch
/flíntʃ/

動 たじろぐ、ひるむ、身をすくめる：尻込みする ▸ flinch at X（Xにたじろぐ）、flinch (away) from X（Xから身を引く）のように使う。**例** She flinched at the sight of the accident. 彼女はその事故の光景にたじろいだ。／She flinched away from his touch. 彼女は彼に触れられてビクッとした。

recoil
/rikɔ́il/

動 〔恐怖・嫌悪などで〕後ずさりする ▸ recoil at X（Xを見て後ずさりする）、recoil from X（Xから後ずさりする）のように使う。**例** She recoiled at the sight of the murder. 彼女は殺人現場の光景に後ずさりした。／She recoiled from the unpleasant odor. 彼女はその不快な臭いに後ずさりした。

cringe
/krínd3/

動 すくむ、後ずさりする、縮こまる：恥ずかしく思う ▸ cringe from X（Xから後ずさりする）、cringe at X（Xを恥ずかしく思う）という用法を押さえよう。**例** She cringed in fear. 彼女は恐怖で縮こまった。／She cringed (back) from the man. 彼女は後ずさりしてその男から離れた。／I cringed at the memory of that day. その日のことを思い出して私は恥ずかしくなった。

✏️ ここにも注目！

probe は「～を徹底的に調べる：～に探りを入れる：〔探針で〕検査する」という意味の動詞。

→081

187 ☐ ☐ ☐ ☐

contort
/kəntɔ́ːrt/

動 ①〔怒り・恐怖・苦痛などで〕（顔・体）を歪める、～をひどくねじる ②〔顔・物などが〕歪む、ねじ曲がる

The politician tried to hide his true feelings during the press conference, but his face **contorted** in a way that betrayed his internal conflict and revealed his insincerity.

その政治家は記者会見で本音を隠そうとしたが、表情は歪んでおり、そこから内心の葛藤が透けて見え、不誠実であることが露呈していた。

con-（一緒に）+ tort（ねじる）から成る語。tort が「ねじる」の意味を持つことを知っておくと、distort（歪める、歪む）、torture（拷問）、torment（苦悩）といった語を覚える際にも役に立つ。contorted を形容詞的に用いて、「〔顔・体が〕歪んだ：〔事実が〕歪曲された」という意味を表すこともある。**例** a contorted face 歪んだ顔

📖 **併せて覚えたい！**

distort
/distɔ́ːrt/

動 (事実など)を歪める；(顔など)を歪める ▸ His face distorted with pain.(彼の顔は痛みで歪んだ)のように自動詞の用法もある。例 distort reality 現実を歪曲する／distort the facts 事実を歪める

extort
/ikstɔ́ːrt/

動 〜をゆすりとる、無理に引き出す ▸ ex(外に) + tort(ねじる)から成る語。そこから「ひねり出す」→「もぎ取る」とイメージするとわかりやすい。extort X from Y で「〔強要・詐欺などで〕YからX(金銭・情報など)を取り上げる」という意味を表す。例 The kidnapper extorted a huge ransom for her release. 誘拐犯は彼女の解放を交換条件に莫大な身代金をゆすり取った。 ➔149：extortionate

retort
/ritɔ́ːrt/

動 〜と言い返す、逆襲する ▸「曲げて戻す」→「投げ返す」のイメージ。retort (that) SV は「素早く〜と言い返す」という意味。例 He retorted that I was also to blame. 彼は私にも責任があると素早く言い返した。

tort
/tɔ́ːrt/

名 不法行為 ▸「刑事罰にはならないが民事訴訟の対象となる行為」を指す。例 tort liability 不法行為に対する賠償責任

✏️ **ここにも注目！**

betray は「裏切る」のほかに「〔表情・声などが〕(内心・欠点・無知など)を漏らす、暴露する；〔物事が〕(事実・存在など)を示唆する」という意味を持つ。

---

188 ☐ ☐ ☐ ☐

skew
/skjúː/

動 ①(結果や事実など)を歪める ②(考え方など)を歪める、〜によくない影響を与える

Some of the data listed here may have been skewed, so it is necessary to verify the authenticity of the source.
ここに掲載するデータの一部は歪曲されている可能性もあるため、出典の信憑性を確認することが必要となる。

---

result、number、data、poll、perception、view などを目的語にとる。②の意味では、例えば The book skewed his understanding of politics.(その本は彼の政治の理解を歪めてしまった)のように使う。なお、skew には「傾いた、歪んだ」を表す形容詞用法もあるが、頻度としては低い。

📖 **併せて覚えたい！**

distort
/distɔ́ːrt/

動 〜を歪める ➔187

① verify は「〜を検証する；証明[実証／立証]する」という意味の動詞。 →001

② authenticity は「信憑性、真実味、本物であること」といった意味の名詞。lack、prove、verify、ensure、confirm などの動詞とともに用いられることが多い。形容詞形は authentic で「本物の、真正な」という意味。なお、外国語学習という文脈では「(外国語)学習用に書かれた英文ではなく、生の素材である」という意味合いで使われる。

189 ☐ ☐ ☐ ☐

lofty
/lɔ́:fti/

形 ①崇高な、高尚な ②〔山などが〕そびえ立つ、非常に高い

The king purportedly said he had the lofty goal of bringing salvation to people all over the world.
その王は、自分には世界中の人々に救済を施すという高尚な目標があると語ったとされる。

①は **a lofty goal [ideal/thoughts]**（高尚な目標[理想／思想]）、②は **lofty mountains**（雄大にそびえる山々）のように使われる。以上の使い方が普通だが、**a lofty tone [manner]**（偉そうな口調[態度]）のように、「偉そうな、上から目線の」の意味で使われることもあるので、余裕があれば覚えておこう。

ここにも注目！

① purportedly は「伝えられているところによれば、噂によれば」という意味のフォーマルな副詞。「実際にそうなのか確証はない」状況を表す。reportedly、allegedly とかなり近いと考えてよい。a letter purportedly from him（彼からだとされる手紙）、a remark purportedly made by the governor（知事によってなされたとされている発言）のように使う。 →212
purport →260：alleged

② salvation は「救済、救助、救い(となるもの)」という意味の名詞。one's salvation from X（X からの救いとなるもの）、find salvation in X（X に救いを見出す）というフレーズを覚えておくとよいだろう。やや近い意味の語として redemption（救済、解放；買い戻し、補償）がある。beyond redemption（救済しがたい、改善の見込みがない）というフレーズで覚えておくとよい。

190

☐ ☐ ☐ ☐   📢 formal

ruminate
/rúːmənèit/

動 ①思いを巡らす、沈思黙考する ②〔動物が食べ物を〕反
芻する

The philosopher spent hours **ruminating** on the <u>implications</u> of the moral
dilemma, carefully <u>pondering</u> each potential outcome with <u>meticulous</u>
<u>introspection</u>.
その哲学者は、緻密な内省によって起こりうる結果を一つひとつ丁寧に熟考しながら、その道徳上のジ
レンマがもたらしうる結果について何時間も思いを巡らせた。

語源に沿った意味は②の「反芻してよく噛む」で、そこから「あることについて思い
を巡らせる、黙ってじっくりと考える」という①の意味に拡張し、今では①の意味で
用いる方が圧倒的に多い。**ruminate on [over/about] X**(Xについて思いを巡らす)の
ように使うことができる。それぞれの前置詞にはニュアンスの違いがあり、**on**を使
うと「特定のテーマについて」、**over**は「全体をめぐって」、**about**なら「それについ
ていろいろと」といった意味になる。 派生語 **rumination** 名 反芻、熟慮

📖 併せて覚えたい！

meditate
/médətèit/

動 瞑想する；❷深く考える、熟考する；❷〔心の中で〕〜をもくろむ、企てる 例 She
meditated upon her thoughts in the garden. 彼女は庭で自分の考えに思いを巡らせた。

✏ ここにも注目！

① **implication**は「影響；含意」という意味の名詞。 →185

② **ponder**は「〜を熟考する、思案する」という意味の動詞。

③ **meticulous**は「細心の注意を払った、慎重な；念入りな、非常に綿密な」を意味する形容
詞。 →040

④ **introspection**は「内省」という意味の名詞。

191 ☐ ☐ ☐ ☐

reminisce
/rèmənís/

動 思い出にふける、思い出を語る

As I perused the old photo album, I couldn't help but reminisce about the halcyon days of my youth, when life seemed so much simpler and carefree.

古いアルバムを眺めながら、人生がもっとシンプルで気ままに思えた、若かりし頃の平穏無事な日々の思い出に思わずふけってしまった。

「過去の楽しかった、または幸せだったことを追想したり、語ったりする」という意味合いがある。自動詞で、問題文のように **reminisce about X**（X の思い出にふける）の形で使うことが多い。**派生語 reminiscence** 名 回想、回顧；思い出　**例 The book is basically her reminiscences about the war.** その本は、基本的に彼女が戦争について回想したものである。　**reminiscent** 形 思い出させる、偲ばせる；思い出にふけっている　**例 The way he smiles is reminiscent of his late grandfather.** 彼の微笑み方は亡き祖父を彷彿とさせる。

✏ ここにも注目！

① peruse は「〜を熟読［精読］する；〜にざっと目を通す；〜を精査する」を意味する動詞。
→080

② halcyon は「穏やかな、平穏な」を意味する形容詞。通例、名詞を前から修飾する形で用いる。halcyon days で「平穏無事の日々」という意味になる。

192 ☐ ☐ ☐ ☐

maneuver
/mənúːvər/

動 ①（車など）を巧みに操作する、動かす ②（人など）を巧みに操る 名 策略、作戦、工作

He deftly maneuvered his car out of the crowded parking lot and into the busy freeway.

彼は巧みなハンドルさばきで混雑した駐車場を出て交通量の多い高速道路に入った。

いずれの使い方でも「巧みに」というニュアンスを含む語。**car**、**wheelchair**、**cart** など「車」系の名詞を目的語にとり、後ろに場所や方向を表す副詞句を続けると「〜を操って…に進む」という意味になる。自動詞として用いられることもあり、**maneuver in the crowded museum**（混んだ博物館内でうまく歩き回る）のように徒歩で進む様子を表す。また、**He maneuvered into the parking space.**（彼はうまく駐

車スペースに入った)のように「人」が主語でも乗り物に乗っている前提で使われることもある。また、比喩的にmaneuver through the recession [downturn](不況[景気停滞]をうまく乗り切る)のように「困難な状況を切り抜ける」の意味合いで使うこともある。②の意味ではmaneuver her into buying the product(彼女を巧みに操り製品を買わせる)のように使う。maneuverを名詞として用いる場合もあり、a political maneuver(政治工作、政治的策略)、a military maneuver(軍事作戦)などのように使う。複数形のmilitary maneuversは「軍事演習」の意味。なお、問題文のand intoは一語でontoとすることができる。

✏️ ここにも注目！

deftlyは「巧みに、手際よく」という意味の副詞。deftly avoid the discussion(議論を巧みに回避する)などのように使われる。比較的意味の近い語にはadeptly(巧みに、上手に)がある。

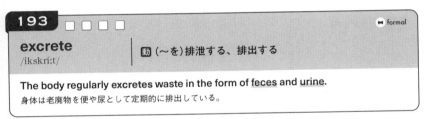

193 ☐ ☐ ☐ ☐　　　📢 formal

excrete
/ikskríːt/

動 (〜を)排泄する、排出する

The body regularly excretes waste in the form of feces and urine.
身体は老廃物を便や尿として定期的に排出している。

「老廃物などを体から出す」という意味の専門的な語で、waste(老廃物)、urine(尿)、feces(便)、sweat、dirt(排泄物)などを目的語にとる。 派生語 excretion 名 排泄(作用)、〈複数形で〉排泄物

✏️ ここにも注目！

① fecesは「大便、排泄物」という意味の名詞で、くだけた言い換えとしてpooがある。
② urineは「尿」という意味の名詞で、くだけた言い換えとしてpeeがある。urinateは「排尿する」という意味の動詞、urinaryは「尿の」という意味の形容詞で、これはthe urinary tract(尿道、尿路)という表現で使われる。

thwart
/θwɔ́ːrt/

動 ～を挫折させる、妨害する、阻止する、くじく

The consulting firm's strategy to increase revenue was **thwarted** by the economic downturn.
収入を増やそうというそのコンサルタント会社の戦略は景気の落ち込みのために失敗に終わった。

受け身で使うことが多い。目的語(受け身の場合は主語)となるのは effort、attempt、plan、attack、ambition、plot(陰謀)などの名詞が多い。意味的に **prevent** に近いと理解しておこう。**be thwarted in X**(X を阻止される)という用法も比較的よく見られる。例 He was thwarted in his ambitious endeavor. 彼はその野心的な取り組みを阻止された。

📖 併せて覚えたい!

hinder
/híndər/

動 ～を妨げる、妨害する ▸ hinder X from V-ing(X が～することを妨げる)、hinder X in X's work(X の仕事を邪魔する)という表現を押さえておこう。

hamper
/hǽmpər/

動 ～を邪魔する、阻止する ▸ 受け身で用いられることが多い。例 The exploration was hampered by the heavy snowfall. 探検は大雪により中止された。

✏️ ここにも注目!

downturn は「停滞、下落、沈滞、低迷」という意味の名詞。a downturn in sales(売り上げの低迷)で覚えておこう。

congenital
/kəndʒénətl/

形 ①[病気などが]先天性の、生まれつきの ②[性格などが]生来の、根っからの

Despite her severe **congenital** condition, the pianist has never given up her career, and people throughout the world have been mesmerized by her immaculate performances.
重度の先天性疾患を抱えていたにもかかわらず、そのピアニストは決して仕事を諦めることなく、世界中の人々が彼女の完璧な演奏に魅了されてきた。

②の意味の場合は名詞を前から修飾する用法のみ。受験で重要なのは①の意味で、**a congenital condition [disease]**(先天性の病気)や **congenital defect**(生まれつきの障害)を覚えておくとよい。

併せて覚えたい！

hereditary
/hərédətèri/

形 遺伝性の；世襲の　例 a hereditary disease 遺伝性の病気

innate
/inéit/

形 〔資質などが〕生まれつきの　例 an innate ability 生まれ持った能力

inborn
/inbɔ́:rn/

形 〔資質などが〕生まれつきの、天性の　例 an inborn trait 生まれ持った特質

ここにも注目！

① mesmerize は「〔演奏などで〕魅了する」という意味の動詞で、問題文のように受け身で使うことが多い。enthrall →204 と意味が近い。

② immaculate は「汚れのない、しみ一つない；欠点のない、完璧な」という意味のややフォーマルな形容詞。近い意味の形容詞には flawless（欠点のない）、impeccable（欠点のない、非の打ちどころのない）がある。flawless English（完璧な英語）、a flawless complexion（完璧な肌のツヤ）、a flawless performance（完璧なパフォーマンス[演奏]）、impeccable manners（非の打ちどころのない礼儀作法）、impeccable service（申し分のないサービス）などのフレーズで覚えておきたい。

196

orchestrate
/ɔ́:rkəstrèit/

動 ①（計画・行事など）を組織する、まとめ上げる ②オーケストラ用に作曲[編曲]する

The CEO must effectively **orchestrate** the various departments to achieve the company's goals, ensuring a cohesive strategy and efficient use of resources.
その最高経営責任者は、会社の目標を達成するためにさまざまな部門を効果的に編成し、まとまりのある戦略と資源の効率的な利用を確実なものにしなければならない。

音楽の文脈では②の意味、一般的には①の意味で用いられるが、後者の方が使用頻度が高い。①には「望む結果が生み出せるように周到に準備する」という意味合いがある。a carefully orchestrated campaign（綿密に計画された運動）のように形容詞的に使うことも多い。否定的な含みが生じて、例えば be carefully orchestrated が「巧妙に仕組まれた」くらいの意味合いで使われることもある。　**派生語** orchestration 名 〔調和のとれた〕組織化、編成

併せて覚えたい！

stage-manage
/stéidʒmænidʒ/

動 ～を演出する；ひそかに企てる；～の舞台監督を務める ▶「特定の効果を狙って演出する」という意味合いがある。例 The events were stage-managed by the authorities. それらの出来事は、当局により演出されたものだった。

mount
/máunt/

動 (行動・運動・攻撃など)に取り掛かる、〜を開始する；(展示会など)を催す ▸ 主に書き言葉で用いられる。**例** They mounted a campaign to protect the environment. 彼らは環境保護のための運動を開始した。

📝 **ここにも注目！**

cohesive は「結束[団結]した、まとまりのある；粘着性のある」を意味するフォーマルな形容詞。

---

197 ☐ ☐ ☐ ☐

📢 formal

reiterate
/riːítərèit/

動 〜を何度も繰り返して言う、〜と改めて述べる

The professor reiterated the importance of academic integrity to the students, emphasizing the gravity of plagiarism and the need for proper citation.
教授は学生たちに学問的誠実さの重要性を繰り返し説き、剽窃の罪深さと適切な引用の必要性を強調した。

「強調したり明確にしたりするために繰り返し述べる」という意味合いの語。問題文のように **reiterate X**(Xを繰り返し言う)の形で用いるほか、**reiterate that SV**(〜と何度も繰り返して言う)、**reiterate "..."**(「……」と繰り返す)の形でも使う。**例** I would like to reiterate that punctuality is essential for this project. このプロジェクトでは、時間厳守が不可欠であることを改めてお伝えしたいと思います。／ **"Now is the time to act," he reiterated.** 「今こそ行動を起こすべき時だ」と彼は繰り返した。

派生語 reiteration **名** 繰り返し、反復　reiterative **形** (何度も)繰り返される

📖 **併せて覚えたい！**

echo
/ékou/

動 反響する、響きわたる →158

📝 **ここにも注目！**
plagiarism は「剽窃、盗用」を意味する名詞。→164

198

☐ ☐ ☐ ☐

egalitarian
/ɪɡæ̀lətéəriən/

形 平等主義の **名** 平等主義者

He is seen as a cruel despot by many historians, but in some annals, he is described as a leader trying to establish an egalitarian society.

彼は多くの歴史家によって残酷な独裁者とみなされているが、一部の年代記では平等な社会を築こうとした指導者と記されている。

問題文の **an egalitarian society**（平等な社会）のほか、**based on egalitarian principles**（平等主義の原則に基づいて）、**promote egalitarian ideals**（平等主義的の理想を推進する）といったフレーズでよく用いられる。

 ここにも注目！

① despot は「専制君主、独裁者」という意味の名詞。おおよそ同じ意味の語として tyrant（独裁者、専制君主）も覚えておこう。なお、細かく見ると、tyrant は必ず「残虐で酷い独裁者」を指して使われるのに対し、despot は a(n) enlightened [benevolent/beloved] despot（理解のある[慈悲深い／愛される]専制君主）という言い方ができるように、「絶対的な権力を良い方向に使おうとする」といった肯定的な意味を帯びて使われることもある。 **→ 166 : dictator**

② annals は「年代記、編年史、歴史的記録；〔学会などの〕紀要、年報」という意味の名詞。in the annals of (human) history（（人類の）歴史の中で）のように in the annals of X の形でよく用いられる。

199

☐ ☐ ☐ ☐

🎤 informal

staggering
/stǽɡərɪŋ/

形 ①びっくり仰天させる、呆然[愕然]とさせる、衝撃的な ②〔数量が〕信じがたいほどの、膨大な

The government announced a staggering $50 billion infrastructure investment plan to revitalize the country's economy and create jobs.

政府は、自国経済を活性化し雇用を創出するための、500億ドルという膨大な額のインフラ投資計画を発表した。

「物事があまりに衝撃的である様子」または「数量や規模などが信じがたいほど大きい様子」を表す。amazing、astonishing、awesome、staggering、breathtaking、miraculous、stunning、sensational などの、surprising よりも強い驚きを表す語のうちの一つ。ちなみに驚きを表す語は今挙げた順に驚きの程度が上がっていくと言われることがあり、staggering は amazing や astonishing よりも強い驚きを表すこと

になる。ただし、感じ方は文脈や個人の好みにも左右されるので、あくまで参考程度と考えておきたい。問題文のように **a staggering X (数詞) Y (名詞)** の形で用いられ、Yの数量が驚くほど多いことを強調する用法が多い。

📖 **併せて覚えたい！**

mind-boggling
/máindbàgliŋ/

形 ❶想像を絶する、圧倒されるような；非常に難解な　**例** The amount of information available is mind-boggling. 入手可能な情報量は想像を絶するものである。

whopping
/ʰwápiŋ/

形 とてつもなく大きな　▶ staggeringと同じパターンの用法でよく使われる。**例** A whopping 30,000 people voted against it. なんと3万人もの人がそれに反対した。

✏️ **ここにも注目！**

revitalizeは「〜に新たな活力[生命]を与える；〜を生き返らせる、〜を(再)活性化する」を意味する動詞。

---

200 ▢ ▢ ▢ ▢

appalling
/əpɔ́ːliŋ/

形 ①ぞっとするような、恐ろしい ②ひどい、お粗末な

The blatant disregard for human rights and dignity exhibited by certain governments is truly appalling and must be addressed with urgency and resolve.
特定の国家に見られる人権と尊厳のあからさまな軽視は実におぞましいものであり、緊急かつ断固たる対処が必要である。

---

①の意味では、主に「事故や犯罪およびそれらがもたらす結果やひどい社会状況」などの描写に用いられる。accident、crash、injuries、tragedy、atrocity(残虐)、conditions(状況)、poverty、deprivation(剥奪、欠乏)といった名詞を修飾する。一部の辞書にはどちらかと言うとイギリス英語で用いられるという記述があるが、アメリカ英語でも普通によく用いられる。②の意味はくだけた表現で、**appalling weather**(ひどい天気)、**an appalling service**(お粗末なサービス)といったフレーズでよく見られる。

📖 **併せて覚えたい！**

gruesome
/grúːsəm/

形 ぞっとするような、恐ろしい；気味が悪い　▶ インフォーマルな表現。「死や怪我、およびそうしたことに関する光景が引き起こす感情」を表して使われるのが一般的。
→357：cumbersome

✏️ **ここにも注目！**

① **blatant** は「〔悪行などが〕露骨な、〔うそが〕見えすいた；耳障りな、うるさい」という意味
の形容詞。 →068

② **exhibit** は「（感情、態度、能力など）を示す、表す、発揮する」という意味の動詞。

③ **resolve** は「強い決意」という意味の名詞。「～を決意する、決心する；～を解決する」とい
う意味で動詞としても使われる。

---

201 ☐ ☐ ☐ ☐

idiosyncratic
/ìdiəsiŋkrǽtik/ | 形 個人特有の、独特な

Picasso's highly **idiosyncratic** style of painting received mixed reviews, but it
ultimately revolutionized the art world.
ピカソの極めて特異な画風の評価は賛否両論だったが、最終的には美術界に革命を起こすことになっ
た。

> アカデミックな（特に言語学系の）文章で好んで用いられ、芸術家を評したり特異体
> 質のことを指したりして使われることが比較的多い。**an idiosyncratic way**（独特なや
> り方）、**an idiosyncratic perspective**（独特な視点）、**one's idiosyncratic style**（独特な
> スタイル）といったフレーズでよく使われる。**distinctive**、**peculiar** とほぼ同義。「特
> 有の、独自の」という意味を表す **idio-** を要素として持つ語。**idiom** も同語源で、要素
> の本来の意味に即して訳すと「特有の言葉遣い」となる。派生語 **idiosyncarsy** 名 特異
> 性、変わった性癖、独特な特質 ▶ 複数形で使われることが多い。例 **influenced by
> personal idiosyncrasies** 個人特有の性質に影響を受けている ※客観性・一般性が低
> いということ

---

202 ☐ ☐ ☐ ☐

incessantly
/insésntli/ | 副 ひっきりなしに、絶え間なく

His coworkers **incessantly** criticized him, and his self-confidence began to falter.
同僚がしきりに批判してくるものだから、彼の自信は揺らぎ出した。

> **in-**（否定）＋ **cease**（やめる）＋ **-ant**（形容詞化）＋ **-ly**（副詞化）という成り立ちに注目す
> ると意味を覚えやすい。**talk incessantly**（ひたすらしゃべり続ける）のように用い、
> 「不快でいやなものが続く」というニュアンスで使われる。派生語 **incessant** 形 ひっ

きりなしの、絶え間ない　**例** incessant　rain　絶え間なく降り続く雨　incessant demands [questions] ひっきりなしの要求［質問］／incessant chatter 延々と続く無駄話

✎ ここにも注目！

falter は「〔自信などが〕弱まる、揺らぐ、くじける；口ごもる」などの意味の動詞。The economy is faltering.（経済が停滞している）、His courage never faltered.（彼の勇気が揺らぐことはなかった）、She [Her voice] faltered.（彼女は口ごもった）のように使う。なお、問題文のように begin [start] to falter（弱まり始める）というフレーズで使われることがそれなりに多い。関連して、flounder という動詞も覚えておきたい。これは「まごつく、口ごもる；もがく、困難を抱える、苦労する」の意味。Our negotiation floundered.（われわれの交渉は難航した）、"Well," he floundered for the right words.（「ええと」、と適切な言葉が出てこずに彼は口ごもった）などのように使う。 →121：flounder

203 ☐☐☐☐

entice
/intáis/

動①〔～に向けて〕～を誘惑する、おびき寄せる ②〔～するよう〕（人）をそそのかす、誘う

Hoping to **entice** potential customers away from competitors, the newly opened cafe offered **complimentary** coupons for a cold beverage.
客になってくれそうな人をライバル店から引き寄せようと思って、そのオープンしたてのカフェは冷たい飲み物の無料引換券を配布した。

①の意味では問題文のように away、from、into といった方向を表す語句を伴って「～を〔ある場所へ〕誘い出す」という意味を表す。②の意味では **entice him to join our team**（彼にこちらのチームに加わるよう誘い掛ける）のように to 不定詞で誘惑のゴールとなる行為を明示する。 →262：lure　**派生語** enticing 形 魅惑的な、手にしたくなる ▸ tempting、alluring とほぼ同義。**例** soft, enticing aroma of freshly roasted coffee 焙煎（ばいせん）したてのコーヒーから漂う、そそられるような柔らかい香り

✎ ここにも注目！

complimentary は「無料サービスの」という意味の形容詞。同じ発音で微妙に綴りの異なる形容詞 complementary は「補完的な、補い合う関係の」という意味なので注意が必要。

204

enthrall
/inθrɔ́ːl/

動 (人)を魅了する、(人)の心を奪う、(人)をうっとりさせる

The sightseeing spot boasts stunning mountain views that never cease to enthrall visitors.
その観光スポットは観光客を魅了してやまない非常に美しい山の景色が売りである。

en-(動詞化の接頭辞) + thrall(奴隷、束縛)で「虜にする」ということ。**be enthralled by [with] X**(Xにうっとりする、魅了される)という受け身の形で用いられることが非常に多いが、問題文のように能動で使われることもある。「話の面白さや景色の美しさなどに魅了され、それ以外に意識が向かない釘付けの状態」を表す。**例 The audience was enthralled with the performance.** 観客はそのパフォーマンスに魅了された。

 ここにも注目！

stunning は「〔見た目が〕非常に美しい、大変素晴らしい；驚くべき」という意味の形容詞。views のほか、photo、performance、sight、scenery、landscape など視覚的な内容の名詞を修飾することが多い。そのほか success、achievement といった抽象名詞を修飾することもあり、この場合は「驚くべき、驚異的な」という意味になる。

205

((pronunciation

engrossed
/ingróust/

形 夢中で、熱中して、没頭して

The scholar was engrossed in her research, poring over countless documents in the archives, oblivious to the passage of time and her surroundings.
その学者は自身の研究に没頭しており、時の経過も周囲の環境も気にとめず、記録文書保管所で無数の文書を熟読していた。

o は /óu/ と発音するので注意しよう。補語として用いるのが基本で、**(be) engrossed in [with] X**(Xに夢中で(ある))の形で使うことが非常に多い。absorbed に意味が似ているが、absorbed は「面白い[興味深い]ことに夢中になっている」場合にしか使わないのが一般的だが、engrossed は面白いことでなくてもそれに「没頭している状態」であれば使える。**例 She was engrossed in rearranging her books.** 彼女は本の並べ替えに没頭していた。

rapt
/rǽpt/

形 没頭して、無我夢中の；心を奪われている、うっとりした ▸文語的な表現で、主に書き言葉で使われる。engrossed よりもさらに強く夢中になったり没頭したりしていることを表す。例 with [in] rapt attention 一心不乱に

enthralled
/inθrɔ́ːld/

形 虜になって、夢中になって、魅了されて ▸enthralled with [by] X（Xの虜になって、Xに夢中になって）という形で使うことが多い。 →204：enthrall

✏️ ここにも注目！

① pore over X は「Xを注意深く読む、Xをじっくり眺める」を意味する動詞。

② archive は「記録文書［公文書］保管所、文書局、文書館」を意味する名詞で、通例複数形で用いる。

③ oblivious は「忘れて、気にとめない、気づかない」を意味する形容詞。oblivious to [of] X（Xを忘れて、気にとめずに、気づかずに）という形で使われることが多い。

206 ☐ ☐ ☐ ☐

intoxicated
/intáksikèitid/

形 ①興奮した、夢中になった、陶酔して、〔魅力などに〕すっかりやられて ②〔酒や薬で〕酔っ払って

I was completely **intoxicated** by her beauty, so I was unable to notice her manipulative personality.

彼女の美しさにすっかりやられていたせいで、人を巧みに操るような性格であることに気づけなかった。

動詞の intoxicate は「〔酒・薬物が〕（人）を酔わせる」が基になっており、そこから比喩的に「（人）を夢中にさせる、興奮させる」という意味を表す。ただし、intoxicated、intoxicating の形で形容詞的に使うのが一般的。intoxicated には「適切な判断ができなくなっている」という含みがあり、「酔いしれる」「陶酔する」のような日本語と発想が近い。driving while intoxicated は「飲酒運転（罪）」という意味で、DWI と略されることもある。intoxicating は Money [Power] can be intoxicating.（お金［権力］は人を虜にして正常な判断を奪ってしまう面がある）のように比喩的な意味の方で使うことが多い。

📖 併せて覚えたい！

tipsy
/típsi/

形 ほろ酔いの　例 be a little tipsy 少しばかり酔っている

wasted
/wéistid/

形 ひどく酔っ払った、酩酊した；ひどく疲れた　例 be totally wasted すっかり酔っ払っている

stoned
/stóund/

形 泥酔した　例 be completely stoned すっかり泥酔している

inebriated
/iní:brièitid/

形 泥酔した、酩酊した　例 seem inebriated 泥酔しているようだ

🖊 ここにも注目！

manipulative は「〔人を〕操作したがる、巧みに操る、口がうまい」という意味の形容詞で、非難する意味合いで使われる語である。動詞の manipulate は「(人や社会)を巧みに操作する；(データなど)を改竄する」という意味で、こちらもやはり非難を込めて使われる。

207 ☐ ☐ ☐ ☐

hallucinate
/həlú:sənèit/

動 幻覚(症状)を感じる、幻覚を起こす

Individuals suffering from <u>schizophrenia</u> can often **hallucinate**, experiencing vivid sensory perceptions that are not grounded in reality.
統合失調症を患う人は幻覚を見ることが多くあり、その際、鮮明でありながらも現実に即していない知覚を経験する。

問題文のように「幻覚症状を覚える」という意味の自動詞用法で用いるのが一般的。他動詞は頻度が非常に低いが、**hallucinate X** で「Xの幻を見る」、**hallucinate that SV** で「〜という幻覚を起こす」を表すことがある。例 He hallucinated that he was constantly being watched. 彼は常に見張られているという幻覚を起こした。

派生語 **hallucination** 名 (薬物・病気での)幻覚　▶ 最近では、AI(人工知能)に関する文脈で「事実と異なる内容の出力」を指すことがある。

📖 併せて覚えたい！

freak out (X)

自制[平静]を失う、異常に興奮する；Xの自制[平静]を失わせる、Xを異常に興奮させる　例 I freaked out at the sight. あれ見た時はめちゃくちゃビックリした。／ The explosion just freaked me out. あの爆発はマジでビビった。

🖊 ここにも注目！

schizophrenia は「統合失調症」を意味する名詞。

208 □ □ □ □

overt
/ouvə́ːrt/

形 〔隠そうともせず〕露骨な、目につく

The politician's post was roundly criticized for its **overt** racism and hostility toward minority groups.
その政治家の投稿は露骨な人種差別と少数派への敵意が表れていたことで厳しく批判された。

名詞を前から修飾する形で用いる。よくともに用いられる名詞は discrimination、violence、hostility など「差別・敵意」を表すもの、expression、display など「表出」を意味するものが多いが、sign、form のような抽象度の高い語とも相性が良い。対義語は covert という形容詞。これは cover と関係のある語で、「覆われた」という意味から「密かな」という現代の意味になった。実は overt と covert は語源的には無関係だが、意味も綴りも発音も変化した結果、いかにも対義語らしいペアになっている。同様の語の組み合わせとして male – female があり、この二つも語源的には無関係だったが、連想が働いた結果として現在のよく似た語形に行き着いた。

📖 **併せて覚えたい!**

overtly
/ouvə́ːrtli/

副 明らかに、目につく形で 例 both overtly and covertly 目に見える形でも見えない形でも

covert
/kóuvərt/

形 内密の、密かな ▸ overt と同じく、名詞を前から修飾する用法で使われることが多い。例 covert operations 秘密工作

209 □ □ □ □

surreptitiously
/sə̀ːrəptíʃəsli/

副 内密に、こっそりと、こそこそと

This experiment is rumored to have been conducted **surreptitiously** in order to avoid scrutiny by the authorities.
その実験は当局による調査を避けるため内密に行われたと噂されている。

形容詞 surreptitious の派生語だが、この副詞形の方がよく使われる。secretly の難しい語と考えてよいが、surreptitiously には「こっそり行動している人が罪悪感を抱いている」という含みがある。 派生語 surreptitious 形 内密の ▸ take [sneak] a surreptitious glance at X(X をこっそりと見る)のように使う。

furtive
/fɜ́ːrtiv/

形 人目を盗んだ、こそこそした ▸ cast [steal/take] a furtive glance at X（X を盗み見る）のように使う。副詞は furtively（こっそりと、こそこそと）。

clandestine
/klændéstin/

形 秘密の、内密の　例 a clandestine relationship 秘密の関係／a clandestine operation 秘密作戦、秘密工作、諜報活動

✏️ ここにも注目！

scrutiny は「綿密な調査、詳細な検査、監視」などの意味の名詞。be under constant scrutiny（絶えず監視されている）、come under close scrutiny（綿密に調査される）で覚えておこう。

→080：scrutinize　→304：inscrutable

---

210 ☐ ☐ ☐ ☐

intertwine
/ìntərtwáin/

動 ～を絡み合わせる、結びつける

The problem of parental neglect, intertwined with the seriousness of ever-increasing child abuse cases, is a significant issue affecting the well-being of children and families.

育児放棄の問題は、増加の一途をたどる児童虐待の深刻さとも相まって、子どもと家族の幸福に影響を与える重大な問題となっている。

基本的に **(be) intertwined with X** という受け身の形で用いて「X と絡み合って（いる）、結びついて（いる）」という意味を表す。特に closely、inextricably、deeply などの副詞で修飾して「切っても切れない関係だ」のような意味で使うのが典型的な例。twine が「絡ませる」という意味の動詞で、それに inter-（相互に）がついたもの。

📖 併せて覚えたい！

(en)tangle
/(en)tǽŋgl/

動 ～を巻き込む、絡ませる、もつれさせる →182：disentangle

✏️ ここにも注目！

neglect は「放っておかれること、放っておくこと、放置、軽視、無視」などの意味の名詞で、日本語でも「ネグレクト」が育児放棄を指して使われているので理解しやすいだろう。neglect one's duties（自分の義務をおろそかにする）のように、動詞としては「～を軽視する；～を怠る、おろそかにする」などで使われる。negligence は「怠慢、不注意、過失」という意味の名詞、negligent は「怠慢な、不注意な」という意味の形容詞なので、併せて覚えておこう。

8

🔊 08

Pass up vocabulary building, and you won't pass.
語彙力養成の機会を逃してしまうと、合格できないぞ。

（駒橋）

inadvertently
/inədvə́ːrtntli/

副 うっかりと、不注意で、意図せずして

A certified public accountant **inadvertently** leaked the firm's confidential information.
公認会計士がうっかりその企業の機密情報を流出させてしまった。

unintentionally、carelessly の難しいバージョンだと考えよう。形容詞の **inadvertent**（不注意な）よりもはるかによく使われるので、副詞の形で覚えておきたい。

📖 **併せて覚えたい！**

deliberate
/dilíbərət/

形 意図的な、故意の：よく考えた：注意深くゆっくりな ▸「意図的な」の意味では **intentional**、「よく考えた」の意味では **elaborate** が類義語となる。副詞は **deliberately**（故意に、意図的に）で、これは on purpose、purposely、purposefully などがほぼ同義。例 a deliberate attempt 意図的な試み／a deliberate choice よく考えた上での選択／deliberate steps ゆっくりとした足取り

fortuitous
/fɔːrtjúːətəs/

形 偶然の、思いがけない ▸よい結果をもたらすような場合に使われることが多い。例 a fortuitous meeting 偶然の出会い／a fortuitous discovery 思いがけない発見

✏️ **ここにも注目！**

① leak は「～を漏らす、リークする；～が漏れる、染み出る」という意味の動詞。情報や液体に関して用いられる。leak には名詞用法もあり、「漏洩、漏れ」という意味になる。意味の近い動詞として disclose（～を暴露する）、divulge（～を暴く、漏らす）もできれば覚えておきたい。

② confidential は「内密の、機密扱いの」という意味の形容詞で、a confidential document（機密文書）はよく使われるフレーズ。ほぼ同じ意味の形容詞に classified（機密扱いの、極秘の）があるので、セットで覚えておこう。

212

> stress

purport
/pərpɔ́ːrt/

動 ① ~を主張する ② ~と称する、うたう

The study **purports** to show that DHA "improves episodic memory," but as we pointed out above, its method is problematic in at least three respects.
同研究は DHA が「エピソード記憶を改善する」ことを示すと主張しているが、先ほど指摘したように、その手法は少なくとも三つの点で問題を抱えている。

「ある人や団体、文章などが何かを主張しているが、それが本当かどうかが疑わしい」という含みがある。なお、同じ綴りで名詞用法もあるが、動詞の場合は後ろの音節、名詞の場合は前の音節に強勢があるので注意が必要。**派生語** purported 形 ● ~とされている、言われている ▶「実際はそうでないかもしれない」という含意がある。alleged とほぼ同義。名詞を前から修飾する形で用いる。**例** the scene of the **purported** crime 犯罪が行われたとされる現場／the **purported** benefits of wine ワインの有益な効果とされているもの
問題文中の引用符は「普通ではない表現を使う」「疑わしい内容に触れる」などの場合にそのことを明示するためのもので、scare quotes(注意喚起の引用符、皮肉の引用符)と呼ばれる。口頭では両手の人差し指と中指を軽く曲げるジェスチャー(air quotes)で代用する。

213

altruistic
/æltruːístik/

形 利他的な、利他(主義)の

Some philosophers posit that the propensity for **altruistic** behavior is an innate aspect of human nature and that it is shaped by social and environmental factors.
一部の哲学者が仮定するところによると、利他的行動の傾向は人間の本性に生まれつき備わった側面で、それが社会的、環境的要因によって形作られていくのだという。

「たとえ自分を犠牲にしても他人の利益を図る態度や考え」を指す。行為や動機を表す act、behavior、motive、motivation、reason といった名詞とともに使うことが多く、The behavior was purely altruistic.(その振る舞いは純粋に利他的だった)のように使う。**派生語** altruism 名 利他主義、利他精神;利他的行為 altruist 名 利他主義者 altruistically 副 利他的に

philanthropic
/fìlənθrǽpik/

形 博愛(主義)の、情け深い、慈善的な　例 philanthropic organization 慈善団体
▸ philanthropical も同じ意味を表す。

egotistic
/ìgətístik/

形 利己的な、うぬぼれた　▸「自分が他者より優れていて重要な人物だという考えを持っている」という含意がある。egotistical や egoistic とほぼ同義。例 selfish and egotistic 自己中心的でうぬぼれた

egocentric
/ì:gouséntrik/

形 自己中心的な　例 egocentric demands 自分本位の要求

✏️ ここにも注目！

① posit は「(何かの存在や正しさ)を仮定する、断定する」という意味の動詞。 →035
② propensity は「〔生まれつきの〕傾向、性向、性癖」という意味の名詞。 →045

---

214 ▢▢▢▢

infallible
/ìnfǽləbl/

形 ①絶対に正しい、誤ることのない ②絶対に効く、〔効果などが〕確実な

Notwithstanding her extensive knowledge and experience, the expert conceded that her judgment was not infallible, as she recognized the inherent limitations of human cognition.

豊富な知識と経験を有しているにもかかわらず、その専門家は、人間の認知の本質的な限界を認識しており、自分の判断が絶対的に正しいものではないことを認めていた。

「誤りを犯しがちな、あてにならない」という意味の fallible に否定の接頭辞 in- がついた形の語。Nobody is infallible.(誤りを犯さない人などいない)は比較的よく見るフレーズで、これ以外でも「完璧などではない」という趣旨を述べるのに使われることが多い。一方で、人や物を褒めたたえて、例えば She is just infallible.(彼女は常に完璧な人だ)のように用いることも多い。

📖 併せて覚えたい！

unerring
/ʌnə́:riŋ/

形 誤りを犯さない；的を外さない、的確な　例 He does it with unerring accuracy. 彼はそれを正確無比にこなす。

✏️ ここにも注目！

① notwithstanding は「〜にもかかわらず」という意味の前置詞。 →140

② concede は「〜をやむなく[渋々]認める」を意味する動詞。「事実である、理にかなったことであると認める」というニュアンスで使う。問題文のように目的語に that 節を置く concede that SV（〜だと認める）という用法もある。

215 ☐ ☐ ☐ ☐ ⓘ やや formal

disdain
/disdéin/

名 軽蔑、侮辱、高慢（な態度）　**動** 〜を軽蔑する、見下す

The renowned artist regarded the commercial art world with disdain, seeing it as a profane and corrupt industry that debased the very essence of true art.
その著名な芸術家は、商業芸術の世界に対し軽蔑の念を抱いており、真の芸術の本質そのものの品位を落とす冒涜的で腐敗した産業とみなしていた。

contempt（軽蔑）に意味が近い。嘲笑というよりも「（優越感に基づく）敬意のなさ」を表す語。**disdain for X**（Xに対する軽蔑・侮辱）は頻出。**例** his disdain for authority 権威に対する彼の軽蔑

そのほか with disdain（軽蔑を持って）や in disdain（軽蔑を表して）という表現でも用いる。動詞もあり、「〜を軽蔑する、見下す」という意味で、He disdained blue-collar workers.（彼は肉体労働者を軽蔑していた）のように使う。**disdain to do**（〜するのは恥だと思う〈のでしない〉）という用法もある。**例** The man disdained to listen to his subordinates' advice. その男性は部下のアドバイスに耳を傾けるのを恥だと思っていた。

📖 併せて覚えたい！

disrespect
/dìsrispékt/

名 無礼、失礼；軽蔑；〔法などに対する〕無視、軽視　**動** 〜に無礼[失礼]をする、〜に無礼なことを言う；〜を軽蔑する；〜を軽視する　▶ちなみに dis/diss（〜を見下す、ディスる；軽蔑すること、ディス）はこの disrespect の口語表現。**例** No disrespect to him, but he screwed up. 失礼を言うつもりはないが、彼はやらかしてしまったね。／ Stop disrespecting me. 失礼な態度を取るのはやめてくれ。

derision
/diríʒən/

名 あざけり、嘲笑、愚弄 →216：deride

✏️ ここにも注目！

① regard X with Y は「Xに対してY（感情など）を抱く」という意味の表現。Yには disdain のほかに suspicion（疑い）、curiosity（好奇心）などが用いられる。

② profane は「冒涜的な、罰当たりな、不敬な」の意味のフォーマルな形容詞。

③ debase は「〜の価値[質／評判]を落とす；品位を落とす」という意味の動詞。フォーマルな語で、debase quality（品質を落とす）、debase oneself（卑屈になる）といったフレーズで使う。

216

□ □ □ □

📢 formal

deride
/diráid/

動 〜をあざける、あざ笑う、嘲笑する、馬鹿にする

The academic community **was quick to** deride the researcher's unconventional theories as **spurious** and lacking **empirical** evidence, despite the extensive research and data he had gathered.
学界は、その研究者が集めた広範な研究やデータがあるにもかかわらず、その型破りな理論を見せかけだけで実証的根拠に乏しいものだと即座に揶揄した。

---

make fun of X（〜を笑いものにする）や mock（〜を馬鹿にする）に近い意味を持つ語。deride X as Y（X を Y だとあざける）という用法で、受け身で用いることが多い。例 His idea was derided as nonsense. 彼の考えはナンセンスだと嘲笑された。

派生語 derisive 形 あざけるような 例 a derisive smile 嘲笑的な笑顔 derision 名 あざけり、嘲笑 例 snort in derision 鼻であざ笑う／be in derision 嘲笑されている be met with derision 嘲笑される／an object of derision 嘲笑の的

📖 併せて覚えたい！

jeer
/dʒíər/

動 やじる、あざける、揶揄する ▶ 対象を示すときは、jeer at X（X をやじる、あざける、揶揄する）の形になる。jeer X（〜をやじる、罵倒する）という他動詞の使い方もある。例 The crowd jeered at the politician. 群衆はその政治家を揶揄した。／Fans jeered the players after they played terribly. 試合後、お粗末なプレーをした選手たちにファンは野次を飛ばした。

scoff
/skάːf/

動 ● あざ笑う、馬鹿にする、嘲笑する ▶ 対象を示すときは、scoff at X（X をあざ笑う、馬鹿にする、嘲笑する）の形になる。例 People scoffed at his stupidities. 人々は彼の愚行を嘲笑した。

taunt
/tɔ́ːnt/

動 〜をなじる、あざける、嘲笑する 例 The other kids taunted him about his clothes. ほかの子どもたちは彼の服装について彼をなじった。

✏️ ここにも注目！

① be quick to do は「即座に〜する：ためらわずに〜する」を意味する。

② spurious は「誤った；偽の、偽造の；見せかけの」を意味する形容詞。ややフォーマルな語で、「一見正しそうだが」というニュアンスを含む。

③ empirical は「経験に基づく、実験に基づく」という意味の形容詞。→ 026

217

□ □ □ □

resilient
/rizíliənt/

形 ① 立ち直り[回復]の早い ② 弾力性のある、跳ね返る

Despite facing numerous challenges, the community remained resilient, demonstrating remarkable fortitude in the face of adversity.

数多くの困難に直面しながらも、そのコミュニティーは立ち直る力を持ち続け、逆境に直面する中で驚くべき不屈の精神を示した。

本来は「物に弾力性があり、曲げたり伸ばしたり押したりして形状が変わっても元の形に戻る」ような性質を表す。そこから拡張的に「悪い出来事から素早く立ち直れる、病気などからすぐに回復できる様子」を表す。「起き上がり小法師」(底面が半球状になっていて重りがあり、倒してもすぐに起き上がる人形)のイメージだと考えると、この語の持つ意味合いを正確につかめるだろう。 派生語 resilience 名 回復力、弾力(性)、跳ね返り　例 The region has shown remarkable resilience after the disaster. その地域は、震災後、目覚ましい回復力を発揮してきた。▶「企業が持つべき性質の一つ」としてビジネスの場面でも頻繁に見られる語。

✏️ ここにも注目！

① fortitude は「不屈の精神、我慢強さ」を意味するフォーマルな名詞。

② adversity は「逆境、不運；不幸な出来事、災難」を意味する名詞。 →091

218

□ □ □ □

🔊 formal

inundate
/ínəndèit/

動 ① ～を圧倒する、～に殺到する、押し寄せる ② ～を水浸しにする、～に氾濫する

The customer service department has been inundated with complaints, rendering it unable to promptly address all the grievances.

顧客サービス部門には苦情が殺到しており、すべての苦情に迅速に対応することができなくなっている。

flood とほぼ同義。元々の意味は②だが、そこから比喩的に①の意味でも用いる。①の方が使用頻度は高い。 be inundated with [by] X は「Xであふれかえる、Xに殺到する、Xに押し寄せる」という意味で、flood にも同様の使い方がある。また前置詞は with の方がはるかによく使われる。 派生語 inundation 名 氾濫、殺到　例 an inundation of visitors 観光客の殺到

deluge
/délju:dʒ/
名 大洪水 動 〜が殺到する、押し寄せる →117

bombard
/bɑmbá:rd/
動 （質問など）を浴びせる、〜を爆撃する →116

swamp
/swámp/
名 湿地、沼地 動 〜を忙殺する、圧倒する；〜を埋め尽くす ▶ 受け身で用いるのが一般的。be swamped with [by] X で「X（手に負えないほどの要求、オファー、不満など）が殺到する、Xに忙殺される、圧倒される」という意味になる。例 **The corporation was swamped with job applications.** その企業には求人の応募が殺到した。

✏️ ここにも注目！

grievance は「不平、苦情、不満；不満の種［理由］」を意味する名詞。

---

219 ☐ ☐ ☐ ☐

tenacious
/tənéiʃəs/

形 ①粘り強い、根気強い、あきらめない ②〔考えや病気などが〕根強い、なかなか治らない

Despite numerous setbacks in her career, her tenacious efforts afforded her the steady position she has now.

経歴を重ねていく中で幾度となく挫折を味わった彼女だが、粘り強い努力のおかげで今のような安定した地位を築くことができた。

---

fighter、competitor、opponent（対戦相手）など人の描写に使うことが多いが、**a tenacious defense**（粘り強い守り）、**tenacious grip**（固く握りしめた状態）、**tenacious opposition**（粘り強い反対）、**tenacious resistance**（粘り強い抵抗）などもよく用いる。

派生語 **tenaciously** 副 粘り強く 例 cling [hold] tenaciously（粘り強くしがみつく）

📖 併せて覚えたい！

persistent
/pərsístənt/
形 固執する、根気強い；〔病気・悪天候などが〕長引く 例 a persistent salesman しつこいセールスマン／a persistent offender 常習犯

resolute
/rézəljù:t/
形 決意の固い、断固とした →004

✏️ ここにも注目！

setback は「障壁、障害、挫折、停滞」という意味の名詞。suffer a major setback（大きな痛手を負う）、overcome a setback（障壁を乗り越える）で覚えておこう。なお、back を含む語として drawback（欠点、不利な点、短所）も覚えておきたい。The main drawback of X be Y.（Xの主な欠点はYである）という形がよく使われる。

220

unfold
/ʌnfóuld/

動 ①〜を広げる、広がる ②〔物事が〕進展する ③〜を(徐々に)明らかにする ④〔風景などが〕見えてくる、広がる

As the events unfold, we will endeavor to provide an objective analysis and judicious assessment of the situation, drawing on a range of reputable sources.
事態の進展に合わせて、さまざまな定評ある情報源を活用し、状況の客観的な分析と的確な評価を提供できるよう努めてまいります。

un-(プロセスの反転) + fold(折りたたむ)という成り立ちの語で、①の「折りたたんだ状態のものを広げる」が元々の意味。unfold into X で「広がって[開いて]X になる」という自動詞の用法もある。例 a pillow that unfolds into a blanket 開いてブランケットになる枕

ここから比喩的な拡張によって②の意味でも用いる。報道などではこの意味で使われることが最も多い。「事態、計画、話」などを主語にして自動詞で用いるほか、unfold itself [themselves] の形でも「〔事態などが〕進展する」という意味になる。③の意味で用いる場合は、unfold X (to Y) で「X(計画・秘密など)を(Y に)徐々に明らかにする」という用法がある。例 They unfolded their 10-year anniversary project to us. 彼らは私たちに10周年記念プロジェクトの内容を少しずつ公開した。
④の意味では自動詞で用いる。例 The beautiful scenery unfolded in front of us. 美しい景色が私たちの目の前に広がった。

📖 併せて覚えたい！

unravel
/ʌnrǽvəl/

動 〜をほどく、ほぐす；〜を解明する、解決する 例 unravel the mysteries of the brain 脳の謎を解き明かす / Their findings unraveled a long-standing mystery of ancient civilizations. 彼らの発見は古代文明に関する長きにわたる謎を解明した。

untangle
/ʌntǽŋgl/

動 〜をほどく、解明する 例 The researchers tried to untangle these complex issues. 研究者たちはこれらの複雑な問題を解明しようとした。

✏️ ここにも注目！

① judicious は「思慮深い、分別のある、賢明な」という意味のフォーマルな形容詞。sensible (分別のある、賢明な)とほぼ同義。
② draw on X は「X を利用する、X に頼る」という意味。draw on [upon] X for Y(Y を得るのに X を利用する)という用法もある。

☐ ☐ ☐ ☐

🔊 formal

pernicious
/pərníʃəs/

形 ①有毒な、極めて有害な ②致命的な

The **pernicious** effects of air pollution on public health are becoming increasingly apparent, **necessitating** swift and coordinated action from policymakers and industry leaders.

大気汚染が公衆衛生に及ぼす極めて有害な影響はますます明らかになっており、政策立案者と産業界のリーダーによる迅速かつ協調的な行動が必要となっている。

> 「社会的に、あるいは人格形成にとって極めて有害な」という意味合いがある。有害さの程度は強いが、徐々に進行するために気づきにくいようなものについて言う場合が多く、effects、influence、consequences といった名詞を修飾することが多い。例 the pernicious influence that violence in movies and games has on children 映画やゲームの中の暴力が子どもに与える悪影響

📖 併せて覚えたい！

adverse
/ædvə́:rs/

形 不都合な、不利な〔状況など〕；有害な〔反応・作用など〕；好ましくない ▶「不都合な、不利な」という意味では通例名詞を前から修飾する形で用いる。また、adverse to X で「X に好ましくない」という意味になる。例 adverse weather conditions 不都合な気象条件 ／ This will have an adverse effect on the city's development. これは、その都市の発展に悪影響を及ぼすことになる。

detrimental
/dètrəméntl/

形 有害な、害を与える →222

✏️ ここにも注目！

necessitate は「～を必要とする」という意味の動詞。→123

☐ ☐ ☐ ☐

🔊 formal

detrimental
/dètrəméntl/

形 ①有害な ②害[損害]を与える

The widespread **dissemination** of **misinformation** is **detrimental** to the public's trust in the media and can have far-reaching consequences on society as a whole.

誤った情報が広範に流布されることは、メディアに対する一般大衆の信頼を損ない、社会全体に広く影響を及ぼす可能性がある。

> 「環境・健康・幸福などに害を及ぼす」または「良い行為を阻害する」という意味の

語。基本的に**detrimental to X**（Xに害を与える）という形で使うか、あるいは**effect(s)**、**impact**、**consequences**（影響）といった名詞を前から修飾する用法が圧倒的に多い。例 This will surely have detrimental effects on the environment. これは確実に環境に悪影響を及ぼすことになる。

📖 **併せて覚えたい！**

pernicious
/pərníʃəs/　形 有毒な、極めて有害な；致命的な →221

adverse
/ædvə́:rs/　形 不都合な、不利な；有害な；好ましくない →221

✏️ **ここにも注目！**

① dissemination は「〔情報・知識などを〕広めること、〔情報・知識などの〕普及、流布」を意味する名詞。 →224：disseminate

② misinformation は「〔意図的な〕誤報、誤った情報、虚報」を意味する名詞。

③ far-reaching は「〔変化などが〕広範囲に及ぶ」という意味の形容詞。 →052

223

☐ ☐ ☐ ☐　　　　（ pronunciation　> stress　✈ formal

rationale
/ræʃənǽl/　　名 理論的［論理的］根拠、根本原理、理論的説明

The **rationale** behind the decision to increase taxes was based on a thorough analysis of the economic situation and the need for fiscal stability.
増税決定の背後にある根拠は、経済状況の徹底分析と財政安定の必要性に基づくものだった。

「特定の決断や行動の経緯」あるいは「信念の説明となる理由や原理」を表す語。**reason**（理由、根拠）とほぼ同義でより難しく堅い語だと考えておくとよい。問題文のように**rationale behind X**（Xの理論的根拠）の形で使われるほか、**rationale for [of] X**（Xの理論的根拠）という形でも用いられる。例 What is your rationale for applying to this course? この講座に応募した論理的根拠はどんなものですか。

📖 **併せて覚えたい！**

pretext
/prí:tekst/　名 ❶口実、言い訳、言い逃れ ▶ on some pretext or other / on one pretext or another（何かと言いつくろって、なんだかんだごまかして）は覚えておくとよい。そのほか、on [under] the pretext of V-ing（～するという口実で）、find a pretext for X [to do]（Xの［～する］口実を見つける）といった用法がある。例 He left the bar early on the pretext of having to start work early the next day. 翌日の始業時刻が早いことを口実に、彼は早々にバーをあとにした。

✏️ ここにも注目！

fiscal は「財政上の、会計の；国庫（収入）の」を意味する形容詞。 →032

224 ☐ ☐ ☐ ☐ 📻 formal

disseminate
/disémənèit/

動 ①（情報・知識・考えなど）を普及させる、広める
②〜を〔種をまくように〕散布する

The organization's goal is to **disseminate** accurate and verifiable information to the public through various channels in order to promote transparency and accountability.

その組織の目標は、透明性と説明責任の向上を目指し、さまざまな媒体を通じて正確で検証可能な情報を国民に広めることである。

目的語には information、knowledge、ideas、results、findings、data、news、propaganda（偏った主張）などが用いられることが多い。**be widely disseminated**（幅広く普及している）の形でもよく用いられる。例 The meme has been widely disseminated through social media. そのネタはSNSで広く拡散されている。

派生語 dissemination 名 普及、流布、広めること 例 the dissemination of fake news フェイクニュースの流布

📖 併せて覚えたい！

go viral
〔インターネットを介して〕瞬く間に拡散する 例 The movie went viral instantly. その動画はあっという間にバズった。▶ いわゆる「バズる」の英語版。同じく go を用いた重要表現として go awry（予定通りにいかない、うまくいかない、失敗する）がある。例 Our plan went awry. 私たちの計画はうまくいかなかった。

disperse
/dispə́:rs/
動 （群衆など）を追い散らす、分散［解散］させる；〜を散布する；（知識など）を広める 例 disperse knowledge 知識を広める

propagate
/prápəgèit/
動 （思想・信念など）を広める、宣伝する；（動植物など）を増殖［繁殖］させる；（音波・振動・光など）を伝達する 例 propagate political doctrines 政治的信条を広める

✏️ ここにも注目！

① verifiable は「検証［実証］可能な」という意味の形容詞。 →001：verify

② transparency は「透明性、透明度；〔状況・過程などの〕透明性；透明なもの；〔言い訳・うそなどの〕明白さ」を意味する名詞。

③ accountability は「説明責任、報告義務」を意味する名詞。

225

☐ ☐ ☐ ☐

📢 formal

permeate
/pə́:rmièit/

動 ①〔液体・気体が〕～を通り抜ける、～に浸透する ②〔思想・感情・影響などが〕～に普及する、浸透する

The pervasive influence of technology continues to permeate all aspects of modern society, from business to education and beyond.
テクノロジーの持つ広範な影響力は、ビジネスや教育をはじめとして、現代社会のあらゆる側面へと浸透し続けている。

本来は①の意味で、そこから拡張的に②の意味でも用いる。一般的には②の意味の方がよく使われるが、ネイティブ・スピーカーの子どもたちは、学校の生物や化学の授業で「浸透(osmosis)」について学ぶ際に①の意味でこの単語を覚えることが多い。

📖 **併せて覚えたい！**

osmosis
/azmóusis/

名 浸透(性)；〔知識・考えなどが〕徐々に浸透すること、無意識の 吸収〔浸透〕 **例** He picked up the new language by osmosis. 彼は新たな言語を自然に吸収する形で身につけた。 ▶ 物理や化学、細胞生物学の専門用語としても使われる。osmosis membrane (浸透膜)のようなフレーズで覚えておこう。

imbue
/imbjú:/

動 ❹〔思想などを〕(人・心)に吹き込む、〔思想などで〕(人・心)を染める ▶ imbue X with Y で「X(人・心)にY(思想・感情・価値など)を吹き込む、XをYで染める」という意味を表す。しばしば受け身で使われる。**例** He is imbued with nationalism. 彼は国家主義に染まっている。 →366 : inculcate

infuse
/infjú:z/

動 ❹(思想・感情など)を吹き込む ▶ infuse X into Y / infuse Y with X で「X(思想・感情など)をY(人など)に吹き込む、植えつける；X(特性・感情)でY(人・場所)を満たす」という意味を表す。**例** The community was infused with altruism. その地域には人助けの精神が根付いていた。 →366 : inculcate

✏️ **ここにも注目！**

pervasive は「隅々まで広がった、行きわたった、普及性の；浸透性の」を意味する形容詞。

226

i やや formal

proliferate
/prəlífərèit/

動 ①急増する、蔓延[拡散]する ②〔細胞分裂などにより〕増殖する

The internet has enabled fake news to **proliferate** rapidly and widely, spreading misinformation and **sowing** confusion among the public.
インターネットにより、フェイクニュースが急速かつ広範囲に拡散し、誤った情報を広め、国民に混乱の種をまくことが可能となった。

「数や量が急激に増えること」を表す。他動詞もあるが、一般的には自動詞として用いる。「蔓延する、拡散する」という意味で用いる場合、「良くないもの」について言うことの方がやや多いが、「良いもの」の拡散について用いることもある。 **派生語▶**
proliferation 名 急増、激増、拡散

📖 併せて覚えたい！

mushroom
/mʌ́ʃru:m/

動 急速に生じる、成長する、広がる 例 The market mushroomed very quickly. その市場はとても急速に成長した。 ▶「キノコのように急速に成長する」というイメージで覚えるとよい。mushroom into [to] X で「急速に成長してXになる」という用法もある。

snowball
/snóubɔ̀:l/

動 雪だるま式に増える、急速に拡大する、加速度的に増える 例 The issue snowballed into a major controversy. その問題は大きな論争へと急速に拡大した。

✏️ ここにも注目！

sow は「(疑い・恐怖・混乱など)の種をまく、を植えつける、を広める」を意味する動詞。問題文のように前置詞を伴う用法もあり、sow X in [among] Y の形で「Yに[の間に]X(疑い・恐怖・混乱など)の種をまく、を植えつける」となる。

227

binge
/bíndʒ/

名 〔一気に・過度に〕飲み食いしまくること

Despite knowing the consequences, Lucas continuously engaged in late-night drinking **binges**, which, of course, resulted in severe hangovers.
どうなるかわかっているのに、ルーカスは深夜に大量に飲酒することを常習的に行い、当然ながら、ひどい二日酔いになった。

「暴飲、暴食」を意味する **binge drinking** や **binge eating** という複合語で用いる。最

近では **binge watching**（〔ドラマやアニメなどの〕イッキ見）もよく使われる。そのほかに**go on a binge**（めちゃくちゃに飲む[食う／買う]、どんちゃん騒ぎする）や**a spending binge**（爆買い）などのフレーズでも使う。動詞としては**binge on X**（X〈飲食物〉を爆食い[飲み]する）の形を覚えておこう。

📖 **併せて覚えたい！**

binge-watch
/bíndʒ-wátʃ/
動 （ドラマなど）を一気に見る　**例** I binge-watched all the episodes of the drama on Netflix. ネットフリックスでそのドラマを全話一気に見た。

compulsive
/kəmpʌ́lsiv/
形 衝動的な　**例** compulsive eating 食べずにいられない状態、過食症

228

spike
/spáik/
名 ①急上昇 ②大釘、先のとがった金属製の物 ③スパイクシューズ ④〔グラフの〕山の部分

The sudden **spike** in inflation has become a growing concern for policymakers, as it may cause an erosion of purchasing power and have far-reaching ramifications on the economy.
インフレ率が突然急上昇すると、購買力が低下し、経済が大きな影響を受ける可能性があるため、政策立案者にとって懸念事項となっている。

「大釘」が本来の意味で、そこから先のとがった金属製の物を広く表す。スパイクシューズの「スパイク」も容易に理解できるだろう。そこから拡張的に「グラフの山形の部分」を表すようになり、さらに拡張して「価格などの急上昇」という意味でも用いるようになった。①の意味が最も頻出で、**spike in X** の形で「X〈価格・率など〉の急上昇」という意味になる。アメリカ英語ではこの意味のspikeを動詞としても用いる。**例** The sales of computers have spiked during the pandemic. パンデミックの期間にパソコンの売り上げが急増した。

📖 **併せて覚えたい！**

surge
/sɔ́:rdʒ/
動 〔数値などが〕急上昇する、急増する；〔感情などが〕高ぶる、込み上げる　名 感情の高揚、高ぶり；急騰 ▶ surge of X（X〈感情〉の高まり）、surge in [of] X（X〈物価など〉の急上昇）などの使い方を押さえておこう。**例** a sudden surge of helplessness 突如込み上げる無力感／a staggering 50 percent surge in sales 50％という驚異的な売上高の急増／a new surge of interest in oldies オールディーズ（懐メロ）への関心の新たな高まり／Prices surged due to the war. その戦争で物価が高騰した。

burgeoning
/bə́ːrdʒəniŋ/

〔形〕急成長している、急増している →128

📝 **ここにも注目！**

① erosion は「〔川・波・風などによる〕（土地の）侵食；衰え、低下」を意味する名詞。「浸食」の意味では soil erosion（土壌の浸食）、wind erosion（風食、風による浸食）のようなフレーズで覚えておこう。

② ramification は「結果、影響、成り行き」を意味する名詞。通例 ramifications と複数形で用いる。 →185

---

229 ☐ ☐ ☐ ☐

skyrocket
/skáirɑ̀kit/

〔動〕〔値段や数値が〕跳ね上がる、高騰する、急騰する、急上昇する

Due to **excessively** rapid **urbanization**, land prices in the area have skyrocketed in the last several years.
過度に急速な都市化の影響で、その地域の地価はここ数年で高騰した。

主語には price、cost、rate、number、sales、unemployment（失業者数、失業率）など、数値に関連する名詞がくる。単純な SV の文型（第1文型）で使うほか、「上昇の原因となるもの」を主語にして、**S make X skyrocket. / S cause X to skyrocket. / S send X skyrocketing.** の形で「S のために X が急上昇する」という意味を表す用法も頻出。現在分詞の skyrocketing も cost や rate など数値に関する名詞を修飾する。**skyrocketing oil prices**（急騰する石油価格）、**skyrocketing electricity [utility] bills**（高騰する電気代[光熱費]）などを覚えておこう。なお、rocket にも同様の意味を表す動詞用法がある。

📖 **併せて覚えたい！**

soar
/sɔ́ːr/

〔動〕〔価格などが〕急上昇する、急騰する；〔飛行機などが〕空高く飛ぶ　**例** Oil prices soared. 石油価格が急騰した。／ soaring oil prices 急騰する石油価格　▸ soaring は soaring skyscrapers（そびえ立つ超高層ビル）のように、建物などを修飾して「そびえ立つ、そびえる」という意味でも使われる。

surge
/sə́ːrdʒ/

〔動〕急上昇する、急増する；高ぶる、込み上げる →228

📝 **ここにも注目！**

① excessively は「過度に」という意味の副詞。rapid のほか、large や long など「プラスの方

向」を表す形容詞を修飾することが多い。形容詞形の **excessive** は「過度の」の意味。**excessive use of X**（Xの過剰使用）、**excessive amounts of X**（過剰量のX）で覚えておきたい。

② **urbanization** は「都市化、都会化」という意味の名詞。**urban** は形容詞で「都会の、都市の」という意味。**urban areas**（都市部）、**urban life**（都会生活）で覚えよう。関連して、名詞の **suburb**（郊外）と形容詞の **suburban**（郊外の、郊外に住む）も重要。**a London suburb / a suburb of London**（ロンドン郊外）と **suburban houses**（郊外の住宅）で覚えておこう。

---

230 ☐☐☐☐

plummet
/plʌ́mit/

動 急落する、急激に減る[落ちる]、落下する

College **enrollment** has plummeted during the past three years, presumably because of the pandemic.
おそらくは感染症の大規模な流行が原因で、大学の入学者数はこの3年で急激に減少した。

乗り物や人間が物理的に「落下する」の意味もあるが、数量や程度が「急落する」という抽象的な用法の方が多い。**例** Stock prices plummeted. 株価が暴落した。／The restaurant's popularity plummeted. その店の人気は一気に落ちた。**plummet in the rankings**（ランキングで一気に下がる）のような使い方がされることもある。

✏️ **ここにも注目！**
enrollment は「入学(者数)、入会(者数)、登録(者数)」という意味の名詞。**enrollment fee**（入学料、登録料）、**dual enrollment**（二重登録）、**enrollment in college**（大学入学）などのフレーズで覚えておこう。動詞は **enroll**（入学する、入会する）で、**enroll at [in] Harvard University**（ハーバード大学に入学する）のように使う。

□ □ □ □

dwindle
/dwíndl/

動 ①だんだん減少[低下]する ②衰える、弱まる ③〜をだんだん減少させる、小さくする

As the population of the endangered species **dwindles**, efforts to preserve its natural habitat and prevent poaching become increasingly urgent.

絶滅危惧種の個体数が徐々に減少する中で、その自然生息地の保全と密猟防止に向けた努力がいっそう急務となっている。

「徐々に数量や規模が小さくなったり勢いが弱まったりする」という意味の語。自動詞で用いることが多い。**dwindle away to X** や **dwindle down to X**（後者はアメリカ英語）で「徐々に減って X に至る」という意味になる用法がよく見られる。**例** His savings dwindled away to nothing. 彼の貯金は徐々に減ってゼロになった。／The number of students dwindled down to just two. 学生の数は徐々に減ってたった2人になった。

そのほか、**dwindle from X to Y**（X から徐々に減って Y になる）という用法もある。**例** The number of employees dwindled from 100 to 20. 従業員の数は100人から徐々に減って20人になった。

dwindling が後ろの名詞を修飾する用法も頻出。**例** Those cities suffered dwindling visitor numbers. そうした都市は観光客の減少に苦しんだ。

📖 併せて覚えたい！

abate
/əbéit/
動 〜を減ずる、弱める；〜を静める；〜を引き下げる →015

ebb
/éb/
動 衰退する、減退する、衰える →015

peter out
次第に少なく[小さく／弱く]なってなくなる；尽きる →015

wane
/wéin/
動 衰える、徐々に弱まる；〔月が〕欠ける；終わりに近づく →015

✏️ ここにも注目！

poach は「〜を密猟[漁]する；〔密猟・密漁目的で〕〜に侵入する；（他人の権利など）を犯す；（他人のアイデア）を盗用する；（人材）を引き抜く」を意味する動詞。

232

□ □ □ □

solace
/sáləs/

名 慰め、安堵、癒し

The poor college student found **solace** in the fact that he had won a scholarship, however **meager** it was.
貧しいその大学生は、ごくわずかな額ではあっても、奨学金を獲得できたことで心が慰められた。

「気分を和らげてくれるもの」という意味を表す。**seek solace in X**(X に慰めを求める)、**find solace in X**(X に癒しを見出す)、**take solace in the fact that SV**(〜だということを慰めとする)、**be a solace to X**(X にとって慰めになる)などの表現で覚えておくとよい。

✏ ここにも注目！

meager は「わずかな、乏しい、不十分な」という意味の形容詞。a meager salary(薄給)で覚えておこう。

233

□ □ □ □

underpin
/ʌ̀ndərpín/

動 (議論など)を支える、の根拠となる

The assumptions **underpinning** this approach have been sharply criticized, with some experts questioning their validity and others dismissing them as fundamentally flawed.
この研究手法の基盤をなす想定は厳しい批判を受けており、一部の専門家はその妥当性に疑問を呈し、根本的な欠陥を抱えているとして棄却する者もいる。

future、life、argument、claim、theory など幅広い名詞が目的語として続く。主語には principle、mechanism、reason(推論、理性)などが比較的よく用いられる。建築の用語としては、「建物の下(under)を杭(pin)などの基礎で補強する」という意味。
例 key principles that underpin the theory その理論を支える重要な原理 **派生語▶**
underpinning 名〔議論や主張の〕支え、基盤 例 the philosophical and theoretical underpinnings of the present study 本研究の哲学的・理論的基盤

📖 併せて覚えたい！

baseless
/béislis/

形 〔告発・噂などが〕根拠のない、事実無根の(≒ unfounded)

234

☐ ☐ ☐ ☐ ☐

chastise
/tʃǽstaiz/

動 ～を厳しく非難する、厳しく叱責する

The boss chastised her for her dumb mistakes that could have cost the company a year's worth of revenue, but she shows no sign of contrition.

会社の一分の収入が飛んでもおかしくないほどの大失敗をしたことで上司から強く叱責されたというのに、彼女には反省の色が見えない。

▶ chastise X for Y で「X を Y のことで厳しく非難する」の意味で使う。Y には failing to do（～しなかったこと）のような動名詞も入る。また、副詞の publicly（公然と）、severely（厳しく）との相性が良い。

📖 併せて覚えたい！

lambast
/læmbéist/

動（人前で）～を強く非難する、叱りつける　例 lambast the police officer for his misconduct 警察官の違法行為を強く非難する　▶ lambaste という綴りもあるが、最近では lambast と綴ることが多くなっている。

✏️ ここにも注目！

① dumb は「愚かな、馬鹿な」という意味の形容詞。a dumb question（馬鹿な質問）がよく使われる。そのほか dumb luck（まぐれ、思わぬ幸運、偶然の産物）もよく使われるので覚えておくとよいだろう。

② contrition は「後悔、悔恨、自責の念、反省」という意味の名詞。 →022

235

☐ ☐ ☐ ☐ ☐

📧 formal

reproach
/ripróutʃ/

名 ①叱責、非難 ②非難の言葉、小言 ③不面目、恥、汚点

The teacher's reproach was met with an apology by the student, who realized the gravity of his mistake and sought to make amends.

教師からの叱責を受けて、生徒は謝罪し、自分の犯した過ちの重大さを認識した上でその償いをしようとした。

▶ ①の意味では beyond [above] reproach（非の打ちどころのない、申し分ない）という表現を押さえておこう。例 His performance was beyond reproach. 彼の出来は文句のつけようがないものだった。

そのほかには、③の意味で bring reproach upon [on] X（X に恥をかかせる）、reproach

to X(Xにとっての汚点)などがある。**例** His conduct brought reproach upon the whole team. 彼の行為は、チーム全体に恥をかかせることになった。／ Such huge financial gap is a reproach to our society. そのような大きな経済格差は、私たちの社会の汚点である。

「叱責」という意味の語としては、reprimand、rebuke と三つセットで覚えたい。reprimand はほかの二つよりも意味がやや限定的で、「権限を持つ者が公的に懲戒すること」を表すことが多い。rebuke は reproach よりも強い非難、叱責を表す(それぞれの用例は「併せて覚えたい！」参照)。動詞用法もあり、**reproach X (for Y)** の形で「(Yのことで)Xを非難する、叱責する」という意味になる。**例** She reproached him for his indifference. 彼女は彼の無関心さを非難した。

📖 **併せて覚えたい！**

rebuke
/ribjúːk/

名 叱責、激しい非難　**動 ●**〜を強く非難する、叱責する　▶動詞には rebuke X for Y で「YのことでXを強く非難する」という用法がある。**例** He received a stern rebuke from his boss for the mistake. 彼はそのミスのことで上司から厳しい叱責を受けた。／ The teacher rebuked the student for not completing the assignment. 先生は、課題を終わらせなかったことでその生徒を叱責した。

reprimand
/réprəmænd/

名 叱責、懲戒　**動 ●**〜を叱責する、懲戒する　▶「仕事上の公的な叱責、懲戒」という意味合いの語。**例** He received a reprimand from his supervisor for consistently arriving late to work. 彼は常に遅刻をしていたことで上司から叱責を受けた。／ The manager reprimanded the employee for failing to meet the project deadline. プロジェクトの期限を守れなかったとして、責任者はその従業員を叱責した。

berate
/biréit/

動 ●〜を(きつく)叱りつける、非難する　▶ berate X (for Y) の形で「Xを(Yのことで)叱りつける」という意味になる。**例** You shouldn't berate yourself for not being a perfect parent. 完璧な親になれないからといって、自分を責めるべきではない。

✏️ **ここにも注目！**

make amends は「償いをする」という意味の頻出フレーズ。make amends to X で「X(人)に償いをする」、make amends for X で「X(物事)に対して償いをする」という意味になる。

denounce
/dináuns/

動 ～を（公然と）強く非難する、責める、訴える

A host of human rights <u>advocates</u> publicly **denounced** the politician for his <u>alleged</u> involvement in <u>human trafficking</u>.

人身売買に関与した疑いがあるとして、数多くの人権擁護活動家がその政治家を公然と非難した。

▶ **denounce X as Y** で「X を Y だとして非難する」、**denounce X for Y** で「Y のことで X を非難する」という意味になる。単なる非難ではなく、「公然と」「厳しく」といった意味を含む。その点を強調するため **publicly** や **angrily** などの副詞を伴うことも多い。

📖 併せて覚えたい！

condemn
/kəndém/

動 ～を非難する、咎める ▶ この動詞にはそのほかに「～に有罪の判決を下す」〔良くない方向に〕～を運命づける」という意味もある。**condemn X for Y** で「Y のことで X を咎める」、**condemn X as Y** で「X を Y であると非難する」のように使う。**例** be condemned to death [imprisonment] 死刑[禁錮刑]を宣告される／be condemned to poverty 貧困に運命づけられている

decry
/dikrái/

動 ～を強く非難する **例** decry the policy as a waste of time その政策を金の無駄遣いだと強く非難する

✏️ ここにも注目！

① **advocate** は「権利擁護者、支援者、提唱者、擁護者」などの意味の名詞で、**proponent**（支持者）と一緒に覚えておこう。また、「～を擁護する、提唱する」という意味の動詞としても使うことができる。なお、名詞用法に「擁護」という意味はなく、この意味では **advocacy** を使う。 → 245：protagonist

② **alleged** は「疑われている、申し立てられている、〔証拠もなく〕断定された」という意味の形容詞。**an alleged attack**（起きたとされている攻撃）、**an alleged criminal**（犯人と噂されている人物）、**an alleged victim**（被害にあったとされる人）、**alleged involvement**（取りざたされている関与）などを覚えておくとよい。ざっくりと言うと **alleged X** は X が「人」の場合「X した（である）とされる人物」、X が「人ではないもの」の場合は「噂されている[取りざたされている]X」という日本語にするとうまく意味を捉えられることが多い。副詞の **allegedly** は「伝えられているところでは、〔真偽はわからないが〕どうやら」という意味で、**reportedly**、**purportedly** が近いと考えてよい。 → 189 → 212：purported

③ **human trafficking** は「違法な人身売買」という意味。**trafficking** には「不法[不正]売買、密売」という意味がある。**drug trafficking**（麻薬の密売）、**wildlife trafficking**（野生生物の密売）も併せて覚えておこう。

237 ☐ ☐ ☐ ☐ ⓘ やや formal

gregarious
/grigέəriəs/

形 ①社交的な、人付き合いを好む、人付き合いのよい ②群生する、集団で暮らす

Rebecca seemed <u>reticent</u> at first, but as time went by, she turned out to be an <u>amiable</u> and **gregarious** person.
レベッカは最初は口数が少ないように見えたが、時間が経つと、愛想のよい人付き合いを好む人だということがわかった。

人について言う場合は①の意味で、**outgoing**、**sociable** とほぼ同義。生物の習性について言う場合は②の意味になり、こちらは**social** とほぼ同義である。

✏ ここにも注目！

① reticent は「口数の少ない、無口な、あまり語らない」という意味の形容詞。単に性格として「無口な」という意味の場合と、ある事柄に関し「あまり話したがらない」という意味の場合がある。

② amiable は「愛想のよい、友好的な、感じのよい」という意味の形容詞。affable（愛想の良い、気さくな）も意味も見た目も似ているので一緒に覚えておきたい。

238 ☐ ☐ ☐ ☐

concoct
/kankάkt/

動 ①（話）をでっち上げる、捏造する ②（計画など）を仕組む ③（飲食物など）を混ぜ合わせて作る、調理する

The politician was accused of **concocting** a story to cover up his <u>misconduct</u>, a grave <u>offense</u> that could result in a <u>tarnished</u> reputation and legal consequences.
その政治家は自らが犯した不正を隠蔽するために作り話をして非難されたが、そうした虚偽は評判を汚すだけでなく、法的な結果を招く可能性のある重大な違法行為である。

con-（一緒に）+ coct（料理する）という成り立ちの語で、本来はさまざまな食材を一つの容器に突っ込み、混ぜ合わせて料理を作ることを表す。「変わった組み合わせである」「得体の知れないものができあがる」という含みがあることが多い。この否定的なニュアンスが転じて①の意味でも用いる。こちらの意味の方が頻出で、**plan**、**excuse**、**explanation**、**scheme**（計画）などが目的語になることが多い。 派生語
concoction 名 調合（薬）、混合（したもの）；でっち上げ、作り話

fabricate
/fǽbrikèit/
動（証拠・話・情報など）をでっち上げる；（文書など）を偽造する　　例 The data can be fabricated. そのデータは偽造される可能性がある。

✏️ ここにも注目！

① misconduct は「不正行為、職権乱用；まずい経営、監督不十分；不倫、不貞行為」を意味する名詞。

② offense は「犯罪、違法行為、違反；侮辱；攻撃」を意味する名詞。

③ tarnished は「〔印象などが〕汚された、傷ついた；光沢を失った；退色した」を意味する形容詞。動詞は tarnish で「（名誉・印象など）を傷つける、汚す；（金属など）の光沢を失わせる、（金属など）を曇らせる、変色［退色］させる」という意味を表す。His reputation was tarnished by the scandal.（彼の評判はそのスキャンダルで傷ついてしまった）のように使う。

239

☐ ☐ ☐ ☐

🐦 informal

phony
/fóuni/

形 偽の、いんちきの；不誠実な　　名 偽物、いかさま師

When asked about the burglary, the witness gave the police phony information, putting his own liberty in jeopardy.
強盗事件について尋ねられた目撃者は警察に虚偽の情報を伝え、そのことで身の自由が危うくなった。

「人を騙す意図をもって、実際は違うのに本物のふりをしている」というニュアンスが強い。name、story、bill（お札）、money、claim（請求、主張）、document、alibi、smile、accent、card、passport などの名詞を伴うことが多い。なお、phony war という定型表現があり、これは「開戦しているが戦闘状態にない期間」を表す。

✏️ ここにも注目！

① burglary は「窃盗、強盗（事件）」という意味の名詞。theft（窃盗、盗み）、robbery（強盗）とまとめて覚えておくとよい。なお、一般的に robbery は脅しや暴力を伴い、theft や burglary は人のいない隙に奪うような場合に使われることが多い。

② witness は「目撃者；証人」という意味の名詞。「目撃者」の意味の場合は a witness to [of] X（Xの目撃者）の形で使われ、おおよそ eyewitness と同意である。「証人」の場合は a witness for [against] X（Xに有利［不利］な証人）の形で使われる。a witness for the defense [prosecution]（弁護側［検察側］の証人）で覚えよう。なお、give witness to X は「Xの証言をする、Xの証拠となっている」という意味の決まったフレーズ。

→ 001：testify　→ 001：testimony

③jeopardyは「危険、危機」の意味の名詞で、普通は問題文のようにin jeopardy（危険な状態にある、危機にさらされている）の形で使う。be in jeopardy、be at risk、be at stakeはすべて「危険にさらされている」とセットで覚えよう。動詞はjeopardizeで「〜を危険にさらす」の意味。jeopardize X、put X in jeopardy、put X at risk [stake]はすべて「Xを危険にさらす」と考えておくとよい。

240

□ □ □ □

scapegoat
/skéipgòut/

名 身代わり、犠牲、いけにえ

Charlie, a dedicated employee, was unjustly made a scapegoat for the company's systemic failures, which were revealed on social media by a whistleblower.

献身的な社員のチャーリーは不当にも会社の組織的失敗の責任を押しつけられてしまったが、内部告発者がSNS上で実情を明るみに出した。

a(n) easy [convenient] scapegoat（都合の良い身代わり）というフレーズが頻出。定型表現としてはbe made a scapegoat for X（Xの身代わりにされる、Xの責任を負わされる）を覚えておきたい。動詞として使われることもあり、be scapegoated for X（Xの身代わりにされる）のように使う。人々の罪を代理的に被ったヤギを野に放つという古代ユダヤの風習に由来する（cf. 旧約聖書「レビ記」16章8-26節）。scape はescapeの古い形。

✎ ここにも注目！

social mediaは日本語で言うと「SNS」のこと。英語では、Twitter（現X）やInstagramなどのことはsocial mediaと言うのが普通で、SNSという言い方はあまりしない。もちろん日本語でも「ソーシャルメディア」と言うこともある。

触れる英語の多角化のススメ

　私は英語を教えたり研究したりしている方から質問を受けることも多いのですが、ある元同僚に「英作文の課題で『午後3時』をfifteen hundred hoursと書いた子がいるんですが、こんな表現があるのですか？」と尋ねられたことがあります。「Siri（Apple製品の音声アシスタント）が結構そう言うよね」と答えると、彼は「そうなんですか？」と驚いていました。この言い方はMilitary Timeといって、主に軍事、航空、航海など、誤解が大きなトラブルにつながりかねない分野で用いられるものです。Siriがこれを用いるのもユーザーに正確に確認をとるためでしょう。

　英語の運用能力を伸ばすには、**できるだけ多角的に英語に触れる**のが効果的です。例えばスマホを英語設定にしてキャッシュレス決済のアプリを使うことで、「（アカウント・カードなど）にチャージする」という意味のreload（主にアメリカ英語）やtop up（主にイギリス英語）という表現を身につけられます。先ほどの元同僚は英語教育者の中ではトップレベルの英語力を有していますが、ご自身のiPhoneを英語設定にはしていませんでした。

　ネイティブスピーカーが英語で歌っている楽曲からは、多種多様な語句や表現が数多く獲得できます。私は中学生の頃に、あるパワーポップバンドの曲でknackやflair（いずれも→303）を、別のパワーポップバンドの曲でthat which ... という堅い表現を、あるポップパンクバンドの曲でshrink（精神分析医）というくだけた口語表現を覚えました。

　先ほどの学生は、もしかしたら日ごろからmilitaryものの映画やドラマに親しんでいて、耳であの時間の表現を覚えたのかもしれません。映画が難しいと感じるなら、子ども向けのアニメ（映画）もお勧めです。ほかにもスポーツを英語実況で観戦する、ゲームを英語設定でやる、英語でニュースを見る（本書の単語を定着させるのに最適）といったことを実践し、生活の中で可能な限り英語に触れることで、勉強だけでは遭遇し得ない多様な語句や表現を実感しながら身につけることが可能となります。

（駒橋）

9

🔊 09

覚えた表現に出会うと効果が実感できて嬉しい。
その気持ちを大切に。どんどん英語に触れよう。

（萩澤）

241 □ □ □ □

sarcastic
/sɑːrkǽstik/

形 皮肉な、嫌味な、当てこすりの

Despite his **sarcastic** comments, the politician's speech contained a myriad of complex arguments and eloquent language that appealed to the audience's intellect.

皮肉な発言も織り交ぜていたとはいえ、その政治家のスピーチには複雑な議論と巧みな表現が無数に盛り込まれており、それは聴衆の知性に訴えかけるものだった。

名詞 sarcasm（皮肉、嫌味、当てこすり）から派生した語。sarcasm には「相手への嫌味のために、あるいは相手を馬鹿にして、思っていることと逆の言葉を用いた表現をすること」という意味合いがある。例えば、とてもつまらないと思っていることに対して That must be a lot of fun.（それはさぞ面白いでしょうね）などと言うことがそれにあたる。sarcastic の類義語に ironic（皮肉な）があるが、sarcastic の方が、より人を傷つけるような、辛辣で嘲笑的・軽蔑的な意図がある。イギリス英語の非常にくだけた口語表現では sarcastic の代わりに sarky と言うことがある。

📖 併せて覚えたい！

wry
/rái/

形〔顔などが〕歪んだ；苦笑いの；〔ユーモアが〕ひとひねりした、皮肉の効いた；こじつけの ▶ 発音に注意。例 make a wry face しかめっ面をする／a wry smile 苦笑い／He made a wry comment on it. 彼はそれに対して皮肉の効いたコメントをした。

sardonic
/sɑːrdánik/

形 冷笑的な、嘲笑するような、あざけるような 例 a sardonic smirk 冷笑的な薄ら笑い

✏️ ここにも注目！

myriad は「無数」という意味の名詞。a myriad of X / myriads of X は「無数の X」を意味する。myriad だけでも「無数の、数えきれないほどの」という意味の形容詞として使われることもある。

242

instigate
/ínstəgèit/

動 ①〜を扇動する、あおり立てる、引き起こす ②〜を始める、〜に着手する

The malicious rumors spread by the columnist are said to have been intended to instigate conflict between the celebrities and undermine their careers.
コラムニストが広めた悪意ある噂は、その有名人同士の対立を煽り、キャリアに傷をつけることを狙ったものだとされる。

①は「他者をあおって悪いことを起こす」という意味合いで、instigate violence [a riot / a war](暴力［暴動／戦争］を扇動する)やinstigate controversy(論争を引き起こす)のように使う。②は特にイギリス英語で「（主語が）主体的に公的改革などを開始する」という意味合いで用いられることがある。instigate peace talks(平和会談を始める)のように使う。ただし、①と②のどちらともとれるような文脈も多い。

📝 ここにも注目！

malicious は「悪意のある」という意味の形容詞。 →088

243

jolt
/dʒóult/

動 ①〜を(急激に)揺さぶる ②〜に衝撃を与えて…にする ③〜に衝撃を与えて…から抜け出させる

The sudden news of the crisis jolted the company into action, prompting it to take immediate measures to mitigate the potential risks.
突然飛び込んできた危機の知らせを受け、同社は揺り動かされるように行動に移り、潜在的リスクを軽減する対策を早急に講じる結果となった。

本来は「〜を急激に揺さぶる」という意味だが、そこから拡張的に「突如強い衝撃を与えて［驚かせて］行動を起こさせる」という意味でも用いる。後者はjolt X into Y [V-ing](Xに衝撃を与えてYにする［〜させる］)やjolt X out of Y(Xに衝撃を与えてYから抜け出させる)のように使う。例 The phone call jolted him out of his reverie. 電話が鳴る音で彼は空想から現実へと引き戻された。
jolt X Y で「Xに衝撃を与えてYの状態にする」という意味になる用法もある。実質的にYに入るのはほとんどawakeだと考えて問題ない。例 Josh was suddenly jolted awake. ジョシュは突然揺さぶり起こされた。

jiggle
/dʒígl/
動 ❶小刻みに揺れる、〜を小刻みに揺らす　例 jiggle one's leg(s) 貧乏ゆすりをする

wobble
/wάbl/
動 ふらつく、ゆらゆらする、(声・音が)震える；〔気持ち・方針などが〕ぶれる　例 This table wobbles. このテーブルはぐらぐらする。

✏️ ここにも注目！

mitigate は「〜を和らげる、緩和する；〜を軽減する」を意味する動詞。 →023

---

244 ☐ ☐ ☐ ☐

leeway
/líːwèi/

名 自由、余地、時間的余裕、ゆとり

Our school puts emphasis on giving students considerable **leeway** as to what to learn, encouraging them to become <u>autonomous</u> learners.
本校では学習内容に関しては生徒に相当な自由を与えることに重点を置いており、自律的な学習者になるよう促しています。

問題文のように considerable のほか、some、more、enough、(a) little などで修飾されることが多い。**leeway to do**(〜する自由)、**leeway in X**(X における自由)、**leeway as to wh SV**(〜に関する自由)などのフレーズでよく使われる。

📖 併せて覚えたい！

latitude
/lǽtətjùːd/
名 自由；許容範囲　▸ latitude to do(〜する自由)のように使う。latitude には「緯度、地域」の意味もある。なお、「経度」は longitude と言う。

✏️ ここにも注目！

autonomous は「〔国や組織が〕独立した、自治を持った(≒ independent)；〔人が〕自立した、自主性のある」という意味の形容詞。an autonomous region(自治区)、autonomous learning(自律学習)で覚えておきたい。autonomy は「自治、自治体、自主性」という意味の名詞。

245 ☐☐☐☐

protagonist
/proutǽgənist/

名 ①〔フィクション作品の〕主人公、〔競技や紛争の〕中心人物 ②〔理念や運動の〕リーダー、主導者

The novel, fresh and unputdownable, features an ordinary female **protagonist** and comically portrays how she undergoes rebirth and achieves success in a fantasy world.

新鮮で一度読み始めたら止められない本作は、何の変哲もない女性が主人公で、彼女が異世界に転成して成功を収めていく様子をユーモラスに描いている。

①の意味では main character と同じ意味だと考えてよい。その他の用法に関しては the protagonist of the theory(その理論の主唱者)、the protagonist of the campaign (その運動の指導者)などの用例を覚えておこう。

📖 併せて覚えたい！

antagonist
/æntǽgənist/

名 敵、敵対者

champion
/tʃǽmpiən/

名〔主義・主張の〕擁護者、〔弱者などの〕味方 例 a champion of women's rights 女性の権利のために闘う人

246 ☐☐☐☐ 🔊 formal

circumvent
/sə̀ːrkəmvént/

動 ～を回避する、かいくぐる、すり抜ける、迂回する、～の裏をかく

It is still a mystery how these **smugglers** could **circumvent** the **embargo**.

この密輸業者が一体どうやって禁輸措置をかいくぐれたのかは依然として謎である。

「やり方がずる賢い」「脱法的」といった含みがある。**way [be able/attempt/try] to circumvent ...** のように不定詞の形でよく用いられ、**law、problem、system、rule、restriction** などが目的語になることが多い。circum(回って) + vent(来る)という構成を知っていれば意味を覚えやすい。circum は circumstance(周囲の状況)、circumference(円周)などに、vent は advent(到来)などに使われている。

✏️ ここにも注目！

① smuggler は「密輸業者、密輸船」という意味の名詞。動詞の smuggle は「～を密輸する、こっそり持ち込む」という意味。smuggle drugs into Japan(麻薬を日本に密輸する)のように使う。

215

② embargo は「通商禁止、貿易停止；〔一般的な〕禁止」を意味する名詞。place [lay/impose] an embargo on X（Xを禁止する）、lift an embargo（通商禁止を解く）などはよく使われるフレーズ。

247

□ □ □ □

eschew
/istʃúː/

動 (よくないもの)を避ける、慎む

Journalists are trained to eschew redundancy in their writing in order to get their news across to readers.

読者にニュースを的確に伝えるために執筆の際は冗長な表現を避けるよう、ジャーナリストは訓練を受けている。

avoid の難しいバージョン。eschew violence（暴力を避ける）、eschew the use of X（Xの使用を忌避する）などのフレーズは頻出。

📖 併せて覚えたい！

evade /ivéid/	動 ～をはぐらかす、避ける、逃れる、～しにくい 例 evade the question 質問を避ける／evade pronunciation 発音しにくい／evade definition 定義しにくい
steer clear of X	Xを避ける 例 steer clear of political issues 政治的な話題を避ける
bypass /báipæs/	動 ～を迂回する、避ける、無視する ▸ 名詞用法もあり、「迂回路、バイパス：バイパス手術(≒ bypass operation [surgery])」の意味で使われる。例 bypass the procedure 手続きを避ける

✏️ ここにも注目！

redundancy は「冗長さ」という意味の名詞。redundant（冗長な）という形容詞とともに覚えておこう。形容詞 superfluous（余分な、不必要な）も併せて覚えておきたい。

→ 032：redundant → 031：superfluous

248

☐ ☐ ☐ ☐   📢 formal

tenet
/ténit/

名 ①〔宗教や理論の基礎をとなる〕教義、信条 ②〔集団・運動などが掲げる〕主義

The basic tenet of the religion, i.e., to treat others with charity, was violated when acts of animosity replaced gestures of affection.

慈愛ではなく敵意を示す行いがなされたというのは、その宗教の基本的な教え、すなわち他者に寛容の心で接することに背くことだ。

basic、central、fundamental といった形容詞で修飾されることが多く、また動詞では follow や challenge などと相性が良い。なお、前後どちらから読んでも同じになる言葉（palindrome）としては madam や racecar などがよく知られているが、tenet もその一つ。**例** challenge fundamental tenet of modern physics 現代物理学の根底をなす考えに異議を唱える

📖 **併せて覚えたい！**

dogma
/dɔ́:gmə/

名 独断的な考え；教義 **例** It's political dogma, not a scientific fact. それは政治的独断であって科学的事実ではない。

creed
/kríːd/

名〔特にキリスト教の〕信条；宗教 **例** people of all races, colors and creeds あらゆる人種、肌の色、宗教の人

✏️ **ここにも注目！**

i.e. は「すなわち、言い換えると」という意味。「アイ・イー /ài íː/」と読むこともあれば、意味を汲んで that is と読むこともあり、日本語の音読みと訓読みに似て2種類の発音を持っている。同様の略語に e.g. /ì: dʒíː/（例えば）や cf. /sì: éf/（〜を参照）があり、それぞれ for example、compare と読むことがあるので併せて覚えておきたい。

249

☐ ☐ ☐ ☐   📢 formal

axiom
/ǽksiəm/

名 自明の真理、〔広く認められた〕原理

To succeed in life, you need to accept the old axiom: You cannot change others or the past.

成功した人生を送るためには、「他人や過去は変えられない」という昔から言われている原理を受け入れる必要がある。

本来は「公理（証明を要さずに真と仮定される基礎的命題）」という数学用語だが、一

般的な意味では問題文のように rule や principle（原理）と同じ意味で使われることが多い。派生語 **axiomatic** 形 明らかである（≒ **unquestionable**） ▶ 補語として用いるのが一般的で、**It seems axiomatic that SV**（〜ということは明らかだと思われる）のように使う。

📖 併せて覚えたい！

trivial
/tríviəl/
形 ささいな、つまらない：自明な ▶ 「自明な」の意味では本来数学用語で、**self-evident** とほぼ同義。

theorem
/θíːərəm/
名 定理 例 **proof of theorem** 定理の証明

250 ☐ ☐ ☐ ☐

mantra
/mǽntrə/
名 ①〔繰り返し唱えられる〕呪文 ②〔繰り返される〕スローガン、お題目 ③〔ヒンドゥー教の〕マントラ、真言

The **mantra** of "work smarter, not harder" has become increasingly popular among professionals seeking to optimize productivity and efficiency.
「がむしゃらに働くより、もっと頭を働かせよう」というスローガンは、生産性と効率性を最適化しようとする専門家の間で次第に人気が高まっているいる。

サンスクリット語からの外来語で、元々は③の意味。そこから①の意味に転じ、さらに②の意味でも用いられるようになった。日常的に最もよく目にするのは②の「〔繰り返される〕スローガン、お題目」で、「（内容は軽薄なのに）過剰に繰り返されているもの」というニュアンスで「主張の正当性は疑わしい」という批判を含むこともある。

📖 併せて覚えたい！

motto
/mátou/
名 モットー、座右の銘、〔行動指針としての〕標語 例 **My school's motto is "Keep trying."** 僕の学校の校訓は「挑戦し続けなさい」だ。

✏️ ここにも注目！

optimize は「〜を最適な状態にする、最適化する：（状況・機会など）を最大限に活用する」を意味する動詞。→339：**optimal**

251

☐ ☐ ☐ ☐　　　　　　　　　　　　　　📣 formal

caveat
/kǽviɑ̀ːt/

名〔誤解を避けるためのちょっとした〕ただし書き、説明

A couple of **caveats** are in order here, however: First, I am using the term in the literal, not figurative, sense.
だが、ここでいくつか注意点を述べておく必要がある。第一に、私はこの用語を比喩ではなく文字通りの意味で使っている。

「何かを行ったり次に進んだりする前に考えておかなくてはいけない事項」というニュアンスを持ち、**A [One] caveat is in order.**（ここで一つ注意が必要だ）のように使われる。X is in order (here). は注意書きなどの前置きとして一般的に使われる定型表現で、「ここでXが必要[適当]だ」のような意味を表す。X には caveat 以外に caution、apology、explanation などが入る。with caveats and qualifications（但し書きや条件付きで）のように、qualification（留保、条件）と並列する形で用いられることも多い。

252

☐ ☐ ☐ ☐　　　　　　　　　　　　　　📣 formal

premise
/prémɪs/

名①前提、根拠 ②土地、構内 ③建物、店舗

The **premise** of the argument was flawed, as it relied on a fallacious assumption that failed to withstand critical scrutiny.
議論の前提には欠陥があったが、それは批判的な精査に耐えられない誤った仮定に依拠していたためである。

①の「前提、根拠」の意味が基本で、単数形の場合は原則としてこの意味。後ろに同格の that 節が続くことも多い。**例** His argument is based on the premise that competition breeds innovation. 彼の主張は、競争はイノベーションを生むという前提に基づいている。
②、③の土地や建物に関連する意味でもよく用いられるが、この場合は必ず premises と複数形になる。**例** Smoking is prohibited on the premises. 敷地内での喫煙は禁止です。
派生語 premised 形 前提とした、基づいた ▸ premise の①の意味の形容詞形で、be premised on [upon] X（X を前提としている）の形で用いる。**例** The proposed policy changes were premised on the idea that fostering innovation would drive economic growth. その政策変更案は、イノベーションの育成が経済成長の原動力となるという考えを前提としていた。

📖 **併せて覚えたい！**

proposition
/prὰpəzíʃən/

名 提案；❶説、主張　**例** the proposition that the earth is warming 地球は温暖化
しているという主張

hypothesis
/haipάθəsis/

名 ❶仮説、仮定　**例** a working hypothesis 作業仮説

thesis
/θíːsis/

名 論文；❶主張、見解、意見　**例** Your thesis lacks supporting evidence or facts.
あなたの主張には裏付けとなる証拠や事実が欠けている。

✏️ **ここにも注目！**

① flawed は「欠陥のある、欠点のある；傷のある、損なわれた」を意味する形容詞。

② fallacious は「誤った推論に基づく；誤解を招く、当てにならない；虚偽の」を意味するフ
ォーマルな形容詞。　→034：fallacy

253　□ □ □ □

📻 formal

efficacy
/éfikəsi/

名 効能、効き目、有効性

The **efficacy** of the new drug is <u>unparalleled</u>, providing a breakthrough solution
that surpasses all existing treatment alternatives.
その新薬の有効性は他の追随を許さないもので、既存の治療の選択肢すべてを遥かにしのぐ画期的な解
決策である。

effectiveness とほぼ同義の語。evaluate、increase、determine、assess といった
動詞の目的語になり、**evaluate the efficacy of X**（Xの効能を評価する）のように使う。
特に医療の文脈でよく使われる。**派生語** efficacious 形 効能のある、効き目のあ
る　**例** The new treatment turned out to be efficacious. その新たな治療法は有効性
があると判明した。

📖 **併せて覚えたい！**

potency
/póutnsi/

名 〔人・思想・意見の〕影響力、威力；〔薬などの〕効果、効き目　**例** Most sunscreens
lose their potency over time. 大半の日焼け止めは時が経つにつれ効き目が失われる。

✏️ **ここにも注目！**

unparalleled は「他に類を見ない、並ぶもののない、前代未聞の」という意味の形容詞。

→102：unprecedented

254

☐ ☐ ☐ ☐

> stress

amenable
/əmíːnəbl/

形 ①〔治療や法則などに〕適している、合っている ②〔人が〕従順である、従う

The physician claims that the causes of common debilitating diseases are often not amenable to simple genetic treatments.
同医師の主張によると、一般的な消耗性疾患の病因であれば、単純な遺伝治療は適していないことが多いという。

大学入試の長文では①の意味で用いられることが多く、「〔問題などが〕特定の手段で対応できる」、特に「〔病気が〕特定の方法で治療できる」という文脈が多い。**be not amenable to this method**（この手法が適用できない）のように否定文で使われることも多い。日常的な文章では②の意味で用いられる。**an amenable child**（素直に言うことを聞く子ども）、**be amenable to V-ing**（～するのをいとわない、素直に～する）などを覚えておくとよい。

✒ ここにも注目！

debilitating は「衰弱させる、弱体化させる」という意味の形容詞。問題文のように a debilitating disease [illness]（弱らせるような病気、消耗性疾患）のフレーズがよく用いられる。動詞の debilitate は「（人や組織など）を弱らせる、衰弱させる、弱体化させる」の意味。**be debilitated by the heat**（暑さで衰弱する）、**Prolonged strikes debilitated the company.**（長引くストライキで会社は弱体化した）などのように使う。

255

☐ ☐ ☐ ☐

((pronunciation

docile
/dάsəl/

形 〔人・動物などが〕おとなしい、従順な、素直な、扱いやすい

Despite his reputation for being docile, the scholar's fiery debating skills revealed a tenacity and intellectual rigor that were both impressive and unexpected.
おとなしい人であるという評判とは裏腹に、その学者は火花を散らすような激しい討論術を見せ、印象的であると同時に予想外の執拗さと知的厳密さが伝わってきた。

「人や動物が静かでおとなしく、攻撃性がなく、操りやすい性質である」ことを表す。問題文のように補語としても、名詞を前から修飾する形でも用いられる。**例** a docile animal [child/nature] おとなしい動物［子ども／性質］

派生語 docility 名 おとなしさ　**例** Its docility was unusual for a naturally assertive creature. 普通なら攻撃的な動物なのに、その個体は珍しくおとなしかった。

amenable
/əmíːnəbl/

形 適している、合っている；従順である、従う →254

meek
/míːk/

形 おとなしい、従順な、温和な　**例** The child was meek and mild. その子どもはおとなしくて温厚だった。

submissive
/səbmísiv/

形 服従的な、従順な、おとなしい　**例** Some doctors want their patients to be submissive. 患者に従順であることを望む医師もいる。▸ submissive to X（X に従順な）の形で使うことが多い。obedient とほぼ同じ意味と考えてよい。動詞の submit to X（X に服従する、屈服する）も必ず覚えること。こちらは細かなニュアンスの差はあれ、yield [succumb/surrender/give in] to X とおおよそ同じ意味なのでまとめて覚えておきたい。

compliant
/kəmpláiənt/

形 従順な、言いなりになる；卑屈な　▸ 多くの場合、非難するニュアンスがある。**例** a compliant workforce 従順な従業員

✏️ ここにも注目！

① fiery は「火のような、燃えるような；〔感情などが〕激しい、猛烈な；〔行動・言葉などが〕激情的な、情熱的な」を意味する形容詞。

② tenacity は「粘り強さ、頑強；固執、執着；記憶力の良さ；粘着性」という意味の名詞。 →062

③ rigor は「厳密さ；厳格さ；厳しさ、過酷さ」を意味する名詞。

---

256 ☐☐☐☐

malleable
/mǽliəbl/

形 ①〔人や性格などが〕影響されやすい、簡単に変えられる ②〔金属などが〕展性のある、形を変えやすい

She was once a determined and energetic child, but now, at 20, she has become a **malleable** college student, submissive to the people around her.

子どもの頃は意志が強く活発だった彼女は、20歳になった今、周りの言うことに何でもいいなりの、影響されやすい大学生になってしまった。

人について使う場合、「順応性がある（adaptable）」という肯定的な意味でも、「影響されやすい（susceptible）」という否定的な意味でも用いられる。辞書等では人や金属の性質を形容する用法しか紹介されないことが多いが、実際にはもっと幅広い対象に使うことができる。**例** Her opinions were malleable. 彼女の意見は外部からの影響によって変わりやすかった。／The political landscape was malleable. 政治情勢は変動的だった。

📖 **併せて覚えたい！**

plastic
/plǽstik/
形 可塑性のある、いろいろな形に変形できる；人工の、偽物の　**例** a plastic substance 可塑性のある物質／a plastic smile 作り笑い／plastic surgery 整形[形成]手術

pliable
/pláiəbl/
形 曲げやすい、柔軟な；順応性のある；従順な　**例** a pliable government 言いなりの政府、柔軟な政府　▸「従順な」という意味では obedient とほぼ同義。

✏️ **ここにも注目！**

submissive は「服従的な、従順な、おとなしい」という意味の形容詞。→254

---

257 ☐ ☐ ☐ ☐

defy
/difái/

動 ①〜を無視する、拒む、否定する、〜に反抗する ②〜をものともしない、受けつけない、〜されない

Though at first the athlete looked lethargic because of the long flight, she defied the odds and won the championship.
当初その選手は長時間のフライトの影響で疲労の色が見えたが、不利な状況をものともせず優勝を勝ち取った。

defy authority（権威に反抗する）、defy one's parents（両親に反抗する）、defy an order（命令に従わない）、defy a law（法を無視する）のように使う。そのほか「〜の枠にはまらない」のような意味合いで「逸脱、不可能」を表すのにも用いられる。特に defy gravity（重力に逆らう）、defy logic（理屈の通らない）、defy the odds（予想を裏切る、逆境に打ち勝つ）、defy expectation（予想を覆す）、defy explanation（説明できない）、defy common sense（常識を逸脱する）、defy description（筆舌に尽くしがたい）、defy convention [tradition]（慣習[伝統]を無視する）、defy one's age（年齢より若く見せる）などは定番フレーズなので、そのまま覚えておきたい。**派生語** defiance 名 反抗的な態度　**例** an act of defiance 反抗的行動　▸ in defiance of X なら「X に反抗して、X を無視して」という意味。defiant 形 反抗的な、けんか腰の　**例** defiant behavior 反抗的行動／a defiant attitude 反抗的な態度／a defiant look 反抗的な目つき

✏️ **ここにも注目！**

lethargic は「極度に眠い、極度に疲弊した、気だるい、やる気が出ない」という意味の形容詞。名詞の lethargy は「無気力、倦怠感」という意味。be overcome by lethargy（倦怠感に襲われる）などのように使われる。

rudimentary
/rùːdəméntəri/

形 ①〔知識などが〕基本的な、初歩的な ②〔設備・システム・技術などが〕未発達の、原始的な

Dylan lacked the **rudimentary** knowledge of physics required to apply for the job, but he still managed to get the job on some pretext or other.

ディランはその仕事に応募するのに必要な基本的な物理学の知識を持っていなかったが、あれこれと言い繕ってなんとかその仕事を手にした。

①の意味は **basic** とほぼ同義で、**knowledge**、**understanding**、**skill**、**training** などの名詞を修飾する。②の意味は **primitive** とほぼ同義で、こちらは **form**、**tool**、**language** などの名詞を修飾して用いる。do not even have the most rudimentary form of X（最も原初的なXすら持っていない）のように even や most を伴うことも多い。

✏️ ここにも注目！

pretext は「口実、言い訳、言い逃れ」という意味の名詞。 →223

lurk
/láːrk/

動 ①〔危険などが〕潜んでいる ②〔人が〕待ち伏せしている、隠れている

Given the turbulent economic climate, we have to stay alert to any changes and risks that may be **lurking** in our daily lives.

波乱の経済情勢を踏まえると、日常生活に潜んでいる可能性のある変化やリスクにも注意しておく必要がある。

lurking (in X) の形で、進行形、分詞構文、名詞を修飾する現在分詞として使われることが多い。②の場合、「人」を主語にして「何か悪いことをすることをたくらんで隠れている」ことを表す。例 Someone was **lurking** behind the bushes. 誰かが茂みの後ろに隠れていた。

📖 併せて覚えたい！

ambush
/æmbuʃ/

名 待ち伏せ（攻撃）、待ち伏せ場所 動 ～を待ち伏せして襲う 例 wait in ambush 待ち伏せする

✏️ **ここにも注目！**

① **turbulent** は「〔天候などが〕荒れ狂った、〔世の中などが〕不穏な、動乱の、〔感情などが〕かき乱された」などの意味の形容詞。

② **alert** は「油断のない、用心深い；機敏な、素早い」などの意味の形容詞。**stay alert**（気を抜かない、油断しない、気を張っている）、**mentally alert**（頭がよく働く）はよく使われるフレーズ。「機敏な」の方に関しては、少々難しいが **agile**（すばしこい、頭の回転が速い）もできれば覚えておきたい。

260

hoax
/hóuks/

名〔危険なことなどに関する〕虚偽の警告、デマの発信

The claim that the vaccine is harmful is nothing more than a baseless **hoax**, **propagated** by those with **ulterior** motives to mislead the public.
ワクチンが有害だという主張は根拠のないデマにすぎず、世間を惑わそうという隠れた動機を持った人間が流布したものだ。

報道で多用される語で、「（不快な）うその情報を信じさせようとする行為」を表す。**a hoax call**（いたずら電話）の影響で「いたずら、悪ふざけ」と訳されることが多いが、実際にはもっと深刻な場合が多い。**a hoax call** も「うその脅迫電話」という訳の方がニュアンスが近い。例 **a bomb hoax** うその爆破予告
「〜を騙す」という意味の動詞用法もあり、**hoax X into V-ing**（Xを騙して〜させる）の形で用いる。受け身で使われることも多い。例 **He hoaxed her into getting her hand in the fraud.** 彼は彼女を騙して詐欺に手を染めさせた。

📖 **併せて覚えたい！**

bluff
/bláf/
名 はったり（をかけること）、こけおどし 動 〜にはったりをかける ▶ **bluff X into V-ing** で「Xをはったりで騙して〜させる」という意味になる。例 **What he said was just a bluff.** 彼が言ったことはただのはったりだった。／ **He bluffed me into thinking it was a bargain.** 彼は私にはったりをかけてそれがお買い得だと思い込ませた。

ruse
/rúːz/
名 ❶計略、策略、企み ▶ 非難のニュアンスを含むことがある。例 **I saw through his ruse right from the start.** 私ははなから彼の企みを見透かしていた。

✏️ **ここにも注目！**

① **propagate** は「（思想・信念など）を広める、宣伝する；（動植物など）を増殖［繁殖］させる；（音波・振動・光など）を伝達する」という意味の動詞。→224

② **ulterior** は「隠れた」という意味の形容詞。特に「良くない目的などが保身のために隠さ

れる」状況を表す。**an ulterior motive**(隠された動機、下心)のように使う。

261 □ □ □ □

delude
/dilú:d/

動 ～を騙_{だま}す、欺く、惑わせる

The marathon runner **deluded** himself into believing that he was **invincible**.
そのマラソンランナーは自分が無敵だと思い込んでいた。

受け身で用いることが多い。覚えておきたい形としては**delude X into V-ing**(Xを欺いて～させる)があるが、中でも主語自身を目的語にする**delude oneself into V-ing**(〔自分を騙して〕～だと思い込む)のパターンは特に頻出。**V**には**believe**や**think**が入る。例 She deluded herself into believing that she loved him. 自分は彼のことが好きなんだと彼女は錯覚していた。
また、**delude oneself that SV**で「～と勘違いする、～と思い違いをする」の意味になる用法もある。

✏️ ここにも注目！
① **invincible**は「無敵の、揺るぎない、不屈の」という意味の形容詞。 →071

262 □ □ □ □

coax
/kóuks/

動 ①～をうまく説得して[おだてて／なだめすかして]…させる ②～をうまく引き出す

She was **coaxed** into signing the contract by the travel agency and paid a large sum of money, but she is now thinking of demanding a full **refund**.
彼女は旅行代理店にうまく言いくるめられて契約にサインして大金を払ってしまったが、現在、全額返金を要求しようと考えている。

coax X into V-ing / coax X to do(Xを説得して～させる)という**persuade**と同じ形の構文をまず覚えること(ただし、**persuade**は**into**の形は比較的まれ)。そのほか**coax X out of V-ing**で「Xを説得して～するのをやめさせる」という使い方もあるが、**into**の用例に比べかなりまれ。**out of**の場合は**coax her out of the room**(彼女をなだめて部屋を出させる)のように後ろに動名詞以外の名詞句が置かれ、「～の外に出させる」の意味で使う方が頻度が高い。その他のパターンとして、**coax X from [out of] Y**で「YからXを引き出す」という用法もある。例 coax a confession from the man その

| 男に白状させる

📖 併せて覚えたい！

cajole
/kədʒóul/
動 ～を甘い言葉で騙す、～をうまく言いくるめて…させる ▸ cajole X into V-ing で「Xをおだてて[丸め込んで]～させる」という意味になる。

seduce
/sidjúːs/
動 ～をそそのかして…させる、誘惑する ▸ seduce X into V-ing（Xをそそのかして～させる）の形で用いる。

lure
/lúər/
動 ～を誘惑する、おびき出す、誘い出す 例 She was lured into the job. 彼女はまんまとそそのかされてその仕事を始めた。

entice
/intáis/
動 ～を誘惑する、おびき寄せる；～をそそのかす、誘う →203

✏️ ここにも注目！

refund は「払い戻し、払戻金、返金」という意味の名詞の使い方と、「～を払い戻す、返金する」の意味の動詞の使い方がある。a full refund（全額払い戻し）という形で覚えておくとよい。問題文では demand を用いているが、claim a full refund としてもおおよそ同じ「返金を要求する」という意味になる。なお、reimburse は「～を返済する、補償する」という意味の動詞で、同じく「お金を払い戻す」という意味を表すが、こちらは The company reimburses its employees for their traveling expenses.（その会社は社員の旅費を払い戻す）のように、「会社が仕事でかかった費用などを払い戻す」「保険でお金が下りる」というような感じの意味で使うのが普通で、「支払ったお金をただそのまま返す」ことを表す refund とは意味合いがやや異なる。reimburse の名詞形は reimbursement で、receive reimbursement（払い戻しを受ける）を覚えておくとよい。

coerce
/kouɔ́ːrs/

動 ①(人)を抑圧する ②(物事)を強制する ③(人)に〔物事を〕強要する

After the lawsuit was filed, the company attempted to **coerce** the former employee into dropping the case through various means, including threats and intimidation.
訴訟が起こると、その会社は元従業員に訴訟を無理やり取り下げさせようとして、脅迫や威嚇をはじめとしてさまざまな手を使った。

「強制する」という意味の語の中では最も強いレベルの強制を意味し、多くの場合「脅迫などを用いて強いること」という含みがある。**coerce X into V-ing**(Xに無理やり〜させる)、**coerce X into Y**(XにYを強要する)、**coerce X to do**(Xに無理やり〜させる)といった用法がある。例 The party coerced the statesman into silence. 党はその政治家に沈黙を強要した。／ The firm coerced him to sign the contract. その会社は彼に契約締結を強要した。

📖 併せて覚えたい!

browbeat
/bráubìːt/

動〔表情・言葉などで〕(人)を威嚇する、脅しつける ▶ browbeat X into V-ingで「Xを脅して〜させる」という意味を表す。例 They browbeat her into agreeing. 彼らは彼女を脅して合意させた。

intimidate
/intímədèit/

動 〜を脅す、〜をおびえさせる ▶ intimidate X into Yで「Xを脅してY(の状態)にする」、intimidate X into V-ingで「Xを脅して〜させる」という意味を表す。例 He was intimidated into submission. 彼は脅しにより服従させられた。／ They intimidated him to renounce his rights. 彼らは彼を脅して自身の権利を放棄させた。

twist X's arm

動 ○Xを説得する、強いる ▶ twist X's arm to doで「〜するようXを説得する、強いる」という意味になる。例 He often twists my arm to help with his job. 彼はよく私に彼の仕事を手伝うよう説得してくる。

✏️ ここにも注目!

① file a lawsuit は「訴訟を起こす」という意味を表す。

② drop the case は「訴訟を取り下げる」という意味を表す。

③ intimidation は「脅迫、威嚇、おびえて萎縮させること」を意味する名詞。

264

relish
/réliʃ/

動 ～を楽しむ、喜ぶ、味わう　**名** ①喜び、楽しむこと、興味、関心 ②つけ合わせ、ソース

The prolific writer relishes inventing novel words and phrases and using them in his works.
その多作な作家は新奇な語やフレーズを作って自分の作品で使うことを楽しんでいる。

動詞としては、**relish the idea [thought/prospect] of X**(Xを楽しみにする、Xのことを考えて嬉しくなる)、**relish the chance [opportunity] to do**(～する機会を楽しむ)、**relish a challenge**(難題に楽しんで取り組む)といったフレーズがよく使われる。**relish playing in front of a crowd**(大勢の前でプレーするのを楽しむ)のように動名詞が続く形もある。名詞の場合は**with relish**(楽しそうに、おいしそうに)、**have no relish for X**(Xは興味がない)、**show little relish for X**(Xにほぼ無関心)などが重要。

📖 併せて覚えたい！

rejoice
/ridʒɔ́is/
動 喜ぶ、歓喜する ▶ rejoice at [over] X(Xを喜ぶ)、rejoice to do(～して喜ぶ)、rejoice that SV(～ということに歓喜する)といった用法がある。

✏️ ここにも注目！

① prolific は「〔芸術家などが〕多作の、〔スポーツ選手が〕得点力のある」という意味の形容詞。
② novel は「新奇な、目新しい、斬新な」という意味の形容詞。

265

drudgery
/drʌ́dʒəri/

名 退屈な仕事、単調な仕事

The politician observed that women still did most of the household drudgery.
家事労働の大部分はいまだに女性の担当になっているとその政治家は述べた。

「単調・退屈・大変だがやらないといけない(家庭・職場での)作業」を表す。**domestic [household] drudgery**(面倒な家事)というフレーズで覚えておこう。drudge(あくせく働く)という動詞に名詞化の接尾辞-eryがついた語で、これはrobbery(強盗)などと同じ。

toil
/tɔ́il/

名 骨の折れるつらい仕事　動 精を出して働く、苦労して進む　例 toil at the construction site 建築現場で一生懸命に働く

---

266 ☐ ☐ ☐ ☐

unequivocal
/ʌ̀nikwívəkəl/

形 はっきりとした、明瞭な、曖昧さのかけらもない

The CEO's statement was **unequivocal** in its condemnation of workplace harassment.

CEOの声明は、職場でのハラスメントを明確に非難するものであった。

補語になる場合は **be unequivocal in one's condemnation [denial/support] of X**（X を明確に非難[否定／支持]する）の形が頻出。名詞を修飾する場合は support、evidence、answer、statement、message、term などが続くことが多い。equivocal に否定の un- がついた語で、要するに「clear である」という意味を表す。 関連語 **equivocal** 形 曖昧な、紛らわしい　▶ ambiguous の類語だが、equivocal は「意図的に不明確にしている」という意味合いで使われることが多い。 例 an equivocal answer どっちともとれる答え／equivocal evidence 解釈の定まらない証拠

📝 **ここにも注目！**

condemnation は「非難；有罪判決」という意味の名詞。 →236：condemn

---

267 ☐ ☐ ☐ ☐

backlash
/bǽklæʃ/

名 反発、抵抗、反動、強い否定的な反応

The actress's provocative comments on social media went viral, and she is now facing a huge **backlash** from longtime fans.

その女優の挑発的な SNS でのコメントは拡散され、彼女は現在、長年にわたるファンたちから大きなブーイングを受けている。

---

backlash from X（X からの反発）のほか、**backlash against X** で「X に対する反抗」という用法がある。face、create、cause、spark（引き起こす）、provoke（引き起こす）、fear、lead、prompt、trigger、risk、receive といった動詞と相性が良い。

✏️ ここにも注目！

① provocative は「挑発的な、怒らせるような」の意味の形容詞で、**a provocative comment [remark/question/statement]**(挑発的なコメント[発言／質問／声明])などの形でよく用いられる。動詞の **provoke** は「(良くない物事)を引き起こす、誘発する」や「〜を怒らせる」という意味で使われる。よくある使い方は **provoke controversy [a backlash]**(議論を巻き起こす[反発を招く])など。

② **go viral** は「〔インターネットを介して〕瞬く間に拡散する」という意味のイディオム。→224

268

□ □ □ □

perverse
/pərvə́:rs/

形 ①〔人・行動などが〕道理に反する ② 邪悪な ③ひねくれた、つむじ曲がりの ④〔性的に〕倒錯した

Comprehending the rationale for his actions is difficult, as they appear to be driven by a perverse desire to inflict harm on others.

彼の取る行動の裏にある原理は理解しがたい。他者に危害を加えたいという、倒錯した欲求に突き動かされた行動のように思えるのだ。

「たいていの人が容認できない、道理に反すると感じる振る舞いをあえてしたがる様子」を表す語で、文脈や状況に応じてさまざまな意味で用いられる。③に関しては **perverse incentives**(よこしまな動機)というよくある表現を覚えておきたい。 派生語 **pervert** 名 変質者、性的倒錯者、変態 ▶ ネイティブ・スピーカーなら子どもでも日常的に触れる機会が多い語。**perv** と略されることもある。動 〜を曲解する、悪用する；〜を逸脱させる、〜に道を誤らせる 例 **pervert science for malicious purposes** 科学を悪意ある目的のために使用する／**Scientific findings can be perverted to develop evil weapons.**／**Video games are sometimes accused of perverting young people.** テレビゲームは時に若者を堕落させていると批判されることがある。 ▶ **perverted** にも **perverse** と同じ「性的倒錯の」という意味がある。例 **perverse [perverted] sex** 倒錯した性

✏️ ここにも注目！

① rationale は「理論的[論理的]根拠、根本原理、理論的説明」という意味の名詞。→223

② inflict は「(打撃、傷など)を与える、負わせる；(罰など)を課す」という意味の動詞。→037

deviate
/díːvièit/

動〔基準・方針から〕逸脱する

The patient's behavior **deviated** slightly from the norm, prompting the doctor to order additional tests to detect any signs of cognitive impairment.

その患者の行動は標準からわずかに逸脱していたため、医師は追加の検査を行い、認知機能が損なわれている徴候がないか調べた。

deviate X from Y の形で「X を Y から逸らす、逸脱させる」の意味で使う場合と、**deviate from X** で「X から逸れる、逸脱する」の意味で使う場合がある。**deviate from the norm**(規範から外れている)はよく使われるフレーズ。語源的には道(via)から逸れる(de-)という成り立ちで、「〜経由で」を表す前置詞 via も同じく「道」が原義だと考えると覚えやすい。 派生語 **deviation** 名 逸脱 例 deviation from the norm [standard] 規範[基準]からの逸脱 **deviant** 形 逸脱した、常軌を逸した:性的に倒錯した

📖 併せて覚えたい！

anomaly
/ənáməli/

名 異常、例外、特異なこと、異例、変則 →123

veer
/víər/

動〔乗り物・人・道が〕方向を変える；〔意見・話題・方針が〕変わる、逸れる

◀ formal

pertinent
/pə́ːrtənənt/

形 ①関係のある ②適切な、妥当な

The latest research findings are **pertinent** to the study of Alzheimer's disease, shedding new light on underlying mechanisms and potential treatments.

最新の研究成果はアルツハイマー病の研究に関連するもので、根底にあるメカニズムや潜在的な治療法に新たな解明への光を当てている。

relevant とほぼ同義の語。問題文のように補語として用いて **pertinent to X**(X に関係のある、X にとって妥当な)の形が頻出だが、名詞を後ろから修飾する用法でも用いる。 例 data pertinent to the issue at hand 目下の問題に関連するデータ

また、名詞を前から修飾する形で用いることも少なくない。 例 a pertinent question 適切な質問

なお、**impertinent** は「無礼な、図々しい、生意気な」という意味なので注意。

📖 **併せて覚えたい！**

germane
/dʒərméin/

形 ●関係がある；適切な、妥当な ▸germane to X（Xに密接な関係がある、Xに適切な）という用法を押さえよう。通例、補語として用いるが、germane to X が後ろから名詞を修飾する用法もある。**例** I'm afraid your question is not germane to our current discussion. 失礼ながら、ご質問の内容は現在の議論とは関係のないものです。

✏️ **ここにも注目！**

shed (new) light on X は「X（難題）に（新たな）解明への光を当てる」という意味のフレーズ。

→056

英語における外来語

英語には外来語が数多くあります。本書の単語を見ても、impasse →048、entrepreneur →049、milieu →099、debacle →122、facade →297、rapport →153、coup d'etat →166、cliche →300、connoisseur →393、nonchalant →403 はフランス語、i.e./e.g./cf. →248 はラテン語、aficionado →393、vigilante →398 はスペイン語、virtuoso →117、fiasco →122 はイタリア語からの外来語です。ここでは、大学受験に向けて覚えておくとよいそのほかの外来語をまとめて紹介します。

フランス語：avant-garde 前衛(芸術)；前衛的な／bon voyage よい旅を、道中ご無事で、ごきげんよう／bourgeois ブルジョア階級の(人)／déjà vu デジャヴ、既視感／en masse 一団となって、集団で、ひとまとめに／faux pas 失言、(社交の場での)失敗、非礼／gaffe (社交上の)失態、失言／petite (女性の姿が)小柄で整った／rendezvous 会う約束／reservoir 貯水池、貯蔵所

ラテン語：　a priori 演繹的な[に]、先天的な[に]／ad hoc 場当たり的な[に]；臨時の[に]；特別な[に]／alma mater 母校／alter ego 第二の自我／bona fide 本物の、真実の／curriculum vitae (CV) 履歴書／de facto 事実上の／et al.〔文献の共著者の略記として〕～ほか、およびその他の者たち／in situ 本来の場所に[で]、元の位置に／in vitro 試験管内の[で]、体外の[で]／memento mori 死を連想させるもの(ラテン語で「死を忘れるなかれ」の意)／per capita 1人あたり(の)／per se それ自体、本質的に／referendum 国民投票／status quo 現状／vice versa (andやorに続けて)逆もまたしかり；反対に

ギリシャ語：dogma 教義；独断的な考え／eureka わかった、見つけた ※eureka moment(ひらめきの瞬間)／ethos 精神、気質；エトス／hubris 傲慢、おごり／kudos 名声；称賛／pathos 哀愁；パトス

イタリア語：lingua franca 共通語、意思伝達の役割を果たすもの

ドイツ語：　angst 苦悩、不安

中国語：　　yin 陰／yang 陽

(駒橋)

10

🔊 10

長文を読むのが遅い？
それは知らない単語や表現が多すぎるから。
（山崎）

□ □ □ □

duly
/djúːli/

劃 ① 正式に、適切に、期待[予想]通りに、思った通りに ②
十分に

The senator exchanged pleasantries with the duly appointed envoy from the organization.
その上院議員は正式に任命されたその組織の代表と形式的なあいさつを交わした。

動詞の過去形・過去分詞形の前に置いて使う。**be duly impressed**（予想通りにしっかり感心する）、**be duly considered**（十分に考慮される）、**be duly enacted**（正式に効力を持つ）、**be duly elected**（正式に選ばれる）などがよくあるフレーズ。**the duly elected governor**（正式に選任された知事）のように、過去分詞とセットで名詞を前から修飾する形も多く、問題文もこの用法である。なお、**be duly noted** は「しっかり認識・把握される」の意味だが、**Duly noted.** 単体で「承りました、かしこまりました」という定型表現として使われる。

✐ ここにも注目！

① senator は「上院議員」という意味の名詞で、名前を挙げる場合などは Senator White（ホワイト上院議員）のように大文字になることも多い。

② pleasantry は「形式的なあいさつ、儀礼的なあいさつ、社交辞令」という意味の名詞。通例複数形で用い、**exchange pleasantries**（形式的なあいさつを交わす）、**the exchange of pleasantries**（形式的なあいさつのやりとり）で使われることが多い。

③ envoy は「代表、使節」という意味の名詞。**a goodwill envoy**（親善使節）、**a peace envoy**（平和使節）のように使う。

□ □ □ □

encapsulate
/inkǽpsjulèit/

劃 ～を要約する、包み込む

This article encapsulates the view of his that sparked a great controversy.
この論文では大きな論争を引き起こした彼の見解が要約されている。

capsule（〔薬の〕カプセル）というパーツを持つ動詞で、文字通りには「〔カプセルなどに〕～を入れる、～を包む」の意味だが、比喩的に「～を要約する、端的な言葉で表す」という意味で使うのが一般的。ボリュームのあるものをギュッと凝縮して飲み込みやすくする、というイメージのある語。

📖 併せて覚えたい！

summarize /sÁməràiz/	動 要約する、手短に言う　例 to summarize 要約すると、まとめると
sum up	要約する、まとめる　例 to sum up 要約すると、まとめると
recapitulate /rì:kəpítʃulèit/	動 ～の要点を繰り返す、～を要約する　例 to recapitulate 要約すると　▸ recap と短縮されることがある。

✏️ ここにも注目！

① spark は「～を引き起こす、駆り立てる」という意味の動詞。 →139

② controversy は「論争、論戦」という意味の名詞。関連語として incontrovertible（議論の余地がない）という形容詞を覚えておくとよい。

273 □ □ □ □

hone
/hóun/

動 ①（才能・技術など）を磨く ②～を砥石などで研ぐ、磨く

To effectively **hone** one's skills, it is necessary to engage in deliberate practice that is tailored to one's individual strengths and weaknesses.
効果的にスキルを磨くには、個人の長所と短所に合わせた計画的な練習に取り組む必要がある。

元々の意味は②の「刃物などを砥石で研ぐ」で、そこから拡張的に「才能や技術を磨く」という①の意味でも用いるようになった。①の意味の方がよく使われる。hone in on X（X に注意を向ける、X に向かって進む）という用法もある。例 hone in on the cause of the problem その問題の原因に注目する。／The missile honed in on its target. そのミサイルは標的に向かって飛んだ。
意味と用法が近い zero in on X（X に注意を集中する、X に狙いを定める）も一緒に覚えておきたい。

📖 併せて覚えたい！

blunt /blÁnt/	形〔刃・先端などが〕とがっていない、切れない；ぶっきらぼうな、無遠慮な　動（感覚・気持ち・欲求）を鈍らせる、（力・効果など）を弱める；（刃・先端などを）鈍くする　例 His humor helped to blunt the tension in the room. 彼のユーモアは、室内の緊張感を和らげるのに役立った。

✏️ ここにも注目！

tailor X to [for] Y は「X を Y に合わせる、合わせて作る」という意味。 →299：tailor

274

scour
/skáuər/

動 ① ～を注意深く徹底的に捜す ② 捜し回る ③（鍋・床など）をこすって磨く ④〔水流などが〕～を侵食する

The investigative team is tasked with **scouring** the entire crime scene to unearth any clues that may elucidate the mysterious circumstances surrounding the incident.
調査チームは、事件にまつわる不可解な状況を解明する可能性のあるどんな手掛かりでも発掘するために、事件現場全体をくまなく捜す任務を課されている。

「徹底的に捜す」と「こすって磨く、侵食する」は別の語源から来るもので、それぞれの意味に直接的なつながりはない。①、②の意味は報道や物語などで日常的に触れる機会が多い。search と基本的に同じ用法で、scour (about [around]) for X で「X を見つけようと捜し回る」、scour Y for X で「X を見つけようと Y（場所など）を徹底的に捜す」の形で使われることが多い。X に「見つけたいもの」、Y に「捜す場所」が入るが、Y が「人」になるパターンもあるので注意。例 They scoured him for injuries. 彼らは怪我の跡を見つけようと彼の体を注意深く捜した。

併せて覚えたい！

comb
/kóum/

動 （髪）をくしでとかす；（場所）を徹底的に捜索する；（書類・記録など）を徹底的に捜索する ▶ comb X for Y で「Y を見つけようと X（場所）を徹底的に捜す」、comb through X for Y で「Y を見つけようと X（書類・記録など）を徹底的に捜索する」のように使う。例 The police combed the woods for the missing child. 警察は行方不明の子どもを見つけようと森を捜索した。／comb through the files for evidence of data falsification データ改竄の証拠を見つけようとファイルを徹底的に捜索する

ransack
/rǽnsæk/

動 （場所）を荒らし回る、略奪する；（場所）を荒らしながらくまなく捜す ▶ ransack X for Y で「Y を見つけようと X（場所）を荒らしながらくまなく捜す」という意味になる。例 The burglars ransacked her home for the secret data. 強盗団は秘密のデータを見つけようと彼女の自宅を荒らし回った。

rummage
/rʌ́midʒ/

動 かき回して捜す ▶ rummage about [around] in X for Y の形で「X（場所）を Y を見つけようとかき回して捜す」という意味になる。例 He rummaged around in his bag for the keys. 彼は鍵を見つけようとして鞄の中をかき回した。

ここにも注目！

① unearth は「～を掘り出す、発掘する；～を明るみに出す、暴く、発見する」を意味する動詞。
② elucidate は「～をわかりやすく説明する、詳細に説明する、解明する」という意味の動詞。
→ 120

275

distill
/distíl/

動①(液体・酒)を蒸留する ②(経験・情報などのエッセンス)を抽出する、まとめる

By presenting the key concepts in an easy-to-digest manner, Professor James attempted to distill the highly complicated theory into its essence.
ジェイムズ教授は鍵となる概念を視覚化して理解しやすいように提示し、その極めて複雑な理論を本質に落とし込もうとした。

▶ ①の意味では **distill fresh water from seawater**(海水を蒸留して真水を作る)、**distill brandy from wine**(ワインを蒸留してブランデーを作る)、②の意味では **distill one's experience into a book**(経験をまとめて本にする)、**distill the article into a paragraph**(論文を一段落にまとめる)のように使う。

📖 **併せて覚えたい!**

instill
/instíl/

動 ~を教え込む、~に教え込む、植え付ける →367

✏️ **ここにも注目!**
easy-to-digest は「理解しやすい」という意味の形容詞。This book is easy to read.(この本は読みやすい)のように物事の難易を表現する文を「tough構文」というが、このtough構文の補語の部分をハイフンでつないで形容詞化することがある。hard-to-find(見つけにくい)、ready-to-eat(調理済みの)などを覚えておこう。digest は本来「~を消化する」という意味で、そこから比喩的に「~を理解する、飲み込む」という意味を表す。

276

hinge
/híndʒ/

動 [ことがほかの要因に]懸かっている、すっかり[完全に]依存する、~次第である

Whether they will win or not hinges on the tactics that they employ.
彼らが勝つかどうかは用いる戦術に懸かっている。

▶ 名詞の hinge は「蝶番(扉やふたなどを開閉できるようにするための金具)」を表す。off the hinges は「蝶番の支えから外れて」から転じて「調子が狂って」の意味を表す。動詞の場合は X hinge on [upon] Y の形で用い、これは X depend on Y とほぼ同義である。ドアの動きが蝶番次第なのに似て、「X(勝敗など)がどうなるかは唯一の要素 Y次第で決まる」という意味合いがある。

tactic は「戦術、戦略、作戦」の意味の名詞。通例複数形で用いる。

277 ☐ ☐ ☐ ☐

sporadic
/spərǽdik/

形 ①散発的な、時折の、不定期に起きる ②点在する

The company has experienced **sporadic** sales growth in the past year, with occasional surges followed by periods of stagnation and decline.

同社はこの一年で売り上げが散発的に伸びており、時折急増しては伸び悩んだり落ち込んだりという様子だった。

「時折、または間隔を空けて不定期に起こる様子」を表す書き言葉。どちらかというと、disease、fighting、gunfire（発砲）、attack といった暴力（violence）など、良くないものの描写に用いることが多い。時間が不定期であることだけでなく、「限られた場所だけで不規則に起こる様子」を表すこともある。例 **sporadic outbreaks of Ebola virus disease in Africa** アフリカでのエボラウイルス病の散発的な発生

📖 併せて覚えたい！

intermittent 形 断続的な、間欠的な[間欠性の]；散発的な →278 : intermittently
/ìntərmítnt/

✏️ ここにも注目！

stagnation は「よどみ、停滞；景気停滞、不景気、不況」を意味する名詞。

278 ☐ ☐ ☐ ☐

intermittently
/ìntərmítntli/

副 断続的に、途切れ途切れに、たまに

The graduate student attended the class only **intermittently** and brazenly asked his friends to take notes of the lectures for him.

その大学院生はたまにしか授業に出ず、しかも厚かましいことに、講義のノートを取ってくれと友人に頼んだ。

「開始と停止を繰り返している」様子を表す。**occur [continue] intermittently**（断続的に生じる[続く]）のように使う。問題文の **only intermittently** は比較的よく使われる言い回しで、「たまにしか～しない」という意味。**派生語** intermittent 形 断続的な、

間欠的な；散発的な　例 intermittent　rain　[showers]　断続的な雨［土砂降り］／
intermittent pain 断続的にやってくる痛み

📖 併せて覚えたい！

sporadic
/spərǽdik/

形 散発的な、時折の、不定期に起きる；点在する →277

✏️ ここにも注目！

brazenly は「厚かましくも、ずうずうしくも」という意味の副詞。形容詞は brazen で「厚かましい、ずうずうしい、恥知らずの」という意味。

279　　　　　　　　　　📢 formal

precipitate
/prisípətèit/

動 ①〜を突如引き起こす、〜の発生を早める ②〜を突如陥れる ③〜を投げ落とす ④〜を沈殿させる、沈殿する

The decision to close the factory without prior notice precipitated a ripple effect that impacted the entire community, causing a cascade of negative consequences.
予告なしに工場の閉鎖を決定したことで、地域全体に影響を及ぼす波及効果が生じ、それが負の影響を次々と引き起こした。

元々の意味は③の「真っ逆さまに投げ落とす」で、そこから拡張的に①の「悪いことを突然引き起こす」、あるいは precipitate X into Y の形で②の「X（人・物事）をY（の状態）へと突然陥れる」という意味でも用いるようになった。①、②の使用頻度が非常に高い。例 The country was precipitated into crisis. その国は突如危機に陥った。この語はまた、化学用語として④の「〜を沈殿させる」を意味する。派生語 **precipitation** 名 降水（量）、沈殿、性急、急降下　**precipitous** 形〔減少・増加などが〕突然の、急な ▶ a precipitous drop [decline/fall] in X（Xの急な減少）というフレーズで用いられることが非常に多い。

📖 併せて覚えたい！

spark
/spáːrk/

動 〜を引き起こす、駆り立てる →139

✏️ ここにも注目！
① ripple effect は「波及効果、連鎖反応」という意味の表現。
② cascade は「階段状の滝；次々と起こる多数のこと」という意味の名詞。 →117

☐ ☐ ☐ ☐

congregate
/káŋgrigèit/

動 集まる、集合する

The delegates from different countries will congregate at the United Nations headquarters to discuss global issues and possible solutions.
各国の代表が、地球規模の問題と可能な解決策について議論するために国連本部に集まることとなる。

▶ gather と意味や用法の近い語で、基本的に自動詞として用いる。 派生語
congregated 形 集団の、集まった 例 a congregated crowd 集まった群衆
congregation 名〔教会の〕会衆、〔人や動物の〕集団

📖 併せて覚えたい！

flock
/flák/

動 集まる、群れをなす；群れをなして行く 例 People flocked into cities. 人々は都市に集まってきた。

throng
/θrɔ́ːŋ/

動 群がる、殺到する 例 A lot of people thronged to the music festival. 多くの人がその音楽祭に殺到した。

swarm
/swɔ́ːrm/

動 群がって移動する；群がる 例 Tourists swarm around Kyoto all year around. 京都には年中観光客が群がっている。

✏️ ここにも注目！

① delegate は「代表者、代表委員、使節；代理人」を意味する名詞。delegates from the UN（国連からの代表者）のように使う。delegation は「代表団」の意味。

② headquarters は「本部、司令部；（会社の）本社」を意味する名詞。

281

`arsenal`
/ɑ́ːrsənl/

名 ①兵器[軍事品]の蓄え ②兵器庫、兵器工場 ③〔資源、道具などの〕蓄積、宝庫

His arsenal of technical skills was instrumental in his successful career as a software engineer, garnering recognition from industry peers and academics alike.

彼は幅広い技術力のおかげでソフトウエアエンジニアとしてのキャリアで成功を収め、業界の同業者と学術関係者から等しく称賛を得ることとなった。

本来の意味は「兵器や軍事品の蓄え」だが、そこから拡張的に **an [one's] arsenal of X** の形で（〔目的を達成するために利用できる〕多くのX）という意味でもよく用いられる。Xには主に **skills**、**tools**、**techniques**、**strategies**、**data**、**information** などが用いられる。ちなみに、イギリスのプレミアリーグに北ロンドンを拠点とする **Arsenal** というサッカーチームがあり、"**the Gunners**"（＝砲撃手）という愛称で呼ばれているが、これは the Royal Arsenal（王立兵器廠）の労働者がチームを結成したことに由来する。これを知っていると①の意味は覚えやすいだろう。

併せて覚えたい！

pool
/púːl/

名 備蓄、要員 ▶ a pool of Xで「X（人材・資源など）の集まり、集積、要員」という意味になる。例 a pool of capital [applicants] 多くの資金[多数の志願者]

hoard
/hɔ́ːrd/

名 貯蔵、蓄え ▶ a hoard of Xで「Xの貯蔵、蓄え」という意味を表す。例 a hoard of gold 埋蔵金、秘蔵金

stockpile
/stɑ́kpàil/

名 〔商品・食料・核兵器などの〕大量備蓄[保有]；備蓄品 例 a stockpile of nuclear weapons 核兵器の大量保有

ここにも注目！

① instrumental は「役立つ」を意味する形容詞。be instrumental in X（Xに役立つ）、be instrumental in V-ing（～するのに役立つ）という形で用いることが多い。実際の文では The new system was instrumental in boosting productivity.（新システムは生産性の向上に役立った）のように使う。

② garner は「（情報・支持など）を手に入れる、収集する」を意味する動詞。→139

③ X and Y alike は「XもYも等しく[同様に]」という意味の表現。

282

□ □ □ □

configuration
/kənfɪɡjuréiʃən/

名 ①配列、配置 ②形状、輪郭、様子、姿、構成 ③〔ソフトウエアなどの〕設定

Our school website used to be rudimentary, but over the years, it has evolved into its present configuration.

うちの学校のウェブサイトは、以前はごく単純なものだったが、何年かけて、今のような姿に変わった。

意味を正確に理解するのがかなり大変な単語だが、「複数の物がどのような状態になっているかを表す」とざっくりと理解しておくのがよいだろう。問題文の**one's present configuration**(今の姿、今の配置)は比較的よく使われるフレーズである。そのほかの例としては**the configuration of the solar system**(太陽系の配置)などがある。

📖 **併せて覚えたい!**

layout
/léiàut/

名 レイアウト、設計、配置、割付 ▶ 都市や公園の設計、新聞や雑誌などの紙面のレイアウト、絵の構図、家やオフィスの間取りや物の配置など、さまざまな場面で使われる。 例 the layout of the park 公園の設計

✏ **ここにも注目!**

rudimentary は「〔知識などが〕基本的な、初歩的な；〔設備・システム・技術などが〕未発達の、原始的な」という意味の形容詞。 →258

283

□ □ □ □

predicament
/pridíkəmənt/

名 苦境、困った状況、窮状、どうしていいかわからない状況

Nobody came to his aid because he was unable to articulate his predicament.

彼は自分の苦しい状況をはっきり説明することができなかったので、誰も救いの手を差し伸べなかった。

in a predicament(苦境にある)というフレーズは必ず覚えておきたい。そのほか修飾語を伴って**one's current [present] predicament**(現在置かれている窮状)、**human predicament**(人間の抱える苦しみ)、**X's economic [financial] predicament**(Xの経済[財政]的窮状)などもよく使われる。

244

📖 併せて覚えたい！

plight
/pláit/

名 苦境、困難な状況　例 in a terrible plight ひどく困難な状況にある

✏️ ここにも注目！

articulate は「(考えや気持ちなど) をはっきりと述べる、表明する；(語・音など) をはっきり発音する；～を関連付ける」という意味の動詞。 →124

284 ☐ ☐ ☐ ☐

mishap
/míshæp/

名 〔軽い〕トラブル

A new advisory panel was established in the <u>wake</u> of a series of minor mishaps that had occurred in prior years.
近年、軽度のトラブルが連続して発生したことを受け、諮問委員会が新たに発足した。

「不運・災難ではあるが、深刻な被害には至らないもの」を指す。**without (further) mishaps**（特に〈それ以上の〉トラブルもなく）という言い方もよく見られる。mis（悪い）と hap（運）という成り立ちの語。同じ mis のつく語としては、misgivings（不安、疑念）や misnomer（不適切な名称）などが重要。後者は Holy Roman Empire is a misnomer; it was neither holy, Roman, nor an empire.（神聖ローマ帝国というのは不適切な名称だ。神聖でもローマでも帝国でもなかったんだから）のような使い方をする。また、hap という要素を持つ語には happy、happen、perhaps、haphazard →041 などがある。

✏️ ここにも注目！

wake は「後ろ、結果、通った跡」という意味の名詞。in the wake of X で「X の後で」の意味となる。 →156

285 ☐ ☐ ☐ ☐

wretched
/rétʃid/

形 ① 嫌な、酷い、粗末な ② 〔人が〕哀れな、惨めな

The <u>filthy</u> bed and wretched smell <u>emanating</u> from the bathroom were more than enough to disappoint the hotel guests.
汚いベッドと風呂場から発生する嫌な臭いだけで、そのホテルの宿泊客をがっかりさせるには十分すぎるほどだった。

「人」について言う場合は「哀れな、惨めな」、「状況」などについて言う場合は「極めて劣悪な」といった意味を表す。**wretched children**（かわいそうな子どもたち）、**feel wretched**（惨めな気分だ）、**wretched weather**（ひどい天気）、**wretched conditions**（ひどい状況）などがよく使われるフレーズ。 派生語 **wretch** 名 かわいそうな人、嫌な奴

✏️ **ここにも注目！**

① filthy は「汚い、〔言葉などが〕卑猥な、みだらな、不機嫌な」という意味の形容詞。a filthy joke（卑猥なジョーク）、in a filthy mood（不機嫌で）などのフレーズで覚えておこう。

② emanate は「発生する、生じる」という意味の動詞。emanate from X（Xから発生する）の形で覚えておこう。なお、He emanates confidence. / Confidence emanates from him.（自信が彼からにじみ出ている）のように「〔性質などが〕にじみ出ている、（性質など）を放っている」の意味で使うこともある。

286

☐ ☐ ☐ ☐

woe
/wóu/

名 ①困難、災い、災難、苦境、困窮状態 ②悲しみ、悲痛、苦悩

Despite the country's economic **woes**, two-thirds of the respondents to the poll said they were largely satisfied with their life.
国の経済は低迷しているにもかかわらず、世論調査の回答者の三分の二は今の生活におおむね満足していると答えた。

①の意味では複数形の **woes** を使うが、②の場合は不可算で **woe** になる。前者は **economic [financial] woes**（経済的苦境[財政難]）や **to add to one's woes**（さらに困ったことに）がよくある表現。古風なイディオムとしては **Woe is me!**（嗚呼、悲しや！）や **Woe to anyone [those] who ...**（……するような奴には災いあれ！）があり、現代でもふざけて使うことがある。 派生語 **woeful** 形 悲しげな；嘆かわしい（ほどひどい） 例 a woeful expression 悲痛な表情／ woeful ignorance 絶望的なほどの無知 **woefully** 副 悲惨なほど ▸ inadequate（不適切）、unprepared（準備不足）といった語を伴う。

📖 **併せて覚えたい！**

hardship
/háːrdʃip/

名 苦難、苦労、困窮 例 great hardships 大変な苦境／ suffer economic hardship 経済的な苦境に苦しむ

agony
/ǽɡəni/

名〔主に身体的〕苦痛、激しい痛み；苦悩 例 in agony 苦しみ悶えて、痛みに苦しんで → 063：agonizing

246

anguish
/ǽŋgwiʃ/

名〔主に精神的〕苦痛、苦悩、悲しみ　**例** groan in anguish 精神的苦痛からうなり声をあげる

tribulation
/trìbjuléiʃən/

名 苦難、試練、苦悩の種　**例** trials and tribulations 幾多の試練／suffer [bear/endure] tribulation(s) 苦難に苦しむ[耐える]

✐ ここにも注目！

poll は「世論調査、意見調査；投票、選挙」という意味の名詞。an opinion poll（意見調査）、conduct [carry out] a poll（世論調査を行う）などで覚えておこう。

---

287 ☐ ☐ ☐ ☐

unobtrusive
/ʌ̀nəbtrúːsiv/

形 目立たない、差し出がましくない、控えめな、押しつけがましくない

The **unobtrusive** camera blended seamlessly with the room's interior design.
目立たないそのカメラはその部屋の内装と自然に調和していた。

「周りにうまく溶け込んで悪目立ちしない」という意味合いの語。**in an unobtrusive way**（控えめに）、**quiet and unobtrusive**（静かで目立たない）などのフレーズを覚えておくとよいだろう。**obtrusive** 形 目立って、押しつけがましい ▸ far less obtrusive（はるかにおとなしい）、**not pushy or obtrusive**（強引ではなく出しゃばりもしない）のように、否定表現を伴って実質的に unobtrusive と同じ意味で使われることが多い。

📖 併せて覚えたい！

inconspicuous
/ìnkənspíkjuəs/

形 人目を引かない、目立たない、地味な　**例** try to be as inconspicuous as possible できるだけ人目を引かないようにする **→ 294：conspicuous**

✐ ここにも注目！

seamlessly は「途切れることなく、スムーズに、滑らかに」という意味の副詞。形容詞は seamless で「縫い目のない、シームレスの、途切れない、滑らかな」という意味。a seamless transition（滑らかな移行）、a seamless flow（途切れない流れ）などのように使う。

288

☐ ☐ ☐ ☐

retaliate
/ritǽlièit/

動 報復する、復讐する

It is crucial for a state to respond proportionally to aggression and not retaliate impulsively, as this may lead to a spiraling escalation of violence.

国家は侵略に対し、それに見合った対応を行い、衝動的に報復しないことが極めて重要である。そうしてしまうと、歯止めが効かないほど暴力が激化していく恐れがあるためである。

自動詞で、**retaliate against X with Y**（X〈人・攻撃〉に対してYで報復する）、**retaliate against X by V-ing**（X〈人・攻撃〉に対して～することで報復する）、**retaliate for X**（X〈行為〉に対して仕返しする）のような使い方をする。**例** retaliate against aggression with sanctions 侵略に対して制裁で報復する／She decided to retaliate by exposing the truth. 彼女は真実を暴くことで報復することを決意した。He sought to retaliate for the insult he'd received. 彼は自分が受けた侮辱に報復しようとした。

派生語 retaliation 名 報復、仕返し **例** in retaliation for the mistreatment received 受けた虐待に対する仕返しとして **retaliatory** 形 報復的な **例** a retaliatory action 報復行為

📖 併せて覚えたい！

avenge
/əvéndʒ/

動 ❶ ～の復讐をする、仕返しをする ▶「正当な仕返しをする」という含みがある。avenge X on [upon] Y（YにXの仕返しをする）、avenge oneself on X（Xに仕返しをする）のように使う。**例** He finally avenged his father's death upon them. 彼はついに彼らに対し父の仇を討った。／She decided to avenge herself on those who had mistreated her. 彼女は自分を虐げた者たちに復讐することを決意した。

✏️ ここにも注目！

① proportionally は「比例して、釣り合って」という意味の副詞。→348：disproportionate

② spiraling は「らせん的な、手に負えないほど急速に悪化する」を意味する形容詞。

289

☐ ☐ ☐ ☐

ⓘ やや formal

viable
/váiəbl/

形 ①〔計画などが〕実現[実行]可能な ②成功の見込みがある、成功しそうな

A viable candidate would be someone who possesses not only the requisite knowledge and skills but also the necessary temperament and a grand vision.

候補者として有力なのは、必須の知識や技能だけでなく、必要な気質と壮大なビジョンを持っているような人だろう。

名詞を前から修飾する形で用いる場合と、補語として用いる場合の両方がある。前者の場合は、**option**、**alternative**、**business**、**way**（方法）、**strategy**、**plan**といった名詞を伴うことが多い。「人」を表す名詞を伴うのは珍しいが、**a viable candidate**（有力な候補者）というフレーズは例外的によく使われるので、ぜひ押さえておきたい。**commercially [economically/financially/politically] viable**（商業的［経済的／財政的／政治的］にうまくいきそうな・実現可能な）のように、どのような点で**viable**かを表す副詞とともに用いられることも多い。　派生語▶ **viability** 名 〔計画などの〕実行可能性

📖 **併せて覚えたい！**

feasible
/fíːzəbl/

形 〔計画・方法などが〕実現可能な、実行可能な；見込みのある、うまくいきそうな　例 **a feasible plan** 実現可能な計画／**It is feasible to achieve both those.** それら両方を達成することは実現可能である。

✏️ **ここにも注目！**

requisiteは「必要な、不可欠の」という意味の形容詞。 →096

290

☐ ☐ ☐ ☐

harbinger
/háːrbindʒər/

名 ①予兆、前兆、兆し、予告、前触れ ②先駆者

The **petty** crime the young man committed was seen as a harbinger of his **perverted** behavior in the future.
その若者が犯した軽犯罪は、のちのちの彼の倒錯した振る舞いの前兆だとみなされた。

a harbinger of X（Xの前兆、Xが訪れるサイン）という表現が基本形で、動詞と組み合わせて**be a harbinger of X**（Xの前兆である）、**serve as a harbinger of X**（Xの前兆となる）、**be seen [viewed/regarded] as a harbinger of X**（Xの前兆だと考えられる）のように使う。Xには**things to come**（今後起こること）、**doom**（破滅）、**death**などが入ることが多い。

📖 **併せて覚えたい！**

forerunner
/fɔ́ːrrʌnər/

名 前兆、前触れ；先駆者 ▶ **a forerunner of X**で「Xの前兆、先駆者」という意味になる。例 **a forerunner of summer** 夏の前触れ／**an early forerunner of the personal computer** パソコンの先駆け／**a forerunner in the field** その分野の先駆者

→ 268 : perverse

① petty は「小さな、軽微な；ささいな、取るに足らない」という意味の形容詞。**a petty theft [thief]**（ちょっとした盗み[こそ泥]）、**petty concerns**（ささいな心配）、**petty differences**（ちょっとした違い）などのように使う。

② perverted は「〔性的に〕倒錯した、歪んだ、異常な、堕落した」という意味の形容詞。

291

□ □ □ □

formal

precursor
/prikə́:rsər/

名 ① 先駆者 ② 前任者 ③ 前兆 ④ 前身

The advent of the printing press in the 15th century served as a precursor to the evolution of contemporary mass media.

15世紀に起こった印刷機の登場は、現代のマスメディアが進化する先駆けとしての役割を果たした。

「後世の類似した人物[物事]に影響を及ぼす人物[物事]」という意味の語で、多くの場合「後世の物事の発達につながる」といったポジティブな意味合いを含む。文脈に応じてさまざまに訳されるが、このニュアンスを押さえておくと意味を正確に理解しやすいだろう。**precursor of [to] X**（Xの先駆者、前兆、前身）という形で用いることが多い。**例** the first precursor of the piano ピアノの前身となった最初の楽器

併せて覚えたい！

forerunner
/fɔ́:rrʌ̀nər/

名 前兆、前触れ；先駆者 → 290

harbinger
/háːrbindʒər/

名 予兆、、前兆、兆し、予告、前触れ；先駆者 → 290

ここにも注目！

advent は「到来、開始、出現」を意味する名詞。 → 127

292

((pronunciation

usher
/ʌ́ʃər/

動 ～を案内する、先導する、中に入れる

ChatGPT **ushered** in a new era of information technology, increasingly **blurring** the line between human and machine communication.
ChatGPTの登場で情報技術の新時代の幕が開け、人間と機械のコミュニケーションはますます境界が曖昧（あいまい）になってきている。

名詞のusherには「座席案内係」という意味があり、そこから「～を先導して案内する」という意味の動詞が派生した。**例 usher him to a seat [into the office]** 彼を席まで[事務所内に]案内する
さらに、**usher X in** や **usher in X** の形で比喩的に「Xの先駆けとなる[到来を告げる]」の意味を表すこともあり、この用法が重要。**usher in a new era of X**（Xの新時代の幕開けとなる）という言い回しも頻出。**例 Zoom can help usher in a new era of education.** Zoomは教育の新時代到来を促す可能性がある。

✏ ここにも注目！
blurは「（境界など）を曖昧（あいまい）にする、ぼやけさせる」という意味の動詞。blur the line [difference/distinction/boundaries] between X (and Y)（X（とYの）間の境界[違い／相違／境界]を曖昧（あいまい）にする）で覚えておこう。

293

herald
/hérəld/

動 ①～を喧伝（けん）する、歓迎する、もてはやす ②～の前触れとなる、～を予告する 名 前触れ、前兆

The new tax system was **heralded** as a **catalyst** for economic growth in that country.
その新しい税制は同国の経済成長を促すものであると喧伝（けん）された。

動詞の場合、①の意味では **be heralded as X**（Xとして喧伝（けん）される、もてはやされる）の用法が頻出。②の意味では **herald the arrival of spring**（春の訪れを告げる）、**The incident heralded the bankruptcy of the company.**（その出来事は会社の倒産の前兆だった）のように使う。名詞の場合は **the herald of a new era**（新時代の到来を告げるもの）のように **the [a] herald of X**（Xの前触れ）の形がよく使われる。

ここにも注目！

catalyst は「変化の要因、変化を促すもの、変化のきっかけ」という意味の名詞で、a catalyst for X（X のきっかけ）という形で使う。act as a catalyst for X（X のきっかけとなる、X を促す）はよく使われるフレーズ。化学用語で「触媒」という意味もある。関連して、cataclysm（〔社会的・政治的な〕大変動）、catalysis（触媒作用［反応］；誘引）といった名詞も覚えておきたい。

294 □ □ □ □

formal

salient
/séiliənt/

形 ①顕著な、目立った ②重要な ③突き出した、突起した

The **salient** features of the new medical treatment are its high efficacy rates and minimal side effects, making it a promising option for patients with chronic illnesses.

その新しい医療の際立った特徴は、有効性が高い上に副作用は最小限に抑えられていることであり、慢性疾患を持つ患者の有望な選択肢となっている。

見た目の派手さについて使われることの多い **conspicuous** →073 に対して、salient はもっと抽象的な意味で使われる。後に続く名詞として代表的なのは、feature(s)、point、issue、fact、aspect（側面）、characteristic（特徴）など。本来の意味に近いのは③で、「勢いよく飛び出す」という語感がある。語源的に resilient →217 とつながっており、こちらも「勢いよく元の状態に戻る」というイメージ。 派生語 salience/saliency 名 顕著（な点）、目立つこと、突出（物）

ここにも注目！

efficacy は「効能、効き目、有効性」を意味する名詞。 →253

295 □ □ □ □

envisage
/invízidʒ/

動 ～を想像する、思い描く、心に描く

Given the horrendous crimes the inmate committed, it is difficult to envisage him being rehabilitated.

その受刑者が犯した犯罪の恐ろしさを考えると、彼が更生するのを想像することは難しい。

主に「可能性の高い未来を予想する」または「望ましい未来像を思い描く」という意味の語で、ビジネスや政治の文脈で多用される。envision も同じ意味、使い方の動

詞として覚えておくこと。**It is difficult [impossible/hard] to envisage** のように、「難しい、不可能」といった否定的な文脈でよく見られる。構文としては **envisage X V-ing**（Xが〜するのを想像する）のほか、**envisage V-ing**（〜するのを想像する）、**envisage that SV**（〜ということを予測する）、**envisage wh SV**（〜かを想像するする）などの形がある。ほかには **envisage a world [situation] where SV**（〜する世界［状況］を思い描く）というフレーズは頻出。

✎ ここにも注目！

① horrendous は「恐ろしい、おぞましい、ひどい」という意味の形容詞。修飾される名詞は crimes のほか act、consequences、mistake、situation、conditions などが多い。

② inmate は「〔刑務所の〕囚人、〔精神病棟などの〕収容者、患者」という意味の名詞。

③ rehabilitate は「（病人など）を社会復帰させる、（犯罪者など）を社会復帰させる、更生させる」の意味の動詞。

296 ▢▢▢▢

facet
/fǽsit/

名 ①〔物事などの〕一面、側面、様相 ②〔多面体、特に宝石の〕小面、切り子面

The study of history should **encompass** every facet of human experience, from political and social structures to cultural and artistic expressions.
歴史研究は、政治・社会構造から文化・芸術表現に至るまで、人間の経験のあらゆる側面を包含するものであるべきだ。

語源的には「小さな顔（face）」。物理的な意味では「多面体、特に宝石の一つひとつの面」で、「全体を構成するような数多くの側面のうちの一つ」という意味合いがある。そこから拡張的に「物事〔状況・性格・能力など〕の一面」という①の意味で用いられることが多い。**different**、**many**、**multiple**（多数の、多様な）、**various** といった形容詞とともに使われることが多く、また、**facet of X**（Xの側面）という形で用いる場合は、Xに「複雑でさまざまな要素があるもの」を表す名詞が用いられることが多い。

✎ ここにも注目！

encompass は「〜を含む；〜を包囲する」という意味の動詞。 →172

297

facade
/fəsάːd/

名 ①〔建物の〕正面、前面、ファサード ②うわべ、見せかけ、外見

Overhearing the <u>insulting</u> comment about her home country, the girl managed to maintain a facade of indifference, but inside she <u>was seething</u> with anger.

母国に対する侮辱的な発言を耳にして、その少女はつとめて気にしない様子を装っていたが、内心は怒りに燃えていた。

元々は「建物の正面」という①の意味で、そこから比喩的・拡張的に「実際とは異なる(内心を隠した)うわべ、見せかけ」という②の意味で用いるようになった。②の方が使用頻度が高く、通例単数形で用いる。**a facade of X**(Xといううわべ[見せかけ])のように、前置詞ofで説明を加えることができる。問題文のように**maintain a facade of X**(Xという見せかけを維持する)というフレーズは頻出。また、**..., but it was all a facade.**(……、だがそれはすべて見せかけであった)のような形で使われることもある。例 They put on a face of a happy rich family, but it was all a facade. 彼らは幸せな金持ち家族の顔を装っていたが、それはすべて見せかけだった。

📖 併せて覚えたい！

pretense
/prí:tens/

名 見せかけ、ふり；口実；〔不実の〕主張、申し立て；うぬぼれ；虚栄心
▶ pretense to Xで「X(能力など)があると主張すること」という意味になる。例 under the pretense of admiration 称賛の気持ちを装って／He made no pretense to being a specialist. 彼は自身を専門家と自認するようなそぶりは一切見せなかった。

masquerade
/mæskəréid/

名 仮面舞踏会、仮装パーティー；❶見せかけ、虚構 例 a masquerade of innocence 純真無垢であるという見せかけ

guise
/gáiz/

名 外観、外見、見せかけ 例 under [in] the guise of friendship 友情を装って／in the guise of a tourist 旅行客の身なりで

disguise
/disgáiz/

名 変装、見せかけ 例 a blessing in disguise 一見悪いものに見せかけて実は良いもの／in the disguise of a professor 教授のふりをして 動 (見た目など)を偽る、隠す

✏️ ここにも注目！

① insulting は「侮辱的な、無礼な」という意味の形容詞。→ 116 : insult
② seethe は「煮えくり返る、激怒する；ごった返す；沸き立つ」という意味の動詞。→ 176

298

☐ ☐ ☐ ☐

🔊 formal

ostensibly
/ɑsténsibli/

副 表向きは、表面上は

The project was **ostensibly** designed to improve efficiency, but in reality, it was a **ploy** to reduce **headcount** and cut costs.
そのプロジェクトは、表向きは効率性を改善するために計画されたものだったが、実際は人員とコストを削減する戦略だった。

「実情・事実が印象や公式発表とは異なる」という意味合いの語。 **派生語** **ostensible** 形 表向きの、表面上の ▸ reason、purpose、goal、aim などの名詞を修飾して使うことが多い。 例 The ostensible reason for his resignation was bad health. 彼が辞職する表向きの理由は体調不良だった。

📖 **併せて覚えたい!**

purported
/pərpɔ́:rtid/

形 ～とされている、～と言われている →212

purportedly
/pərpɔ́:rtidli/

副 伝えられているところによれば、噂によれば →189

professed
/prəfést/

形 ●公言した、公然の；うわべだけの、見せかけの、自称の ▸ 名詞を前から修飾する形で用いる。「公然の」という意味の場合は、「信念などを公言している」という意味合いになる。 例 a professed lesbian レズビアンであることを公言している人／the professed commitment to denuclearization 非核化に向けた見せかけの献身

✏️ **ここにも注目!**

① **ploy** は「〔人を騙す〕策略」を意味する名詞。
② **headcount** は「頭数を数えること；〔企業の〕雇用人数」を意味する名詞。

299

☐ ☐ ☐ ☐

tailor
/téilər/

動 ～を仕立てる、あつらえる

We provide **personalized** learning experiences with programs individually **tailored** to the unique needs and interests of students – **undergraduates** and postgraduates alike.
本学は個人に合わせた学習経験を提供しており、学生一人ひとりが抱える独自のニーズや関心に合った個別設計のプログラムを用意しています――これは学部生・院生を問いません。

tailor X to Y（Yに合わせてXを仕立てる）の形で使うことが多いが、**to**の代わりに**for**を使うこともある。「特別な要望や目的に合うように調整して作る」という意味合いで、**customize**や**adapt**に近い。注文に合わせて紳士服をあつらえる店のことを**tailor**（仕立屋）と言い、それを比喩的に服以外の文脈に転用した動詞である。 派生語 **tailored** 形 注文仕立ての、オーダーメイドの　例 a tailored suit オーダーメイドのスーツ

✐ ここにも注目！

① **personalize** は「〜を特定の個人に合わせる」という意味の動詞。形の似た動詞として **personify** もあるが、これは人を主語にして「〔人は〕〜を体現している」という意味になるか、あるいは「〜を擬人化する」という意味で使う。いずれの場合も「抽象的な概念を具体化する」という意味合いを持つ。例 She personifies beauty. 彼女は美そのものだ。／Nature is sometimes personified as a woman. 自然は時に女性に例えられる。

② **undergraduate** は「大学生、学部生」という意味の名詞。「大学院生」は **graduate** あるいは **postgraduate** と言う。

300　□ □ □ □

> stress

banal
/bənǽːl/

形 ありきたりな、面白味のない、平凡な、陳腐な

I was really disappointed by the mayor's speech, which was filled with banal phrases and empty cliches.
ありふれたフレーズや使い古された中身のない決まり文句ばかりで、市長の演説には本当にがっかりした。

「目新しさがなくてつまらない」という否定的なニュアンスがある点で、**common**（よくある）などとは異なる。**a banal conversation**（ありきたりな会話）、**a banal question**（ありきたりな質問）などのように使う。 派生語 **banality** 名 目新しさがないこと、平凡さ ▸ the banality of X（Xの平凡さ）のように使う。

📖 併せて覚えたい！

mundane /mʌndéin/	形 ありふれた、日常的な、面白味や新鮮味に欠ける →089
bland /blǽnd/	形 退屈な、面白みのない；味の薄い　例 a bland personality 面白みのない性格
prosaic /prouzéiik/	形 退屈な、面白味に欠ける　例 a prosaic explanation 退屈な説明

pedestrian
/pədéstriən/

形 平凡な、面白みに欠ける ▸ 名詞で「歩行者」の意味で使われるのが一般的だが、形容詞の用法ではこの意味になる。例 a rather pedestrian year かなり平凡な一年

✏️ **ここにも注目！**

cliche は「使い古された決まり文句」という意味の名詞。ほぼ同じ意味の難しい名詞に platitude（陳腐な言葉）がある。

辞書を駆使して理解を深める

　英語学習においては多数の実例に触れることで表現の手触りを掴んだり記憶に定着させたりできるのが理想的ですが、一方で、それには相当の時間がかかるのも事実です。そうした学びのプロセスを完全に代替するものではありませんが、複数の辞書を引き比べるというのは便利で現実的なショートカットになるでしょう。そのためにも、電子辞書やアプリを入手して検索環境を整えることを強くおすすめします。

　例えばcounterintuitive →035 は見た目の通り「直観に反した」という意味ですが、*New Oxford American Dictionary* は but often nevertheless true と補足しています。たしかに、実験結果を報告するようなコンテクストでは、この含みが効いた文章展開になることが多いです。TOEICでも頻出のcomplimentary →203 は単に「無料の」という訳が当てられることが多いですが、*Collins English Dictionary* が given free, esp[ecially] as a courtesy or for publicity purposes と説明するように、宣伝などを目的として無料で提供されるという感じの語なのです。

　用例の検索も、英語を深く理解していく上で非常に重要です。例えばby dint ofという熟語。これは「～によって」という訳だけ覚えてもピンとこないでしょう。しかし、多くの辞書を使って例文を横断的に眺めることで、かなり明確な像が浮かんできます。

(1) By dint of hard work and persistence, she had got the job of manager.
　　(*Longman Dictionary of Contemporary English*)
(2) By dint of sheer hard work, she managed to pass all her exams.
　　(*Oxford Idioms Dictionary for Learners of English*)
(3) He had gotten to where he was today by dint of sheer hard work.
　　(*New Oxford American Dictionary*)

そう、by dint of (sheer) hard work という形で「たゆまぬ努力によって〈成功した〉」のような内容を伝えるときに使われる傾向があるわけです。本書に掲載されている数々の表現を学習する際にも、ぜひこうした作業を実践してください。パターンに気づくことで着実に実力がついていきますし、なにより、自分で発見する喜びというのは何物にも代えがたいものがあります。

（萩澤）

🔊 11

なるべく辞書も参照しよう。
多くの情報に触れることで増えるのは、
負担ではなく、記憶の手がかり。
（萩澤）

amalgam
/əmǽlgəm/

名 ①混合物、合成物、融合体 ②アマルガム

The entrepreneur's strategy was an **amalgam** of bold risk-taking and shrewd business acumen, resulting in a successful start-up.

その起業家の戦略は、大胆な冒険と冷静な商才を融合したものであり、それはスタートアップ企業の成功に結実した。

②は「水銀とほかの金属の合金」の総称を表し、そこから拡張的に①の「異なるものの融合体、混合物」という意味でも用いられる。日常では後者の意味で用いられることの方が多い。**派生語** amalgamate 動 合併する；〜を合併させる ▸ 自動詞ではamalgamate with X（Xと合併する）、amalgamate into X（合併してXになる）を押さえておきたい。**例** The bank amalgamated with a few others into one megabank. その銀行はいくつかほかの銀行と合併してメガバンクになった。**amalgamation** 名 合併

📖 併せて覚えたい！

alloy
/ǽlɔi/

名 合金；卑金属：不純物、混ぜもの ▸ 「卑金属」とは「貴金属ではない金属」のこと。

compound
/kámpaund/

名 化合物；複合体：複合語 ▸ 「異なる二つ以上のものを合わせて作られたもの」という意味で、「化合物」は化学用語。動詞で使うと、「〜を合成する、混合する」とは別に「〜を悪化させる、こじらせる」という意味にもなるので注意。

✏️ ここにも注目！

① entrepreneur は「起業家、事業家」を意味する名詞。→049

② shrewd は「すご腕の；〔判断が〕早い；抜け目のない」という意味の形容詞。→079

③ acumen は「鋭い判断力、洞察力、鋭敏さ」という意味の名詞。→079

④ start-up は「スタートアップ企業」という意味の名詞。スタートアップ企業とは、創業したばかりの新しい会社のことで、特に革新的な技術やアイデアで急成長している会社を指して言うことが多い。

302

☐ ☐ ☐ ☐

🐦 informal

contraption
/kəntrǽpʃən/

名 からくり、(妙な)機械

In the lab, there was an odd metal **contraption** that had numerous cables attached to it.
その研究室には奇妙な金属製の装置があり、無数のケーブルが取り付けられていた。

口語的・軽蔑的な響きがあり、小説や雑誌などのくだけた文章でよく用いられる。動きが巧妙に連鎖していく仕組み(いわゆる「ピタゴラ装置」)はイギリス英語ではHeath Robinson contraptionと言う(アメリカ英語ではRube Goldberg machine)。receive→receptionのようなパターンに沿ってcontriveを名詞化し、そこにtrap(仕掛け)のイメージも重ねた単語だと考えると覚えやすい。

📖 併せて覚えたい！

contrive
/kəntráiv/

動 なんとか〜する：〜を工夫[発明]する；もくろむ、〜を企む

contrivance
/kəntráivəns/

名 〔フィクション作品の〕わざとらしさ；装置、計略、企み

303

☐ ☐ ☐ ☐

🐦 informal

knack
/nǽk/

名 ①こつ、要領、才覚、特技 ②癖、性向、傾向

He has a **knack** for solving complex problems, demonstrating his exceptional acuity, ingenuity and astuteness in deciphering intricate data.
彼は、錯綜したデータを読み解く卓越した思考力、創意工夫、鋭敏さを発揮しながら、複雑な問題を解決することに長けている。

①の「身につけたこつ、要領、特技」の意味が基本。問題文のように**have [have got] a knack for [of] X**(Xが得意である)、**have [have got] a knack for [of] V-ing**(〜するのが得意である)という形で用いることが多い。また**get [lose] the knack of X / V-ing**(Xのこつを覚える[忘れる])の形でもよく使われる。**例** It should be easy once you get the knack of it. いったんこつをつかめば簡単なはずだ。
また、イギリス英語では②の意味で用いられることが多く、**have a knack of V-ing**で「〜する癖がある」という意味になる。**例** He has an unfortunate knack of letting his mouth slip. 彼には口を滑らせてしまうという残念な癖がある。

get the hang of X | Xのこつをつかむ ▸ 口語的なくだけた表現。例 It was difficult at first, but I soon got the hang of it. 最初は難しかったが、間もなくこつをつかんだ。

flair
/fléər/ | 名 天賦の才、鋭い眼識 ▸ have [have got] a flair for Xで「Xの才能がある」という意味になる。例 I have a flair for languages. 僕には語学の才能があるんだ。

know the ropes | こつを知っている ▸ learn the ropes は「こつを覚える」という意味になる。

✏️ ここにも注目！

① acuity は「〔知覚・思考の〕鋭敏さ、〔明敏な〕知覚[思考]力；〔痛みなどの〕激しさ；〔針などの〕鋭さ」を意味する名詞。

② astuteness は「機敏さ、鋭さ、抜け目なさ」を意味する名詞。

③ decipher は「（暗号など）を解読する」という意味の動詞。→334

304 ☐☐☐☐

inscrutable
/inskrúːtəbl/ | 形 真意が読み取れない、感情を出さない、〔表情が〕無である、不可解な

The exchange student's expression was inscrutable, making it impossible to discern her true feelings and leaving her classmates a bit confounded.
その交換留学生は無の表情だったので、本当はどういう気持ちなのか読み取ることができず、クラスメートは少し動揺してしまった。

人や人の表情を形容して an inscrutable smile（真意のわからない笑顔）のように使うことが多い。そのほか「不可解な」の意味合いで、inscrutable reasons [questions]（不可解な理由[質問]）といったフレーズで使われる場合もある。綴りの scrut の部分は search（捜し求める）の意味で、scrutinize（詳しく調べる）や scrutiny（詳細な調査、監視）と関連している。

✏️ ここにも注目！

① discern は「～を読み取る、気づく、識別する」という意味の動詞。→145

② confound は「（人）を困惑させる、混乱させる」という意味の動詞。confound the long-established assumption（長きにわたって根づいている想定の誤りを証明する）のような「～の誤りを示す、証明する」という意味での使い方もあるが、かなり硬い表現。この意味では falsify →078 がおよそ同じ意味。refute →344、debunk →345 も確認しておこう。

305

□ □ □ □

uncanny
/ʌnkǽni/

形 魔訶不思議な、不気味な、説明のつかない、神秘的な、驚異的な

Everyone marvels at his **uncanny** ability to accurately foretell what will happen a minute later.

1分後に何が起こるかを正確に予言できる彼の魔訶不思議な能力には誰もが驚いてしまう。

an uncanny ability [knack](驚くべき能力)という表現が最重要。そのほか **bear an uncanny resemblance to X**(Xと異様なほど似ている)、**an uncanny feeling [sense]**(不気味な感覚)、**uncanny accuracy**(驚異的な正確さ)などもよく使われる。「気味が悪い」「人間離れした」のように、否定と肯定いずれの評価も表す。人型ロボットの薄気味悪さを指す**uncanny valley**(不気味な谷)といった言葉もよく目にする。un-のない形容詞**canny**は「抜け目のない」という意味で、**uncanny**からは予測困難なので要注意。**派生語** **uncannily** 副 不気味に **例** look uncannily similar [accurate/familiar] 不気味なほどそっくりで[正確で／よく知っていて]

📖 **併せて覚えたい！**

eerie
/íəri/

形 得体のしれない、奇妙な、不気味な **例** an eerie sound 不気味な音

✏️ **ここにも注目！**

① marvel は「驚く」という意味の動詞で、marvel at X(Xに驚く)の形で使う。英語では、「驚く」系統の動詞は surprise のように他動詞で「驚かせる」という意味になるのが一般的で、受け身の be surprised の形で「驚かされる」すなわち「驚く」という意味で使う。surprise 以外では astonish、astound などはいずれもこの用法である。よって、marvel は例外的な用法の動詞であることに注意したい。**→127：astonish**

② foretell は「～を予言をする、予知する」の意味の動詞。目的語には名詞句だけでなく、疑問詞節や that 節もとれる。似た意味の単語に foresee(～を予言する；察知する)があるので覚えておこう。いずれも predict の難しい語と考えておくとよいだろう。

detain
/ditéin/

動 ① (容疑者など)を勾留する、留置する、拘置する
② (患者)を留め置く ③ ➡ (人)を引き留める、待たせる

The government's decision to **detain** political <u>dissidents</u> without trial has been widely criticized by human rights groups.

政治的反体制派の人物は裁判にかけずに勾留しておくという政府の決定は、人権団体から広く批判されている。

本来は「警察署・刑務所・病院など公的な場に人を留め、逃走を防止する」という意味の語。そこから拡張的に③の意味も表すが、こちらはフォーマルな用法。**例** I didn't mean to detain you for so long. こんなに長くお引き止めするつもりではなかったのですが。

派生語 **detention** 名 拘留、留置；〔罰としての〕放課後の居残り **例** I got detention for swearing in front of a teacher. 先生の前で汚い言葉を口にしてしまったことで私は居残りを食らった。

📖 **併せて覚えたい！**

custody
/kʌ́stədi/

名 拘置、拘留、留置；➡ 保護、管理 **例** The suspect is in [under] custody. 容疑者は拘束されている。

apprehend
/æprihénd/

動 〜を捕らえる、逮捕する **例** The police just apprehended the suspect. 警察が容疑者を捕まえたところだ。 ▶ 名詞の **apprehension** は普通「心配、不安」の意味なので注意。

incarcerate
/inkáːrsərèit/

動 ➡ 〜を投獄する、収監する；〜を監禁する、閉じ込める ▶ 通例受け身で用いる。**例** Several people were incarcerated for fraud. 数名が詐欺罪で収監された。

✏️ **ここにも注目！**

dissident は「〔政府などに〕異議を唱える人；反体制派の人[活動家]」を意味する名詞。

307

☐ ☐ ☐ ☐

crackdown
/krǽkdàun/

名 厳重な取り締まり、弾圧

Now that the number of online sales of <u>bogus</u> supplements is increasing, a massive **crackdown** on them is expected to be launched.

いんちきサプリがネット上で販売数を伸ばしているため、それに対する大掛かりな取り締まりが実施されることになる見込みだ。

a **crackdown** on X(Xの取り締まり)というフレーズでよく使われる。violent、military、brutal、bloody、illegal などの形容詞で修飾されることが多い。主体は政府や警察、対象は移民や犯罪などが一般的。**crack down on X**(Xを厳しく取り締まる)という動詞用法も併せて覚えておくとよい。

✏️ ここにも注目!
bogus は「偽の、いんちきの」という意味の形容詞。claim(請求、主張)、argument、information、statistics、data、product などの名詞を修飾して用いる。

 → 239 : phony → 310 : counterfeit

308

☐ ☐ ☐ ☐

((pronunciation

indictment
/indáitmənt/

名 ①〔社会・制度などの〕欠陥を示すもの ②起訴(手続き)、告発 ③起訴状、告発状

After the **indictment** was filed against the suspect, the <u>prosecutor</u> presented his arguments with a <u>plethora</u> of evidence to demonstrate the suspect's <u>culpability</u>.

容疑者に対する起訴状が提出されると、検察官は主張を展開する中で、容疑者が有罪であることを示す証拠をおびただしいほどに提示した。

報道で日常的に見聞きする語。①の意味では an **indictment** of [on] X の形で「X(社会・制度など)の欠陥を示す印」という意味になり、devastating(破滅的な)、powerful、damning(罪を証明する、強く批判する)、scathing(痛烈な、厳しい)、searing(強烈な)、stinging(辛辣な)、terrible、blanket(全面的な、一括の)、sweeping(全面的な)、sad といった形容詞を伴うことが多い。例 The huge financial gap is a damning **indictment** of modern society. 大きな経済格差は、現代社会の欠陥を痛烈に示すものである。

impeachment
/impíːtʃmənt/

名 弾劾、訴追、〔公職者に対する〕告発、告訴 ▶ 主にアメリカ英語で使われる。
動詞は impeach で「〜を弾劾する、告発する」の意味。impeach X for Y（YのことでXを告発する）の形で使う。例 the first impeachment of a President 大統領に対する最初の弾劾

recrimination
/rikrímənéiʃən/

名 〔相手の非難に対する〕やり返し、非難合戦；反訴、反対告訴 例 After the project's failure, there was a lot of recrimination among the team members. プロジェクトが失敗した後、チームメンバー間に多くの批判合戦があった。

✏️ ここにも注目！

① prosecutor は「検察官、検事」という意味の名詞。動詞の prosecute は「〜を起訴する」という意味で、be prosecuted for murder（殺人で起訴される）のように使う。名詞の prosecution は「起訴」という意味で使われることが多いが、the prosecution の形で集合名詞的に「検察当局、検察側」の意味で使われることもある。

② plethora は「過多、過度」という意味の名詞。a plethora of X で「過多なX、過剰なX」という意味になる。併せて a slew of X（多数のX、大量のX）も覚えておきたい。

③ culpability は「咎められるべきこと；有罪性」という意味の名詞。→040：culprit

309 ☐☐☐☐

jurisdiction
/dʒùərisdíkʃən/

名 ①司法権、裁判権 ②支配（権）、管轄（権）③権限が及ぶ範囲 ④管轄区

Citizens living within the **jurisdiction** of a specific court are subject to its laws and regulations, and they must adhere to its legal authority.
特定の裁判所の管轄内に居住する者は、各種の法や条例が適用されることになり、その法的な権限に従う義務を有する。

以下のような使い方が頻出。

jurisdiction over X（Xに対する司法権、管轄） 例 jurisdiction over crimes of war 戦争犯罪に対する司法権

jurisdiction of X to do（Xが持つ〜する権限） 例 jurisdiction of the court to resolve disputes within its territorial boundaries 裁判所がその管轄内の紛争を解決するために持つ司法権

within [outside] the jurisdiction of X / within [outside] X's jurisdiction（Xの管轄内［外］で） 例 It was within [outside] the jurisdiction of the prefectural police. それは県警の管轄内［外］だった。

📖 併せて覚えたい！

arbitration
/à:rbətréiʃən/

名〔法的強制力を持つ〕仲裁、調停；仲裁裁判　**例** The construction project was taken to arbitration. その建設プロジェクトは仲裁に持ち込まれた。

discretion
/diskréʃən/

名 自由裁量、判断〔選択〕の自由、自由決定権；思慮分別、慎重さ　▶ be left to the discretion of X（Xの裁量に任されている）、use [exercise] one's discretion（自由に決める、判断する）、at X's discretion / at the discretion of X（Xの裁量で、Xの思うままで）、with discretion（慎重に、思慮深く）などのフレーズで覚えておきたい。**例** The decision is left to the discretion of the judge. 判断は裁判官の自由裁量にゆだねられている。

prerogative
/prirágətiv/

名 ❶特権、特典　**例** the royal prerogative 国王［女王］の特権

purview
/pə́:rvju:/

名 ❶〔責任・権限・関心・活動などの〕範囲、限界　**例** within [outside] the purview of family court 家庭裁判所の管轄内［外］で

sovereignty
/sávərənti/

名 ❶主権、統治権　▶ sovereignty over Xで「Xに対する主権」という意味になる。**例** Sovereignty resides with the people. 主権は国民にある。

✏️ ここにも注目！

adhere to Xは「X（規則・信念・主義など）に忠実に従う、X（規則・法律など）を順守する；Xに粘着する、付着する」を意味する。

---

310 ☐☐☐☐　　　　　　　　　　　🎧 formal

infringement
/infríndʒmənt/

名①〔権利・自由などの〕侵害 ②〔法律上の〕違反

The sale of counterfeit goods constitutes a grave infringement of trademark laws, which can result in legal action and severe penalties for the parties involved.
模倣品の販売は、商標法の重大な侵害にあたり、法的措置や関係者に対する厳しい罰則を招く恐れがある。

▶「権利や自由に対する侵害」または「法律や規則への違反」を意味する。**an infringement of [on] X**（Xの侵害）の用法が頻出で、Xには **law**、**rights**（権利）、**freedom**、**liberty**、**copyright**（著作権）などが用いられる。また、**serious**、**grave**（重大な）、**minor**、**alleged**（疑われている）、**possible**（あり得る）といった形容詞で修飾されることが多い。**copyright**、**patent**（特許）、**trademark**（商標）などの名詞が **infringement** を修飾することもある。**派生語** infringe 動 ～に違反する　▶ infringe on [upon] X（Xを制限する、侵害する）の形でも用いる。**例** This infringes Article 14 of the constitution. これは憲法第14条に抵触する。／They are infringing on our personal liberties. 彼らは私たちの個人の自由を侵害している。

breach | 動 (法律・約束など)を破る、〜に違反する　名 〔法律・協定・約束などの〕違反、不履行 → 141

infraction
/infrǽkʃən/ | 名 ❶〔法律・規則などの〕違反、侵害　例 a grave infraction of federal law 連邦法の重大な違反

✏️ ここにも注目！

① counterfeit は「偽の、偽造の」を意味する形容詞。money、bill(お札)、currency(通貨)、note(紙幣)などお金に関する名詞や product、goods、item、merchandise(商品)など商品・製品を表す名詞、drug、medicine、pill など薬関係の名詞を修飾して使うことが多い。なお、名詞用法で「偽物、模造品、偽札」、動詞用法では「〜の偽物を作る；〜のふりをする」の意味で使われることもある。 → 239：phony → 307：bogus

② constitute は「〜を構成する、〜の構成要素である；〜に等しい」を意味する動詞。「〜に等しい」の意味で使われることが多く、その場合は constitute を be 動詞に置き換えても意味に大差はない。

---

311 ☐ ☐ ☐ ☐

transgression
/trænzgréʃən/ | 名 違反、犯罪、侵害、逸脱

The <u>disclosure</u> of the president's serious <u>transgressions</u> led to his <u>impeachment</u>.
重大な違法行為が明らかになったことで、大統領は弾劾された。

commit a transgression(罪を犯す)で覚えるとよい。 派生語 transgress 動 ①(法律や規則など)を犯す、に違反する　②(限度など)を逸脱する　例 transgress the law [moral code] 法[道徳律]に違反する　▸ transgress the limits [boundaries] of X(Xの限度[範囲]を超える)でXが decency なら「礼儀正しいとは言えなくなる」ということ。

📖 併せて覚えたい！

infringement
/infríndʒmənt/ | 名 〔権利・自由などの〕侵害；〔法律上の〕違反 → 310

infraction
/infrǽkʃən/ | 名 〔法律・規則などの〕違反、侵害 → 310

breach
/briːtʃ/ | 動 (法律・約束など)を破る、〜に違反する　名 〔法律・協定・約束などの〕違反、不履行 → 141

✏️ **ここにも注目！**

① disclosure は「暴露；開示；発覚」の意味の名詞。disclosure of information（情報の開示）、disclosure of affairs（不倫の暴露）のように使う。

② impeachment は「弾劾、訴追、〔公職者に対する〕告発、告訴」という意味の名詞。→308

---

312 ☐ ☐ ☐ ☐   📢 formal

stipulate
/stípjulèit/

動 ～を規定する、明記する、明文化する

The contract **stipulates** that the parties involved must **comply with** the regulatory requirements and **abide by** the terms and conditions outlined in the agreement.
その契約書が規定するところによると、関係者は規制要件に従い、合意書にて概要が示された各種の条件を守る義務を負う。

「条件として規定する」という意味の語で、目的語には名詞のほかthat節、疑問詞節をとる。that節が目的語になる場合、節中には must、have to など「～しなければならない」という意味の言葉が用いられることが最も多く、そのほかに should、ought to、be to do など「～すべき」という意味の語句、can、could、be allowed (to do) など「許可」を意味する語句が使われることがある。例 The regulations stipulate the maximum weight and size of baggage allowed to be taken onto the plane. 飛行機に持ち込める手荷物の重量や大きさの上限が規定で定められている。／The contract stipulates when the project must be completed. 契約書には、プロジェクトをいつまでに完了しなければならないかが規定されている。

また、規定する内容が「法やルールで定められていること」の場合には、動詞の原形（または should + 原形）が用いられることもある。例 There are laws that stipulate that public education be free. 公教育は無償とする、ということを定めた法律がある。

📖 **併せて覚えたい！**

enshrine
/inʃráin/　　動 （権利など）を明記する、記載する、守る、大切にする →313

✏️ **ここにも注目！**

① comply with X は「X（法律・規則・要求・命令）に従う、X に沿って行動する；X に応じる」という意味。

② abide by X は「X（＝規則・決定など）に従う、X を順守する」という意味のフォーマルな表現で、observe X（X を順守する）とほぼ同じ意味になる。abide には I can't abide injustice.（不公平には耐えられない）のように否定文で用いて「耐えられない」という意味の使い方

269

もあるが、受験で重要なのは **abide by X** の方である。

313 ☐ ☐ ☐ ☐

enshrine
/inʃráin/

動 (権利など)を明記する、記載する、守る、大切にする

Our right of free speech is **enshrined** in the Constitution, but at the same time we have to **abide by** the law that protects privacy.
言論の自由は憲法で保障されているが、一方でプライバシーを保護する法律に従う義務もある。

be enshrined in X の形で「〔権利などが〕X に明記されている」という意味を表すことが多く、これは要するに「X で保障されている(**guaranteed**)」ということを意味していること考えてよい。能動形で「大切に保存する」という意味で使うこともある。「聖堂(**shrine**)の中に(**en-**)安置する」→「神聖なものとして扱われている」と考えるとわかりやすい。

📖 併せて覚えたい！

codify
/kádəfài/

動 (規則など)を成文化する ▸ **be codified in X** で「X で成文化されている」という意味になる。

✏️ ここにも注目！

abide by X は「X に従う、X を順守する」を意味する。 →312

314 ☐ ☐ ☐ ☐

quaint
/kwéint/

形 古風で趣のある、風変わりで興味深い

During the **excursion**, we passed by several **quaint** buildings that seemed to be **deserted**.
小旅行の間、人が住んでいないように思える古風で趣のあるビルをいくつか通り過ぎた。

古い、あるいは珍しい対象を「魅力的だ」とポジティブに捉える語。**a quaint village**(昔ながらの雰囲気が残る村)、**a quaint shop**(趣のある店)などのフレーズで覚えておこう。

📖 **併せて覚えたい！**

quirky
/kwə́ːrki/

形〔見た目や性質などが〕一風変わった、癖の強い　例 a quirky sense of humor 独特なユーモアのセンス／her quirky personality 彼女の一風変わった個性 →076：quirk

outlandish
/aʊtlǽndɪʃ/

形 奇妙な、風変わりな　例 outlandish stories 変な話 ▶ 非難するニュアンスが強い

bizarre
/bɪzáːr/

形 奇怪な、風変わりな　例 bizarre behavior 奇怪な行動／a bizarre situation 変な状況

✏️ **ここにも注目！**

① excursion は「小旅行、遠足、お出掛け」という意味の名詞。go on an excursion（遠足に行く）で覚えておこう。比喩的に「試み、挑戦」の意味で使われることもあり、an excursion into politics（政治への挑戦）のように使われる。全く同じではないものの意味が近い語としては expedition（遠征；探検；特定の目的の旅行）という名詞がある。go on an expedition（探検に向かう）のフレーズで一緒に覚えておきたい。

② deserted は「人気のない、人の住んでいない、見捨てられた」という意味の形容詞。なお、動詞の desert は「～を（見）捨てる、放棄する；（場所）を去る」という意味で使われる。

315 ☐☐☐☐

anachronistic
/ənǽkrənístɪk/

形 時代錯誤な、今の時代とは思えない

Citizens couldn't help having misgivings when they heard the minister's anachronistic comments on gender roles.
男女の役割分担に関して大臣が時代遅れな発言をするのを聞いた国民は、大丈夫だろうかと不安を感じずにはいられなかった。

▶ 基本的にマイナスの意味合いを込めて使われる。an anachronistic view [term/institution]（時代錯誤な見方［言葉／制度］）というフレーズが比較的よく用いられる。分解すると「逆」を意味する ana- という接頭辞に「時間」を表す chron の組み合わせであり、この ana- は anagram（アナグラム〔ある語句の文字を並べ替えて全く別の意味の語句を作る遊び〕）でも使われている。派生語 anachronism 名 時代錯誤、時代遅れの人［考え方、物など］ ▶「〔劇や映画などにおける〕時代考証のミス、時代的に不自然なもの」という意味もある。例 It seems a bit of an anachronism. それはちょっとした時代錯誤のように思える

✏️ **ここにも注目！**

misgivings は「疑念、懸念」という意味の名詞。have [feel] misgivings about X（X について疑

念[不安]を感じる、懸念している)の形でよく用いられる。**serious**、**deep**、**grave**で修飾されることが多く、いずれも疑念[懸念]が強いことを表す。

316 ▢ ▢ ▢ ▢

pseudonym
/súːdənìm/

名 偽名、仮名、ペンネーム

Writing under a pseudonym, Stephen King published several novels whose sales were stagnant contrary to his expectations.

スティーヴン・キングはペンネームで数冊の小説を出版したが、期待に反して売れ行きは今一つだった。

▶ **under a pseudonym (of X)**((X という)偽名で)の形で使うことが多い。なお、**pseudo-**は「偽の、疑似の」を表し、接頭辞的にさまざまな語と結びつくが、特に **pseudoscience**(疑似科学)は頻出。

📖 **併せて覚えたい!**

alias
/éiliəs/

名 偽名、別名 ▶ X, alias Y(X、別名 Y)の形で前置詞としても使われる。**例** under an alias 偽名で

incognito
/ìnkɑɡníːtou/

形 お忍びで、身分を隠して

✏️ **ここにも注目!**

stagnantは「[経済などが]停滞した、不振な」という意味の形容詞。**a stagnant economy**(停滞した経済)で覚えておこう。

317 ▢ ▢ ▢ ▢

culminate
/kʌ́lmənèit/

動 頂点を迎える、クライマックスを迎える

The series of negotiations among the four nations culminated in a historic peace accord last year.

その 4 カ国は幾度となく交渉を重ね、昨年、ついに歴史的な平和協定に至った。

▶ **culminate in X**([一連の出来事が]最終的に X という結果になる)という用法が基本。**with**が使われることもあるが、**in**の方がはるかによく使われる。**result in** と関連付

けて覚えるとよい。Xにはdeathやbattleのように否定的な意味の言葉も入るので要注意。

✏ ここにも注目！

accordは「協定、合意」という意味の名詞。問題文のa peace accord（平和協定）というフレーズで覚えておきたい。そのほか「一致」という意味もあるが、こちらに関してはin accord with X（Xと一致して、調和して）で覚えておきたい。なお、in accordance with Xはどちらかというと「Xに従って」という意味合いで使われる。

318 ☐ ☐ ☐ ☐

pinnacle
/pínəkl/

名 ①頂点、絶頂、最高点 ②〔教会などの〕小尖塔（せんとう） ③〔岩・山などの〕頂上、尖峰

Following years of rigorous practice, the athlete ultimately reached the pinnacle of her career by securing a coveted Olympic gold medal.

長年にわたる厳しい練習の末、そのアスリートは念願のオリンピック金メダルを獲得し、ついにキャリアの頂点に登りつめた。

元々は「岩や山の頂上」を表す③の意味だが、そこから比喩的に拡張して①の「頂点」という意味で用いることが多い。この場合、the pinnacle of X（Xの頂点［絶頂／最高点］）の形で使うのが一般的。また、③の意味から転じて②の「教会などの小尖塔（せんとう）」という意味でも用いる。

📖 併せて覚えたい！

apex
/éipeks/

名 〔物の〕頂点；❷〔組織・社会における〕最も重要な地位；❷〔人生などの〕絶頂期、ピーク 例 the apex of his career キャリアの絶頂期

apogee
/ǽpədʒiː/

名 ❷〔力・成功などの〕絶頂、最高点；遠地点（月または人工衛星がその軌道上で地球から最も遠い点） 例 Her career reached its apogee in the late 90s. 彼女のキャリアは90年代後半に頂点に達した。

acme
/ǽkmi/

名 絶頂、頂点、最盛期 →010

zenith
/zíːniθ/

名 ❷〔名声・力などの〕頂点、絶頂；天頂 例 The group is at the zenith of their popularity. そのグループは人気の絶頂にある。

✏ ここにも注目！

① rigorousは「厳密な、正確な；厳格な、厳しい、過酷な」という意味の形容詞。
② secureは「〔苦労して〕〜を確保する、獲得する、手に入れる」という意味の動詞。

③ coveted は「誰もが欲しがる[憧れる]」という意味の形容詞。 →049 : covet

319

□ □ □ □

stark
/stá:rk/

形 ①あからさまな、はっきりとした、際立つ ②厳しい、過酷な ③荒涼とした、派手さのない

Her exuberant personality is in **stark** contrast to the reserved demeanor of her brother.
妹は元気いっぱいの性格だが、全く対照的に、兄の方は控えめな物腰だ。

問題文の **in stark contrast to X**(Xとはっきり対照をなして)は超頻出フレーズ。そのほか **a stark difference**(明らかな違い)、**a stark reality**(厳しい現実)、**a stark landscape**(荒涼とした景色)などを覚えておくとよい。

✎ ここにも注目！

① exuberant は「はつらつとした、元気でいっぱいの、明るい、生い茂った、豊富な」という意味の形容詞。おおよそ同じ意味合いの ebullient(快活な、明るい)、vivacious(明るい、陽気な)も余裕があれば覚えておくとよい。vivacious は特に女性について用いられることが多い。

② reserved は「控えめな、遠慮がちな」という意味の形容詞。名詞の reserve に「控えめ、遠慮」という意味があり、with [without] reserve(遠慮がちに[遠慮なく])で一緒に覚えておこう。

③ demeanor は「態度、物腰」という意味の名詞。 →098

320

□ □ □ □

((pronunciation   > stress

succinct
/sə(k)síŋ(k)t/

形 簡潔な、簡単明瞭な、簡明な

A well-written report should present ideas in a **succinct** manner, utilizing precise language and avoiding any superfluous details or extraneous information.
よく書けているレポートというのは、正確な言葉を用い、余計な詳細や無関係な情報を避け、考えを簡潔に示すものでなければならない。

「簡潔かつ明瞭に述べられた、表現された」という意味で、書かれたものや述べられたことを褒める意図が含まれる。concise(簡潔な)とほぼ同義と考えてよい。**a succinct summary [explanation/description]**(簡潔な要約[説明／描写])というフレ

| ーズで覚えておこう。

📖 併せて覚えたい！

pithy
/píθi/

形〔コメント、文章などが〕簡潔で要を得た、端的な；力強い；含蓄のある ▶ 褒めるニュアンスがある。**例 He cited one of his own pithy sayings.** 彼は自作の含蓄ある格言の一つを引用した。

✏️ ここにも注目！

① **superfluous** は「余分な、過剰の；不必要な、無駄な」という意味の形容詞。→031

② **extraneous** は「無関係の；本質的でない」を意味するフォーマルな形容詞。**extraneous to X** で「X にとって無関係な、X にとって本質的ではない」という意味になる。

---

321 □□□□

quarantine
/kwɔ́:rəntì:n/

名〔感染予防の〕隔離（期間）、検疫　動～を隔離する、検疫する

In response to the pandemic, many countries implemented strict quarantine measures to curb the spread of the virus and ensure public health and safety.

感染爆発を受けて、多くの国が厳格な検疫措置を実施し、ウイルスの蔓延防止および公衆の健康と安全の確保を目指した。

名詞の場合、**put X in [into] quarantine**（X を隔離する）、**in [under] quarantine**（隔離状態で）、**out of quarantine**（隔離が解かれて）といった用法がある。**例 She tested positive for the virus and was put in quarantine.** 彼女はそのウイルスの陽性判定が出て隔離された。／ **She was in [under] quarantine for 14 days.** 彼女は14日間の隔離状態にあった。／ **She was finally out of quarantine and came back to work.** 彼女はようやく隔離が解かれ、職場に復帰した。

動詞の場合は受け身で用いることが多い。**例 All the passengers were quarantined.** 乗客は全員隔離された。

📖 併せて覚えたい！

segregate
/ségrigèit/

動 ❶ ～を差別する；～を分離する、～を隔離する ▶ **segregate X from Y (into Z)** で「X（人・団体など）を Y から（Z へと）分離する；X（病人など）を Y から（Z へと）隔離する」という使い方もある。**例 Patients with the disease were segregated into a separate ward.** この病気の患者たちは別の病棟に隔離された。

sequester
/sikwéstər/

動 ❶（陪審員など）を〔情報漏洩防止のため〕隔離する；（財産など）を仮差し押さえする ▶ 法律用語で、受け身で用いるのが一般的。「仮差し押さえする」の意味では

sequestrate が同義。**例** The jury was sequestered for two weeks. その陪審員団は2週間隔離された。

✎ ここにも注目！

① implement は「(政策など)を実行する、実施する」という意味の動詞。**→023**

② curb は「(悪い状況など)を抑制する；(感情など)を抑える；(行動など)を制限する」という意味の動詞。curb emissions of CO_2 (二酸化炭素の排出を制限する)、curb inflation (インフレを抑制する)のようなフレーズがよく見られる。

---

322 □ □ □ □ ⏸ formal

seclude
/siklú:d/

動 ～を隔絶する、引きこもらせる

After a long and stressful week, she decided to **seclude** herself in the peaceful countryside, away from the commotion and turmoil of the city.
長くストレスの多い1週間を乗り越えた彼女は、都会の喧騒や混乱から離れ、平穏な田園地帯でひっそりと過ごすことにした。

「人を他者との接触から遠ざける」というのが基本の意味。seclude X (from Y) で「X を(Yから)隔絶する、引きこもらせる」という意味になる。**例** The pandemic secluded me from my peers. パンデミックによって私は仲間から隔絶された。
目的語を oneself にした **seclude oneself from Y** (Yから隠遁する、引きこもる)の形は頻出。**例** She secluded herself from the community. 彼女は地域社会から距離を置いていた。

派生語 secluded 形 人目につかない、平穏な、隠遁した **例** a secluded beach 人目につかない静かなビーチ／a secluded life 隠遁生活　**seclusion** 名 隔離、遮断、隠遁 **例** live in seclusion 隠遁生活を送る

📖 併せて覚えたい！

cloistered
/klɔ́istərd/

形 ❶煩わしい世間から離れた、隠遁の、修道院にこもった ▸ 名詞を前から修飾する形で用いる。**例** a cloistered life 隠遁生活

✎ ここにも注目！

① commotion は「突然の騒動、混乱」という意味の名詞。**→092**

② turmoil は「混乱、騒動」という意味の名詞。**→091**

323

□ □ □ □

untenable
/ʌ̀nténəbl/

形 〔理論・立場が〕擁護・支持できない

The view that human beings are fundamentally different from other animals became increasingly **untenable** with the growing appreciation of Darwinism.
ヒトは他の動物と根本的に異なっているのだという考え方は、ダーウィンの進化論とともに、次第に擁護できないものとなった。

un-(否定) + tenable(擁護できる)という成り立ちで、ten は「支える」という意味を持つ(sustain や maintain の -tain と同語源)。「決定的な反証を突きつけられて学術的な説を支持できない」「スキャンダルが起きて社会的立場などを維持できない」などの状況を表す。例えば**The prime minister's position became untenable.** なら「首相の地位を維持できなくなった」となり、首相の職を続けられなくなったことを意味する。 関連語 tenable 形 擁護できる;耐えられる ▶ 否定文で用いられ、結局「擁護できない」という意味の文になることが多い。 例 The argument was no longer tenable. その議論はもはや擁護できなかった。

324

□ □ □ □

🔊 formal

depletion
/diplíːʃən/

名 ①(大きな)減少 ②枯渇 ③消耗

Despite efforts to implement sustainable practices, the **depletion** of natural resources continues to escalate, prompting policymakers to enact stricter measures to curb the overexploitation of the environment.
持続可能な活動の実践を目指す努力もむなしく、天然資源の枯渇は深刻化の一途をたどっており、環境の乱開発を抑制する一段と厳しい措置の制定が政策立案者には求められている。

「大幅な減少」「残量が不十分」といった含みを持つ。名詞＋depletion という複合語になることも多く、resource depletion(資源の枯渇)、oil depletion(石油減耗〈石油産出量の減少〉)、oxygen depletion(酸素欠乏)、ozone depletion(オゾン層の破壊)といったフレーズで用いられる。 派生語 deplete 動 消耗する、枯渇する ▶ depletion と同様の含みを持つ。受け身で用いられることが多く、しばしば副詞の seriously、severely、quickly、rapidly などを伴う。 例 Rich plant life of the forest has been severely depleted. その森の豊かな植物は著しく減少している。

📖 併せて覚えたい！

squander
/skwάndər/

動 （お金・時間・機会など）を無駄遣いする、浪費する →148

✏️ ここにも注目！

① implement は「（政策など）を実行する、実施する」という意味の動詞。 →023

② escalate は「〔悪い状況が〕エスカレートする、段階的に拡大［増大］する、悪化する」という意味の動詞。

③ prompt は「～を促す、駆り立てる」という意味の動詞で、prompt X to do で「Xに～するよう促す、駆り立てる」という意味になる。なお、prompt は「即座の、迅速な」という意味の形容詞として用いられることもある。

④ enact は「（法律）を制定する、（法案）を立法化する、法律にする」を意味する動詞。

⑤ curb は「（悪い状況など）を抑制する；（感情など）を抑える；（行動など）を制限する」という意味の動詞。 →321

325 ☐ ☐ ☐ ☐

scant
/skǽnt/

形 乏しい、不十分な、足りない

The president paid **scant** attention to the **imminent** issues, **thereby** putting the company **on the verge of** bankruptcy.
喫緊の問題にほとんど見向きもしなかったせいで、その社長は自社を倒産寸前に追いやってしまった。

よく使われる表現は、**pay scant attention to X**（Xにあまり注意を払わない）、**with scant regard for X**（Xにあまり配慮せずに）、**have scant regard for X**（Xを十分に配慮しない）、**There is scant evidence.**（わずかな証拠しかない）、**scant resources**（乏しい資源）など。また、**a scant 数 X**で「～Xにやや足りない」という意味の表現もある。期間やレシピについて用いられることが多い。例 **a scant two weeks later** 2週間も経たないうちに／**Pour a scant 1/4 cup of batter into the pan.** フライパンに生地を1/4カップ弱ほど流し入れる。

✏️ ここにも注目！

① imminent は「差し迫った」という意味の形容詞。普通は「良くないものが差し迫って、今にも起こりそうな」の意味で使う。attack、death、danger、threat などの名詞を修飾することが多い。おおよそ同じ意味合いの形容詞として impending（差し迫った、すぐに起こりそうな）も併せて覚えておこう。impending doom（差し迫った恐ろしい運命）、impending

death(差し迫った死)のように使う。 →359

② **thereby** は「それによって、従って」という意味の副詞。文の後半に置いて **thereby V-ing** の
形で「それによって〜」という意味で使う。

③ **on the verge of X** は「X 寸前で、今にも X しそうで」の意味のフレーズ。X には **tears**、**death**、
bankruptcy、**extinction**、**collapse** などの名詞が入ることが多い。**on the brink [edge/point]
of X** とほぼ同義。 →039 : brink

---

326 ☐☐☐☐ 📢 formal

infinitesimal
/ìnfinətésəməl/

形 ①〔数学的に〕無限小の ②〔一般に〕極小の、非常に小さ
い

The potential risk of any side reactions the vaccine may produce is **infinitesimal**
compared to the health benefits it provides.
そのワクチンで生じる可能性のあるどんな副反応の潜在的リスクも、それがもたらす健康上の効果と比
べると無視できる程度のものだ。

infinite(無限の)を基にして、**centesimal**(100分の1の、百分法の)との類推で作られ
た語。「無限大に分けたうちの一つ分」から「無限小の」の意味になる。同じ語尾を持
つ語としては **decimal**(10進法の；小数の)も重要。問題文のように補語として使うほ
か、**an infinitesimal fraction [amount] of X**(X のほんの一部)のように後ろの名詞を
修飾する用法も非常に多い。**centesimal** は「100分の1の」、**infinite** は「無限の、果て
しない」という意味の形容詞。**infinitesimal** はこの二つを足し合わせたようなイメー
ジで、分母が非常に大きい分数のイメージを持つと覚えやすい。**infinitesimal** ≒
infinitely small という関係も併せて覚えておくとよい。

📖 **併せて覚えたい！**

minuscule
/mínəskjùːl/

形 極めて小さい ▸ mini との連想が働いた minuscule という綴りもあるが、誤りだと
いう意見も根強いため、自分では使わないこと。例 minuscule amount of time 非常
にわずかな時間

---

327 ☐☐☐☐

copious
/kóupiəs/

形 大量の、おびただしい

His lecture was peppered with **copious** amounts of irony.
彼のレクチャーには大量の皮肉がちりばめられていた。

名詞を前から修飾する形で使う。**copious amounts of X** で「大量の X」という意味を表す用法が多い。「多量」を表す *copia* というラテン語から来ており、これは **opulent**（豪勢な）という形容詞のほか、**copy**（写し）の由来にもなっている。

📖 **併せて覚えたい！**

profuse
/prəfjúːs/
形 大量の、おびただしい、惜しみない ▸ 副詞は profusely（過度に、やたらと）。例 a profuse apology 惜しみない[過度な]謝罪

ample
/ǽmpl/
形 十分すぎるほどの、豊富な（≒ abundant）　例 ample time 十分な時間

✏️ **ここにも注目！**

be peppered with X で「〔話や文章などに〕X がちりばめられている、X でいっぱいである」の意味。よく似た表現に **be scattered with X** があるが、こちらは「〔場所に〕X が散らばっている」という意味。**be sprinkled with X** はどちらの意味合いでも使われる。例えばそれぞれ This area is scattered with skyscrapers.（この地域には超高層ビルがたくさんある）、His speech was liberally sprinkled with stupid jokes.（彼のスピーチには馬鹿げたジョークがたっぷりちりばめられていた）のように使われる

328 ☐ ☐ ☐ ☐

accrue
/əkrúː/
動 〔利益などが〕増加する、生じる

Over time, financial benefits accrued to the company, resulting in its employees becoming affluent.
時間が経つにつれ、同社の財政的利益は増加していき、それに伴って社員も潤うことになった。

accrue to X で「X に〔利益などが〕生じる、増加する」を表すほか、**accrue from X**（X から生じる）や **be accrued**（増加する）という形でも使われる。主語は **benefit**（利益）、**money**、**interest**（利子、利息）などが多い。 派生語 **accrual** 名 〔利益・利子などの〕付加、発生；（付加）利子

✏️ **ここにも注目！**

affluent は「豊かな、裕福な」という意味の形容詞。**affluent people**（裕福な人々）、**an affluent family**（裕福な家庭）で覚えておこう。

329

anthem
/ǽnθəm/

名 〔団体への忠誠を示す〕賛歌、国歌

During the pregame ceremony, the flag was raised high as the national anthem was played, with some players kneeling and all the fans proudly singing together.
試合前のセレモニーでは国歌が演奏される中で旗が高く掲げられた。一部の選手はひざまずき、ファンはみな一緒になって誇らしげに歌っていた。

national anthem（国歌）が圧倒的に多いが、school anthem（校歌）という表現で用いられることもある。また、教会で歌う讃美歌や、あるグループ・年代のシンボル的な曲を意味することもある。**例** teenage anthem 10代の気持ちを代表する曲
元々はanti（応答する）＋ phone（声）という成り立ちで、会衆が交互に歌う聖歌を指した。語中のtがthに置き換わって現在の形になったが、これと類似した変化は人名のAntony → Anthonyにも見られる。

📖 **併せて覚えたい！**

hymn
/hím/

名 賛美歌 **例** be singing from the same hymn sheet 同じ賛美歌集を参照して歌う（足並みをそろえて同じことを言う）

330

balk
/bɔ́ːk/

動 ①ためらう、躊躇する、尻込みする、不安になる
②〜を妨害する、邪魔する

Because of the drudgery I was assigned, I was extremely reluctant to go to work today, but I balked at the idea of feigning illness.
面倒な雑務の担当になっていたので、今日は出勤するのがすこぶる嫌だったが、仮病を使うというのも気が引けた。

balk at Xの形で用いて「（困難・危険な）Xに躊躇する」という意味を表すことが多い。Xには idea、notion、prospect（見込み、見通し）、cost、price などの名詞、あるいは動名詞が入る。**例** balk at launching a new business 新たに起業することに尻込みする
問題文のような「ある行為に踏み出すことに躊躇する」という場合に限らず、より広く「ある事柄を考えて抵抗感を覚える」という状況で使える。**例** balk at the prospect of frog on the menu メニューにカエル料理があるのを想像するだけでウッとなる
なお、②の意味では be balked of the opportunity（機会をだめにされる）のように使うが、頻度は低い。

① **drudgery**は「退屈な仕事、単調で嫌な骨折り仕事」という意味の名詞。 →265

② **feign**は「～のふりをする、～を装う」という意味の動詞。**feign interest**（興味のあるふり をする）、**feign illness [sickness]**（病気のふりをする）、**feign indifference**（無関心を装う）、 **feign ignorance**（知らないふりをする）、**feign enthusiasm**（熱意のあるふりをする）、**feign death**（死んだふりをする）、**feign sleep [to be asleep]**（寝ているふりをする）などがよく用 いられるフレーズである。

Your vocabulary constitutes the precision
with which you see the world.
語彙力とは世界を見る精度のことである。
（駒橋）

331

□ □ □ □

unpalatable
/ʌnpǽlətəbl/

形 ①受け入れられない、受けつけない、不快である ②口に合わない、まずい

The claim that there is a structural difference **to be reckoned with** between the brains of men and women is, however **compelling** the evidence seems, **unpalatable** to some people.

男女の脳には無視できない構造上の違いがあるという主張は、たとえどんなに証拠に説得力があるように思えても、受け入れられないという人がいる。

palatable という形容詞は「味の良い」、あるいは比喩的に「好ましい」という意味で、food や alternative などを修飾して用いられる。その否定形が unpalatable であり、こちらは truth、choice、option などを修飾することが多い。どちらの語も比喩的な意味で用いる場合は (un)palatable to X(X にとって好ましい[不愉快な])の形となる。palate は「口蓋；味覚、好み」という意味の名詞で、suit X's palate(X の口に合う、X の好みに合う)を知っていれば形容詞の (un)palatable も覚えやすい。

✎ ここにも注目!

① **to be reckoned with** は「無視できない」という意味の表現で、問題文のように名詞を後ろから修飾する形で用いる。reckon そのものは「〜と思う；〜を数える」などの意味の動詞で、reckon with X は「X に対処する」という意味のフレーズ。

② **compelling** は「〔証拠などに〕説得力がある；抗しがたい、魅力のある」という意味の形容詞。compelling evidence(説得力のある証拠)が頻出フレーズなので覚えておこう。

332

□ □ □ □

congenial
/kəndʒíːniəl/

形 ①〔人と〕似通った、同じ趣味の、気心の合った ②〔物事が〕性分に合った、快適な、居心地のよい

The **serene** atmosphere of the lakeside resort was **congenial** to the elderly couple, who had been seeking a **tranquil** and relaxing vacation.

湖畔リゾートの落ち着いた雰囲気は、静かでくつろげる休暇を求めていた老夫婦の好みに合ったものだった。

congenial to X のように to X(人)を伴うことが多く、「〔物事が〕X の性分[人格/性格]に合った」という意味になる。to X の有無に関係なく、人について描写する場合は「似通った、同じ趣味の、気心の合った」という意味になり、物事について描写する場合は「快適な、心地のよい」という意味になる。例 a congenial colleague 気の合

284

| う同僚／ a congenial working environment 快適な労働環境

📖 **併せて覚えたい！**

cordial
/kɔ́ːrdʒəl/

形 ❶友好的な；心からの；丁寧な ▶「丁重で礼儀を守りつつ、友好的で心からの」という意味合いの語。例 a cordial relationship 友好的な関係

amicable
/ǽmikəbl/

形 友好的な、円満な、平和的な　例 an amicable divorce 円満離婚

✏️ **ここにも注目！**

① serene は「落ち着いた、平静な、穏やかな」という意味の形容詞。 → 143

② tranquil は「〔景色・雰囲気・人生などが〕穏やかな、静かな、落ち着きのある；〔心などが〕落ち着いた、平静な」を意味する形容詞。

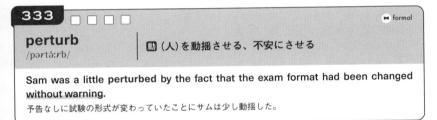

333 ☐ ☐ ☐ ☐　　　　　　　　　　　🔊 formal

perturb
/pərtə́ːrb/

動 (人)を動揺させる、不安にさせる

Sam was a little **perturbed** by the fact that the exam format had been changed without warning.
予告なしに試験の形式が変わっていたことにサムは少し動揺した。

受け身の形で使われることが多い。後ろに続く前置詞はほとんどが **by** だが、**at** や **about** が使われることもある。**He was overly perturbed to find that he'd failed the test.** (彼はテストに落ちたと知って過度に動揺した)のように **to do** を伴うこともある。**disturb**(～を心配させる)のよりフォーマルな語だと認識しておくとよい。

✏️ **ここにも注目！**

without (any) warning は「何の前触れもなく、唐突に」という意味の表現。

decipher
/disáifər/

動 (暗号や読みにくい文字など)を解読する、判読する、読み取る、理解する、解明する

The literary world is excited by the news that the novelist's unpublished manuscript has been found, but it will be no small feat to decipher her scribbled handwriting.

その小説家の未発表原稿が発見されたというニュースに文学界は沸いているが、殴り書きのような彼女の筆跡を解読するのは決して容易なことではないだろう。

「暗号」や「文字」が目的語になることが多いが、「法則などを解き明かす」「隠れた意味を解明する」という意味でも使われる。問題文のように、「難易」や「可能」に関わる言葉(hard、try、could、able など)とセットで使われることが多い。de-は「プロセスの反転」を表す接頭辞で、defrost(～を解凍する;～の霜取りをする)、declassify(～を機密リストから外す)、demote(～を降格させる)などの語にも使われている。

関連語 cipher 名 暗号(文)　動 ～を暗号で書く

📖 **併せて覚えたい！**

decode
/diːkóud/
動 (暗号など)を解読する、(意味など)を理解する　例 decode the message メッセージを解読する

crack
/krǽk/
動 (暗号など)を解く、解読する　例 crack the code 暗号を解読する

✏️ **ここにも注目！**

① manuscript は「〔手書きの〕原稿」という意味の名詞。an unpublished manuscript(未発表の原稿)に加え、an original manuscript(元の原稿)を覚えておくとよい。

② feat は「偉業、離れ業」という意味の名詞。no small [mean] feat(至難の業、かなりの業績)というフレーズはよく使われる。

335

□ □ □ □

cryptic
/kríptik/

形 (発言・表情などが)謎めいた、理解が困難な

Robert received a somewhat **cryptic** message from an <u>anonymous</u> person, and he struggled to <u>decipher</u> its hidden meaning.
匿名の人物からいくぶん謎めいたメッセージを受け取ったロバートは、その隠れた意味を解き明かそうと悪戦苦闘した。

message、note(メモ)、statement、remarkなど、「言葉」に関する名詞とともに使われることが多い。**crypto-** は「暗号の、暗号による；〔主義や身分を〕隠した」という意味の接頭辞。cryptocurrency(暗号通貨)、a crypto-fascist(隠れファシスト)といった使い方をする。

📖 **併せて覚えたい！**

encrypt
/inkrípt/

動 ~を暗号化する ▶「データを保護する目的で暗号化する」という意味合いで用いる。例 encrypted data 暗号化によって保護されたデータ

enigmatic
/ènigmǽtik/

形 謎めいた、ミステリアスな →336：enigma

✏️ **ここにも注目！**

① **anonymous** は「匿名の」という意味の形容詞。 →108
② **decipher** は「(暗号など)を解読する」という意味の動詞。 →303

336

□ □ □ □

enigma
/ənígmə/

名 ①謎(の物[言葉])、不可解な物[言葉] ②謎めいた人、不可解な人

The unsolved **enigma** of the universe's origins has long puzzled <u>cosmologists</u> and <u>astrophysicists</u>, who continue to <u>grapple</u> with its complexity and search for answers.
宇宙はどのように始まったのかという未解決の謎は宇宙学者や天体物理学者を長きにわたって悩ませており、研究者たちは今なおその複雑な問いに取り組み、答えを探求している。

mysteryとほぼ同義の語。mysteryが「謎」に相当するもの全般を広く指すのに対し、enigmaは「極めて複雑かつ困難で、明かされることがないと思われる謎」という意味合いを持つ。remain an enigma(謎のままである)、present an enigma(謎である)

というフレーズが比較的よく使われる。派生語 enigmatic 形 謎めいた、不可解な 例 an enigmatic smile 謎めいた微笑み

📖 併せて覚えたい！

conundrum
/kənʌ́ndrəm/ | 名 難題、なぞなぞ →337

✏️ ここにも注目！

① cosmologist は「宇宙論（学）者、宇宙論研究者」という意味の名詞。
② astrophysicist は「天体物理学者」という意味の名詞。
③ grapple は「～に取り組む；～と取り組み合う、格闘する」を意味する動詞。grapple with X（X に取り組む、X と格闘する）のように使う。grapple to do（～しようと格闘する）という用法もある。

337 □□□□

conundrum
/kənʌ́ndrəm/ | 名 難題、なぞなぞ

As we grapple with the implications of AI, we face the ethical conundrum of how to hold it accountable for its actions, with no solution in sight – at least for now.
人工知能の影響に向き合う中で、私たちはその行動にどう責任を取らせるかという倫理的難問に直面し、解決策は見えていない——少なくとも現時点では。

単数形で使われることが多い。「なぞなぞ」という意味では riddle の類義語だと考えてよい。ラテン語を模倣して作られた単語とみられる。なお、語尾が -um で、なおかつ実際にラテン語由来の単語としては continuum（連続体）、dictum（格言）、decorum（礼儀）→342 などが重要。

📖 併せて覚えたい！

enigma
/ənígmə/ | 名 謎、不可解な物［言葉］；謎めいた人、不可解な人 →336

✏️ ここにも注目！

grapple は「取り組む；取っ組み合う、格闘する」という意味の動詞。→336

338

latent
/léitnt/

形 隠れた、潜在的な、潜伏性の

The latent potential of the team remained untapped until the arrival of the new manager, who identified and harnessed its capabilities through a series of strategic initiatives.

そのチームは潜在能力を発揮できずにいたが、そこにやってきた新監督は、数々の戦略的な取り組みを通じてチームの素質を見極め、有効に活用した。

「現状では隠れていて明白ではないが、将来的に発達・活性化の可能性がある」という含みがある。通例、名詞を前から修飾する形で用いる。医学用語、心理学用語でもあり、**latent disease**(潜伏性疾病)、**latent period**(潜伏期間)といったフレーズで用いられる。

📖 併せて覚えたい！

lurking
/lə́ːrkiŋ/

形 潜んでいる、潜伏している、潜在している →259 : lurk

dormant
/dɔ́ːrmənt/

形 休止状態にある、冬眠中で、休眠中で、活動停止中の、眠っている、冷え切っている →386

✏️ ここにも注目！

① **untapped**は「〔資源などが〕まだ利用されていない、手つかずの:〔市場が〕未開拓の:〔才能が〕活用されていない」という意味の形容詞。「〔樽が〕未開栓の」という意味で使われることもある。

② **harness**は「(自然の力や感情など)を利用する」という意味の動詞。**harness the power of the wind**(風力を利用する)、**harness solar power**(太陽光エネルギーを利用する)のように使う。**harness X to Y**で「X(馬など)をYにつなぐ」という意味になる用法もある。名詞としては「馬具、安全ベルト、ハーネス」の意味で用いられる。

☐ ☐ ☐ ☐

optimal
/áptəməl/

形 最適の、最善の、最高の、申し分のない

The optimal solution to this complex problem requires a multifaceted approach that incorporates data-driven insights and carefully calibrated interventions.

この複雑な問題に最適解を与えるには、データ主導型の知見や慎重な調整を経た介入策を取り入れた多面的なアプローチが必要となる。

optimum もほぼ同義だが、使用場面が科学技術系の専門的な文脈に偏っており、一般的には optimal の方が多く使われる。いずれも名詞を前から修飾する形で用いる。health、level(s)、conditions、performance、solution、time、strategy、results といった名詞が後に続くことが多い。

📖 併せて覚えたい！

suboptimal
/sʌbáptəməl/

形 最適とは言えない、次善の ▸ 同じ意味で suboptimum という語もあるが、使用頻度は低い。例 The suboptimal results disappointed the team. 最善とは言い難い結果にチームは落胆した。

✏️ ここにも注目！

① multifaceted は「多面的な；多方面にわたる」を意味するフォーマルな形容詞。 →296 : facet

② calibrate は「(計器など)を調整する；〜を換算する；(薬の服用量)を調整する；〜を正確に測る」という意味の動詞。

☐ ☐ ☐ ☐

exhilarating
/igzílərèitiŋ/

形 ①爽快な ②ウキウキする、スリル満点の、テンションの上がる

This is said to be the most exhilarating action movie the director has ever made, and I'm sure seeing it on a large-screen in the theater will give you a vicarious thrill.

この作品は、その監督史上一番爽快なアクション映画って言われてて、劇場の大きなスクリーンで見たら、まるで自分がその世界を体験してるみたいなスリルを味わえること間違いなしだよ。

experience、feeling、time、ride(遊園地にある乗り物^{ライド})といった名詞を伴って使われることが多い。 関連語 exhilarated 形 気分爽快で ▸「運動による爽快感」について言うことが多い。語源的には hilarious(非常に面白い)と関連している。

✏️ ここにも注目！

vicariousは「自分のことのような、追体験的な、その場にいるかのような」などの意味の形容詞。実際に自分ではやらないが、ほかの人がやっているのを見たり聞いたりすることでその人と同じような感情や経験をすることを表す。よく使われるフレーズとしてはa vicarious pleasure（自分のことのように嬉しく感じること）、a vicarious experience（追体験）、vicarious trauma/traumatization（〔トラウマを抱えた人を相手することで〕自分もトラウマを感じること）、a vicarious satisfaction（わがこととして満足すること）など。

341 ☐ ☐ ☐ ☐

hilarious
/hiléəriəs/

形 非常に面白い、非常にこっけいな、非常に馬鹿げている

The history teacher's jokes always fall flat, but today, his casual comment on the ruins was unintentionally hilarious.

その歴史の先生のジョークはいつもウケないが、今日、その遺跡について何気なく口にした一言は、狙ったわけでもないのに非常に面白かった。

名詞を修飾する場合はstory、joke、scene、videoなどの名詞を伴うことが多い。funnyの意味がより強いバージョンだと考えておくとよい。

342 ☐ ☐ ☐ ☐
🔊 formal

propriety
/prəpráiəti/

名 ①礼儀（正しさ）②礼儀作法、礼節 ③適当さ、妥当性

The diplomat's actions were strictly guided by the principles of propriety, ensuring that he always conducted himself in a dignified and respectful manner.

その外交官の行動は、礼儀の原則に厳密に則（のっと）ったものであり、常に堂々と、そして敬意ある態度で振る舞うことを徹底していた。

①は「礼節をわきまえていること」を表す。②の意味の場合はthe proprietiesという形で使われるのが基本だが、この用法は「古風」だと判断される場合もある。③の意味ではpropriety of X（Xの適当さ、妥当性）のように使う。例 propriety of leaving without notice 予告なく去ることの妥当性

関連語 impropriety 名 下品、無作法、不相応、間違い

decorum 名 ⊖礼儀正しい行動、〔行為・言葉・服装などの〕上品さ 例 We were treated with
/dikɔ́:rəm/ decorum. 私たちは礼節を持った扱いを受けた。

✒️ ここにも注目！

dignified は「威厳のある、堂々とした；品位のある」を意味する形容詞。

343 ☐ ☐ ☐ ☐

traitor 名 裏切り者、反逆者
/tréitər/

The disappointment and anger in her voice was **palpable** when she realized her
best friend had been a **traitor** all along.
親友が実はずっと自分の信頼を裏切っていたのだと気づいた彼女の声には、失望と怒りがありありと感
じられた。

問題文に出てくる **be a traitor**（裏切り者である）が頻出。また **turn traitor**（裏切り者に
なる）も重要だが、この場合は冠詞がつかない点に注意。どちらも to X を後ろに続け
て「X に対する裏切り者」とすることができる。X には the [one's] country、nation、
race など「集団」を表す名詞がくることが多いが、**a traitor to democracy**（民主主義
を裏切った者）のようにやや比喩的な使い方をすることもある。

✒️ ここにも注目！

palpable は「明白な、はっきりとした；触知できる」という意味の形容詞。「誰もが気づくほ
どはっきりしている」というニュアンスである。問題文のように補語として用いられること
が多く、前者の場合、excitement、disappointment、anger、outrage（怒り）、arrogance（傲
慢さ）、tension（緊張）などが主語になり、感情を表すのに使われることが多い。名詞を前か
ら修飾することは少ないが、a palpable sense of X（明らかな X）は覚えておくとよいだろう。
a palpable sense of relief（明らかな安心感）というフレーズが頻出。同じく「明白な」という
意味合いの難しい形容詞として tangible（明白な、はっきりした；触れることのできる）も覚
えておこう。こちらは tangible evidence（明白な証拠）、tangible benefits（目に見える利益）
などのフレーズで使われる。

344

🔊 formal

refute
/rifjúːt/

動 ①(主張・理論など)の誤りを証明する、〜を論破する
②(主張・噂など)を否認する

The scholar's argument was based on sound evidence and immaculate reasoning, making it difficult for anyone to refute it with counterarguments.

その学者の議論は確実な証拠と完璧な推論に基づいていたので、反対意見でそれを覆すことは困難となっていた。

①の意味では disprove(〜が誤りであることを証明する)に近く、②の意味では deny(〜を否定する)に近い。問題文では①の意味で用いられている。目的語には claim、allegation(主張、疑惑)、argument、theory、accusation(批判)などがよく用いられる。 派生語 refutation 名 論破、反論

📖 併せて覚えたい！

rebut
/ribʌ́t/

動 ❶〔反証や正論によって〕〜に反論する、反駁する；(告発など)の反証をあげる　例
He was successful in rebutting the allegations against him. 彼は自分に対する疑惑を反証することに成功した。

repudiate
/ripjúːdièit/

動 ❶〜を拒絶する、拒否する；〜を公式に否定する、はっきり否認する　例 He repudiated the allegations against him of child abuse. 彼は自分にかけられた児童虐待の疑惑を否定した。

✏️ ここにも注目！

immaculate は「汚れのない、しみ一つない；欠点のない、完璧な」という意味のややフォーマルな形容詞。 → 195

345

🔊 formal

debunk
/diːbʌ́ŋk/

動 ①〜の誤りを示す[暴く／指摘する] ②実態を暴く、正体を暴く、化けの皮を剥ぐ

A group of researchers feel obliged to debunk the pernicious myth that has been deeply ingrained in the public consciousness for decades.

ある研究者グループは、数十年にわたって国民の意識に深く根付いている有害な神話の誤りを示す義務があると感じている。

「長らく信じられてきた通説が誤りだと示すこと」あるいは「すごいと思われている対象が実はそれほどでもないと暴露すること」を表す。特に前者では「著しい誇張の入った馬鹿馬鹿しい主張だ」と嘲笑うような含みがある。

① obliged は be [feel] obliged to do の形で「〜する義務がある[と感じる]、〜しなければならない[と感じる]」の意味でよく使われる。

② pernicious は「有毒な、極めて有害な；致命的な」という意味の形容詞。 →221

③ ingrained は「深く染み込んだ、根深い、根付いて」という意味の形容詞。 →051

346 □□□□

allude
/əlúːd/

動 ほのめかす、それとなく言う

The poet's use of complex **imagery** alluded to the **ephemeral** nature of beauty and the **transience** of life.
その詩人は込み入った比喩的描写を用いて、美の移ろいやすさや人生のはかなさを暗に表現した。

▶ **allude to X** の形で「X についてほのめかす、それとなく言う」という意味で用いる。「はっきりとは述べず、間接的に言及する」ことを表す。**as alluded to above [earlier]**（上で[すでに]軽く触れたように）のように「ついでに X に短く言及する」という意味で使われることもある。派生語 **allusion** 名 ほのめかし、暗示 ▶ **make an allusion to X**（X をほのめかす）と **in allusion to X**（X を暗に指して）を覚えておくとよい。例 He made an allusion to the incident. 彼はその事件についてほのめかした。／ in allusion to a recent political scandal 最近あった政界スキャンダルを暗に指して

📖 併せて覚えたい！

insinuate
/insínjuèit/

動 〜であるとほのめかす、〜と遠回しに言う ▶ **insinuate that SV**（〜であるとほのめかす、〜と遠回しに言う）の形で用いられる。「不愉快なこと、言いにくいことを遠回しに伝える」という意味合いがある。例 He insinuated to her that her boyfriend is cheating on her. 彼は彼女に対して、彼女の彼氏が浮気していることをほのめかした。

✏️ ここにも注目！

① imagery は名詞で「映像、画像、彫像；（記憶や想像による）心像」のほかに「比喩的表現[描写]」という意味でも用いる。問題文では後者の意味で使われている。

② ephemeral は「つかの間の、短命の、短期間の」という意味の形容詞。 →009

③ transience は「一時的であること、はかなさ」の意味の名詞。

347

virulent
/vírjulənt/

形 ①毒性の強い ②悪性の、致命的な、伝染力の強い ③ ▰ 憎悪［敵意］に満ちた ④ ▰〔感情・行為が〕とても辛辣な

The spread of the **virulent** disease was so rapid that it required immediate action and strict measures to curb the contagion's further proliferation.
感染力の強いその病気は極めて急速に蔓延したため、伝染のさらなる拡散を抑制するために、早急な対応と厳しい措置が必要となった。

本来の意味は①だが、病気の様子を表す②の意味で使われることが多い。これらの意味から比喩的に拡張して、③や④の意味でも用いられることがある。**例** a virulent criticism 辛辣な批判

📖 **併せて覚えたい！**

malignant
/məlígnənt/

形〔腫瘍・病気などが〕悪性の；⚫悪意［敵意］に満ちた、悪質な ▸「悪性の」という意味の場合は、名詞を前から修飾する形で用いる。**例** a malignant tumor 悪性腫瘍／malignant intentions 強い悪意 →088 : malicious

✏️ **ここにも注目！**

① curb は「(悪い状況など)を抑制する；(感情など)を抑える；(行動など)を制限する」を意味する動詞。 →321

② contagion は「〔病気の〕接触感染；伝染病；〔よくない思想などの〕蔓延、伝染」という意味の名詞。

③ proliferation は「急増、激増；拡散」を意味する名詞。 →226 : proliferate

348

disproportionate
/dìsprəpɔ́ːrʃənət/

形 不釣り合いな、不相応な、不均衡な

The **remuneration** for low-skilled workers in many countries is often **disproportionate** to their contribution to the economy, which raises concerns about income inequality and social welfare.
多くの国において、低技能労働者は経済に貢献している割に報酬がそれに見合った額になっていない場合が多々あり、それにより所得格差や社会福祉に関して懸念が生じている。

「相対的に考えて多すぎる、少なすぎる、大きすぎる、小さすぎる」といった意味合いの語。dis-(否定の接頭辞) + proportionate(釣り合った、比例した)という成り立

ちで、問題文のように**disproportionate to X**(Xに不釣り合いな、不相応な、不均衡な)の形で用いることが多い。ただし、名詞を前から修飾する形で用いることも少なくない。**例** A disproportionate amount of wealth goes to a handful of citizens. 一握りの国民の元に不釣り合いな量の富が渡っている。

📖 **併せて覚えたい！**

undue
/ʌndjúː/

形 ❶過度の、必要以上の；不当な：支払期限が来ていない ▶通例、名詞を前から修飾する形で用いる。類義語の**excessive**が実態を表す傾向があるのに対し、**undue**は主観的評価を表す傾向がある。**例** We shouldn't place an undue burden on small children. 小さな子どもに過度な負担をかけるべきではない。

inordinate
/inɔ́ːrdənət/

形 ❶過度の、法外な、想定をはるかに超える ▶通例、名詞を前から修飾する形で用いる。**例** an inordinate number of orders 想定をはるかに超える数の注文

✒️ **ここにも注目！**

remuneration は「報酬、謝礼、代償」という意味の名詞。

349 ☐ ☐ ☐ ☐

apprenticeship
/əprénti(s)ʃip//

名 ①見習い[徒弟]であること、見習い[徒弟]の身分
②見習い[徒弟]期間

The demanding apprenticeship in the culinary arts required her to work tirelessly, honing her skills through endless repetition and experimentation until she achieved mastery of her craft.
料理の技術を学ぶ厳しい見習い期間中、彼女はたゆまず努力し、技を極めた境地に到達するまで、果てしなく反復と試行錯誤を行ってスキルを磨く必要があった。

apprentice は「見習い、徒弟、実習生」という意味の名詞で、**apprenticeship** は「見習いの身分であることやその仕事、およびその期間」を表す。**例** He served his apprenticeship as a carpenter. 彼は大工として見習いを務めた。／ His first job was an apprenticeship in his father's company. 彼の最初の仕事は、父の経営する会社での見習いの仕事だった。／ He had to endure a long and hard apprenticeship. 彼は長くてきつい見習い期間に耐えなければならなかった。

apprentice は動詞としても用いるが、見習い制度自体が少なくなっているためか、やや古風な表現となっている。**例** He was apprenticed to his grandfather as a potter. 彼は陶芸家を目指し祖父の元に見習いに出ていた。

📖 **併せて覚えたい!**

probation
/proubéiʃən/

📗 保護観察、執行猶予；見習い期間、仮採用　📘 put him on probation 彼を保護観察処分[仮採用]する

internship
/íntə:rnʃip/

📗 インターンシップ；インターンの身分；インターンの実施期間　▸ インターンシップとは、在学中の企業・病院などでの実務研修のこと。

✏️ **ここにも注目!**

① demanding は「骨の折れる、きつい」という意味の形容詞。 →061

② culinary は「台所(用)の、調理(用)の」という意味の形容詞。culinary art(料理法)、culinary skill(料理の腕前)のように使う。

③ tirelessly は「たゆまず、精力的に；疲れ知らずで」を意味する副詞。

④ hone は「(才能・技術など)を磨く」を意味する動詞。 →273

350　□ □ □ □

stigmatize
/stígmətàiz/

📕 (人)に汚名を着せる、悪いレッテルを張る、(人)に不当な評価をする

Journalists whose beliefs were incompatible with the government's were stigmatized as rebellious.
政府の見解と相いれない思想を持ったジャーナリストたちは反抗的というレッテルを貼られた。

問題文のように **be stigmatized as X**(X というレッテルを貼られる)という受け身の形で使うのが一般的。 派生語 **stigma** 📗 不名誉、烙印、偏見　▸ 複数形は stigmas だが、「聖痕」というキリスト教用語の場合は stigmata という特別な形になる。 📘 the stigma of alcoholism アルコール依存症という汚名　There is no stigma to being divorced now. 今では、離婚していても偏見を受けることはない。

📖 **併せて覚えたい!**

brand
/brænd/

📕 (人)に～の烙印を押す、汚名を着せる　📘 be branded (as) a liar うそつき呼ばわりされる、うそつきという烙印を押される

dub
/dʌb/

📕 (称号など)を授ける、～を[…というあだ名で]呼ぶ →183

✏️ **ここにも注目!**

① incompatible は「相いれない、両立しない、矛盾する；互換性のない」という意味の形容詞。問題文のように incompatible with X(X と相いれない、両立しない)の形で使う。「考

え方や価値観が合わない」という意味合いを含むことが多く、そこから「共に働くことができない」といった意図で使われることもある。**compatible** は「矛盾しない、馬が合う；互換性のある」という反対の意味の形容詞で、**incompatible** と同様、**with** を伴う。

② **rebellious** は「反抗的な、言うことを聞かない、手に負えない；反逆の、反乱の」の意味の形容詞。**a rebellious teenager**（反抗的なティーンエイジャー）、**rebellious troops**（反乱軍）で覚えておこう。難しい表現だが、**have a rebellious streak**（手に負えない［反抗的な］ところがある）は比較的よく使われる言い回し。

---

351 □ □ □ □

taint
/téint/

動 ①（評判など）を汚す、傷つける ②〜を腐敗［堕落］させる ③〜を染める ④〜を汚染する

The allegations of corruption taint the reputation of the entire organization and compromise its integrity.

汚職の疑惑は組織全体の評判を損ない、その品位を損なうものである。

二つの別の語が基になってできた語で、結果的に①、②の「汚す、堕落させる」と③、④の「染める」の二通りの意味合いを持つ。受け身で用いることが多い。問題文のように **taint X**（X を汚す、傷つける）という形で用いるほか、**be tainted with X** の形で「X で腐敗［堕落］する、汚染される」という意味でも用いられる。**例** The political world in this country is tainted with corruption. この国の政界は汚職に染まっている。

taint には「汚点、不名誉、傾向、痕跡」という意味の名詞もある。**関連語▶ taintless** 形 汚れのない、汚点のない、潔白な **例** She is a taintless soul. 彼女は無垢な人だ。

📖 併せて覚えたい！

stain /stéin/	**名** しみ、汚れ；汚点 **動** 〜にしみをつける；（名声など）を汚す、傷つける **例** be stained with paint ペンキで汚れている／stain one's reputation 人の名誉を傷つける
tarnished [tá:rniʃt]	**形**〔印象などが〕汚された、傷ついた；光沢を失った；退色した ➡238

✏️ ここにも注目！

① **allegation** は「〔証拠のない〕主張、申し立て、疑惑」という意味の名詞で、「人が何か間違ったことをしたことを非難する」というニュアンスを持つ。

② **compromise** は「妥協する、歩み寄る；〔名誉などを〕傷つける、損なう」という意味の動詞、「妥協、歩み寄り〔評判などを〕損なうもの」という意味の名詞。 ➡047

③ integrity は「誠実さ、良心、品位」という意味の名詞。 →079

352

□ □ □ □

cramped
/kræmpt/

形 ① 窮屈な、狭苦しい ② 〔字が〕小さくて読みにくい
③ 〔筋肉などが〕痙攣（けいれん）した

Living in such a cramped room can make some people feel nausea.
そんな狭苦しい部屋で暮らしていると、人によっては吐き気を催してしまうだろう。

人の入る空間（特に部屋）が動きづらいほど狭いこと、およびそうした場にいて不快だという気持ちを表す。**cramped quarters [condition]**（狭苦しい住居［状況］）は頻出の表現。 **派生語** cramp 名 痙攣（けいれん） 動 痙攣する ▶「（成長など）を妨げる、（人など）を束縛する」という比喩的な意味も持つ。

🖉 ここにも注目！

nausea は「吐き気、むかつき；嫌悪感」という意味の名詞。**feel [have/experience] nausea**（吐き気を感じる、吐き気を催す）のように使う。

353

□ □ □ □
((pronunciation ⊨ formal

vie
/vái/

動 競う、張り合う

The two candidates continue to vie for the position, each presenting their strengths and qualifications in a bid to secure a victory.
二人の候補者はそのポジションをめぐって競い続けており、勝利を獲得しようとそれぞれが自分の長所や資質をアピールしている。

「何かを得るために他者と激しく競い合う」という意味合いの語で、compete とほぼ同義。問題文の **vie for X**（X を求めて競う）のほか、**vie with [against] X**（X を相手に競う）、**vie to do**（〜しようと競う）、**vie in X**（X において競う）、**vie over X**（X をめぐって競う）といった形がよく使われる。以下の例文からもわかるように、進行形で用いることも多い。例 The kids vied with each other for their mother's attention. 子どもたちは母親の気を引くために互いに競い合った。／ We were vying to make the basketball team. 私たちはバスケットボール部に入るために競っていた。／ The candidates were vying in a tight election. 候補者たちは、接戦の選挙で競っていた。／ The politicians were vying over the swing votes. 政治家たちは浮動票をめぐって

競っていた。

過去形・過去分詞形がvied、現在分詞形がvyingになることにも注意。

📖 併せて覚えたい！

contend
/kənténd/

動 〔何かを手に入れるために〕戦う、争う；〔困難・問題などに〕取り組む、対処する；〜と強く主張する ▸ contend with [against] X for Y で「Yを求めてXと戦う」、contend with X で「X（困難・問題など）に迫られて取り組む、対処する」のように使うほか、contend that SV（〜と強く主張する）という他動詞の用法もある。 例 The athletes contended with each other for the gold medal. 金メダルを目指して、選手たちは互いに競い合った。

✏️ ここにも注目！

in a bid to do は「〜しようと（して）」という意味の表現。

---

354 □ □ □ □

sluggish
/slʌ́gɪʃ/

形 ①〔経済や成長などが〕不振な、停滞した、活気がない、遅い ②〔人などが〕動きの鈍い、（気）だるい

To the great dismay of the public, his administration failed to revive the sluggish economy.

その政権は停滞する経済を活性化させることができず、国民は非常に落胆した。

元々は「ナメクジ（slug）のような」という意味の語で、そこから「のろのろとした」というイメージを持っておくと意味を掴みやすい。名詞との組み合わせでは、**a sluggish economy**（不振な経済）のほか、**a sluggish market**（不活発な市場）、**a sluggish performance**（ぱっとしない成績）、**a sluggish recovery**（緩慢な回復）、**sluggish growth**（振るわない成長）などが頻出。補語として用いる場合は、be動詞に続く形のほか、**After a long day of heavy work, I felt sluggish.**（重労働の長い一日を終え、けだるい気分だった）のようにfeelの補語になることも多い。このような「気だるい」の意味では、lethargic がおよそ同じ意味 →257 。副詞の sluggishly（緩慢に）は move や respond といった動詞と結びつくことが多い。

✏️ ここにも注目！

① dismay は「狼狽、うろたえ、失望、落胆」の意味の名詞で、問題文の to the dismay of X（Xが狼狽したことに）のほか、in [with] dismay（うろたえて、茫然自失の状態で）を覚えておくとよい。

② administration は「政権（在職期間）、政府、行政、政治」という意味の名詞で、the Trump

administration（トランプ政権）のように、**the X administration / the administration of X**（X 政権〔X は人名〕）の形で覚えておくとよい。「在職期間」という意味では **during the Obama administration**（オバマ政権時代に）の形で使う。そのほか **the administration of antibiotics**（抗生物質の投与）というフレーズも余裕があれば覚えておこう。動詞の **administer** は「（会社や組織など）を運営する；（罰や試験など）を執行する、施行する；（薬）を投与する」などの意味。それぞれ **administer a company**（会社を経営する）、**administer a test**（試験を行う）、**administer the vaccine**（ワクチンを投与する）のように使われる。

③ **revive** は「〜の息を吹き返させる、〜を復活させる」の意味の動詞。問題文のように経済などを目的語として比喩的に使うことも、**revive a drowned man**（溺れた人を蘇生させる）のように文字通り「人」を目的語にして使うこともできるが、実際には前者の使われ方が多い。意味が近い語として resurrect →390 も参照。

355 □ □ □ □

languish
/læŋgwiʃ/

動 ①〔不本意な場所に〕（無理やり）閉じ込められる、辛い生活をする ②停滞している、不振である、衰える

The deceased writer's unfinished story had languished in the cabinet for almost three years before it was discovered by his widow.
すでに故人となっているその作家による未完の作品は、残された妻が発見するまで 3 年近く戸棚で眠っていた。

「閉じこもっている」の意味では問題文のように後ろに in を伴って使われる。例えば **She languished in jail [prison] for five years.**（彼女は5年刑務所暮らしを余儀なくされた）など。「人」も「物」も主語になるが、いずれの場合も「好ましくない状況」を述べるのに使われる。比喩的に **His films languished in obscurity for decades.**（彼の映画は何十年も世に知られぬ状態だった）のように使われることもある。「停滞している」の意味では **The economy languished.**（経済が低迷していた）、**Its sales have languished for years.**（その売り上げは何年も低迷している）などのように使う。

✎ ここにも注目！

① deceased は「亡くなった、故」という意味の形容詞で、後ろの名詞を修飾する形で用いる。late にも同様の用法があるので併せて覚えておこう。

② widow は「未亡人、寡婦」を意味する名詞。→114

submerge
/səbmə́:rdʒ/

動 ①〜を水中に沈める、水浸しにする ②（考え・感情など）を完全に隠す、表に出さない ③没頭させる、忙殺する

The coastal city was **submerged** by the relentless typhoon, inundating the streets and rendering countless buildings uninhabitable.

沿岸部にあるその街は容赦ない激しさの台風の影響で冠水し、通りには水があふれ、数え切れないほどの住宅が住めない状態になってしまった。

本来は「土地や建物などを水中に沈める、浸水させる」という①の意味の語。受け身で用いることが比較的多い。地球温暖化による海面上昇が予想されているのに伴い、以下の例文のような文脈で見ることが増えている。なお、**submerge** 自体が「水没させる」という意味であるにもかかわらず、**under water** を伴うことも少なくない。例 **A lot of coastal cities will be submerged (under water) by 2050.** 2050年までには多くの沿岸都市が水没してしまうことになる。

①の意味からの比喩的拡張により、②の意味でも用いる。例 **He had submerged his anarchistic beliefs until then.** それまで彼は無政府主義的な信念を包み隠していたのだった。

同様に比喩的な③の意味があるが、これは **submerge oneself in X** の形で「X に没頭する、X で忙殺される」となる。例 **The actor always submerges himself in his role.** その俳優は、常に自分の役に没頭する。

関連語 submersible/submergible 形 潜水可能な、水中用の　例 a submersible watch 水中で利用可能な腕時計 submersion 名 潜水、完遂

📖 **併せて覚えたい！**

deluge
/délju:dʒ/

動 ◐〜が殺到する、押し寄せる：◐〜を水浸しにする →117

✏️ **ここにも注目！**

inundate は「〜を圧倒する、〜に殺到する、押し寄せる；〜を水浸しにする、〜に氾濫する」という意味の動詞。 →218

357 ☐ ☐ ☐ ☐

cumbersome
/kΛ́mbərsəm/

形 扱いにくい、煩わしい

The bureaucracy involved in obtaining a work visa can be an extremely time-consuming process, and for many, it's too **cumbersome** to navigate without assistance.

就労ビザの取得に関わる役所の手続きというのは非常に時間がかかり、あまりに煩わしいため、一人でやろうとしても立ち行かなくなってしまう人が多くいる。

「物理的にかさばる(携行・使用しづらい)」「手続きや組織が複雑(素早く処理できない)」という意味で「扱いにくい」ことを表す。そのほか、文脈によっては「語句が長ったらしい(言いにくい、読みにくい)」という意味で用いられることもある。具体的には、a **cumbersome machine**(大きくて重い機械)、a **cumbersome process [procedure]**(煩わしい手順[手続き])、a **cumbersome phrase**(煩雑な言い回し)などのように使う。

encumber(~を妨げる)、disencumber(~を解放する)などに共通して見られるcumber(邪魔)という要素に、形容詞を作る接尾辞-someがついた語。-someという語尾を持つ語にはgruesome(ぞっとする)、fearsome(恐ろしい)、lonesome(寂しい)、troublesome(厄介な)、worrisome(気がかりな)、irksome(うんざりする)などネガティブな意味が含まれるものが多い。しかし一方で、awesome、handsome、wholesome(健康的な、健全な)など肯定的な意味を持つものもある。綴りを見ても気付きにくいが、buxom(豊満な)も仲間。

358 ☐ ☐ ☐ ☐

obnoxious
/əbnΛ́kʃəs/

形 非常に不快な、非常に不愉快な

He is revered by his coworkers, but because of his arrogant and **obnoxious** behavior at home, he is shunned by his teenage daughters.

彼は同僚には非常に尊敬されているが、家庭では傲慢で不快極まりない振る舞いをしているため、10代の娘たちからは避けられている。

問題文の**obnoxious behavior**(不愉快な態度)や**an obnoxious habit**(非常に不愉快な癖)などのほか、**an obnoxious person**(非常に不愉快な人)のように人についても使うことができる。強調する際にはmostを伴うことも多い。

hideous
/hídiəs/

形 ひどく醜い、非常に不快な　例 a hideous artwork 非常に醜い芸術作品／a hideous crime 非常に不快な犯罪

dreadful
/drédfəl/

形 非常に不快な、嫌な；とんでもない　例 dreadful news 非常に嫌なニュース／a dreadful mistake とてもひどい失敗

✏️ ここにも注目！

① revere は「〜を崇める、ものすごく尊敬する」という意味の動詞。→012

② arrogant は「傲慢な、大柄な」という意味の形容詞。「人の良くない態度」を形容する語としては、ほかに presumptuous（出しゃばった、厚かましい）→379、haughty（傲慢な、大柄な）、pompous（尊大な、偉ぶった）などを覚えておきたい。

③ shun は「(人など)を避ける、敬遠する」という意味の動詞。よく使われるフレーズとしては shun publicity（人目を避ける）がある。

359 ☐ ☐ ☐ ☐

ominous
/ámənəs/

形 ①不吉な、不気味な、縁起の悪い　②前触れの、前兆となる

The dark clouds gathering on the horizon and the sudden drop in temperature gave an **ominous** sign of an impending storm.
水平線には黒雲が立ち込め、気温も急激に低下し、迫りくる嵐の不吉な前兆を示していた。

「何か悪いことが起こると思わせるような」という意味合いで、類語の **threatening** と同様に「天気が悪くなりそうな」の意味でもよく用いる。問題文では名詞の **sign** を修飾する形で使われているが、そのほかに **feeling**、**warning**、**sound**、**implications**（影響）なども修飾する。名詞 **omen**（兆し）の派生語だが、**omen** は良いことにも悪いことにも用いるのに対し、**ominous** は悪いことに限って使う。

sinister
/sínəstər/

形 悪意のある、邪悪な、陰険な；不吉な、不気味な、怪しげな　例 He gave me a sinister look. 彼は不気味な目つきで私を見た。

foreboding
/fɔːrbóudiŋ/

名 不吉な予感、胸騒ぎ、虫の知らせ　形 不吉な予感のする、虫の知らせの　例 a sense of foreboding 不吉な予感／a foreboding sense of what's to come これから起こることとなることに関する不吉な予感

premonition
/priːməníʃən/

名 予感、虫の知らせ；前兆　▶ a premonition of X（Xの予感）、a premonition that SV（〜という予感）のように使う。例 He had a premonition that he would never return alive. 彼は二度と生きて戻ることはないだろうという予感がした。／ an ominous premonition 不吉な予感

hunch
/hʌ́ntʃ/

名 直観、(山)勘、虫の知らせ、予感 →078

inauspicious
/ìnɔːspíʃəs/

形 見通しの暗い、幸先の悪い、縁起の悪い、不吉な　例 an inauspicious start [beginning] 幸先の悪い滑り出し

✏️ ここにも注目！

impendingは「〔良くないことなどが〕今にも起こりそうな、差し迫った、迫りくる」を意味する形容詞。

---

360 ☐☐☐☐

abyss
/əbís/

名 どん底、深い溝、奈落の底、深淵

Everyone calls Josh a womanizer because he has been flirting with a lot of girls, but he has been in an abyss of despair since he broke up with Haruka.
いろんな女の子と遊んでいるのでみんなジョシュのことをプレイボーイと呼ぶが、ハルカと別れてからの彼は絶望のどん底にいる。

▶ **on the edge [brink] of an abyss**（崖っぷちに立って）、**fall [plunge/sink] into an abyss**（奈落の底に突き落とされる）が頻出。そのほか **an [the] abyss of poverty [despair]**（果てしない貧困[絶望]のどん底）のようなフレーズも使われる。**a-** は否定の接頭辞で、「底なし（bottomless）」が元々の意味。**派生語** abysmal 形 ひどく悪い、最悪な；底知れない、計り知れない　例 My math grades were abysmal. 私の数学の成績はひどく悪かった。

📖 併せて覚えたい！

chasm
/kǽzm/

名 深い溝、亀裂、食い違い　例 a deep chasm between men and women 男女の間の深い溝

✏️ ここにも注目！

flirtは「いちゃつく、〔異性と〕遊ぶ、浮気する」という意味の動詞。問題文のようにflirt with X（Xと遊ぶ）の形で使う。同じ用法でXに「思想・考え・概念」を表す語が入ると「Xを軽い気持ちで考える、一時的に考える」の意味となる。例としてはflirt with the concept（その概念を軽い気持ちで考えてみる）、flirt with death [danger]（死[危険]を軽く考える）といったフレーズがある。名詞のflirtationは「いちゃつき、浮気；一時的興味」の意味。

この単語集をマスターした君は、
受験生の頂点に。
（山崎）

361

☐ ☐ ☐ ☐ ☐

rein
/réin/

名 ①手綱、安全ベルト ②制御、抑制、支配権

Many citizens feel some apprehension about giving the government free **rein** over social media regulations, as it could ultimately undermine freedom of speech.
表現の自由が脅かされることにつながりかねないため、政府にSNSの規制を完全に任せてしまうことに多くの国民は不安を抱いている。

「馬や幼児の動きをコントロールするひも」を指す場合は基本的に複数形となる。**give X free rein**（Xにやりたいようにやらせる）が重要表現で、**give**の代わりに**allow**を、**free**の代わりに**full**を使うなどのバリエーションがある。そのほかに、**take the reins (of power)**（主導権を握る）、**take over the reins of power**（権力を引き継ぐ）などもよく使われる。

📖 併せて覚えたい！

reign
/réin/

名〔君主などの〕君臨、治世、統治期間　**動** ～を支配する；はびこる ▶ rein（統制、制御）と同音のため混同が生じており、free rein（行動の自由）を free reign と表記することが増えている。**例** a reign of terror 恐怖政治／Chaos reigned there. そこは大混乱だった。

362

☐ ☐ ☐ ☐ ☐

mainstay
/méinstèi/

名 頼みの綱、主要な支え、よりどころ、要

The ability to communicate effectively is a **mainstay** of successful leadership, with astute leaders utilizing various strategies to engage their audiences and inspire positive action.
効果的にコミュニケーションをとる能力は、うまくいくリーダーシップの要であり、敏腕なリーダーはさまざまな戦略を駆使して聴衆をひきつけ積極的な行動を起こさせる。

本来は「船の主要な帆柱（mainmast）を支えるワイヤーロープ」を指す語。そこから比喩的に「頼みの綱、主要な支え」という意味で用いられる。**a mainstay of X**（Xの頼みの綱）の形で用いることが多い。**例** Tourism is the mainstay of the country's economy. 観光業はその国の経済を支える要である。／He is the mainstay of the team. 彼はチームの要だ。

📖 併せて覚えたい！

pillar
/pílər/

名 柱、支柱；中心的存在、大黒柱、要；〔特定の性質を〕豊富に持ち合わせる人物　例 a pillar of the club クラブの大黒柱／He is a pillar of strength. 彼は強い力の持ち主である。

linchpin
/líntʃpìn/

名 〔仕事・組織などの〕要、不可欠な人物[要素]；輪止め　例 He is the linchpin of our organization. 彼は私たちの組織の要だ。

anchor
/ǽŋkər/

名 錨；支えになる人[もの]、頼りになる人[もの]、頼みの綱、〔心の〕よりどころ　例 Mom is the anchor of the family. ママが家族の支柱の存在だ。

✏️ ここにも注目！

astute は「機敏な、鋭い；抜け目のない、ずるい」という意味の形容詞。 →013

363 ☐ ☐ ☐ ☐

fret
/frét/

動 ①心配する、思い悩む、くよくよする ②（人）を心配させる

The surgeon's <u>expertise</u> made it possible for her to perform the complex <u>procedures</u> without fretting over potential <u>complications</u>.

その外科医には専門技能があったので、潜在的な合併症について心配することなく複雑な手術を行うことができた。

「本当は心配は不要なのに悩み続けて気が休まらない様子」を表す。**fret about [over] X**（Xについて心配する）の形で使うことが多い。

✏️ ここにも注目！

① **expertise** は「専門技能、専門知識」という意味の名詞。
② **procedure** は「手順、手続き」という意味の名詞だが、問題文のように「手術」の意味で用いられることもある。**operation** の堅い言い方。
③ **complication** は「複雑化、複雑にする要因」という意味の名詞だが、複数形の **complications** で「合併症、病気の併発」という意味でも使われる。

tantalize
/tǽntəlàiz/

動 ～をじらす、じらして苦しめる、魅了する

The aromas of exotic spices **tantalized** my taste buds as I **perused** the menu, considering the various **culinary** options available to me.

メニューに目を通し、注文できる料理の候補をいろいろと検討していると、エキゾチックなスパイスの香りが私の食欲をそそってきた。

「じらして苦しめる、欲しい気持ちにして興奮させる」という意味合いの語。「じらす」とは「望みをかなえてあげると見せかけて、意図的にそれを遅らせる」ことを表す。問題文の **tantalize one's taste buds** は直訳すると「味蕾（味覚を感じる部分）をじらす、刺激する」となる。これだけでは意味がわかりにくいが、実際には「すぐには食べられない状況で、刺激して早く食べたい気持ちにさせる」こと、つまりは「食欲をそそる」ことを表している。**tantalize X with Y**（X を Y でじらす、じらして苦しめる、X を Y で魅了する）という形で用いることもある。例 He was tantalized with fruit that was out of reach. 彼は手の届かないところにある果物にじらされ苦しんだ。

自動詞の用法もあるが、こちらは使用頻度が低い。 派生語 tantalizing 形 じらすような、思わせぶりな 例 a tantalizing prospect じれったい気持ちにさせる展望

📝 ここにも注目！

① peruse は「～を熟読[精読]する；～にざっと目を通す；～を精査する」を意味する動詞。
→080

② culinary は「台所（用）の、調理（用）の」という意味の形容詞。 →349

engender
/indʒéndər/

動 ～を生じさせる、引き起こす

The new law serves to enhance the working conditions of women, thereby **engendering** positive social change.

その新法は女性の労働環境の改善に貢献し、ひいては前向きな社会変化を生じさせるものだ。

アカデミックな文章で使われることが圧倒的に多い。特定の感情を表す語（fear、trust、respect、sympathy、hatred（憎悪））や対立状況を表す語（debate、conflict、controversy）などが目的語になることが多い。問題文のような分詞構文のほか、**tend to engender** の形も頻出。gen は「生む」という意味で、これは generate（～を発生さ

| せる）や **hydrogen**（水素＝水を生み出すもの）といった単語にも見られる。

366 □ □ □ □

inculcate
/inkʌ́lkeit/

動 （考えなど）を教え込む、（知識など）を叩き込む、（思想など）を植えつける

The teacher cited miscellaneous stories in order to inculcate the importance of adequate knowledge of contraception into students.

先生は避妊の適切な知識を持つことの重要性を生徒たちに教え込むために、さまざまな話を引き合いに出した。

「繰り返し強く言い聞かせて定着させる」というニュアンス。**inculcate X in(to) Y** あるいは **inculcate Y with X** の形で「X（内容）をY（人）に教え込む」という意味になる。Xには **values**（価値観）、**idea**、**sense**、**virtue**（善）など「望ましい性質や考え方」を表す名詞、Yには「子ども、生徒」などを表す名詞が入る。 派生語 **inculcation** 名 教え込むこと、叩き込むこと 例 the inculcation of unquestioned obedience 黙って従うように叩き込むこと／the inculcation of religious beliefs 信仰の植えつけ

📖 **併せて覚えたい！**

indoctrinate
/indɑ́ktrənèit/

動 （信条などや教義など）を教え込む ▶「無批判に教え込む」というやや否定的なニュアンスを帯びる。名詞形は **indoctrination** で「〔思想などを〕教え込むこと、吹き込むこと、教化」の意味。**political indoctrination**（政治的教化）のように使う。こちらも「偏った見方を無批判に教え込む」という否定的なニュアンスを帯びる。例 indoctrinate students with nationalism 子どもにナショナリズムを吹き込む

✏️ **ここにも注目！**

① **miscellaneous** は「多種多様の、雑多な、多彩な」という意味の形容詞。**miscellaneous expenses**（雑費）、**miscellaneous services**（種々多様なサービス）のように後ろの名詞を前から修飾する形で使う。**collection**、**assortment**、**series** といった集合を表す名詞を伴って、a miscellaneous collection of X（種々多様なX）、a miscellaneous assortment of X（種々多様なX）、a miscellaneous series of X（多様な一連のX）のような使い方をすることも多いので気をつけよう。いずれも miscellaneous X の形にしても大きな意味の違いはないと考えてよい。

② **contraception** は「避妊（法）」という意味の名詞。避妊具の着用やピルの服用などさまざまな避妊法を一括して指す語である。

□ □ □ □

instill
/instíl/

動 ～を教え込む、～に教え込む、植えつける

She tried to instill the importance of acting with discretion in her daughters.
彼女は娘たちに慎重に行動することの重要さを教え込もうとした。

「ジワジワと染み込ませる」イメージの語。instill X in [into] Y / instill Y with X の形で「X を Y に教え込む」という意味になる。instill fear（恐怖心を植えつける）、instill confidence（自信を持たせる）、instill values [discipline]（価値観[規律]を教え込む）などは頻出。

✎ ここにも注目！

discretion は「思慮（分別）、慎重さ、口の堅さ；裁量、自由」という意味の名詞。→309

□ □ □ □

repeal
/ripíːl/

動 （法律や規則など）を無効にする、撤廃する、廃止する

A substantial amount of money was raised to support the campaign to repeal the amendment.
その修正案を無効にするための運動を支えるために相当な額の資金が集められた。

目的語になる名詞はおおよそ決まっており、amendment（修正）以外には law、tax、Act（法令）、bill（法案）、ban（禁止）などが用いられる。

📖 併せて覚えたい！

revoke
/rivóuk/
動 （決定や免許など）を無効にする、廃止する、取り下げる　例 revoke the license 免許[許可]を無効にする／revoke the contract 契約を無効にする

rescind
/risínd/
動 （法律や合意など）を無効にする　例 The agreement was rescinded. その合意は無効になった。

nullify
/nʌ́ləfài/
動 （契約など）を無効にする、破棄する　例 nullify the contract 契約を無効にする

✎ ここにも注目！

① substantial は「〔量や規模などが〕かなりの、相当な」という意味の形容詞で、considerable

（かなりの）と一緒に覚えておきたい語。**a substantial amount [number] of X**（かなりの量
[数]のX）以外に、**a substantial body of evidence**（かなりしっかりした証拠）なども覚えて
おくとよいだろう。 →002：substantiate

② **amendment** は「修正（案）、改正（案）、変更点」という意味の名詞。**the amendment to the
law**（その法律への修正点）のように **to** を伴う。なお、「（憲法の）修正条項」という意味で使
われることもあり、その場合は大文字で始まるのが一般的。

369

extant
/ékstənt/

形 現存している、現存する、まだ残っている

Referring to the extant literature, the pundit tried to explain the theories to the
audience without resorting to too much jargon.
現存する文献に触れながら、その識者は専門用語を使いすぎずに聴衆に理論を説明しようとした。

「既存の」という意味の existing が「すでにある」を表すのに対し、**extant** は「古いも
のがまだ残っている」の意味合いで使う。問題文の **the extant literature**（現存する文
献）、**extant species**（現存種）は比較的よく用いられるフレーズ。

✎ ここにも注目！

① **pundit** は「識者、専門家、評論家」という意味の名詞。テレビのコメンテーターなども指
す。**a political pundit**（政治評論家）、**Conservative politicians and pundits are predicting
...**（保守派の政治家や識者の予測では…）のように使う。

② **jargon** は「専門用語」という意味の名詞。「分野外の人にはよくわからない言葉」という日
本語の「業界用語」に近い意味合いで使われることもある。**medical   jargon**（医学用語）、
economic jargon（経済用語）、**military jargon**（軍事用語）などのように使う。

remnant
/rémnənt/

名 残り物、残骸、遺物、名残、面影

This tower is thought to be a **remnant** of the venerable castle that was burned down in the war.

この塔はその戦争で焼かれた由緒ある城の残骸だと考えられている。

the remnants of breakfast (=remains [leftovers] of breakfast)（朝食の残り物）のように物理的に「残ったもの」を表すほか、**a remnant of her youth**（彼女が若かった頃の面影）、**a remnant of the country's glory**（その国の過去の栄光の名残）などと比喩的にも使われる。

✎ ここにも注目！

venerable は「〔建物や場所、人などが〕由緒ある、非常に重要な、尊ぶべき、威厳のある」という意味の形容詞。a venerable cathedral [institution/tradition]（由緒ある大聖堂［機関／伝統］）のように使う。 →059：venerate

residue
/rézədjùː/

名 残余、残留物

Certain agricultural products used to contain pesticide **residues** and other chemicals that were highly toxic and harmful to humans.

かつて、ある種の農作物には残留農薬やその他の化学物質が含まれていた。それはきわめて毒性が高く、人体に有害だった。

「何かのプロセスの後に残る少量のもの」という意味合いの語。一般的には問題文のように「食品に残留する有害物質」を指すことが多いが、そのほか射撃（**gunshot**）などの際に生じる爆発物（**explosive**）の残渣を指すこともある。フレーズとしては**a residue [residues] of X**（Xの残り物）、**a residue in X**（Xに残されているもの）の形が多い。reside（居住する、存在する）と同じ語源を持ち、どちらも「ひとつの場所に留まる」という意味合いが共通している。

372

squint
/skwínt/

動 目を細めて見る、目を凝らす、怪しんで見る

I was a little bit shocked when I saw my father **squinting** at the French **cuisine** on the menu.
父がメニューのフランス料理を見るのに目を細めている様子が目に入り、私はちょっとショックを受けてしまった。

「見えにくくて[眩しくて/怪しんで]目を細める」というのが基本の意味。**squint at X**(X を目を細めて見る)の形で見る対象を表す。「太陽を見る」と言う場合は **squint in [into/against] the sun** なども使われる。他動詞用法も一応あるが、目的語は eye に限られ、**squint one's eyes**(目を細める)の形で用いる。名詞用法もあり、**have a squint at X**(≒ have a glance at X)(X をちらっと見る)のように使う。

📖 併せて覚えたい！

peer
/píər/

動 凝視する　例 peer at a tiny photo 小さな写真を凝視する／peer into the distance 遠くをじっと見つめる

peek
/píːk/

動 ちらっと見る、盗み見る；ちらっと見える　例 peek at a document 文書をちらっと見る／The moon peeked out from behind the clouds. 月が雲の後ろからちらっと見えた。

peep
/píːp/

動 のぞき見する、ちらっと見る；ちらっと見える　▸ peep at X(X をちらっと見る)、peep through X(X を通してのぞく)のように使う。The sun peeped above the horizon.(太陽が地平線の上にちょっと顔を出した)のように自動詞として使うこともある。

✏️ ここにも注目！

cuisine は「料理(法)」という意味の名詞。基本的には Japanese [Spanish] cuisine(日本[スペイン]料理)のように、ある特定の国や地域特有の料理を指して使われる。

373

□ □ □ □ □

🔖 informal

guru
/gúːruː/

名 ①達人、専門家、カリスマ ②宗教的指導者

Not knowing how to manage her interpersonal relationships, Emma decided to consult a psychiatrist and a self-help **guru** for advice.

他人とどう付き合っていけばよいかわからず、エマは精神科医と自立支援の専門家に相談することに決めた。

ヒンディー語で「ヒンドゥー教の指導者」を表す語が英語に持ち込まれたもの。英語では揶揄するニュアンスで使われることも多い。**marketing [management/tech/fitness] guru**（マーケティング［経営／IT／健康］のプロ）など、具体的な専門分野は複合語の形にすることで明示できる。

📖 **併せて覚えたい！**

pundit
/pʌ́ndit/

名 識者、専門家、評論家 →369

sage
/séidʒ/

名 （経験の深い）賢者 例 The great sage was a spiritual leader of the tribe. その偉大な賢人は部族の宗教的指導者だった。

374

□ □ □ □ □

accomplice
/əkʌ́mplis/

名 共犯者、共謀者、共に行動を起こす者

The prosecutor argued that the defendant could not have committed the crime alone and must have had an **accomplice**.

検察官は被告人が単独で犯行に及んだはずはなく、共犯者がいたに違いないと主張した。

accomplice to [in] X（X（事件）の共犯者）、**accomplice of X**（X（人）の共犯者）の形で用いられる。例 an accomplice to attempted murder 殺人未遂事件の共犯者／an accomplice in the abduction 誘拐の共犯者／an accomplice of the suspect その容疑者の共犯者

complicit（共謀して）と語源的に関連していて、accompany や accomplish などとの連想で現在の形になったと考えられる。

📖 **併せて覚えたい！**

accessory
/æksésəri/

名 共犯者 ▶ 文字通りの意味は「付属品、アクセサリー」だが、accessory to Xの形で用いると「Xの共犯者」という意味になることがある。この場合、accomplice to Xとほぼ同じ意味となる。例 an accessory to murder 殺人の共犯者

complicit
/kəmplísət/

形 共謀した、同罪である、加担している　例 complicit in the violence 暴力に加担している

conspiracy
/kənspírəsi/

名 陰謀、共謀、企て　例 conspiracy theory 陰謀説

conspire
/kənspáiər/

動 共謀する；企む；折り重なって〜という結果を生む ▶ conspire to do（〜することを共謀する）、conspire against X（Xに不利な結果となる）などのフレーズで使われる。例 A lot of factors conspired to make it impossible. たくさんの要因が積み重なってそれが不可能になった。

✏️ **ここにも注目！**

① prosecutor は「検察官・検事」という意味の名詞。 →308

② defendant は「被告（人）」という意味の名詞。 →104

375 ☐☐☐☐☐

hatch
/hætʃ/

動 ①（企てや計画など）を思いつく、考案する ②（鳥のひな・卵）をかえす ③〔鳥のひな・卵が〕かえる

The minister reportedly hatched a plot to assassinate the right-wing extremist.
報じられているところによると、大臣はその右派の過激論者を暗殺する企てをしたとされる。

▶ ②③の意味では a place to hatch one's eggs（卵をかえすための場所）、The eggs hatched after a week.（卵は一週間後に孵化した）、The chick hatched (out) today.（今日そのひながかえった）のように、親、卵、ひなのいずれも主語になれる。「出てくる」という意味合いなので、時にoutを伴う。①の意味では plot（企て）、plan、scheme（計画）、conspiracy（企み、陰謀）、idea などを目的語にとる。また、hatch up the idea（考えがひらめく）のように up を伴うことがある。「考えが浮かぶ」というイメージで、come up with X（Xを思いつく）とセットで覚えるとよい。

✏️ **ここにも注目！**

① reportedly は「伝えられているところでは、噂では、報道によると」という意味を表す副詞。

② assassinate は「（重要人物）を暗殺する」という意味の動詞。目的語には「大統領」などが入る。assassinate my reputation（私の名声を傷つける）のように、比喩的に「（名声など）

を傷つける」という意味で用いることもある。

③ **extremist** は「〔政治や宗教の〕過激派、過激論者、過激主義者」という意味の名詞。

---

376 □ □ □ □

forgo
/fɔːrɡóu/

動 (楽しみなど)を差し控える、〜を慎む、なしですませる

More couples are **forgoing** the traditional kind of wedding ceremony, partly due to the <u>devastating pandemic</u>.

伝統的なスタイルの結婚式を控えるカップルが増えているが、その一因として、このたびの壊滅的な感染爆発がある。

「やりたいことや欲しいものを我慢する」という意味合いがある。**go** の部分が不規則に変化して **forgo – forwent – forgone** となるが、過去形ではほぼ使われない。なお **forego** という綴りもあり、その過去分詞 **foregone**(決着済の／過ぎ去った)は形容詞化している。**a foregone conclusion**(わかりきっている結論、結果)という定番のフレーズを覚えておこう。

📖 併せて覚えたい！

dispense /dispéns/	**動** 〜を分配する；〔機械などが〕〜を供給する ▶ dispense with X は「X をなしですます；X を不要にする」という意味を表す。**例** We can't dispense with electricity. われわれは電気なしではやっていけない。
do without X	X をなしですます ▶ 文脈からわかりきっている場合は、without の後に続く語句が省略されることがある。**例** We can no longer do without the internet. われわれはもはやインターネットなしではやっていけない。
abstain /æbstéin/	**動** 〜を避ける、控える(≒ refrain) **例** abstain from smoking 喫煙を控える
withhold /wiðhóuld/	**動** 〜を保留にする **例** withhold judgment 判断を保留にする

✏️ ここにも注目！

① **devastating** は「破壊的な、壊滅的な」という意味の形容詞。 **→100**

② **pandemic** は「パンデミック、全国的[世界的]に蔓延した病気」の意味の名詞。**endemic**(風土病、地方病、地域に限られる病気)および **epidemic**(伝染病、〔病気などの〕流行)と一緒に覚えておこう。

377

repel
/ripél/

動 ① (敵や虫など)を追い払う、寄せつけない ② (人)を不快にする

The **acrid** smell of the **ointment** seems to repel the **pesky** insects.
その軟膏の鼻をつくような臭いは、不快な虫を寄せつけない効果があるようだ。

さまざまな用法があるが、大まかに「はねのける」のイメージで把握しておけば、敵なら「撃退する」、害虫なら「寄せつけない」、水なら「はじく」、磁石なら「反発する」、提案なら「拒絶する」のように、文脈からある程度意味を推測できる。②の意味では annoy などと同様に受け身で使うのが一般的。

派生語 **repellent** 形 嫌悪感を催す；〜をはねつける ▸ 名詞と組み合わされて複合語を作り、「〜をはねつける」という意味で用いることが多い。例 **water-repellent** 水をはじく ▸ 似たような使い方をする要素に -proof がある。**waterproof**(防水の)、**bulletproof**(防弾の)を覚えておくとよい。 名 はねつけるもの；防虫剤 ▸ 形容詞と同様、基本的には複合語で用いられる。防ぐ対象を表す語を前に置いて使う。例 **insect repellent** 防虫剤／**mosquito repellent** 蚊よけスプレー

📖 **併せて覚えたい！**

repulsive
/ripʌ́lsiv/

形〔人・振る舞い・習慣などが〕嫌悪感を起こさせる、胸の悪くなる →171

✏️ **ここにも注目！**

① acrid は「鼻をつくような、きつい；〔言葉などが〕辛辣な、とげとげしい」という意味の形容詞。smell 以外に odor(悪臭)、smoke、scent(臭い)、fumes(煙、ガス)といった名詞を修飾することが多い。

② ointment は「軟膏、塗り薬」の意味の名詞。

③ pesky は「嫌な、やっかいな、不快な」という意味の形容詞で、必ず後ろの名詞を修飾する形で使う。insect、pest(害虫)といった名詞を修飾するほか、a pesky problem(やっかいな問題)のようなフレーズでも使う。

□ □ □ □ □ > stress

extrapolate
/ikstrǽpəlèit/

動 ①(〜を)推定する ②〜を当てはめる

You usually carry out your research professionally, so it was **incongruous** for you to extrapolate the overall trend from such a small sample this time.
君はいつも専門家として真っ当に研究をこなしているのに、今回はそんなに小さなサンプルから全体の傾向を推定するなんて、君らしくなかったね。

「現状持ち合わせている不完全なデータから未知の事柄(数値など)を推定する」という意味合い。問題文のように **extrapolate X from Y** で「YからXを推定する」を表すほか、**Extrapolating from X, SV,**(Xから推定して、〜)という分詞構文もよく用いられる。さらに、**extrapolate X to Y**(XをYに当てはめる)という使い方もする。このパターンは受け身になることも多い。**例** extrapolate the results of experiments on animals to humans 動物の実験結果をヒトに当てはめる／The results can be extrapolated to other phenomena. この結果はほかの現象にも適用可能だ。

📖 併せて覚えたい！

deduce
/didjúːs/

動 〜を推定する、演繹する、推測する **例** deduce the cause 原因を推定する／What do you deduce from these figures? こうした数値から何が推定されますか？ ▸ that節を目的語にとって deduce that SV(〜と推測する)のように使うこともできる。

✏️ ここにも注目！

① incongruous は「〔場などに〕そぐわない、ずれている：一貫していない：不適当である」という意味の形容詞で、「何かと何かが合っていない」というニュアンスを持つ。**an incongruous sight**(場違いな光景)、**be incongruous with the project**(プロジェクトにそぐわない)、**look incongruous**(不釣り合いに見える)、**an incongruous couple**(不釣り合いなカップル)などのように使う。反対語の congruous(一致する、適当な)は極めてまれにしか使われないので、incongruous の方を覚えておこう。なお、名詞は incongruity で「不一致、不調和」の意味。

② overall は「全(体的な)、総」という意味の形容詞で、**the overall length**(全長)、**the overall weight**(総重量)、**overall profits**(総収益)、**one's overall health**(全般的な健康)、**the overall performance**(全体的な性能、全体的な業績[成績、パフォーマンス])、**the overall effect**(全体的効果、全体的な印象)などがよく使われる。この語は副詞として使われることもあり、その場合は「全体的に(言って)、全体で」という意味になる。**Overall, the result was satisfying.**(全体的に言って、結果は満足のいくものだった)、**weigh 10 pounds overall**(全部で10ポンドの重さである)のように使う。

379

☐ ☐ ☐ ☐　　　　　　　　　　　　　　　　　📢 formal

surmise
/sərmáiz/ ｜動 ～を推測する、推量する

It would be presumptuous to surmise the outcome of the negotiations without considering all relevant factors and variables.
関連する要因や変数をくまなく考慮に入れることなく交渉の結果を憶測してしまうとすれば、それは出過ぎたまねだろう。

「確信はないが、持っている証拠に基づいて推測・推量する」という意味の語。問題文のように **surmise X**（Xを推測する）という形で用いるほか、**surmise (that) SV**（～だと推測する）、**surmise wh SV**（～なのか推測する）、**surmise "..."**（「……」と推測する）といった形でも用いる。 **例** From what I'd heard, I surmised (that) things were taking a turn for the better. 聞いたことから判断して、事態は好転しているのだろうと推測した。／ It was difficult to surmise why he had left. なぜ彼が去ったのかを推測するのは困難だった。／ "She must have found the truth," Nina surmised. 「彼女は真実を知ったに違いない」とニーナは推察した。

surmise には「推測、推量、憶測」という意味の名詞もある。 **例** It's just my surmise. あくまで私の推測だ。

📖 併せて覚えたい！

conjecture
/kəndʒéktʃər/ ｜動〔不十分な情報・証拠から〕～を推測する　名 推測 →380

✏️ ここにも注目！

presumptuous は「厚かましい、でしゃばった、図々しい」を意味する形容詞。通例、補語として用いる。**It would be presumptuous of me to do ...**（僭越ですが、……させていただきます）、**It would be presumptuous of me, but ...**（僭越ですが、……）という言い回しを覚えておくとよい。

380 □ □ □ □ □

conjecture
/kəndʒéktʃər/

動〔不十分な情報・証拠から〕～を推測［憶測］する
名推測（すること）

Based on the scanty evidence available, the erudite historian cautiously conjectured the possible causes that could collectively have led to the historic event.
手に入るわずかな証拠に基づいて、その博識な歴史家は、どういった要因が合わさってその歴史的な出来事につながったと考えられるかを慎重に推測した。

「乏しい情報を頼りに推測する」という意味を表す。問題文のように目的語に名詞をとる一般的な用法のほか、that節を続けて **conjecture (that) SV**（～と推測する）、疑問詞節を続けて **conjecture wh SV**（～なのか推測する）といった用法もある。**例** He conjectured that the economy would catch up. 景気は回復すると彼は推測した。／I can only conjecture why they made that decision. なぜ彼らがその決断を下したかは推測するほかない。

名詞用法もあり、「推測（すること）」という意味を表す。**例** That is a matter of conjecture. それは推測の域を出ない。

派生語 conjectural 形 推測的な、推測による

📖 併せて覚えたい！

surmise
/sərmáiz/

動 ～を推測する、推量する →379

✏️ ここにも注目！

① scanty は「不十分な、不足した、乏しい；〔衣服が〕露出度の高い」を意味する形容詞。
→325：scant

② erudite は「博識な、博学な；学識の深さを示す、学問的な」という意味の形容詞。
→124：erudition

381

conjure
/kándʒər/

動 ①〜を思い出させる、喚起する ②〜をパッと出す、作る

The novel's description of the funeral is so uniquely beautiful that it can instantly conjure up vivid images in the reader's mind.
その小説の葬儀の描き方には独特の美しさがあり、読者の心の中にたちまち鮮やかなイメージを呼び起こすことができる。

①の意味では **conjure up X / conjure X up** の形で「X（記憶、イメージ、アイデアなど）を思い出させる、喚起する」という意味になる用法が多い。**conjure up images [memories] of X**（Xのイメージ［記憶］を思い起こさせる）というフレーズが頻出だが、そのほかに **conjure up a vision of X**（Xを思い描かせる）も重要。**try to conjure up her face**（彼女の顔を思い出そうとする）のように、「人」を主語にして「〜を思い出す」の意味で使うこともできるが、問題文のように「人に〜を思い起こさせる」という用法の方が一般的である。②の意味では、例えば **conjure a bird out of the hat**（魔法で帽子から鳥を出現させる）のように out of や from を伴って用いる。**conjure X out of thin air**（魔法のように〔どこからともなく〕Xを出現させる）もよく見るフレーズである。

📖 **併せて覚えたい！**

summon
/sámən/
動 （人）を呼び出す：（勇気など）を奮い起こす ▶ summon up は「（記憶・考え・イメージなど）を喚起する」という意味。

evoke
/ivóuk/
動 （感情や記憶など）を呼び起こす、喚起する ▶ evoke memories of X（Xの記憶を呼び覚ます）のように使う。

382

proxy
/práksi/

名 代理、代理人、代理品

I attended the press conference as a proxy for the president.
社長の代理として私が記者会見に出席しました。

serve [be used] as a proxy for X（Xの代わりを務める［として使われる］）というフレーズはよく使われる。**by proxy** は「代理で」という意味で、**vote by proxy** なら「代理投票する」ということ。そのほか **a proxy war**（代理戦争）も重要なフレーズ。「代理職」を表す procuracy という古い語が短くなったもので、procure（〈手に入れにくいもの〉を入手する）→140 と関連している。

surrogate
/sə́:rəgət/

形 代理の　名 代理人、代用品　例 a surrogate mother 代理母

deputy
/dépjuti/

名 代理人　▸ 役職を表す名詞を修飾して「副〜」の意味で使うことが多い。例えばa deputy chairman（副会長）、a deputy mayor（副市長）などのような言い方になる。また、as deputy for X（Xの代理で）のような用法もある。

delegate
/déligət/

名 代表者、代表委員、使節；代理人 →280

---

383 ☐ ☐ ☐ ☐

wield
/wíːld/

動 ①（権力など）を行使する、振るう ②（武器など）を持って構える、使う

His political **foe** tried to hinder him from **wielding** influence over the region, but to no avail.
政治的に敵対する相手は、彼がその地域一帯で影響力を振るうのを阻止しようとしたが、失敗に終わった。

抽象的あるいは物理的に何かを「手にしていて使える状態にある」という意味。①の意味では **wield power [authority/influence/control]**（権力・力[権限／影響力／支配力]を行使する、及ぼす）というフレーズを覚えておくとよい。これらの表現では **exercise、exert** に言い換えが可能。②の意味では **wield a sword**（刀を振るう）のように用いる。

📖 併せて覚えたい！

brandish
/brǽndiʃ/

動〔威嚇・誇示して〕（武器など）を振り回す　例 brandish a knife ナイフを振り回す

✏ ここにも注目！

foe は「敵、かたき、反対者」という意味の名詞。a political foe（政敵）、foes of abortion（中絶に反対の人）のように使う。

384

murky
/mə́ːrki/

形 ①暗い、陰気な ②〔液体が〕濁っている、〔空気が〕曇っている ③理解しにくい、曖昧な ④いかがわしい

The issue of intellectual property rights in the digital age can be **murky**, as laws and regulations **grapple** to keep up with rapid technological advancements.
急速な技術の進歩に後れを取らないよう各種の法整備が必死に進められている状況ではあるが、デジタル時代の知的財産権の問題は混沌としたものになる可能性がある。

「暗さや遮る物質のせいで透かして見えづらい」という意味合いで、「暗闇で先が見えない」「液体が濁っている」「空気や光が霧や汚染物質などで曇っている」といった様子を表す。そこから拡張的に「不明瞭でわかりにくい」という意味で用いる。また、「(事実関係がはっきりとせず)いかがわしい、怪しい」という意味でも用いる。**例** He has a murky past. 彼にはいかがわしい過去がある。
なお、murky water は「濁った水、不透明な水」という意味だが、murky waters (of X) は熟語的に「(Xの)複雑[不透明/危険]な状況」という意味にもなるので注意。X には politics 等が用いられる。

📖 **併せて覚えたい!**

hazy
/héizi/

形 かすんだ、もやのかかった；〔考え・記憶・詳細などが〕はっきりしない、不明確な；よく理解できない、混乱している **例** I only have a hazy memory about that. それについてはうろ覚えの記憶しかない。／I'm hazy about how I should take his remark. 彼の言葉をどう受け止めればよいのかについて私はもやもやしている。

✏️ **ここにも注目!**

grapple は「取り組む；取っ組み合う、格闘する」を意味する動詞。 →336

385

somber
/sɑ́mbər/

形 ①憂うつな、厳粛な ②〔見通しなどが〕暗い ③薄暗い、どんよりとした ④〔色が〕くすんだ

The funeral **procession** was a **somber** affair, with mourners in black **attire** and a profound sense of **solemnity** pervading the atmosphere.
葬儀の列は厳かなもので、参列者は黒の服に身を包み、深く厳粛な雰囲気がその場に漂っていた。

「場所や風景が暗く、どんよりとした状態」という③の意味が本来で、そこから拡張的に「憂鬱な、陰気な、物悲しい」などの感情を表す意味でも用いられるようになっ

た。a somber mood（憂鬱な気分）というフレーズで覚えておこう。この感情を表す意味から、さらに葬式などの雰囲気を表す「厳粛な、しめやかな」という意味でも用いられる。

📖 **併せて覚えたい！**

solemn
/sάləm/
形 ❶厳粛な、荘厳な；真面目な、真剣な ▶名詞を前から修飾する形で用いる。例 a solemn ceremony 厳かな儀式

sober
/sóubər/
形 ❶しらふの、酒に酔っていない；節度のある、真面目な；〔色・服装などが〕地味な、落ち着いた；誇張のない、ありのままの 例 on sober reflection 真面目に熟考した上で

bleak
/blí:k/
形 〔見通し・将来などが〕暗い；〔天候が〕寒々とした；〔場所が〕吹きさらしの、荒涼とした、がらんとした 例 a bleak outlook [prospect] 暗い見通し

sedate
/sidéit/
形 ゆっくりとした、物静かな、落ち着いて威厳のある、穏やかな、おごそかな；静かな、閑散とした、活気のない ▶通例、名詞を前から修飾する形で用いる。例 The wedding was a sedate affair. 結婚式は落ち着きのあるものだった。

✏️ **ここにも注目！**

① procession は「〔儀式などの〕行列、列；次々とやってくるもの、連続」という意味の名詞。procession of X で「次々とやってくる X、X の連続」という意味になる。

② attire は「〔儀式などの〕服装、正装」という意味の名詞。

③ solemnity は「厳粛；荘厳；真面目さ」を意味する名詞。

386 ▢▢▢▢

dormant
/dɔ́:rmənt/
形 休止状態にある、冬眠中で、休眠中で、活動停止中の、眠っている、冷え切っている

Their relationship remained **dormant** for several months until it was rekindled by the weekend trip.
ふたりの関係性は数カ月にわたって冷え切っていたが、週末旅行で再び燃え上がった。

a dormant volcano（休火山）、lie [remain] dormant（休眠している）、be in a dormant state（休止状態である）、a dormant account（使われていない口座）などが重要表現で、「今後活動を再開する可能性がある」という含みを持つ。例 The volcano, which has been dormant for centuries, shows signs of becoming active again. その火山は何百年も噴火していないが、再び活発化する兆候が見られる。
そのほか「動植物や病気が不活発で」「才能が未開発で」といった意味でも使われる。また、問題文のような比喩的用法も可能。語源的には寝る場所である dormitory（寮、

寄宿舎）と関連しているので、「眠っている」という意味だと覚えるとよい。

✏️ ここにも注目！

rekindle は「（興味や感情など）を再びかきたてる、燃え上がらせる」という意味の動詞。
rekindle one's passion for reading（読書熱を再燃させる）、**rekindle interest in science**（科学
への興味を取り戻す）などのように使う。

387

lackluster
/lǽklÀstər/

形〔パフォーマンスなどが〕さえない、ぱっとしない

Fans were quick to blame the star player for his **lackluster** performance this
season, such as inconsistent scoring and frequent errors.
そのスター選手は今期、得点に波がありエラーも頻発しているなどプレーに精彩を欠き、ファンはすぐ
に批判した。

スポーツをはじめ、討論（**debate**）の内容や売り上げ（**sales**）などの形容にも使われる。
luster（光沢）+ **lack**（欠く）という成り立ちで、「精彩を欠く」という意味を表す。
このように他動詞と名詞を組み合わせてできた形容詞的な表現には breakneck、
catchall、makeshift、telltale などがある。それぞれ **at breakneck speed**（猛スピー
ドで）、**catchall term**（幅広く指す用語）、**makeshift tent**（テント代わりのもの）、
telltale sign（隠しきれない印）のように使われる。

📖 併せて覚えたい！

lackadaisical
/lǽkədéizikəl/

形 気力のない　例 due to a lazy, lackadaisical attitude だらしなく、やる気の見
えない態度のせいで

388

vibrant
/váibrənt/

形①活気にあふれた、活発な、精力的な ②〔色などが〕鮮
やかな ③振動する、反響する

Tokyo is a **vibrant** city, a beautiful jumble of traditional and modern culture.
東京は活気にあふれた街で、伝統文化と現代の文化が美しく混在している。

よく使われる表現は **a vibrant color**（鮮やかな色）、**a vibrant community**（活気にあふ
れた地域）、**a vibrant economy**（活発な経済）、**a vibrant personality**（活発な性格）な

ど。また、**a city vibrant with energy**（活気のみなぎる街）のように、**vibrant with X**（X でみなぎっている）という形もある。観光地の紹介などで、「人や店が多種多様だ」「夜でも明るく賑やかだ」という意味合いで使われる。 関連語 **vibrate** 動 震える、揺れる ▸ 感情が高まって声が震えることも表す。**vibration** 名 振動 ▸ 日本語でスマホなどの振動機能を「バイブ」と呼ぶが、これはこの単語から来ている。なお、気分の高まりを指す「バイブス」という俗語もあるが、これは vibration を縮めた vibes に由来している。ただし英語の vibes は「人や場所などが生み出す雰囲気、感じ」という意味なので要注意。

📖 併せて覚えたい！

bustling
/bʌ́sliŋ/
形 人の多い、賑わっている、活気のある　例 a bustling city 人で賑わう都市／be bustling with life 活気にあふれている

✏️ ここにも注目！

jumble は「寄せ集め、混乱状態：古着、がらくた」という意味の名詞。 →086

389
□ □ □ □

🔊 formal

revert
/rivə́ːrt/

動 ①戻る ②〔財産・権利・お金など〕が復帰する

Despite initial progress in negotiations, the parties were unable to reach an agreement and had to **revert** back to their original positions, resulting in a stalemate.

最初のうちは交渉が進んでいたものの、当事者間で合意に至れなかったため振り出しに戻らざるを得なくなり、結果的に行き詰まってしまった。

revert (back) to X で「X に戻る」が基本の用法。X には「前の状態」や「前の話題」などを表す語句が用いられる。例 **To revert to your earlier question, there really isn't a single correct answer.** 先ほどのあなたの質問に戻ると、実際、一つの正解というものは存在しません。

②の意味は法律用語として使われるものであり、**revert to X** で「〔財産・権利・お金などが〕X に復帰する」という意味になる。例 **The property will now revert to the nation.** その不動産は今後、国に返還されることになる。

📖 併せて覚えたい！

regress
/rigrés/
動 ●後退する、後戻りする；退歩する、退化する ▸ regress to X（X に後退する；X に退化する）のように使う。例 **The team's performance seems to have regressed to previous**

levels of mediocrity. チームのパフォーマンスは、以前の平凡なレベルに退化してしまったようだ。

✏️ ここにも注目！

stalemate は「行き詰まり、膠着状態；〔チェスの〕手詰まり、千日手」を意味する名詞。
→ 048

390 □ □ □ □

resurrect
/rèzərékt/

動 ①(習慣・記憶など)を復活させる、生き返らせる ②(死んだ人など)を生き返らせる

The tradition that had formerly been of paramount importance to the indigenous people has recently been resurrected.
かつて先住民にとって最も重要な意味合いを持っていた伝統が、このたび復活を遂げた。

「〔宗教的に〕死者を蘇らせる」から拡張して「(習慣など)を復活させる」という意味が生じた語だが、一般的に使われるのは後者の意味。ただし名詞の resurrection では事情が異なり、「(死者の)復活」と「(習慣などの)復活」のいずれも用いられる。特に the Resurrection と大文字で表記すると「キリストの復活」を指す。

📖 併せて覚えたい！

reincarnate
/rìːinkáːrneit/
動 ～を復活させる、生まれ変わらせる；生まれ変わる ▶ 名詞形は reincarnation (生まれ変わり、化身)。**例** be reincarnated as an animal 動物として生まれ変わる

✏️ ここにも注目！

① paramount は「最高の、最重要の」という意味の形容詞。問題文のように of paramount importance (何にも増して重要な)というフレーズが非常によく用いられる。そのほか be paramount to [over] X で「X よりも重要である」の意味でもよく使われる。
② indigenous は「〔ある土地に〕固有の、現地の」という意味の形容詞。an indigenous people で「先住民、原住民」という意味になる。

受験英語のその先へ

　受験が終わってからも英語に触れることを継続したいという思いがある方のために、有益な書籍をいくつか紹介します。

　まず文法に関して参照できるものを。『表現のための実践ロイヤル英文法』（旺文社）、『英文法解説』（金子書房）、『現代英文法講義』（開拓社）は鉄板です。洋書では*Practical English Usage*がとっつきやすく、より専門的な情報を望むのであれば*The Cambridge Grammar of the English Language*が定評のある文献です。それぞれ『オックスフォード実例現代英語用法辞典』（研究社）、「英文法大事典」シリーズ（開拓社）という邦訳も存在しています。

　いわゆる文法書ではありませんが、共著者の山崎さんが書かれた『知られざる英語の「素顔」入試問題が教えてくれた言語事実47』（プレイス）は文法好きにはたまらない傑作です。大学入試の英語を詳しく分析すると、伝統的な学校英語ではカバーしきれない事項がこれほど見つかるのかと驚愕してしまいます。同じく網羅的ではありませんが、『実例が語る前置詞』（平沢慎也／くろしお出版）も英語を学ぶということの概念自体が揺さぶられる、すさまじい名著。英語に自信があり、じっくり文章を読み進めることができるなら、高校生のうちに挑戦することも十分可能で、得るものは非常に大きいと思います。

　文学系の読み物に挑戦したい人には『英語のしくみと訳しかた』（研究社）や「英文精読教室」シリーズ（研究社）などがおすすめです。思いきってシェイクスピアに挑戦するなんていうのもよいでしょう。ちくま文庫から松岡和子氏の手による素晴らしい全訳が出ています。ざっと日本語で読んでから、気になった部分や心に残ったセリフだけ原文を参照するというのでも全然構わないと思います。完璧を目指さず、自分のペースで英語と付き合い続けていきましょう。

　紹介しきれなかった良書はまだまだ数え切れないほどあります。書店や図書館に足を運び、自分に合う一冊を探してください。その一冊が人生を大きく変えることになるかもしれません。

（萩澤）

この単語集は受験が終わった後も役立つ。
大学での学びや趣味の読書にも
大きな威力を発揮することは間違いない。

（萩澤）

eavesdrop
/í:vzdrὰp/

動〔他人の私的な話などを〕を盗み聞きする、盗聴する

The new law allows the government to **eavesdrop** on private telephone conversations as long as the callers are suspected terrorists.

新法のもとでは、電話での私的な会話を政府が盗聴することが可能となる。ただし、その会話の主がテロの容疑者である場合に限られる。

「情報収集のために意図して聞き耳を立てる」という意味合いがある。**You've been eavesdropping, haven't you?**(盗み聞きしてたでしょ？)のように使う。問題文のように **eavesdrop on X** の形にすると「X(人や会話)を盗み聞きする」となり、盗み聞きの対象を表すことができる。eaves は「軒・ひさし」、drop は「しずく」を表すので、eavesdrop は文字通りに訳すと「軒からしたたり落ちる滴」という意味。「家のすぐ外(雨垂れが落ちる辺り)で屋内の話を盗み聞きする」というイメージで覚えるとよい。

📖 併せて覚えたい！

bug
/bʌ́g/
名 盗聴器　例 plant a bug in the room 部屋に盗聴器を仕掛ける

wiretap
/wáiərtæ̀p/
動 (電話など)を盗聴する　例 wiretap journalists ジャーナリストたちを盗聴する／wiretap one's phone 電話を盗聴する

overhear
/òuvərhíər/
動 (たまたま人の話)を耳にする、漏れ聞く　例 Excuse me, but I couldn't help overhearing your conversation. すみません、ついお話が聞こえてしまいまして。

inoculation
/inὰkjuléiʃən/

名 予防接種、予防注射

Researchers are working on developing an effective **inoculation** against the newly emerged virus.

研究者は新たに出現したウイルスに対する効果的な予防接種の開発に取り組んでいる。

「毒性の弱い病原菌を体に注入することでその病気にかかりにくくすること」が本来の意味。関連する単語に immunization や vaccination がある。immunization は「(予防接種などにより)免疫を与えること」、vaccination は「(ワクチン)接種」のように接種するという行為そのものを指すのが本来の意味だが、inoculation を含めたこれら3つの単語はいずれもほぼ同じく「予防接種」の意味で使われていると考えて基本

的には問題ない。**派生語** inoculate **動** (人)に予防接種[注射]をする **例** be inoculated with the first dose of COVID-19 vaccine 1回目の新型コロナワクチンを打ってもらう／be inoculated against [for] smallpox 天然痘の予防注射を受ける

📖 併せて覚えたい！

vaccination
/vゔ̀ksənéiʃən/

名 ワクチンの予防接種 ▸ vaccine inoculation と言い換えることができる。**例** administer a vaccination to X Xに予防接種を行う／get a vaccination for smallpox 天然痘の予防接種を受ける

✏️ ここにも注目！

emerge は「〜が出現する、現れる」という意味の動詞。the newly emerged X(新たに出現したX)はそれなりに使われるフレーズ。そのほか an emerging economy(新興経済国)、an emerging nation(新興国)などを知っておきたい。

393 ☐☐☐☐ ((pronunciation > stress

connoisseur
/kànəsə́ːr/

名 ①〔美術品などの〕鑑定家 ②〔芸術・食べ物などについて〕詳しい人、〜通、目利き

The literary **connoisseur** was able to appreciate the subtle themes and <u>allusions</u> in the classic novel and make insightful connections to the cultural context of the time.
文学に詳しいその識者は、その古典小説の捉えにくいテーマや暗示を正しく理解し、それを当時の文化的背景と巧みに関連づけてみせた。

フランス語からの外来語。プロの鑑定家だけでなく、芸術や食べ物などに精通した一般人を指すにも用いられる。「オタク、愛好家」に近い意味合いで使われることも多い。a connoisseur of wine / a wine connoisseur(ワイン通)で覚えておこう。

📖 併せて覚えたい！

guru
/gúːruː/

名 達人、専門家、カリスマ；宗教的指導者 →373

pundit
/pʌ́ndit/

名 識者、専門家、評論家 →369

buff
/bʌ́f/

名 マニア、ファン、通 ▸ 通常、a film buff(映画マニア)のように複合語で用いる。

aficionado
/əfìʃənáːdou/

名 〔スポーツ・娯楽などの〕ファン、愛好家、マニア ▸ 「闘牛の熱愛者」という意味のスペイン語から来ている語。**例** an aficionado of golf ゴルフ愛好家

✎ ここにも注目！

allusion は「ほのめかし；当てつけ；引喩」を意味する名詞。→346：allude

394

precocious
/prikóuʃəs/

形 ①〔子どもが〕早熟な、並外れた、ませた ②〔植物が〕早咲きの

The 8-year-old musical prodigy, whose precocious talent has earned him several prestigious awards, will perform at our wedding reception.

その音楽の神童は8歳ながら早熟な才能を発揮し、権威ある賞をすでに複数受賞しているが、今度私たちの結婚披露宴で演奏してくれることになっている。

「年齢の割に知的に成熟している、技能が発達している、振る舞いが大人びている」といった意味を持つ語。イギリス英語では「ませた」のような否定的な含みを持つこともある。child、girl、daughter、kid といった人を表す名詞を修飾するほか、問題文の a precocious talent（早熟な才能）もよく使われるフレーズ。

✎ ここにも注目！

① prodigy は「神童、天才児；驚くべきもの」という意味の名詞。→049

② prestigious は「一流の、高名な」という意味の形容詞。

395

blurt
/bláːrt/

動 ～とうっかり口にする、思わず言う

"I don't love him," Cathy blurted out and then gasped for breath.

「彼を愛していないの」キャシーはうっかりこう口にしてしまったとたん、呼吸が苦しくなった。

「言わないようにしていたがつい言ってしまう」というニュアンスがあり、"...," S blurt out（「……」とSは思わず言う）や S blurt out, "..."（Sは思わず「……」と言う）のように発話の引用を伴うことが多い。blurt X out / blurt out X（Xを思わず口走る）のように名詞も目的語にとる。out は省略可能だが、明示されることが多い。例 blurt out the truth うっかり真実を言ってしまう

歴史的には擬音語由来であるという説が有力。前半は blow や blast など、後半は spurt（噴き出る）や squirt（〈液体〉を噴出する）などの語と類似性を見いだすことができ、いずれも「突発的な放出」を表す語である。笑いをこらえている時に思わず「ブ

「ッ」と噴き出してしまうイメージを持つとわかりやすい。

📖 **併せて覚えたい！**

mutter
/mʌ́tər/
動 ぶつぶつ(文句を)言う ▸ "…," S mutter. (「……」と 文句をつぶやく)のような形の用法もある。

murmur
/mə́ːrmər/
動 ～をささやく、つぶやく ▸ "…," S murmur to oneself. (「……」と独り言をつぶやく)のような形で使う。

mumble
/mʌ́mbl/
動 ～をつぶやく 例 mumble an apology ぼそぼそと謝罪の言葉を述べる

grumble
/grʌ́mbl/
動 ～をうめくように言う、うめき声を出す：文句(不平)を言う ▸ "…," S grumble. の形で「「……」とSはうめくように言う」という意味を表す。

sputter
/spʌ́tər/
動 まくし立てる、～をまくし立てて言う ▸ sputter X out(まくし立てるようにXを言う)のように使う。

splutter
/splʌ́tər/
動 ～を早口でしゃべる ▸ splutter X out(早口でXを言う)という用法もある。

✏️ **ここにも注目！**

gasp は「思わず息をのむ、息が切れる、はあはあ言う、あえぐ」といった意味の動詞で、gasp for air [breath](苦しそうに息をする、息を切らす)はよく使われるフレーズ。

396

□ □ □ □

spew
/spjúː/

動 ①～を吐き出す、噴出する ②🔥 ～を吐く、戻す
③～をぶちまける

The volcanic eruption caused the mountain to **spew** a massive amount of lava and ash, which blanketed the surrounding landscape with a thick layer of debris.
火山噴火に伴ってその山から大量の溶岩と灰が噴出され、辺り一面厚いがれきの層で覆われた。

問題文の **spew X (out [forth/up])**(X〈大量の水、溶岩など〉を噴出する、排出する)の形が最も一般的な用法。くだけたイギリス英語では vomit や throw up とほぼ同義で「(食べ物など)を吐く」という意味でも用いる。例 I saw a stranger spewing up on the pavement. 見知らぬ人が歩道で吐いているのを目にした。

また、**spew X (out [forth])** を比喩的に「X(悪い言葉)を吐く、X(不満や怒り)をぶちまける」という意味で用いることもある。例 He kept spewing out vulgar words. 彼は下品な言葉を吐き出し続けた。／She spewed forth her dissatisfaction. 彼女は不満をぶちまけた。

spurt
/spə́:rt/

動〔液体・炎などが〕ほとばしり出る、噴出する；急に走り出す、スパートをかける；急成長する、急騰する ▶ spurt out (from X)で「〔液体・炎などが〕(Xから)噴出する」という意味を表す。例 The flames spurted upward from the bonfire. 炎がたき火から上に向かって噴き出していた。

gush
/gʌ́ʃ/

動〔水・血・言葉などが〕勢いよく流れ出る、噴出する；(液体)をどっと流す、噴出させる；大げさにしゃべり立てる、書き立てる、まくし立てる ▶ gush (out) from X(Xから勢いよく流れ出る)、gush with X(Xをどっと流す)、gush over [about] X(Xについてまくし立てる、書き立てる)といった用法がある。例 Water gushed out from the broken water pipe. 壊れた水道管から水が噴き出した。

ここにも注目！

lava は「溶岩」を意味する名詞。流動状の物も凝固した物も指すことができる。a lava bed は「溶岩層」という意味。

397 ☐ ☐ ☐ ☐

oblivion
/əblívijən/

名 ①忘却、忘れ去られること ②無意識、眠っている状態

His question, extraneous to the matter the team had been discussing, faded into oblivion.

彼が投げかけた疑問は、チーム全体で話し合っている問題には関係ないものだったので、皆の意識から消えていった。

fade [sink/fall] into oblivion(忘れ去られる)の形でよく用いられる。ほぼ同義の fade into obscurity(世に埋もれる、世に忘れ去られる)も一緒に覚えておこう。そのほか、be consigned to oblivion(忘却される)、save X from oblivion(Xが忘れ去られないようにする)なども頻出。「世間の記憶から消える」という発想から「はやらなくなる、廃れる」という意味合いでも使われる。②の意味では drink oneself into oblivion(飲みすぎて意識を失う)というような使い方をする。

ここにも注目！

extraneous は「無関係の；本質的でない」を意味する形容詞。 →320

398

□ □ □ □

🔊 formal

vigilant
/víaʒələnt/

形 〔絶えず〕警戒している、用心深い、油断のない

It is crucial for the security personnel to remain **vigilant** and employ constant <u>surveillance</u> to <u>thwart</u> any potential security <u>breaches</u>.
どのような形であれセキュリティー体制が破られてしまうことを阻止するため、警備員が常に警戒を維持し、途切れることなく監視を行うことが極めて重要である。

「危険や問題の小さな兆しも察知しようと強く警戒している様子」を表す語で、**alert** とほぼ同義だが、より警戒や用心の度合いが強い。問題文のように補語として用いる形が比較的多く、基本的な用法は **vigilant about X**（X について警戒している）、**vigilant against X**（X に対して警戒している）である。**例** I'm vigilant about what I eat or drink when overseas. 海外では食べる物や飲む物に用心している。／ You must be vigilant against pickpockets. スリに警戒していなければいけません。
vigilant citizens（警戒した市民たち）のように名詞を前から修飾する形でも用いられることがある。
関連語 **vigilante** 名 自警団員 ▸ スペイン語由来の語。

📖 **併せて覚えたい！**

circumspect
/sə́ːrkəmspèkt/

形 ❶用心深い、慎重な；考慮を重ねた、熟考した ▸ circumspect in [about] X で「X において［について］慎重な」という意味になる。**例** He is very circumspect in his approach to decision-making. 彼は意思決定の仕方において非常に慎重である。

✏️ **ここにも注目！**

① **surveillance** は「監視、見張り；〔他国の軍事活動に対する〕偵察、監視；〔医師による病人・病気の〕観察」を意味する名詞。
② **thwart** は「～を挫折させる、妨害する、阻止する、くじく」を意味する動詞。 →194
③ **breach** は「〔法律・協定・約束などの〕違反、不履行；不和、仲たがい、断交、断絶」を意味する名詞。 →141

formal

ineffable
/inéfəbl/

形 言葉では言い表せない、筆舌に尽くしがたい

The **ineffable** beauty of the landscape let me forget, even if temporarily, the hustle and bustle of the busy city life.

その景色の美しさは言葉では言い表せないほど素晴らしいもので、一時的にではあっても、都会の忙しい毎日の喧騒を忘れさせてくれた。

「素晴らしさなどが圧倒的で言葉では言い表せないほどだ」という意味合いの語で、**ineffable joy**（言葉にできない喜び）、**ineffable beauty**（語り得ぬほどの美しさ）のように名詞を前から修飾する形で使うのが一般的。入試問題で定番の **beyond description**（筆舌に尽くしがたい）の形容詞版だと考えるとわかりやすい。文脈によっては「タブーなので口にできない」という意味になることもある。

✒ ここにも注目！

① temporarily は「一時的に」という意味の副詞。形容詞は temporal（一時的な、つかの間の）で、およそ同じ意味合いの transient（一時的な、つかの間の）と併せて覚えておきたい。
→ 010：fleeting

② the (hustle and) bustle は「喧騒、雑踏」という意味の表現。hustle は「押し合い、混んでいること」という意味の名詞や、「乱暴に押す、元気よく行動する」という意味の動詞で使われ、日本語の「ハッスル」の基となっている語である。なお、bustle は動詞で使うと「せわしなく動き回る」の意味になる。　→ 388：bustling

rustic
/rʌ́stik/

形 ①田舎の、田園の ②質素な、素朴な、あか抜けていない

The simple, **rustic** design of the furniture was inspired by the classical architecture of ancient Greece and Rome, imbuing it with a timeless elegance.

その家具のシンプルで素朴なデザインは、古代ギリシャ・ローマの古典建築から着想を得たもので、時代を超えた優美さを宿していた。

「良い意味で素朴であか抜けていない」という意味合いの語。通例、前から名詞を修飾する形で用い、look（見た目）、charm（魅力）、setting（場面設定）、style（様式）、simplicity（単純さ）といった名詞が後に続くことが多い。rustic bread（田舎風のパン）といった表現もある。この rustic には「田舎者、お上りさん、農民」という意味の名

詞用法もあるが、形容詞とは一転して蔑視的な、あるいはおどけたニュアンスがある。なぜこのような違いがあるのかはわからないが、形容詞の場合は場所、雰囲気、物の特徴を描写することが多く、肯定的に捉えられやすいのに対し、名詞の場合は人のことを表すので、都会の人が田舎の人を下に見る偏見の意味を伴いやすいということかもしれない。**派生語** **rusticity** 名 田舎らしさ、素朴さ、田舎生活 **rusticate** 動 田舎に住む、田舎へ行く、〜を田舎風にする

📖 **併せて覚えたい！**

bucolic
/bjuːkálik/

形 牧歌的な、田園的な；羊飼いの ▶ 文語的な表現。例 peaceful bucolic scenery のどかな田園風景

idyllic
/aidílik/

形 田園詩のような、牧歌的な；のどかな 例 an idyllic setting のどかな環境

✏️ **ここにも注目！**

imbue は「〔思想などを〕(人・心)に吹き込む、(人・心)を染める」という意味のフォーマルな動詞。 →225

401

faction
/fǽkʃən/

名 派閥、党派、対立グループ

Each faction in the party upholds different political views, making it difficult to reach a consensus on important issues.
その政党内の各派閥は支持する政治観が異なるため、重要な事柄に関してなかなか意見が一致しない。

「多数派とは異なる考え方を掲げる小規模なグループ（特に政治的な派閥）」あるいは「そうした集団間で生じる対立」を表す。a faction of the ruling party（与党の一派）、warring factions（敵対勢力）のように使う。なお、同じ綴りでfactとfictionを合成した用語として「ドキュメンタリー作品（事実に基づくが脚色を含む映画・TV番組・小説など）」を表すこともある。

✏️ **ここにも注目！**

① uphold は「〜を支持する、擁護する；〜を維持する；〜に従う」という意味の動詞。uphold human rights（人権を擁護する）、uphold the law [Constitution]（法律[憲法]を支持する）、uphold the principle [decision]（原理[決定]に従う）のように使う。
② consensus は「意見の一致、おおかたの意見、世論」という意味の名詞。reach [achieve] a consensus（意見の一致をみる、合意に達する）で覚えておこう。

402

□ □ □ □

cohort
/kóuhɔːrt/

名 ①〔共通の性質を持つ〕集団、群れ、グループ ②仲間、相棒、支持者

The seminal study led by a renowned psychologist followed a **cohort** of 550 children from birth through adolescence.

著名な心理学者の主導で行われた、非常に大きな影響力のあるその研究は、総数550人の子どもたちのグループを対象として出生時から思春期まで追跡調査を行った。

①の意味では**a cohort of X**(Xの集団)の形で使われることが比較的多い。**a group of X**とおおよそ同じ意味だが、学術研究の対象となる一群を表すことが多く、特に「ある性質(生まれた時期が同じなど)を共有するメンバーからなる集団」を指すのが一般的。特定の疾病の因子(**factor**)を持つ集団と持たない集団を一定期間にわたって追跡調査するような研究は**a cohort study**と呼ばれ、入試でも複数回出ている。一方、②の意味でアカデミックでない文脈で用いられる場合は**X's cohorts**の形で用いられることが多く、否定的で揶揄する含みがある。**例** Simon and his cohorts were arrested. サイモンとその一味は逮捕された。

📖 併せて覚えたい！

compatriot
/kəmpéitriət/

名 同国人、同胞；同僚 **例** X's compatriot Xの同胞

comrade
/kámræd/

名 〔つらい経験などを共有した〕仲間、友達；〔同じ組織・政党などの〕会員、党員
▶ X's comrades で「Xの仲間」という意味になる。

✏️ ここにも注目！

① seminal は「先駆的な、重要で影響力のある」という意味の形容詞。→179

② renowned は「著名な、名高い」という意味の形容詞。famed(名声のある)、prominent(著名な、卓越した)、celebrated(名高い、著名な)、eminent(著名な)、distinguished(著名な、優れた)などとセットで覚えておきたい。

403

□ □ □ □

nonchalant
/nὰnʃələːnt/

形 よそよそしい、冷淡な、平然とした、無関心な

His **nonchalant** attitude toward the accident infuriated me.
その事故に関して平然とした態度を取る彼に、私は強い怒りを覚えた。

名詞を修飾する場合は、**a nonchalant attitude**（平然とした態度）や**a nonchalant manner**（無関心な態度）がよく使われる。前置詞を伴った**be nonchalant about X**（X に無頓着である、X を気にしない）というパターンもある。動詞との組み合わせでは **sound [look/appear] nonchalant**（無関心なように聞こえる［見える］）が重要。
派生語 nonchalance 名 無関心、平然　例 with nonchalance（淡々と、何ともない様子で）

📝 ここにも注目！

infuriate は「（人）を激怒させる」という意味の動詞。It infuriates X that SV.（～ということが X を激怒させる）のように仮主語の構文でも使われる。形容詞の furious は「激怒した、怒り狂った」という意味で、be furious at the decision（その決定に激怒している）のように使う。なお、名詞の前に置いて使う場合は a furious debate [opposition]（激しい議論［反対］）のように「激しい、強烈な」という意味になる。

404

□ □ □ □

relegate
/réləgèit/

動 ①～を格下げする、～を（別の場所に）移す、追いやる ②～を委ねる、委託する ③～を降格させる

The team's underperformance led the coach to **relegate** several players to the bench, giving new prospects the opportunity to showcase their talents.
チームの不振を受け、監督は数人の選手をベンチに追いやり、新たな有望株たちに才能を発揮する機会を与えた。

主に「人やものをより低い立場へと追いやる」という意味合いで用いる。受け身になることが多い。問題文のように**relegate X to Y**（X を Y に移す、追いやる）の用法が頻出で、Y には「目立たない場所」などを意味する語句が用いられる。同じ用法で「X（仕事・責任など）を Y（人・組織）に委ねる、委託する」という意味になることがあるが、この場合も Y は「立場が下の人・組織」という含みがある。例 She often relegates the tedious paperwork to her interns. 彼女は面倒な事務作業をインターン生に任せ

ることが多い。

イギリス英語では、サッカーに関する文脈で**relegate X (to Y)**という表現を受け身で使うと「X(チーム)がY(下位リーグなど)に降格になる」という意味になる。**例** **The team has been relegated to J2.** そのチームはJ2への降格が決定している。

📖 **併せて覚えたい！**

demote
/dimóut/

動 ～を降格させる ▸ 降格するチームや人などを主語にして、受け身で「〔チームや人が〕降格させられる」のような用法が多い。demote X from Y to Zで「X(チームなど)をYからZへと降格させる」という用法もある。**例** The man was demoted for the failure in the previous project. その人は、前のプロジェクトでの失敗を理由に降格させられた。

✏️ **ここにも注目！**

showcaseは「～を展示する、陳列する、披露する」という意味の動詞。名詞で使うと「陳列用のケース」という文字通りの意味とは別に「〔何かを見せる〕絶好の機会、場」の意味になる。**The TV program is a showcase for young artists.**(その番組は若いアーティストが力を見せつける絶好の場だ)のように使う。

405 ⬜ ⬜ ⬜ ⬜

suffocate
/sʌ́fəkèit/

動 ①～を窒息させる、息苦しくさせる、抑圧する、阻害する ②窒息する、息が詰まる

With good intentions, he always offers **candid** opinions to his **subordinates**, but this makes them feel **suffocated**.
良かれと思って彼はいつも部下に率直な意見を伝えるが、部下としては息苦しく感じてしまっている。

「原因」を主語にして **X suffocate Y.**(XがYを窒息させる)とする形と、「人」を主語にして **Y suffocate.**(Yが窒息する)とする形がある。進行形で用いられることが多いが、問題文のように受け身でも使われる。窒息死する場合に限らず、「暑さや空気の薄さのせいで呼吸がしにくい」、さらに比喩的に「厳しい規則や圧力などで息苦しい」という場合にも使われる。また、「関係性や経済などの発展を妨げる」といった意味でも使える。**例** The tax system is suffocating the economy. その税制は経済の発展を阻んでいる。**派生語** suffocation **名** 窒息(死) suffocating **形** 息が詰まる、拘束の厳しい

📖 **併せて覚えたい！**

smother
/smʌ́ðər/

動 ～を窒息させる、息苦しくさせる；(事実など)を覆い隠す、もみ消す；～を抑制する **例** smother a yawn あくびをこらえる／smother her with kisses 彼女をキス攻めにする

strangle
/strǽŋgl/

動〔ロープなどで〕~を窒息させる、絞殺する；~を妨げる、抑える　例 be strangled with a TV cord テレビのコードで絞殺される／High taxation strangles the economy. 高い税金は経済の成長を阻む。／in a strangled voice 押し殺したような声で

choke
/tʃóuk/

動 ~を窒息させる、息苦しくさせる；(場所など)をふさぐ；~を抑制する；〔感情などで〕息[声・言葉]が詰まる　例 Her voice was choked with tears. 彼女は泣いて声が出なかった。／She was choking with rage. 彼女は怒りで声が詰まっていた。

✏️ ここにも注目！

① candid は「率直な、包み隠すことのない、遠慮のない」という意味の形容詞。discussion、conversation、comment、feedback などの名詞とともに用いられることが多い。honest や frank とほぼ同じ意味のより難しい語と考えるとよいだろう。なお、a candid photo [shot/snapshot] は「隠し撮りの写真、ポーズをとらない写真、飾らない写真」という意味合いになる。

② subordinate は「部下、地位や役職が下の人」という意味の名詞。形容詞として使う場合は「下位の、二次的な、補助的な」という意味。subordinate to X（X より位が下である）、a subordinate position [role]（下位の役割、地位）などのように使う。

406 ☐ ☐ ☐ ☐

embroider
/imbrɔ́idər/

動 ①刺繍をする ②(語など)を誇張する、脚色する、~に尾ひれをつける

The politician attempted to **embroider** the truth in his speech, adding exaggerated claims to bolster his argument and persuade the audience to his point of view.

その政治家はスピーチの中で事実を脚色しようとして誇張した主張を付け足し、それにより議論を補強し、自分の見方を聞き手に納得してもらうことを狙った。

元々は「刺繍をする」という意味の語で、比喩的に「面白くしたり魅力的にしたりするために話に真実とは限らない詳細を付け加える」という意味合いでも用いられる。いわゆる「話を盛る」という表現に近い。①の意味では embroider X (with Y)（X に(Y で)刺繍をする）、embroider X on Y（X を Y に刺繍する）という形で用いる。 派生語▶ embroidery 名 刺繍(飾り)、刺繍すること；誇張、脚色

📖 併せて覚えたい！

embellish
/imbéliʃ/

動 ~を美しく飾る；〔虚実をまじえて〕(話など)を面白くする、脚色する；(真実)を粉飾する　▶ embellish X (with Y) の形で「X(場所・服など)を(Y で)美しく飾る」という意味になる。これは decorate とほぼ同義。「脚色する」の意味では embroider の類義語。例 embellish what actually happened 実際に起こったことを脚色する

inflate
/infléit/

動 ～を〔空気などで〕膨らませる；(数・価値など)を誇張する　例 The news report inflated the significance of this event. ニュース報道はこの出来事の意義を誇張した。

✏️ **ここにも注目！**

bolster は「～を強化する、改善する；(自信・信頼・士気など)を高める、(人)を元気づける；(学説・政府など)を支持する」を意味する動詞。→ 104

---

407 ▢ ▢ ▢ ▢

swath
/swάθ/

名 ①広範囲、大部分 ②刈り跡

Although precautions were taken, the devastating storm cut a wide swath through the country, leaving thousands homeless.

予防策は取られたが、強力な暴風は国土に大きな爪痕を残し、家を失う人が何千人単位で出ることになった。

a large [broad/vast/huge/wide] swath of X で「Xの大部分、大多数のX」の意味で使う用法が頻出。複数形の swaths でもよく用いられる。問題文の **cut a swath through X** は「〔災害などが〕X(土地)を荒らしていく」という意味の熟語表現。この用法でも large や broad などの形容詞を伴うことが多い。

📖 **併せて覚えたい！**

gamut
/gæmət/

名 全範囲、全域　▶「全音域」が本来の意味で、中世の音階で最低音のG(ソの音)を表す gamma(ガンマ)に由来。例 run the whole gamut of human emotions from hope to despair 希望から絶望まで人間のあらゆる感情を経験する

---

408 ▢ ▢ ▢ ▢

hue
/hjúː/

名 ①(微妙な)色合い、色調 ②(いろいろな)種類、考え方

The breathtaking beauty of the twilight sky was made up of hues ranging from pale blue to deep indigo.

たそがれ時の空は息をのむように美しく、淡い青から深い藍色まで、とりどりの色合いをしていた。

color とほぼ同じ意味だが、文学的・専門的な響きがある。**dark [slightly different] hue**(暗い[微妙に異なる]色)といったフレーズで使われる。比喩的な用法として、**people of every political hue**(さまざまな政治的信念の人たち)のように、「考え方(の

傾向)」を表すこともある。**a hue and cry**(抗議の声)という表現もある。この hue は歴史的には「色合い」の hue とは別の語で、擬音語からできたものと考えられる。

📖 **併せて覚えたい！**

tinge
/tíndʒ/

名 かすかな色合い、曖昧な色合い　例 Cobalt is a silvery white metal with a faint bluish tinge. コバルトとは、かすかに青みを帯びた銀白色の金属である。

tint
/tínt/

名 色合い、淡い色　例 bluish tint on his lips やや青ざめた唇

pigment
/pígmənt/

名 顔料、絵の具；色素　例 red pigment in plants 植物の赤い色素

persuasion
/pərswéiʒən/

名 信念、種類　例 people of all political persuasions あらゆる政治的信条の人たち

---

409 ☐ ☐ ☐ ☐

annex
/ənéks/

動 ～を併合する、編入する、組み込む、付加する
名 ①別館、離れ ②付属文書

It is said that the country **annexed** the island in order to **harness** its abundant natural resources.
同国がその島を併合したのには、豊かな天然資源を利用する狙いがあったと言われている。

主語に「強大な国や政府」を表す名詞、目的語には country、island、territory、area など「それに隣接する領土」がくることが多い。**was annexed to X**(X〈国など〉に併合された)のような受け身の形も頻出。この意味での名詞形に **annexation**(併合)がある。annex 自体にも名詞用法があるが、これは「建て増し部分」の意なので注意が必要。例 a nearby annex to the main building 本館すぐ近くの別館／a secret annex 秘密の離れ

✏️ **ここにも注目！**
harness は「(自然の力や感情など)を利用する」という意味の動詞。→338

410

unabridged
/ʌ̀nəbrídʒd/

形 省略なしの、完全版の

The novel was originally published as a shortened version in a literary magazine before it was released as a complete, **unabridged** edition.

当初は短縮バージョンで文芸誌に掲載されたその小説だが、のちに省略のない完全版として発売された。

The Shortman Unabridged English Dictionary（『ショートマン英英大辞典』）のように辞書のタイトルで用いられることが特に多い。**関連語** abridge **動** （本など）を短縮する、簡略化する ▶ shorten とおよそ同じ意味。これの形容詞形がabridgedで「簡約版の」という意味。

📖 **併せて覚えたい！**

truncate
/trʌ́ŋkeit/
動 （文章など）を切り詰める、（樹木や円錐の先端）を切る

curtail
/kərtéil/
動 （費用など）を削減する、（権力など）を縮小する **例** Spending was severely curtailed. 支出は厳しく切り詰められた。

abbreviate
/əbríːvièit/
動 （単語・文など）を短縮する ▶ 通例受け身で用いる。**例** "Adjective" is usually abbreviated as [to] "adj." Adjective（形容詞）はadjと略されることが多い。

411

🔊 formal

eclectic
/ikléktik/

形 ①取捨選択した ②幅広く収集した ③〔考えなどが〕折衷的な、一つに偏らず幅の広い

The artistic style of the museum's collection was **eclectic**, featuring works from various movements and periods, showcasing a nuanced appreciation for the diversity of artistic expression.

その美術館の収蔵品の芸術スタイルは、さまざまな芸術運動や時代の作品を呼び物にした折衷的なものであり、芸術表現の多様性に対する繊細な理解を披露するものだった。

「一つの様式や考え方に限定せず、幅広くさまざまなものから選んだり利用したりする様子」を表す。名詞を前から修飾する用法が比較的多い。**例** eclectic tastes in music 多岐にわたる音楽の好み／an eclectic mixture of architectural styles さまざまな建築様式の混合

併せて覚えたい！

motley
/mátli/

形 雑多な、多種類の ▶非難の意味合いを含む。通例、名詞を前から修飾する形で用いる。例 a motley crew of misfits 社会不適合者の雑多な集団

miscellaneous
/mìsəléiniəs/

形 多種多様の、雑多な、多彩な（→366）

heterogeneous
/hètərədʒíːniəs/

形 ⊖(異種)混成の、異種の、雑多な 例 a heterogeneous group of students 多種混成の学生集団

✏ ここにも注目！
① showcase は「～を展示する、陳列する、披露する」という意味の動詞。（→404）
② nuanced は「微妙なニュアンス[色合い]が付加された；微妙な差異を示すような；繊細な」を意味する形容詞。

412

hectic
/héktik/

形 猛烈に忙しい、てんやわんやの、てんてこまいの

An <u>overwhelming</u> number of assignments, with their deadlines <u>looming</u>, have made this week really hectic and now I am completely <u>exhausted</u>.
圧倒されるほど大量の課題を抱え、その締め切りが迫っていたせいで、今週は本当に猛烈に忙しく、今は完全に疲れ切っている。

schedule、life、day、week、pace などの名詞と一緒に使われることが多い。例 the hectic pace of everyday life バタバタした日々の生活
busy の強意語と考えておけばよいが、「忙しい」という意味で人を描写する場合には hectic は基本的に使わない。

✏ ここにも注目！
① overwhelming は「圧倒的な、圧倒するような、抗しがたい、抑えきれない」などの意味の形容詞。動詞の overwhelm（～を圧倒する）と一緒に覚えておこう。よく使うフレーズは問題文の an overwhelming number of X（圧倒的にたくさんのX）以外に、an overwhelming majority（圧倒的大多数）、overwhelming evidence（有無を言わせない証拠、圧倒的に不利な証拠）、overwhelming odds（圧倒的に不利な状況）などがある。
② loom は「ぼんやりと現れてくる；次第に迫ってくる；不気味に立ちはだかる」という意味の動詞。loom large は「不気味に立ちはだかる」という意味で、定型表現なのでこのまま覚えておこう。

③ **exhausted** は「疲れ切った；使い果たされた、底を尽いた」という意味の形容詞。**exhaustive**
（徹底的な、網羅的な）と一緒に覚えておこう。近い意味の形容詞には **weary**（ひどく疲れ
た；うんざりした）があり、**a weary look**（疲れた表情）のように使う。この単語には「～を
疲れさせる；ひどく疲れる」という動詞の用法もある。

413

trajectory
/trədʒéktəri/

名 ①弾道、軌道 ②足跡、コース、道筋、経過

The arc of a satellite's trajectory is determined by the gravitational pull of celestial bodies in its vicinity.
衛星の軌道が描く弧は、周囲に存在する天体の引力によって決まる。

元々は「ロケット、衛星、ミサイルなどの弾道、軌道」を表す①の意味の語で、問題
文でもこの意味で用いられている。そこから比喩的に拡張して「物事が一定期間にわ
たってたどる経過」という②の意味で用いることもある。**例 Her career has been on an upward trajectory since she joined the company.** 彼女のキャリアは、入社以来上
向きの足跡をたどっている。

✏️ **ここにも注目！**

① **celestial** は「天体の」という意味の形容詞。→046
② **vicinity** は、「近辺、付近、周辺」を意味する名詞。ややフォーマルな語。**in the vicinity of X**（Xの近辺に；およそX）のように使う。

414

countenance
/káuntənəns/

名 顔つき、表情 動《主に否定文で》容認する

Bernie said, with a smiling countenance, "You never cease to amaze me."
バーニーは顔に微笑みを浮かべ、「いつもながら本当にすごいね」と言った。

名詞用法は「顔」、特に「感情が表れた顔つき」を指す文学的な語。小説の中や、聖書
の引用で使われることが多い。**May the Lord lift up his countenance upon thee, and give thee peace.**（願わくは主が御顔をあなたに向けてあなたに平安を賜るように）と
いう祝祷（blessing = 祝福の祈り）は特に有名。動詞用法では、**They would not countenance that kind of behavior.**（彼らはそうした振る舞いを許容しない）のように

| 否定の文脈で使うのが一般的。結果的に tolerate とほぼ同義である。

ここにも注目!

You never cease to amaze me. は「あなたにはいつも驚かされる」ということで、感嘆と称賛の気持ちを伝える定番表現。

415 □ □ □ □ formal

resonate
/rézənèit/

動 ①〔音が〕鳴り響く、反響する ②共鳴する、共振する
③共感を呼び起こす ④〔感情・性質などで〕満ちている

The musician's melancholic ballad about lost love seemed to **resonate** deeply with the audience, **evoking** feelings of nostalgia and **wistfulness**.
そのアーティストによる哀愁漂うバラードは失恋がテーマで、懐かしさや切なさといった感情をかき立て、観客に深い共感を呼び起こしたようだ。

「音が共鳴する」という意味から、拡張的に「共感を呼び起こす」や「感情や性質などで満ちている」という意味でも用いる。どの意味でも resonate with X の形で用いるのが基本で、それぞれ「〔ある場所に〕X（音）が鳴り響く」「Xを共感させる」「X（感情・性質）で満ちている」という意味になる。**例** The district resonates with all the ingredients of subculture. この地区は、サブカルチャーのあらゆる要素であふれている。

派生語 resonance **名** 反響、心に響くもの　resonant **形** 反響して、鳴り響いて、満ちて、喚起して　**例** melodies resonant with emotion 感情に訴えるメロディー

併せて覚えたい!

reverberate
/rivə́:rbərèit/

動 反響する、鳴り渡る、響き渡る；振動する；**◐** 影響を及ぼす　▸ reverberate through [around] X で「〔音が〕Xに反響する、響き渡る；〔話題・出来事が〕Xに（強く長期的な）影響を及ぼす」、reverberate with [to] X で「〔場所が〕Xで振動する」といった使い方がある。**例** Repercussions of the incident reverberate through our society. この事件の影響は、私たちの社会全体に波及している。

ここにも注目!

evoke は「（感情や記憶など）を呼び起こす、喚起する」という意味の動詞。**→381**
wistfulness は「もの悲しさ、切なさ；物欲しそうな様子」を意味する名詞。

349

416

□ □ □ □

◀◀ pronunciation

poignant
/pɔ́injənt/

形 ① 胸にしみる、痛切な、強く印象に残る、感動させる
② 〔皮肉・批評などが〕辛辣な

The **poignant** story of the refugees fleeing the war-torn country left a profound impact on the international community.
戦争に苦しむ国から逃れてきた難民たちの痛切な物語は、国際社会に大きな衝撃を与えた。

さまざまな意味があるが、「鋭く突き刺さる」ようなイメージが共通している。書き言葉で、通例、名詞を前から修飾する形で用いる。①の意味には「悲しい気持ちや哀れみをかき立てるような」「心が揺さぶられる」というニュアンスがある。最も多く使われるので、まずはこの意味を覚えておこう。**例** a poignant scene 感動的な光景 ②の意味では後ろに「批判、批評」などを表す名詞を続けて、a poignant criticism（鋭い批評）のように使う。**派生語** poignancy 名 痛切さ、鋭さ　**例** the poignancy of the moment その瞬間の切なさ

✎ ここにも注目！

war-torn は「戦争で疲弊した、戦禍をこうむった、戦争の被害を受けた」を意味する形容詞。名詞を前から修飾する形で用いるのが一般的。

417

□ □ □ □

vernacular
/vərnǽkjulər/

名 ① 日常語、話し言葉 ② その土地の言葉、自国語、方言

The term "woke" has entered the popular **vernacular** and people use it on a daily basis, especially in informal speech.
woke（意識高い系の）という単語は一般的な語彙の仲間入りを果たし、特に、くだけた話し言葉では日常的に使われている。

local、common、modern、black（黒人の）などの形容詞で修飾される。**例** be part of their vernacular 彼らが使う言葉の一部になっている／written in the black vernacular 黒人方言で書かれている

📖 併せて覚えたい！

parlance
/pɑ́:rləns/

名 言葉遣い　**例** Contraceptive sheaths are referred to as "rubbers" in everyday parlance. 男性用避妊具というのは日常的な言葉では「ゴム」と呼ばれる。

350

418 □ □ □ □

excavate
/ékskəvèit/

動 (墓・遺跡など)を発掘する、(地面)を掘る、(トンネルなど)を掘る

In that exhibition, the newly **excavated** tomb of the ancient king was displayed in the section **adjacent** to the area that **showcased** dinosaur **skeletons**.

その展覧会では、新たに発掘された古代の王の墓が、恐竜の骨を展示しているエリアに隣接したセクションで展示されていた。

「掘る場所」「掘り出す対象」「掘った結果できるもの」のいずれも目的語になる。**例** excavate the site〔建設目的などで〕その場所を掘削する／excavate the ruins [remains] 遺跡を発掘する／excavate a tunnel トンネルを掘る

✎ ここにも注目！

① adjacentは「隣接した」という意味の形容詞で、問題文のように adjacent to X で「Xに隣接した」の意味で使うことが多い。必ずしも接触していなくてもよい。

② showcaseは「〜を展示する、陳列する」という意味の動詞。**→404**

③ skeletonは「骨、骨格、骸骨」という意味の名詞。そのほか the skeleton of the building(ビルの骨組み)、the skeleton of my thesis(私の論文の概略)などのように「骨組み、基幹、骨子、概略」などの意味で使われることも多い。

419 □ □ □ □

perfunctory
/pərfʌ́ŋktəri/

形 〔行為が〕うわべだけの、おざなりな、いい加減な

The manager flipped through the pages, giving the proposals only a **perfunctory** glance, **as a result of which** he missed important information.

上司はパラパラとページをめくり、その提案に表面的にしか目を通さなかったので、結果として重要な情報を見逃してしまった。

---

kiss、smile、manner、check、nodといった名詞を修飾する形で用いられる。「適当さ」や「単に儀式的・習慣的なものであって本気でやっているわけではない」というニュアンスを表す。**派生語** perfunctorily **副** おざなりに **例** greet perfunctorily 気のないあいさつをする

✎ ここにも注目！

as a result of which ... は「その結果…」という意味の、関係詞を用いたよくある言い回し。

420

🔊 formal

juxtapose
/dʒʌ́kstəpòuz/

動 〜を一緒に並べる、隣に置く、一緒に配置する、一緒にする

By **juxtaposing** the main character living a frugal life with the villain delighting in an extravagant lifestyle, the film director ingeniously depicts their contrasting personalities.

質素な生活を送る主人公と贅沢三昧なライフスタイルを楽しむ悪役を並べることで、その映画監督は彼らの対照的な個性を巧みに描いている。

「印象的な効果を狙って異質なものをあえて一緒にする」「差異が一目瞭然になるように並べる」といった場合に用いるのが一般的だが、学術的な文章では単純に「並べる」という意味で用いられることもある。**juxtapose X with Y**（XをYと一緒に並べる）、**juxtapose X and Y**（XとYを一緒に置く）、あるいは受け身の **be juxtaposed with X**（Xと一緒に並べられる）という形で使われる。「隣に」という意味のjuxta-と「置く」という意味のposeを組み合わせた語。poseはoppose、impose、propose、supposeといった基本動詞にも見られる。

✏️ ここにも注目！

① frugalは「質素な、倹約的な」という意味の形容詞。類義語のthrifty（質素な、つましい）と一緒に覚えておこう。

② villainは「悪役、悪者、悪党、犯罪者」という意味の名詞。ものについても比喩的に「元凶」という意味で使われることがある。

③ extravagantは「浪費する、金遣いの荒い、贅沢三昧な」という意味の形容詞。extravagant price（法外な値段）のように「金額が高すぎる、法外な」という意味合いで使うこともある。
→ 149 : exorbitant

④ ingeniouslyは「巧みに、巧妙に」という意味の副詞。ingeniousは形容詞で「独創的な、創意工夫に富んだ、巧妙な」の意味を表す。an ingenious solution（巧妙な解決策）は頻出フレーズ。なお、微妙に似ていてややこしいが、ingenuousは「無邪気な、率直な」という意味の形容詞である。さらにややこしいことに、ingenuityは「創意工夫、巧妙さ」という意味の名詞なので注意。

INDEX

本書に収録されている見出し語のほか、「併せて覚えたい！」や「ここにも注目！」で項目として取り上げた語句を、アルファベット順に掲載しています。数字は見出し語番号です。青字は見出し語、黒字は「併せて覚えたい！」「ここにも注目！」に登場していることを表しています。なお、本書の見出し語はアメリカ英語の一般的な綴りに準拠していますが、索引では一部の単語にイギリス英語などで見られる綴りを併記しています。

J

K

L

U

主要参考文献

American Heritage Dictionary of the English Language, 5th edition.

Cambridge Advanced Learner's Dictionary, 4th edition.

Chambers Essential English Dictionary.

Collins COBUILD Advanced Learner's Dictionary, 9th edition.

Collins English Dictionary, 13th edition.

Longman Dictionary of Contemporary English, 6th edition.

Longman Language Activator, 2nd edition.

Macmillan English Dictionary for Advanced Learners, 2nd edition.

Merriam-Webster's Advanced Learner's English Dictionary.

Merriam-Webster's Collegiate Dictionary, 11th edition.

New Oxford American Dictionary, 3rd edition.

NTC's American English Learner's Dictionary.

Oxford Advanced Learner's Dictionary, 10th edition.

Oxford Collocations Dictionary for Students of English.

Oxford English Dictionary. 3rd edition (Online).

Oxford Learner's Dictionary of Academic English.

Oxford Learner's Thesaurus.

Oxford Thesaurus of English, 2nd edition..

『ウィズダム英和辞典　第4版』（三省堂）

『英語語義語源辞典』（三省堂）

『英語語源辞典（縮刷版）』（研究社）

『オーレックス英和辞典　第2版』（旺文社）

『ジーニアス英和辞典　第6版』（大修館書店）

『ジーニアス英和大辞典』（大修館書店）

『新英和大辞典　第6版』（研究社）

『ランダムハウス英和大辞典　第2版』（小学館）

『リーダーズ英和辞典　第3版』（研究社）

COCA: Corpus of Contemporary American English <www.english-corpora.org/coca/>

iWeb: The 14 Billion Word Web Corpus <www.english-corpora.org/iweb/>

Online Etymology Dictionary <www.etymonline.com>

PROFILE

山崎竜成（やまざきたつなり）

駿台予備学校英語科講師。著書に『知られざる英語の「素顔」入試問題が教えてくれた言語事実47』（プレイス）、『大学入試 飛躍のフレーズ IDIOMATIC 300』（アルク）がある。趣味は洋画鑑賞、料理、旅行など。好きな食べ物は雲丹とチーズケーキとプリン。好きな動物は猫。好きな女性のタイプは可愛い人。好きな俳優はジェイソン・ステイサムとキアヌ・リーブス。

駒橋輝圭（こまはしてるたか）

オンライン英語スクールE Cubed代表。東進東大特進コース、駿台オンライン校などに出講。著書に『東大入試詳解25年 英語』（共著、駿台文庫）、『東大入試詳解20年 英語リスニング』（共著、駿台文庫）がある。東京大学文学部英語学英米文学専修課程卒業。子ども時代を過ごした米国ミシガン州で英語を獲得した準ネイティブ・バイリンガル。英語感覚の的確な言語化に基づく授業で、初歩から最難関まで全レベルの学生から高い評価を得る。

萩澤大輝（はぎさわだいき）

神戸市外国語大学大学院博士課程を単位取得満期退学し、現在は近畿大学経営学部特任講師。専門は認知言語学。主な業績に『ジーニアス英和辞典 第6版』（大修館書店）の校閲・執筆協力のほか、翻訳書として『セミコロン　かくも控えめであまりにもやっかいな句読点』（左右社）などがある。

大学入試 無敵の難単語
PINNACLE 420

発行日	2023年10月18日（初版）
	2024年9月5日（第3刷）

書名	大学入試 無敵の難単語 PINNACLE 420
著者	山崎竜成、駒橋輝圭、萩澤大輝
編集	株式会社アルク 文教編集部
編集協力	有限会社アクト
英文校正	Peter Branscombe、Margaret Stalker
アートディレクション	二ノ宮 匡（nixinc）
ナレーション	Chris Koprowski
DTP	株式会社秀文社
印刷・製本	シナノ印刷株式会社
発行者	天野智之
発行所	株式会社アルク
	〒141-0001
	東京都品川区北品川6-7-29　ガーデンシティ品川御殿山
	Website: https://www.alc.co.jp/

落丁本、乱丁本は弊社にてお取り替えいたしております。
Webお問い合わせフォームにてご連絡ください。
https://www.alc.co.jp/inquiry/

地球人ネットワークを創る

アルクのシンボル
「地球人マーク」です。

We did our best
to deliver this book to you.
Now it's your turn.
この本を君に届けるため、
われわれは最善を尽くした。
今度は君の番だ。

（駒橋）

大学入試 無敵の難単語
PINNACLE 420

別冊問題集

アルク

別冊問題集の使い方

① 各 Day の最初のページに日付を記入し、1日分の語彙問題に取り組みましょう。本書は繰り返し利用できるため、自分の答えはノートやメモ用紙などを用意して、そこに書くようにするとよいでしょう。

DAY 1 [10/30] [11/21] [/] [/]

001 The witness's testimony was ( ) by the physical evidence the crime scene, which provided irrefutable proof of the suspe

(A) gorged   (B) scoured   (C) corroborated   (D) p

② 問題を解き終えたら、「正誤チェック」のページに自分の解答を転記して、正誤を確認しましょう。こちらも4回分記入できるようになっています。

DAY 1 正誤チェック

問題を解いたら、自分の解答を下の表に転記して、正誤を確認しましょう
題は、本冊の解説を確認しましょう。

問題番号	正解	あなたの解答と正誤					
		1回目		2回目		3回目	
		解答	正誤	解答	正誤	解答	正誤
001	(C)	C	○				
002	(A)	B	×				
003	(D)	A	×				
004	(B)	B	○				
005	(A)	D	×				
006	(B)	B	○				
007	(A)	A	○				

③ 不正解だった問題は、本冊の単語集で語義や問題文の訳、単語の解説などを読み、しっかり復習しましょう。

・別冊問題集の問題番号と、本冊単語集の見出し語番号が一致しています。
　（問題番号001の正解となる単語は本冊単語集の見出し語番号001の単語となります）
・すべての問題の不正解選択肢は、本冊問題集の見出し語のほか、「併せて覚えたい！」「ここにも注目！」で取り上げた単語やその派生形となっています。気になる単語は本冊単語集の索引で引き、意味や用法を確認しておきましょう。

DAY 1

| / | | / | | / | | / |

001 The witness's testimony was (　　　) by the physical evidence collected at the crime scene, which provided irrefutable proof of the suspect's guilt.

  (A) gorged　　　　(B) scoured　　　(C) corroborated　　(D) pored

002 Unfortunately, however, hard empirical evidence to (　　　) these claims is still lacking, casting a doubt on their reliability.

  (A) substantiate　　(B) scarf　　　　(C) quarantine　　(D) backfire

003 These days, more and more companies are going to any length to sell their products and services, so we have to learn how to see through the (　　　).

  (A) apogee　　　　(B) woe　　　　(C) layout　　　(D) hype

004 The leader's (　　　) commitment to her principles and beliefs inspired her followers to act with resolute determination.

  (A) sardonic　　　(B) unwavering　　(C) phony　　　(D) wry

005 The revolutionary leader's impassioned speeches and calls for social justice gained him a following of (　　　) admirers who saw him as a beacon of hope for a better future.

  (A) fervent　　　(B) grueling　　(C) intoxicated　　(D) stoned

006 Being an (　　　) reader, she possessed an extensive vocabulary and a deep appreciation for literature, which was reflected in her cogent and insightful analyses of texts.

  (A) inscrutable　　(B) avid　　　　(C) ingrained　　(D) axiomatic

007 The stock market saw a (　　　) of buying and selling as investors reacted to the latest economic news and rumors, causing a surge in volatility.

  (A) frenzy　　　(B) plight ·　　(C) mantra　　　(D) chasm

008 Despite criticism from his detractors, the politician had a legion of (　　　) supporters who never wavered in their loyalty.

  (A) tarnished　　(B) ardent　　　(C) gratuitous　　(D) lavish

009 The photographer, renowned for her ability to capture the (　　　) beauty of nature, skillfully immortalized the ever-changing shape of the waves in the album.

  (A) resolute　　　(B) viable　　　(C) ephemeral　　(D) zealous

---

testimony: 証言、irrefutable: 論駁不可能な、empirical: 経験的な、beacon: (道しるべとなる)光、cogent: 説得力のある、volatility: 変動率、detractor: 非難する人、a legion of: 無数の、immortalize: を不滅にする

010 Though (　　　), the civilization reached the acme of its prosperity after the war.

(A) solemn　　　(B) unequivocal　　　(C) fleeting　　　(D) prevailing

011 The political (　　　) in the country led to widespread protests and riots.

(A) buff　　　(B) upheaval　　　(C) drudgery　　　(D) hoard

012 Strangely enough, the mathematician was revered for his athletic (　　　), not for his extensive knowledge of math.

(A) prowess　　　(B) stalemate　　　(C) premise　　　(D) foible

013 Her adeptness in dealing with complex business problems made her a (　　　) and competent leader in the industry.

(A) compulsive　　　(B) congenital　　　(C) prosaic　　　(D) savvy

014 The orphanage was in (　　　) need of donations.

(A) hazy　　　(B) dire　　　(C) meek　　　(D) tardy

015 The hype around the new product began to (　　　) as customers realized its limited capabilities and subpar quality, leading to negative reviews and a decline in sales.

(A) overhear　　　(B) herald　　　(C) wane　　　(D) decode

016 The new findings dramatically (　　　) the growing importance of embracing inclusive practices in all aspects of our society.

(A) fabricate　　　(B) underscore　　　(C) hinge　　　(D) net

017 Some people who are suffering from obesity recklessly attempt to fast for as long as they can, but this kind of habit is (　　　) dangerous.

(A) voraciously　　　(B) surreptitiously　　　(C) perfunctorily　　　(D) downright

018 The laptop computer he purchased secondhand last week arrived today in pristine condition, and he unpacked it with (　　　) care.

(A) meticulous　　　(B) compliant　　　(C) quaint　　　(D) egotistic

019 The (　　　) businessman was finally arrested for the illegitimate use of customer information.

(A) heterogeneous　　　(B) rudimentary　　　(C) unscrupulous　　　(D) profuse

---

acme: 絶頂、riot: 暴動、revere: を崇める、adeptness: 熟練していること、orphanage: 孤児院、recklessly: 軽率に、pristine: 新品同様の

3

020 During the meeting, everyone was irritated at a rookie's (　　) questions that were taking up time required to discuss more pressing matters.

(A) frivolous　　(B) aggregate　　(C) palliative　　(D) surrogate

021 The book puts forth a superficially plausible argument, yet upon closer examination, it becomes readily apparent that it is based on what seems to be rather (　　) evidence.

(A) clandestine　　(B) flimsy　　(C) salient　　(D) lurking

022 Despite the passage of time, he still felt deep (　　) for his past actions, his acute sense of contrition showing no signs of waning.

(A) remorse　　(B) bombardment　　(C) contraption　　(D) contrivance

023 The government has implemented various measures to (　　) the economic impact of the destructive earthquake on the hardest-hit towns.

(A) torment　　(B) deport　　(C) mitigate　　(D) bewilder

024 In the face of a life-limiting illness, (　　) care serves as a beacon of hope, striving to alleviate discomfort and bring solace.

(A) complicit　　(B) lackadaisical　　(C) palliative　　(D) candid

025 The governor tried hard to (　　) the social unrest by fostering dialogue in the community.

(A) surge　　(B) accrue　　(C) rummage　　(D) quell

026 The scientist's effort to provide as much empirical evidence as possible is (　　).

(A) composed　　(B) amenable　　(C) laudable　　(D) far-flung

027 After years of research and experimentation, the scientist's ideas on quantum physics began to (　　), eventually culminating in a groundbreaking theory that revolutionized the field.

(A) infuse　　(B) defy　　(C) crave　　(D) crystallize

028 The leader of the pacifist movement expressed her (　　) opposition to the war and called for an immediate cease-fire.

(A) venerable　　(B) perverse　　(C) agonizing　　(D) vehement

---

contrition: 悔恨、beacon: 指針、alleviate: を緩和する、unrest: (社会的な)不安、empirical: 実験の、quantum: 量子、culminate in 〜: 結果として〜に終わる、pacifist: 平和主義の、cease-fire: 停戦

029 The politician's controversial remarks were widely (   ) as an affront to religious minorities, prompting a wave of public criticism and demands for an apology.

(A) landed   (B) construed   (C) stipulated   (D) hindered

030 The natural disaster (   ) the already dire humanitarian crisis in the region, prompting a coordinated international response to provide critical aid and relief.

(A) unraveled   (B) envisaged   (C) demolished   (D) exacerbated

---

affront: 侮辱、a wave of 〜: 〜の急増

DAY 1 正誤チェック

問題を解いたら、自分の解答を下の表に転記して、正誤を確認しましょう。不正解だった問題は、本冊の解説を確認しましょう。

問題番号	正解	あなたの解答と正誤							
		1回目		2回目		3回目		4回目	
		解答	正誤	解答	正誤	解答	正誤	解答	正誤
001	(C)								
002	(A)								
003	(D)								
004	(B)								
005	(A)								
006	(B)								
007	(A)								
008	(B)								
009	(C)								
010	(C)								
011	(B)								
012	(A)								
013	(D)								
014	(B)								
015	(C)								
016	(B)								
017	(D)								
018	(A)								
019	(C)								
020	(A)								
021	(B)								
022	(A)								
023	(C)								
024	(C)								
025	(D)								
026	(C)								
027	(D)								
028	(D)								
029	(B)								
030	(D)								

DAY 1　選択肢の日本語訳

それぞれの問題の選択肢の日本語訳を確認しましょう。動詞はすべて現在形の訳となっています。知らなかった単語は本書で意味や解説を確認するようにしてください。

	(A)	(B)	(C)	(D)
001	むさぼり食う	捜し回る	裏づける	熟読する
002	実証する	一気に食べる	検疫	裏目に出る
003	絶頂	苦境	レイアウト	誇大広告
004	冷笑的な	揺るぎない	偽の	しかめた
005	熱のこもった	大変きつい	夢中になった	泥酔した
006	感情を出さない	熱心な	深くしみ込んだ	明らかな
007	熱狂	苦境	スローガン	深い溝
008	汚された	熱烈な	根拠のない	惜しみない
009	決意の固い	成功しそうな	つかの間の	熱心な
010	厳粛な	明瞭な	はかない	普及している
011	愛好家	大変動	単調な仕事	貯蔵
012	優れた能力	行き詰まり	前提	弱点
013	衝動的な	先天性の	退屈な	知識を持った
014	かすんだ	極度の	おとなしい	遅い
015	耳にする	喧伝する	徐々に弱まる	解読する
016	偽造する	強調する	懸かっている	手に入れる
017	貪欲に	内密に	おざなりに	この上なく
018	とても注意深い	従順な	古風で趣のある	利己的な
019	混成の	基本的な	不誠実な	大量の
020	くだらない	総計の	緩和剤	代理の
021	秘密の	説得力のない	顕著な	潜伏している
022	悔恨	殺到、砲撃	装置	わざとらしさ
023	苦しめる	国外追放する	和らげる	困惑させる
024	共謀した	気力のない	緩和する	率直な
025	高まり	増加する	かき回して捜す	取り除く
026	落ち着いた	適合している	称賛に値する	広範囲の
027	吹き込む	抵抗する	切望する	結晶化する
028	尊敬すべき	ひねくれた	苦しい	痛烈な
029	手に入れる	解釈する	規定する	妨害する
030	ほどく	想像する	取り壊す	悪化させる

DAY 2

| / | / | / | / |

031 The lengthy discourse contained many ( ) details, obscuring the central theme and rendering the communication ineffective.

(A) superfluous　　(B) laden　　　(C) unobtrusive　　(D) malevolent

032 The company's decision to downsize for the sake of fiscal prudence resulted in a large number of ( ) employees.

(A) redundant　　(B) enthralled　　(C) anachronistic　　(D) enigmatic

033 Music can provide a perfect ( ) to a bad day, lifting your spirits and reducing stress.

(A) tort　　　　(B) scapegoat　　(C) deportment　　(D) antidote

034 The idea that giving students more homework will be a ( ) for every academic problem is a complete fallacy.

(A) bug　　　　(B) panacea　　　(C) facade　　　(D) tribulation

035 The hypothesis ( ) that there exists an infinite number of universes, which might seem somewhat counterintuitive.

(A) plagues　　(B) coerces　　　(C) posits　　　(D) regresses

036 The ongoing conflict is ( ) the country's economy to the point where it needs the intervention of other countries.

(A) crippling　　(B) loathing　　(C) circumventing　　(D) exhorting

037 University students were ( ) by the irksome restrictions inflicted by COVID-19.

(A) tormented　　(B) diminished　　(C) enshrined　　(D) recoiled

038 The small island nation was ( ) by a catastrophic tsunami, causing widespread devastation and enormous loss of life.

(A) barged　　　(B) encapsulated　　(C) afflicted　　(D) deferred

039 Owing to his use of the pejorative words in the press conference, the principal was on the ( ) of losing his job.

(A) catalysis　　(B) brink　　　(C) solace　　　(D) alloy

---

obscure: を見えなくする、fiscal: 財政上の、prudence: 抜け目なさ、fallacy: 誤った考え、counterintuitive: 直感に反した、irksome: 退屈な、inflict: を押しつける、devastation: 荒廃、pejorative: 軽蔑的な

040 The forensic investigation was thorough and meticulous, but the true ( ) remained unidentified despite the various theories and hypotheses.

(A) condescension (B) culprit (C) precursor (D) gamut

041 These politicians have handled this issue in a somewhat ( ) fashion, which several analysts argue is an irretrievable mistake.

(A) unflappable (B) haphazard (C) tenacious (D) anecdotal

042 Despite the lack of preparation and the spontaneity of the situation, the ( ) speech delivered by the orator was remarkably eloquent and well structured.

(A) impromptu (B) extortionate (C) uncanny (D) evanescent

043 Wittgenstein's investigation of language stands as a seminal philosophical work that played a ( ) role in revolutionizing our understanding of the subject.

(A) sizzling (B) resilient (C) malignant (D) pivotal

044 In order to ( ) verbal responses from preschool children, the experiment used pictures as stimuli.

(A) snowball (B) elicit (C) hone (D) revoke

045 Despite her immense talent and intelligence, her unfortunate ( ) for procrastination has impeded her success in various endeavors.

(A) outcry (B) propensity (C) arsenal (D) purview

046 When Mike was young, he had a strong curiosity about celestial phenomena and constellations, which his mother believed was the ( ) of a would-be astronomer.

(A) parlance (B) configuration (C) impasse (D) hallmark

047 The representative from our rival company was unreasonably obstinate and stubbornly refused to compromise with us, and therefore our negotiations reached a ( ).

(A) tenor (B) deadlock (C) tenet (D) motto

---

forensic: 犯罪科学の、irretrievable: 取り返しのつかない、spontaneity: 自発性、orator: 演説者、seminal: 後世に強い影響を及ぼす、procrastination: を引き延ばす、impede: を遅らせる、celestial: 天体の、constellation: 星座、obstinate: 頑固な

048 The political debate on immigration has reached a (　　　), with both sides unwilling to compromise and find common ground, leading to a stalemate in policymaking.

(A) gridlock　　　(B) pretext　　　(C) reproach　　　(D) magnificence

049 The entrepreneur couldn't help but (　　　) his competitor's successful and lucrative business and his reputation as a prodigy, despite being quite successful himself.

(A) rebut　　　(B) covet　　　(C) tailor　　　(D) founder

050 Metaphors are an effective means for capturing the notoriously (　　　) concept of time, which is too fundamental to explicitly define.

(A) elusive　　　(B) trivial　　　(C) pertinent　　　(D) pedestrian

051 The beliefs of some individuals may be so (　　　) in their psyche that even when presented with opposing evidence, they are unwilling to consider it.

(A) inborn　　　(B) pernicious　　　(C) entrenched　　　(D) praiseworthy

052 This hypothetical scenario may sound (　　　), but it does occur on a daily basis in the animal kingdom.

(A) pithy　　　(B) egalitarian　　　(C) unruffled　　　(D) far-fetched

053 The nation expressed strong concern and firm opposition over the foreign government's attempt to (　　　) with its internal affairs.

(A) disperse　　　(B) jolt　　　(C) meddle　　　(D) embody

054 The caricature of the country's president (　　　) the nation.

(A) littered　　　(B) exasperated　　　(C) congregated　　　(D) testified

055 The teacher mostly enjoyed her job, but she couldn't help but find it (　　　) to have to deal with the wayward behavior of that particular student.

(A) jittery　　　(B) vexing　　　(C) benign　　　(D) glaring

056 The results of the experiment have long (　　　) scientists the world over, but they undoubtedly shed light on the previously inexplicable phenomenon.

(A) baffled　　　(B) summarized　　　(C) culminated　　　(D) imbued

---

stalemate: 行き詰まり、**lucrative:** 利益の上がる、**prodigy:** 天才、**psyche:** 精神、**caricature:** 風刺画、**wayward:** 強情な、**shed light on～:** ～に光を当てる、**inexplicable:** 説明のつかない

057 The landlord could finally (   ) the squatters from the abandoned building.

    (A) evict   (B) jiggle   (C) lurk   (D) veer

058 The director's latest work draws inspiration from Ghibli and thus playfully pays (   ) to Hayao Miyazaki's classic film.

    (A) elixir   (B) protagonist   (C) tint   (D) homage

059 The ancient Egyptians were known to (   ) their deities, as can be seen by their depictions of them in their art and architecture.

    (A) outstrip   (B) revere   (C) precipitate   (D) alleviate

060 The women's (   ) movement in the early 20th century marked a milestone in advancing gender equality.

    (A) suffrage   (B) agony   (C) caveat   (D) uproar

---

squatter: 不法居住者、 **playfully:** ふざけて、冗談半分に、 **deity:** 神、 **depiction:** 描写

DAY 2 正誤チェック

問題を解いたら、自分の解答を下の表に転記して、正誤を確認しましょう。不正解だった問題は、本冊の解説を確認しましょう。

問題番号	正解	あなたの解答と正誤							
		1回目		2回目		3回目		4回目	
		解答	正誤	解答	正誤	解答	正誤	解答	正誤
031	(A)								
032	(A)								
033	(D)								
034	(B)								
035	(C)								
036	(A)								
037	(A)								
038	(C)								
039	(B)								
040	(B)								
041	(B)								
042	(A)								
043	(D)								
044	(B)								
045	(B)								
046	(D)								
047	(B)								
048	(A)								
049	(B)								
050	(A)								
051	(C)								
052	(D)								
053	(C)								
054	(B)								
055	(B)								
056	(A)								
057	(A)								
058	(D)								
059	(B)								
060	(A)								

DAY 2 選択肢の日本語訳

それぞれの問題の選択肢の日本語訳を確認しましょう。動詞はすべて現在形の訳となっています。知らなかった単語は本書で意味や解説を確認するようにしてください。

031	(A) 余分な	(B) 荷物を積んだ	(C) 目立たない	(D) 悪意のある
032	(A) 余剰の	(B) 夢中になった	(C) 時代錯誤な	(D) 謎めいた
033	(A) 不法行為	(B) 身代わり	(C) 振る舞い	(D) 治療薬
034	(A) 盗聴器	(B) 万能薬	(C) うわべだけの	(D) 苦難
035	(A) 絶えず悩ます	(B) 強要する	(C) 仮定する	(D) 後退する
036	(A) 打撃を与える	(B) ひどく嫌う	(C) かいくぐる	(D) 強く勧める
037	(A) 苦しめる	(B) 減らす	(C) 明記する	(D) 後ずさりする
038	(A) 無理やり進む	(B) 要約する	(C) 苦しめる	(D) 延期する
039	(A) 触媒作用	(B) 瀬戸際	(C) 慰め	(D) 合金
040	(A) 見下した態度	(B) 犯人	(C) 前身	(D) 全範囲
041	(A) 慌てない	(B) 無計画の	(C) 粘り強い	(D) 不確かな
042	(A) 即興の	(B) 法外な	(C) 魔訶不思議な	(D) はかなく消える
043	(A) ひどく暑い	(B) 立ち直りの早い	(C) 悪性の	(D) 中核をなす
044	(A) 加速度的に増す	(B) 引き出す	(C) 磨く	(D) 無効にする
045	(A) 激しい抗議	(B) 傾向、癖	(C) 蓄積	(D) 範囲
046	(A) 言葉づかい	(B) 配列、姿	(C) 行き詰まり	(D) 特徴
047	(A) 要旨	(B) 行き詰まり	(C) 教義	(D) モットー
048	(A) こう着状態	(B) 言い訳	(C) 叱責	(D) 壮大
049	(A) 反論する	(B) 強く欲しがる	(C) ～を仕立てる	(D) 挫折する
050	(A) 捉えがたい	(B) 自明な	(C) 関係のある	(D) 平凡な
051	(A) 生まれつきの	(B) 極めて有害な	(C) 凝り固まった	(D) 称賛に値する
052	(A) 端的な	(B) 平等主義の	(C) 落ち着いた	(D) 現実味がない
053	(A) 分散させる	(B) 衝撃を与える	(C) 首を突っ込む	(D) 具体化する
054	(A) 散らかす	(B) 激怒させる	(C) 集まる	(D) 証言する
055	(A) 神経質な	(B) いら立たせる	(C) 悪意のない	(D) 明白な
056	(A) 悩ませる	(B) 要約する	(C) 頂点を迎える	(D) 吹き込む
057	(A) 立ち退かせる	(B) 揺れる	(C) 潜んでいる	(D) 方向を変える
058	(A) 万能薬	(B) 主人公	(C) 色合い	(D) 敬意
059	(A) 上回る	(B) 崇拝する	(C) 突然引き起こす	(D) 緩和する
060	(A) 参政権	(B) 苦痛	(C) ただし書き	(D) 大騒動

DAY 3

061 Completing his dissertation was an (　　　) task that took him many years of hard work and perseverance, but it ultimately paid off when he earned his PhD.

(A) incognito　　(B) ostensible　　(C) incipient　　(D) arduous

062 The trek up the mountain was arduous, requiring (　　　) physical exertion, yet the climbers persevered with tenacity.

(A) baseless　　(B) stark　　(C) indiscriminate　　(D) strenuous

063 The injury I sustained in the car accident was the most (　　　) that I had ever experienced.

(A) self-righteous　(B) altruistic　　(C) excruciating　(D) sanctimonious

064 Addressing a large audience must be a (　　　) challenge for a shy and introverted person.

(A) quirky　　(B) stealthy　　(C) daunting　　(D) overt

065 Leaders are engaged in high-level talks to solve the seemingly (　　　) problem of conflict between the warring factions.

(A) intractable　　(B) ample　　(C) malleable　　(D) replete

066 The government had repeatedly put off facing the diplomatic issue until the problem became seemingly (　　　).

(A) sheer　　　　　　　　　(B) insurmountable
(C) infallible　　　　　　　(D) suboptimal

067 Though his suggestion sounded plausible, his (　　　) attitude spoiled it all, and we all voted against it in the end.

(A) variable　　(B) prevailing　　(C) condescending　(D) commendable

068 The professor's (　　　) favoritism toward certain students was a source of exasperation for those who felt they were not receiving equitable treatment.

(A) blatant　　(B) amicable　　(C) demanding　　(D) banal

---

perseverance: 忍耐、**pay off:** 報われる、**exertion:** 努力、**tenacity:** 粘り強さ、**sustain:** を被る、**introverted:** 内向的な、**plausible:** 理にかなって、**exasperation:** 激怒、**equitable:** 公平な

069 The CEO's (　　　) move to acquire a formidable competitor left industry experts astounded, as it demonstrated her strategic acumen and ambitious vision for growth.

(A) sedate　　(B) gregarious　　(C) wretched　　(D) audacious

070 Despite the looming challenges in the industry, the company took a (　　　) approach toward innovation and adaptability, which hindered its growth and competitiveness.

(A) searing　　(B) congenial　　(C) complacent　　(D) immaculate

071 His team seemed invincible last year, but its performance has been (　　　) recently, disappointing its fanatical supporters.

(A) tipsy　　(B) erratic　　(C) sarcastic　　(D) egotistic

072 What I wanted was a steady, enduring relationship, but my ex, whose unwavering love I had believed in, turned out to be a (　　　) womanizer, and we soon broke up.

(A) steadfast　　(B) fickle　　(C) sporadic　　(D) binary

073 Due to his conspicuous consumption, their marriage was in a (　　　) situation.

(A) plastic　　(B) somber　　(C) sober　　(D) precarious

074 The (　　　) road conditions, exacerbated by heavy precipitation, may be the reason why the fatal traffic accident happened.

(A) wrenching　　(B) ineffable　　(C) imperturbable　　(D) treacherous

075 The stock market is known for its (　　　) nature, where sudden and unpredictable fluctuations can cause great upheaval in the financial world.

(A) bustling　　(B) unabridged　　(C) capricious　　(D) sweltering

076 It is an intriguing (　　　) of human nature to find comfort in familiarity, even when it hinders progress and innovation.

(A) infraction　　(B) predicament　　(C) quirk　　(D) delegate

077 The correspondent was abruptly dismissed at the (　　　) of the personnel manager.

(A) osmosis　　(B) whim　　(C) knack　　(D) persuasion

---

acumen: 鋭敏さ、**looming**: 差し迫った、**invincible**: 無敵の、**fanatical**: 熱心な、**unwavering**: 揺るぎない、**conspicuous**: 目立った、**precipitation**: 降水、**fatal**: 死に至るような、**fluctuation**: 変動、**upheaval**: 大変動、**correspondent**: 特派員、**personnel**: 人事

078 I have a (　　　) that the data contained in the interim report submitted today was falsified.

(A) deference　　(B) bombardment　(C) hunch　　(D) hymn

079 The (　　　) businessman is famous not only for his business acumen but also for his personal integrity.

(A) prevalent　　(B) repulsive　　(C) shrewd　　(D) bucolic

080 As a diligent researcher, it is imperative to (　　　) the relevant literature and conduct comprehensive analyses to ascertain the validity of the data.

(A) curtail　　(B) peruse　　(C) retaliate　　(D) rejoice

081 The renowned philosopher was eager to (　　　) into the intricacies of the human mind, using her extensive knowledge of neurology and cognitive science to unlock its mysteries.

(A) decry　　(B) relish　　(C) cajole　　(D) delve

082 The (　　　) of the ancient cathedral I visited last month transcended description.

(A) grandeur　　(B) enmity　　(C) axiom　　(D) deprivation

083 Although the issue of implementing new tax policies in an election year is (　　　) with political peril, the government is unwavering in its commitment to bring about certain changes.

(A) fraught　　　　　　(B) groundbreaking
(C) submissive　　　　(D) formidable

084 The internet is notoriously (　　　) with misinformation, lies, and biased opinions.

(A) serene　　(B) rife　　(C) vigilant　　(D) malicious

085 Despite efforts to control the situation, corruption remains (　　　) in many countries, posing a significant threat to their economic development and political equilibrium.

(A) smug　　(B) rampant　　(C) lackluster　　(D) volatile

086 The exquisite paintings hung on the wall contrast with the desk (　　　) with books and newspapers.

(A) cluttered　　(B) revitalized　　(C) ushered　　(D) reverberated

---

interim: 中間の、falsify: をねつ造する、acumen: 鋭敏さ、integrity: 誠実さ、diligent: 勤勉な、imperative: 必須の、intricacy: 複雑さ、transcend: を超越する、peril: 危険、unwavering: 揺るぎない、notoriously: 悪名高く、equilibrium: 均衡、exquisite: 非常に繊細な

087 The political scientist analyzed the deep-seated ( ) between the two competing parties, and their sustained ideological conflict and entrenched polarization.

(A) decorum   (B) leeway   (C) fidelity   (D) antagonism

088 Despite the long history of ( ) between the neighboring countries, the peace treaty has created a tranquil atmosphere.

(A) implications   (B) hoax   (C) animosity   (D) comportment

089 I absolutely ( ) the notion of participating in mundane small talk, as it tends to be a tedious and banal exercise.

(A) allay   (B) detain   (C) loathe   (D) replenish

090 One of the major obstacles to world peace is the racism and ( ) found around the world.

(A) repentance   (B) crackdown   (C) freaks   (D) xenophobia

---

polarization: 二極化、tranquil: 静かな、mundane: ありふれた、tedious: 退屈な

DAY 3 正誤チェック

問題を解いたら、自分の解答を下の表に転記して、正誤を確認しましょう。不正解だった問題は、本冊の解説を確認しましょう。

問題番号	正解	あなたの解答と正誤							
		1回目		2回目		3回目		4回目	
		解答	正誤	解答	正誤	解答	正誤	解答	正誤
061	(D)								
062	(D)								
063	(C)								
064	(C)								
065	(A)								
066	(B)								
067	(C)								
068	(A)								
069	(D)								
070	(C)								
071	(B)								
072	(B)								
073	(D)								
074	(D)								
075	(C)								
076	(C)								
077	(B)								
078	(C)								
079	(C)								
080	(B)								
081	(D)								
082	(A)								
083	(A)								
084	(B)								
085	(B)								
086	(A)								
087	(D)								
088	(C)								
089	(C)								
090	(D)								

DAY 3 選択肢の日本語訳

それぞれの問題の選択肢の日本語訳を確認しましょう。動詞はすべて現在形の訳となっています。知らなかった単語は本書で意味や解説を確認するようにしてください。

061	(A)お忍びで	(B)表面上の	(C)初期の	(D)努力の長く要る
062	(A)根拠のない	(B)際立った	(C)見境のない	(D)努力の多く要る
063	(A)独善的な	(B)利他的な	(C)極度に痛い	(D)聖人ぶった
064	(A)一風変わった	(B)ひそかな	(C)気力をくじく	(D)露骨な
065	(A)解決困難な	(B)豊富な	(C)影響されやすい	(D)満ちた
066	(A)全くの	(B)越えられない	(C)絶対に正しい	(D)最適ではない
067	(A)変わりやすい	(B)普及している	(C)上から目線の	(D)称賛に値する
068	(A)露骨な	(B)友好的な	(C)努力を要する	(D)ありきたりな
069	(A)物静かな	(B)社交的な	(C)嫌な、酷い	(D)大胆な
070	(A)焼けつくような	(B)適合した	(C)慢心的な	(D)汚れのない
071	(A)ほろ酔いの	(B)不安定な	(C)皮肉な	(D)利己的な
072	(A)忠実な	(B)気分屋の	(C)散発的な	(D)二つの
073	(A)可塑性のある	(B)黒ずんだ	(C)しらふの	(D)不安定な
074	(A)胸を締めつける	(B)言葉で表せない	(C)沈着冷静な	(D)危険な
075	(A)人の多い	(B)省略のない	(C)気まぐれな	(D)うだるような
076	(A)違反	(B)窮状	(C)(変わった)癖	(D)代表者
077	(A)浸透	(B)気まぐれ	(C)才覚	(D)信念
078	(A)敬意	(B)殺到、砲撃	(C)直感	(D)賛美歌
079	(A)蔓延している	(B)とても不快な	(C)敏腕の	(D)牧歌的な
080	(A)削減する	(B)熟読する	(C)報復する	(D)歓喜する
081	(A)強く非難する	(B)楽しむ	(C)言いくるめる	(D)掘り下げる
082	(A)壮大さ	(B)憎悪	(C)真理、原理	(D)欠乏
083	(A)はらんだ	(B)革新的な	(C)従順な	(D)手強い
084	(A)落ち着いた	(B)あふれた	(C)警戒した	(D)悪意のある
085	(A)独りよがりの	(B)横行している	(C)さえない	(D)不安定な
086	(A)散らかす	(B)生き返らせる	(C)先導する	(D)反響する
087	(A)礼儀正しい行為	(B)自由、ゆとり	(C)忠実な	(D)敵対心
088	(A)影響	(B)虚偽の警告	(C)敵意	(D)振る舞い
089	(A)鎮める	(B)勾留する	(C)ひどく嫌う	(D)再び満たす
090	(A)後悔	(B)厳重な取り締まり	(C)オタク	(D)外国人嫌悪

DAY 4

091 The nation was left in a state of utter ( ) as the pandemic engulfed its population in turmoil, causing a massive upheaval in the country's economy and health care infrastructure.

(A) premonition (B) calamity (C) harbinger (D) barrage

092 The invasive species has the potential to wreak ( ) on the ecosystem, disrupting its balance and causing irreversible damage.

(A) vagary (B) indictment (C) tenor (D) havoc

093 The government is struggling to manage the massive ( ) of refugees, which has exacerbated the strain on the country's already precarious infrastructure.

(A) influx (B) pillar (C) efficacy (D) recrimination

094 The ( ) nature of climate change is exacerbated by anthropogenic activities, such as deforestation, which accelerate the degradation of ecosystems.

(A) utter (B) eclectic (C) minuscule (D) insidious

095 There was a ( ) understanding among journalists around the world that the invasion was totally unwarranted.

(A) atrocious (B) tacit (C) cramped (D) frantic

096 The restaurant managers ( ) broke the law by operating without meeting the requisite hygiene standards.

(A) downright (B) unwittingly (C) inadvertently (D) deftly

097 To illustrate this point, let me share a personal ( ) from my childhood.

(A) creed (B) amalgam (C) anecdote (D) jumble

098 Despite his gentle ( ), the diplomat possessed an unwavering conviction and a sharp intellect that made him a formidable negotiator on the international stage.

(A) adherence (B) mishap (C) demeanor (D) felon

---

engulf: を襲う、turmoil: 混乱、wreak: をもたらす、precarious: 不安定な、anthropogenic: 人類の、degradation: 崩壊、unwarranted: 正当性を欠いた、requisite: 必須の、hygiene: 衛生、conviction: 自信、formidable: 手強い

099 Against a (　　　) of economic downturn and financial instability, the central bank unveiled a comprehensive stimulus package to revive the ailing economy.

(A) misdemeanor　(B) jurisdiction　(C) backdrop　(D) predilection

100 The devastating effects of climate change are the result of not only current but also (　　　) human activities, underscoring the urgent need for sustainable practices to mitigate their impact.

(A) cumulative　(B) enticing　(C) murky　(D) blistering

101 Education in the country has undergone a transformation, which was made possible by a series of gradual, (　　　) improvements in the curriculum.

(A) implicit　(B) nonchalant　(C) ravenous　(D) incremental

102 The world's population has been increasing (　　　), and unless we take drastic action immediately, it is inevitable that future generations will suffer from a shortage of food and resources on an unprecedented scale.

(A) exponentially　(B) outright　(C) lucidly　(D) overtly

103 The company aims to (　　　) its profits by diversifying its portfolio and implementing innovative strategies to increase revenue streams.

(A) smother　(B) augment　(C) coax　(D) ransack

104 The lawyer's astute observations (　　　) the defense's argument, leaving the jury with little doubt of the defendant's innocence.

(A) bolstered　(B) emboldened　(C) secluded　(D) peeked

105 The proposal to cut funding for the arts (　　　) the community into action, igniting a fervent campaign to preserve artistic expression in the region.

(A) galvanized　(B) venerated　(C) distilled　(D) contrived

106 The new salary system is expected to (　　　) the employees and boost morale in the company.

(A) invigorate　(B) truncate　(C) embroider　(D) extort

107 She was (　　　) by the positive feedback from her teacher in the obligatory writing class.

(A) forfeited　(B) repelled　(C) splurged　(D) buoyed

---

ailing: 不況の、**mitigate**: を軽減する、**unprecedented**: 前例のない、**diversify**: を多様化する、**astute**: 抜け目ない、**jury**: 陪審員、**ignite**: に火をつける、**fervent**: 熱烈な、**morale**: やる気、**obligatory**: 義務の

108 The April bulletin (　　) a member for enhancing the fame of the organization, but the member in question seems to have insisted on remaining anonymous.

(A) nullifies　　(B) exalts　　(C) reverts　　(D) gobbles

109 The celebrity's mansion used to be the highest and largest building around here, but now it is (　　) by the surrounding skyscrapers.

(A) spurred　　(B) tainted　　(C) demoralized　　(D) dwarfed

110 His (　　) appetite for knowledge finally led him to make a breakthrough in medicine.

(A) arbitrary　　(B) exhilarating　　(C) voracious　　(D) pliable

111 He repeatedly fell prey to fraud because of his (　　) appetite for luxurious furniture.

(A) insatiable　　(B) trifling　　(C) extant　　(D) egocentric

112 The man's (　　) knew no bounds as he consumed plate after plate of food, heedless of the impact on his health and waistline.

(A) onset　　(B) gluttony　　(C) backlash　　(D) plethora

113 The voracious reader would (　　) books at an astonishing rate, often staying up late into the night, her insatiable appetite for knowledge never satisfied.

(A) devour　　(B) mount　　(C) wield　　(D) pacify

114 Despite her hard work, the widow found herself in a state of abject (　　) and was unable to meet her children's basic needs.

(A) decimation　　(B) anthem　　(C) internship　　(D) destitution

115 Children living in (　　) countries are suffering from malnutrition.

(A) persistent　　(B) cryptic　　(C) impoverished　　(D) complicit

116 At the press conference, the actor was (　　) with a lot of nasty questions, and he felt deeply insulted.

(A) foundered　　(B) bombarded　　(C) balked　　(D) eased

117 The (　　) of applause that followed the pianist's virtuoso performance were a testament to her exceptional skill and artistry.

(A) cascades　　(B) potencies　　(C) trajectories　　(D) bifurcations

---

bulletin: 会報、**fall prey to ～:** ～の餌食になる、**fraud:** 詐欺、**know no bounds:** 際限がない、**heedless of ～:** ～を気に留めない、**widow:** 未亡人、**abject:** 悲惨な、ひどい、**nasty:** 不快な、悪意のある、**insult:** を侮辱する、**virtuoso:** 達人的な、**testament:** 証明

118 When he was criticized at the press conference for the past misdemeanor, he unleashed a (   ) of abuse.

    (A) torrent   (B) linchpin   (C) faction   (D) hardship

119 Her recently published article presents a (   ) and engaging account of what exactly language is.

    (A) benign   (B) lucid   (C) perfunctory   (D) deliberate

120 The popular science book (   ) the intricate mechanism of the chemical reaction in such a way that even a layperson can understand it.

    (A) puzzles   (B) elucidates   (C) clogs   (D) reincarnates

---

unleash: をぶちまける、intricate: 複雑な、layperson: 素人

DAY 4 正誤チェック

問題を解いたら、自分の解答を下の表に転記して、正誤を確認しましょう。不正解だった問題は、本冊の解説を確認しましょう。

問題番号	正解	あなたの解答と正誤							
		1回目		2回目		3回目		4回目	
		解答	正誤	解答	正誤	解答	正誤	解答	正誤
091	(B)								
092	(D)								
093	(A)								
094	(D)								
095	(B)								
096	(B)								
097	(C)								
098	(C)								
099	(C)								
100	(A)								
101	(D)								
102	(A)								
103	(B)								
104	(A)								
105	(A)								
106	(A)								
107	(D)								
108	(B)								
109	(D)								
110	(C)								
111	(A)								
112	(B)								
113	(A)								
114	(D)								
115	(C)								
116	(B)								
117	(A)								
118	(A)								
119	(B)								
120	(B)								

DAY 4 選択肢の日本語訳

それぞれの問題の選択肢の日本語訳を確認しましょう。動詞はすべて現在形の訳となっています。知らなかった単語は本書で意味や解説を確認するようにしてください。

091	(A)予感	(B)災難	(C)前兆	(D)集中攻撃
092	(A)気まぐれ	(B)起訴状	(C)要旨	(D)大損害
093	(A)流入	(B)支柱	(C)有効性	(D)やり返し
094	(A)完全な	(B)折衷的な	(C)極めて小さい	(D)じわじわ広がる
095	(A)残忍な	(B)暗黙の	(C)狭苦しい	(D)取り乱した
096	(A)この上なく	(B)意図せずして	(C)不注意で	(D)巧みに
097	(A)信条	(B)融合体	(C)エピソード	(D)混ぜ合わせ
098	(A)固執	(B)トラブル	(C)態度、物腰	(D)重罪犯人
099	(A)軽犯罪	(B)権限の及ぶ範囲	(C)背景	(D)偏った好み
100	(A)累積による	(B)魅惑的な	(C)不明瞭な	(D)非常に熱い
101	(A)暗黙の	(B)よそよそしい	(C)ひどく空腹な	(D)少しずつの
102	(A)加速度的に	(B)完全に	(C)明快に	(D)明らかに
103	(A)窒息させる	(B)増加させる	(C)言いくるめる	(D)荒らしまわる
104	(A)強化する	(B)元気づける	(C)引きこもらせる	(D)ちらっと見る
105	(A)刺激を与える	(B)敬う	(C)抽出する	(D)なんとか〜する
106	(A)やる気にする	(B)切り詰める	(C)脚色を加える	(D)ゆすりとる
107	(A)喪失する	(B)寄せ付けない	(C)無駄遣いする	(D)元気づける
108	(A)無効にする	(B)褒めたたえる	(C)戻る	(D)急いで食べる
109	(A)急き立てる	(B)おとしめる	(C)やる気をそぐ	(D)小さく見せる
110	(A)恣意的な	(B)爽快な	(C)貪欲な	(D)柔軟な
111	(A)底なしの	(B)ささいな	(C)現存の	(D)自己中心的な
112	(A)始まり	(B)暴飲暴食	(C)反発	(D)過多
113	(A)むさぼり読む	(B)取りかかる	(C)行使する	(D)なだめる
114	(A)殺すこと	(B)賛歌	(C)インターンシップ	(D)貧困
115	(A)根気強い	(B)謎めいた	(C)貧困の	(D)共謀した
116	(A)挫折する	(B)浴びせる	(C)ためらう	(D)和らげる
117	(A)同時に起こる〜	(B)影響力	(C)軌道	(D)分岐
118	(A)激流	(B)要	(C)派閥	(D)困難
119	(A)悪意のない	(B)明快な	(C)うわべだけの	(D)意図的な
120	(A)悩ます	(B)明瞭に説く	(C)詰まらせる	(D)復活させる

DAY 5

121 Young entrepreneurs tend to set too ambitious a goal, which can (　　) and lead to their confidence waning.

(A) expel　　　　(B) decipher　　　(C) backfire　　　(D) subdue

122 Ironically, the restaurant's reputation was seriously marred by the strategic (　　) they made when attempting to get publicity.

(A) masquerade　(B) abyss　　　　(C) tremor　　　　(D) blunder

123 The researcher's findings unveiled an array of (　　) in the clinical trial data, necessitating a comprehensive investigation into the study's methodology and conclusions.

(A) ruses　　　　(B) traitors　　　(C) assents　　　　(D) anomalies

124 During his speech, the professor was able to (　　) his complex theories with precision and clarity, impressing the audience with his erudition and eloquence.

(A) grumble　　　(B) enunciate　　(C) repeal　　　　(D) dub

125 The architecture of ancient Rome (　　) the achievements of a civilization that valued grandeur and functionality in public buildings and infrastructure.

(A) apprehends　(B) languishes　(C) exemplifies　(D) deploys

126 The classic novel *To Kill a Mockingbird* (　　) the struggle for justice and equality in the racially charged milieu of the American South in the 1930s.

(A) epitomizes　(B) instills　　　(C) deluges　　　(D) assuages

127 While the advent of the new, highly accurate online translation system has astonished laypeople, experts in the field say it is still in the (　　) stages of development.

(A) hideous　　　(B) untenable　　(C) germane　　　(D) nascent

128 The university is regarded as the world hub of cognitive linguistics, which is one of the (　　) fields of interdisciplinary research.

(A) gallant　　　(B) burgeoning　(C) hilarious　　(D) profuse

---

wane: 衰える、**mar**: を損なう、**necessitate**: を必要とする、**erudition**: 博識、**grandeur**: 壮大さ、**charged**: 緊張の高まった、**milieu**: 状況、**advent**: 到来、出現、**interdisciplinary**: 学際的な

129 The (   ) author's debut novel was hailed as a masterpiece, earning critical acclaim and attracting a wide readership.

(A) filthy   (B) conspicuous   (C) fledgling   (D) unerring

130 Since its (   ), the popularity of the TV drama series has continued unabated.

(A) forerunner   (B) inception   (C) depletion   (D) looting

131 The (   ) of the new president marked a pivotal moment in the nation's history, signifying the commencement of a transformative era filled with promise and responsibility.

(A) eradication   (B) propriety   (C) repercussion   (D) inauguration

132 It is unacceptable to (   ) public property as it undermines the shared cultural heritage of society and violates the fundamental principles of civic responsibility.

(A) appease   (B) blurt   (C) vandalize   (D) codify

133 The atrocious bombing raid by the enemy forces (   ) the whole city.

(A) retorted   (B) obliterated   (C) hatched   (D) floundered

134 The climatologist's research warned of the catastrophic (   ) of coastal cities due to rising sea levels and called for urgent action to mitigate the effects of climate change.

(A) atomism   (B) transgression   (C) annihilation   (D) reprimand

135 The war is threatening to (   ) the whole of Europe, with both sides amassing state-of-the-art arms and deploying them along their borders.

(A) engulf   (B) seduce   (C) conjecture   (D) mumble

136 In today's class, we will explore the roots of the American (   ) for individualism.

(A) mien   (B) vernacular   (C) penchant   (D) latitude

137 The frequent use of anthropomorphic cats in his novels reflects his strong (   ) for animals.

(A) dawn   (B) affinity   (C) rein   (D) zenith

---

hail: を高く評価する、acclaim: 称賛、unabated: 衰えていない、pivotal: 重要な、commencement: 始まり、atrocious: 残虐な、raid: 襲撃、climatologist: 気象学者、catastrophic: 壊滅的な、amass: 蓄積する、anthropomorphic: 擬人化された

138 Faced with the intimidating opponent, Roger and his teammates huddled together and (   ) up the courage and strength to try their hardest.

(A) eclipsed   (B) mustered   (C) vied   (D) wiretapped

139 The controversial decision made by the prime minister has (   ) considerable international attention and sparked heated and wide-ranging debate.

(A) meditated   (B) annexed   (C) peered   (D) garnered

140 Its best efforts notwithstanding, the company was unable to (   ) the necessary funds to complete the project on time.

(A) acquiesce   (B) procure   (C) stigmatize   (D) outnumber

141 As the protesters attempted to breach the police barrier, they began to (   ) each other, creating a chaotic and volatile situation.

(A) dissipate   (B) fret   (C) jostle   (D) swarm

142 The talented musician sat in front of the piano, fingers hovering over the keys, (   ) to perform a masterpiece that would captivate the audience.

(A) intermittent   (B) poised   (C) unpalatable   (D) tempestuous

143 The prime minister remained (   ) in the face of fierce criticism from the public skeptical about his financial policy.

(A) dichotomous   (B) placid   (C) latent   (D) inebriated

144 The auditor identified several (   ) between the two inventory records.

(A) toils   (B) connoisseurs   (C) discrepancies   (D) hatreds

145 The scientist analyzed the data with meticulous care, separating the results into (   ) categories to discern patterns that might be missed with a less refined approach.

(A) counterproductive   (B) discrete
(C) precocious   (D) gruesome

146 It is not always possible to establish a clear line of (   ) between work and leisure in our "always connected" digital society.

(A) demarcation   (B) crook   (C) oblivion   (D) axis

---

intimidating: 脅迫的な、huddle: 体を寄せ合う、spark: を引き起こす、notwithstanding: にもかかわらず、breach: を突破する、volatile: 不安定な、captivate: を魅了する、skeptical: 懐疑的な、auditor: 監査役、meticulous: 念入りな、discern: を識別する

147 Presenting a false (　　　), such as one between globalism and nationalism, in an argument can lead to a divisive and unproductive debate.

(A) dichotomy　　　(B) pillage　　　(C) mainstay　　　(D) compound

148 The scholar (　　　) his time and energy on preposterous projects that are unlikely to yield any meaningful outcomes.

(A) insinuated　　　(B) inculcated　　　(C) sabotaged　　　(D) squandered

149 Some restaurants charge (　　　) prices for mediocre meals.

(A) meddlesome　　　(B) exorbitant　　　(C) vibrant　　　(D) hereditary

150 He is leading an (　　　) lifestyle, wearing fancy clothes, carrying an expensive bag, and purchasing whatever is in vogue.

(A) unflappable　　　(B) ostentatious　　　(C) ominous　　　(D) covert

---

preposterous: ばかげた、 mediocre: 大したことのない、 fancy: 高価な、 in vogue: 流行りの

DAY 5 正誤チェック

問題を解いたら、自分の解答を下の表に転記して、正誤を確認しましょう。不正解だった問題は、本冊の解説を確認しましょう。

問題番号	正解	あなたの解答と正誤							
		1回目		2回目		3回目		4回目	
		解答	正誤	解答	正誤	解答	正誤	解答	正誤
121	(C)								
122	(D)								
123	(D)								
124	(B)								
125	(C)								
126	(A)								
127	(D)								
128	(B)								
129	(C)								
130	(B)								
131	(D)								
132	(C)								
133	(B)								
134	(C)								
135	(A)								
136	(C)								
137	(B)								
138	(B)								
139	(D)								
140	(B)								
141	(C)								
142	(B)								
143	(B)								
144	(C)								
145	(B)								
146	(A)								
147	(A)								
148	(D)								
149	(B)								
150	(B)								

DAY 5 選択肢の日本語訳

それぞれの問題の選択肢の日本語訳を確認しましょう。動詞はすべて現在形の訳となっています。知らなかった単語は本書で意味や解説を確認するようにしてください。

121	(A) 追い出す	(B) 解読する	(C) 裏目に出る	(D) 征服する
122	(A) 見せかけ	(B) どん底	(C) 地震	(D) 大失策
123	(A) 計略	(B) 裏切り者	(C) 同意	(D) 異常
124	(A) うめいて言う	(B) 明確に述べる	(C) 撤廃する	(D) 〜と呼ぶ
125	(A) 捕らえる	(B) 閉じ込められる	(C) 好例となる	(D) 配備する
126	(A) 縮図的に示す	(B) 教え込む	(C) 殺到する	(D) 鎮める
127	(A) ひどく醜い	(B) 擁護のできない	(C) 密接に関係した	(D) 初期の
128	(A) 勇敢な	(B) 急成長している	(C) 非常に面白い	(D) 大量の
129	(A) 汚い	(B) 目立った	(C) 駆け出しの	(D) 間違いない
130	(A) 先駆け	(B) 開始	(C) 枯渇	(D) 略奪
131	(A) 根絶	(B) 礼節	(C) 悪影響	(D) 就任
132	(A) なだめる	(B) つい口にする	(C) 破壊する	(D) 成文化する
133	(A) 言い返す	(B) 完全に壊す	(C) 企てる	(D) 問題を抱える
134	(A) 原子論	(B) 罪	(C) 消滅	(D) 叱責、懲戒
135	(A) 覆いこむ	(B) そそのかす	(C) 推測する	(D) つぶやく
136	(A) 態度	(B) 話し言葉	(C) 偏重	(D) 自由
137	(A) 夜明け	(B) 好み	(C) 手綱、支配権	(D) 頂点
138	(A) 覆い隠す	(B) 奮い起こす	(C) 競う	(D) 盗聴する
139	(A) 瞑想する	(B) 併合する	(C) 凝視する	(D) 集める
140	(A) 黙認する	(B) 調達する	(C) 汚名を着せる	(D) 数で上回る
141	(A) 浪費する	(B) 思い悩む	(C) 押し合う	(D) 群がる
142	(A) 断続的な	(B) 構えができた	(C) 口に合わない	(D) 熱烈な
143	(A) 二項対立の	(B) 落ち着いた	(C) 潜在的な	(D) 泥酔した
144	(A) 骨の折れる仕事	(B) 玄人、通	(C) 食い違い	(D) 憎しみ
145	(A) 逆効果の	(B) 別々の	(C) 早熟な	(D) 気味の悪い
146	(A) 境界線	(B) いかさま師	(C) 忘却	(D) 軸
147	(A) 二分法	(B) 略奪	(C) よりどころ	(D) 化合物
148	(A) ほのめかす	(B) 教え込む	(C) 破壊する	(D) 無駄遣いする
149	(A) お節介な	(B) 法外な	(C) 活気にあふれた	(D) 遺伝性の
150	(A) 慌てない	(B) これ見よがしの	(C) 前兆となる	(D) 内密の

DAY 6

| / | / | / | / |

151 Ralf was deceived by a man whom he had believed to be his (　　　) friend.

(A) petrified　　(B) staunch　　(C) rustic　　(D) deviant

152 In the hallowed halls of the courthouse, the judge administered the oath, and the witnesses solemnly pledged their (　　　) to truth and justice.

(A) prerogative　　(B) enigma　　(C) allegiance　　(D) demolition

153 The newly qualified teacher quickly established a good (　　　) with the students, developing a close relationship based on trust and empathy.

(A) rapport　　(B) contention　　(C) cohort　　(D) pigment

154 Everyone was surprised by her (　　　) to the plan, as she had previously been adamant about her opposition to it.

(A) wake　　(B) remnant　　(C) acquiescence　　(D) derision

155 Throughout history, invaders have often sought to (　　　) the peoples of the places they have invaded, using force and coercion to assert their dominance and control over them.

(A) crack　　(B) perturb　　(C) subjugate　　(D) shove

156 The devastating (　　　) of the typhoon necessitated the deployment of an international humanitarian mission to provide aid and assistance to the affected population.

(A) aftermath　　(B) compatriot　　(C) proxy　　(D) delinquent

157 The (　　　) events of the revolution had a profound impact on the nation's political and social landscape, ushering in a new era of upheaval and transformation.

(A) rapt　　(B) extraneous　　(C) quixotic　　(D) tumultuous

158 The (　　　) of protesters echoed through the streets as they demanded justice for the victims of police brutality, their voices resounding with unwavering determination and fervor.

(A) clamor　　(B) tinge　　(C) pseudonym　　(D) comrade

159 The collaborative enterprise we embarked on last year was a (　　　) success.

(A) cordial　　(B) roaring　　(C) succinct　　(D) feasible

---

oath: 宣誓、solemnly: 厳粛に、empathy: 共感、adamant: 不屈の、coercion: 強制力、usher in ～: ～の先駆けとなる、brutality: 残虐行為、fervor: 熱情、embark on ～: ～に着手する

160 The ( ) of the matter is that our organization cannot avoid incurring even more debt by undertaking the project.

(A) crux　　　(B) mayhem　　　(C) milieu　　　(D) splendor

161 Despite the surface eloquence of his speech, it was difficult to comprehend the ( ) of the argument due to his obfuscating rhetoric.

(A) proficiency　　(B) jeopardy　　(C) pretense　　(D) gist

162 The politician's ( ) apology didn't abate the antipathy many harbored toward him for his earlier remarks.

(A) belated　　　　　　　　　(B) cloistered
(C) disproportionate　　　　　(D) hazardous

163 You say you have been contemplating the matter before taking some concrete actions, but all you are doing is ( ).

(A) expending　　(B) relegating　　(C) wobbling　　(D) procrastinating

164 The diffusion of the internet accelerated the prevalence of ( ).

(A) outset　　(B) pinnacle　　(C) kernel　　(D) plagiarism

165 Hundreds of precious artworks were ( ) from the museum during the military conflict that caused many casualties.

(A) eviscerated　　(B) extrapolated　　(C) plundered　　(D) delineated

166 The dictator ( ) the king's power through a military coup.

(A) ignited　　(B) tantalized　　(C) usurped　　(D) scoffed

167 The money they gained through the crooked dealings was ( ) by the police.

(A) confiscated　　(B) indoctrinated　　(C) resurrected　　(D) strangled

168 He made what seemed like an ( ) remark on her appearance, but it seriously undermined her self-confidence.

(A) innocuous　　(B) illicit　　(C) optimal　　(D) unchecked

169 A propensity for excessive worry and fear can be indicative of a ( ) tendency, often accompanied by a preoccupation with perceived threats and negative outcomes.

(A) fastidious　　(B) neurotic　　(C) cumbersome　　(D) nauseating

---

incur: (負債・損害など)を背負う、obfuscating: 物事を難解にするような、abate: を弱める、harbor: を心に抱く、contemplate: を熟考する、diffusion: 普及、prevalence: 普及、casualty: 死傷者、coup: クーデター、crooked: 不正の、propensity: 癖、傾向、preoccupation: 没頭

170 It is not uncommon for individuals with certain psychiatric disorders to exhibit ( ) tendencies, which can be exacerbated by stress and anxiety.

(A) paranoid   (B) baseless   (C) sluggish   (D) professed

171 The company's decision to terminate the employee's contract was based on evidence of ( ) misconduct, which jeopardized the organization's reputation.

(A) gross   (B) halcyon   (C) dormant   (D) punishing

172 The ( ) approach to medicine encompasses a comprehensive evaluation of the patient's physical, mental, and emotional health as well as environmental and social factors.

(A) furtive   (B) holistic   (C) copious   (D) enigmatic

173 The new policy on climate change was highly ( ) among the members of the parliament, sparking a heated debate and raising fundamental questions about its feasibility and implementation.

(A) poignant   (B) scant   (C) contentious   (D) philanthropic

174 The political leader faced vehement ( ) from opposition parties regarding the proposed legislation, causing a heated debate in parliament.

(A) oddity   (B) accomplice   (C) stockpile   (D) dissent

175 The young singer's prodigious performance at the talent show ( ) her to instant stardom, paving the way for a successful career in the music industry.

(A) contended   (B) debunked   (C) parsed   (D) catapulted

176 The tension between the two nations had been ( ) for months, and it finally culminated in a boiling point when a border dispute erupted.

(A) cringing   (B) forgoing   (C) dignifying   (D) simmering

177 The ( ) heat wave during the summer had a deleterious impact on agriculture, resulting in a significant decline in crop yields.

(A) clandestine   (B) scorching   (C) virulent   (D) mundane

178 Winning the championship marked a ( ) in her career as a professional tennis player.

(A) watershed   (B) condescension   (C) inoculation   (D) bomber

---

psychiatric: 精神医学の、exacerbate: を悪化させる、misconduct: 不正行為、jeopardize: を危うくする、encompass: を包含する、feasibility: 実現可能性、vehement: 激しい、prodigious: 驚異的な、stardom: スターの地位、culminate in 〜: 結果として〜に終わる、deleterious: 有害な

179 His article, published in 1982, proposes a unique view on language, and it is widely thought of as the (   ) work on the subject.

(A) seminal   (B) dreadful   (C) hectic   (D) meek

180 The region experienced increased (   ) activity, with frequent tremors unsettling the local population.

(A) gutsy   (B) infinitesimal   (C) short-lived   (D) seismic

---

tremor: 地震

DAY 6 正誤チェック

問題を解いたら、自分の解答を下の表に転記して、正誤を確認しましょう。不正解だった問題は、本冊の解説を確認しましょう。

問題番号	正解	あなたの解答と正誤							
		1回目		2回目		3回目		4回目	
		解答	正誤	解答	正誤	解答	正誤	解答	正誤
151	(B)								
152	(C)								
153	(A)								
154	(C)								
155	(C)								
156	(A)								
157	(D)								
158	(A)								
159	(B)								
160	(A)								
161	(D)								
162	(A)								
163	(D)								
164	(D)								
165	(C)								
166	(C)								
167	(A)								
168	(A)								
169	(B)								
170	(A)								
171	(A)								
172	(B)								
173	(C)								
174	(D)								
175	(D)								
176	(D)								
177	(B)								
178	(A)								
179	(A)								
180	(D)								

DAY 6 選択肢の日本語訳

それぞれの問題の選択肢の日本語訳を確認しましょう。動詞はすべて現在形の訳となっています。知らなかった単語は本書で意味や解説を確認するようにしてください。

151	(A) ひどく怖がって	(B) 信頼できる	(C) 素朴な	(D) 逸脱した
152	(A) 特権	(B) 不可解なもの	(C) 忠誠	(D) 取り壊し
153	(A) 信頼関係	(B) 論争	(C) 集団	(D) 顔料
154	(A) 通った跡	(B) 残骸	(C) 消極的同意	(D) あざけり
155	(A) 解読する	(B) 動揺させる	(C) 隷属させる	(D) 押しやる
156	(A) 余波	(B) 同胞	(C) 代理人	(D) 非行者
157	(A) 没頭した	(B) 無関係の	(C) 非現実的な	(D) 波乱に満ちた
158	(A) 喧騒	(B) かすかな色合い	(C) 偽名	(D) 仲間
159	(A) 友好的な	(B) ものすごい	(C) 簡潔な	(D) 実現可能な
160	(A) 最重要点	(B) 大混乱	(C) 環境	(D) 豪華さ
161	(A) 熟達	(B) 危険	(C) 見せかけ	(D) 要点
162	(A) 遅すぎる	(B) 世間から離れた	(C) 不釣り合いな	(D) 有害な
163	(A) 費やす	(B) 格下げする	(C) ふらつく	(D) 先延ばしにする
164	(A) 最初	(B) 頂点	(C) 核心	(D) 剽窃
165	(A) 骨抜きにする	(B) 推定する	(C) 略奪する	(D) 正確に描く
166	(A) 火をつける	(B) じらす	(C) 強奪する	(D) あざ笑う
167	(A) 没収する	(B) 教え込む	(C) 復活させる	(D) 窒息させる
168	(A) 悪意のない	(B) 違法な	(C) 最適な	(D) 野放しの
169	(A) 口うるさい	(B) 神経症の	(C) 煩わしい	(D) ひどく不快な
170	(A) 被害妄想的な	(B) 根拠のない	(C) 停滞した	(D) 公然の
171	(A) はなはだしい	(B) 平穏な	(C) 冷え切った	(D) 大変きつい
172	(A) 人目を盗んだ	(B) 全体論的な	(C) 大量の	(D) 謎めいた
173	(A) 痛切な	(B) 不十分な	(C) 議論を呼ぶ	(D) 博愛の
174	(A) 奇妙な出来事	(B) 共犯者	(C) 備蓄品	(D) 異議
175	(A) 争う	(B) 誤りを示す	(C) 構文解析する	(D) 一躍有名にする
176	(A) すくむ	(B) 差し控える	(C) 威厳をつける	(D) ことこと煮える
177	(A) 秘密の	(B) 焼けつくような	(C) 伝染力の強い	(D) 日常の
178	(A) 分岐点	(B) 見下した態度	(C) 予防接種	(D) 爆撃機
179	(A) 先駆的な	(B) ひどく不快な	(C) 猛烈に忙しい	(D) おとなしい
180	(A) 気力に満ちた	(B) 限りなく小さい	(C) 短命の	(D) 地震の

DAY 7

/	/	/	/

181 The aim of women's suffrage movements was to grant women the right to vote and ( ) them from male hegemony.

(A) emancipate　　(B) inflate　　(C) excavate　　(D) sequester

182 It is difficult to ( ) the negative effects of consumerism on the environment from other closely related factors.

(A) bypass　　(B) refute　　(C) disentangle　　(D) accumulate

183 Japan is expected to ( ) its English educational system that has been dubbed "insane" by foreigners.

(A) encrypt　　(B) squint　　(C) retort　　(D) dismantle

184 The article analyzes the latest novel by Haruki Murakami in the minutest detail, thoroughly ( ) its implicit symbolism.

(A) dissecting　　(B) flocking　　(C) juxtaposing　　(D) spurting

185 The new Immigration Act is bound to have far-reaching ( ) for the country's economy.

(A) antipathies　　　　　　　(B) apprenticeships
(C) ramifications　　　　　　(D) rebukes

186 Despite his best efforts to hide it, he couldn't help but ( ) in pain as the surgeon probed his injured leg.

(A) detest　　(B) wince　　(C) spew　　(D) regress

187 The politician tried to hide his true feelings during the press conference, but his face ( ) in a way that betrayed his internal conflict and revealed his insincerity.

(A) extolled　　(B) eavesdropped　　(C) repudiated　　(D) contorted

188 Some of the data listed here may have been ( ), so it is necessary to verify the authenticity of the source.

(A) abhorred　　(B) surmised　　(C) flinched　　(D) skewed

189 The king purportedly said he had the ( ) goal of bringing salvation to people all over the world.

(A) blunt　　(B) haphazard　　(C) lofty　　(D) gratuitous

---

suffrage: 参政権、**grant:** を与える、**consumerism:** 大量消費、**dub:** にあだ名をつける、**far-reaching:** 広範な

190 The philosopher spent hours (　　　) on the implications of the moral dilemma, carefully pondering each potential outcome with meticulous introspection.

(A) browbeating　(B) ruminating　(C) submerging　(D) ebbing

191 As I perused the old photo album, I couldn't help but (　　　) about the halcyon days of my youth, when life seemed so much simpler and carefree.

(A) taunt　(B) conjure　(C) lure　(D) reminisce

192 He deftly (　　　) his car out of the crowded parking lot and into the busy freeway.

(A) validated　(B) engendered　(C) maneuvered　(D) segregated

193 The body regularly (　　　) waste in the form of feces and urine.

(A) hampers　(B) suffocates　(C) improvises　(D) excretes

194 The consulting firm's strategy to increase revenue was (　　　) by the economic downturn.

(A) racked　(B) alluded　(C) jeered　(D) thwarted

195 Despite her severe (　　　) condition, the pianist has never given up her career, and people throughout the world have been mesmerized by her immaculate performances.

(A) inconspicuous　(B) bogus　(C) congenital　(D) motley

196 The CEO must effectively (　　　) the various departments to achieve the company's goals, ensuring a cohesive strategy and efficient use of resources.

(A) sputter　(B) dwarf　(C) incarcerate　(D) orchestrate

197 The professor (　　　) the importance of academic integrity to the students, emphasizing the gravity of plagiarism and the need for proper citation.

(A) probed　(B) bombarded　(C) reiterated　(D) abstained

198 He is seen as a cruel despot by many historians, but in some annals, he is described as a leader trying to establish an (　　　) society.

(A) eerie　(B) egalitarian　(C) obnoxious　(D) unerring

---

introspection: 内省、peruse: を詳細に読む、halcyon: 平穏な、deftly: 巧みに、feces: 便、urine: 尿、mesmerize: を魅了する、immaculate: 完璧な、cohesive: まとまりのある、plagiarism: 剽窃、despot: 独裁者、annals: 年代記

199 The government announced a ( ) $50 billion infrastructure investment plan to revitalize the country's economy and create jobs.

(A) whimsical　　(B) sinister　　(C) staggering　　(D) lackadaisical

200 The blatant disregard for human rights and dignity exhibited by certain governments is truly ( ) and must be addressed with urgency and resolve.

(A) bland　　(B) vehement　　(C) appalling　　(D) purported

201 Picasso's highly ( ) style of painting received mixed reviews, but it ultimately revolutionized the art world.

(A) fortuitous　　(B) flimsy　　(C) idiosyncratic　　(D) malevolent

202 His coworkers ( ) criticized him, and his self-confidence began to falter.

(A) incessantly　　(B) invariably　　(C) uncannily　　(D) seamlessly

203 Hoping to ( ) potential customers away from competitors, the newly opened cafe offered complimentary coupons for a cold beverage.

(A) deport　　(B) exasperate　　(C) comb　　(D) entice

204 The sightseeing spot boasts stunning mountain views that never cease to ( ) visitors.

(A) enthrall　　(B) propagate　　(C) evict　　(D) hanker

205 The scholar was ( ) in her research, poring over countless documents in the archives, oblivious to the passage of time and her surroundings.

(A) engrossed　　(B) daunting　　(C) redundant　　(D) covert

206 I was completely ( ) by her beauty, so I was unable to notice her manipulative personality.

(A) unperturbed　　　　　　(B) entrenched
(C) intoxicated　　　　　　(D) unsubstantiated

207 Individuals suffering from schizophrenia can often ( ), experiencing vivid sensory perceptions that are not grounded in reality.

(A) placate　　(B) palliate　　(C) hallucinate　　(D) deduce

---

blatant: 露骨な、resolve: 決意、falter: 揺らぐ、complimentary: 無料サービスの、stunning: とても美しい、pore over 〜: 〜を熟読する、oblivious to 〜: 〜を忘れて、manipulative: 人を操るのが上手い、schizophrenia: 統合失調症

208 The politician's post was roundly criticized for its (   ) racism and hostility toward minority groups.

(A) astute   (B) fervent   (C) overt   (D) innate

209 This experiment is rumored to have been conducted (   ) in order to avoid scrutiny by the authorities.

(A) tenaciously   (B) ostensibly   (C) lucidly   (D) surreptitiously

210 The problem of parental neglect, (   ) with the seriousness of ever-increasing child abuse cases, is a significant issue affecting the well-being of children and families.

(A) gulped   (B) judicious   (C) intertwined   (D) embellished

---

hostility: 敵意、**scrutiny**: 調査

DAY 7 正誤チェック

問題を解いたら、自分の解答を下の表に転記して、正誤を確認しましょう。不正解だった問題は、本冊の解説を確認しましょう。

問題番号	正解	あなたの解答と正誤							
		1回目		2回目		3回目		4回目	
		解答	正誤	解答	正誤	解答	正誤	解答	正誤
181	(A)								
182	(C)								
183	(D)								
184	(A)								
185	(C)								
186	(B)								
187	(D)								
188	(D)								
189	(C)								
190	(B)								
191	(D)								
192	(C)								
193	(D)								
194	(D)								
195	(C)								
196	(D)								
197	(C)								
198	(B)								
199	(C)								
200	(C)								
201	(C)								
202	(A)								
203	(D)								
204	(A)								
205	(A)								
206	(C)								
207	(C)								
208	(C)								
209	(D)								
210	(C)								

DAY 7 選択肢の日本語訳

それぞれの問題の選択肢の日本語訳を確認しましょう。動詞はすべて現在形の訳となっています。知らなかった単語は本書で意味や解説を確認するようにしてください。

181	(A)解放する	(B)膨らませる	(C)発掘する	(D)隔離する
182	(A)迂回する	(B)反論する	(C)解明する	(D)蓄積する
183	(A)暗号化する	(B)目を細めて見る	(C)言い返す	(D)解体する
184	(A)詳しく調べる	(B)群れをなす	(C)並べて置く	(D)噴出する
185	(A)反感	(B)見習い期間	(C)影響	(D)叱責
186	(A)ひどく嫌う	(B)顔をしかめる	(C)吐き出す	(D)後退する
187	(A)激賞する	(B)盗み聞きする	(C)拒絶する	(D)歪める
188	(A)忌み嫌う	(B)推測する	(C)たじろぐ	(D)歪める
189	(A)鈍い	(B)無計画の	(C)崇高な	(D)根拠のない
190	(A)威嚇する	(B)考えを巡らす	(C)水浸しにする	(D)衰退する
191	(A)なじる	(B)想起させる	(C)誘い出す	(D)思い出にふける
192	(A)立証する	(B)生じさせる	(C)巧みに動かす	(D)差別する
193	(A)阻止する	(B)窒息させる	(C)即興で作る	(D)排出する
194	(A)苦しめる	(B)ほのめかす	(C)あざける	(D)挫折させる
195	(A)目立たない	(B)偽の	(C)先天性の	(D)雑多な
196	(A)まくし立てる	(B)小さく見せる	(C)投獄する	(D)組織する
197	(A)精査する	(B)浴びせる	(C)繰り返し言う	(D)避ける
198	(A)不気味な	(B)平等主義の	(C)非常に不快な	(D)間違わない
199	(A)風変わりな	(B)悪意のある	(C)膨大な	(D)気力のない
200	(A)退屈な	(B)痛烈な	(C)おぞましい	(D)とされている
201	(A)偶然の	(B)説得力のない	(C)独特な	(D)悪意のある
202	(A)絶え間なく	(B)いつも決まって	(C)不気味に	(D)滑らかに
203	(A)国外追放する	(B)激怒させる	(C)くしでとかす	(D)おびき寄せる
204	(A)魅了する	(B)広める	(C)立ち退かせる	(D)欲しいと思う
205	(A)没頭した	(B)気力をくじく	(C)余剰の	(D)内密の
206	(A)落ち着いた	(B)凝り固まった	(C)夢中になった	(D)根拠のない
207	(A)なだめる	(B)和らげる	(C)幻覚を感じる	(D)推定する
208	(A)機敏な	(B)熱のこもった	(C)露骨な	(D)生まれつきの
209	(A)粘り強く	(B)表面上は	(C)明快に	(D)内密に
210	(A)ごくりと飲む	(B)思慮深い	(C)絡み合わせる	(D)美しく飾る

DAY 8

211 A certified public accountant (　　) leaked the firm's confidential information.

(A) solemnly　　(B) exponentially　(C) inadvertently　(D) sluggishly

212 The study (　　) to show that DHA "improves episodic memory," but as we pointed out above, its method is problematic in at least three respects.

(A) cements　　(B) purports　　(C) devours　　(D) demotes

213 Some philosophers posit that the propensity for (　　) behavior is an innate aspect of human nature and that it is shaped by social and environmental factors.

(A) untenable　　(B) latent　　(C) altruistic　　(D) ominous

214 Notwithstanding her extensive knowledge and experience, the expert conceded that her judgment was not (　　), as she recognized the inherent limitations of human cognition.

(A) repulsive　　(B) unscrupulous　(C) infallible　　(D) wrenching

215 The renowned artist regarded the commercial art world with (　　), seeing it as a profane and corrupt industry that debased the very essence of true art.

(A) disdain　　(B) loot　　(C) guru　　(D) vagaries

216 The academic community was quick to (　　) the researcher's unconventional theories as spurious and lacking empirical evidence, despite the extensive research and data he had gathered.

(A) seclude　　(B) torment　　(C) glorify　　(D) deride

217 Despite facing numerous challenges, the community remained (　　), demonstrating remarkable fortitude in the face of adversity.

(A) resilient　　(B) sanctimonious　(C) superfluous　　(D) tipsy

218 The customer service department has been (　　) with complaints, rendering it unable to promptly address all the grievances.

(A) transgressed　(B) inundated　　(C) perused　　(D) contrived

---

confidential: 内密の、 posit: を仮定する、 propensity: 傾向、 notwithstanding: 〜にもかかわらず、 profane: 冒とく的な、 debase: の品位を落とす、 spurious: 見せかけの、 empirical: 経験に基づく、 fortitude: 不屈の精神、 adversity: 逆境、 grievance: 苦情

219 Despite numerous setbacks in her career, her (   ) efforts afforded her the steady position she has now.

(A) tenacious   (B) egocentric   (C) blatant   (D) variable

220 As the events (   ), we will endeavor to provide an objective analysis and judicious assessment of the situation, drawing on a range of reputable sources.

(A) unfold   (B) mushroom   (C) retaliate   (D) abate

221 The (   ) effects of air pollution on public health are becoming increasingly apparent, necessitating swift and coordinated action from policymakers and industry leaders.

(A) quixotic   (B) condescending
(C) circumspect   (D) pernicious

222 The widespread dissemination of misinformation is (   ) to the public's trust in the media and can have far-reaching consequences on society as a whole.

(A) detrimental   (B) lavish   (C) ephemeral   (D) plastic

223 The (   ) behind the decision to increase taxes was based on a thorough analysis of the economic situation and the need for fiscal stability.

(A) rationale   (B) toil   (C) residue   (D) aberration

224 The organization's goal is to (   ) accurate and verifiable information to the public through various channels in order to promote transparency and accountability.

(A) aggravate   (B) disseminate   (C) underscore   (D) binge-watch

225 The pervasive influence of technology continues to (   ) all aspects of modern society, from business to education and beyond.

(A) materialize   (B) meddle   (C) dispense   (D) permeate

226 The internet has enabled fake news to (   ) rapidly and widely, spreading misinformation and sowing confusion among the public.

(A) clarify   (B) proliferate   (C) exalt   (D) inquire

---

setback: 障壁、**judicious**: 思慮分別のある、**dissemination**: (知識・情報の)流布、**far-reaching**: 広範囲の、**fiscal**: 財政の、**pervasive**: 広範な

227 Despite knowing the consequences, Lucas continuously engaged in late-night drinking (　　), which, of course, resulted in severe hangovers.

(A) oaths　　(B) binges　　(C) infringement　　(D) palliative

228 The sudden (　　) in inflation has become a growing concern for policymakers, as it may cause an erosion of purchasing power and have far-reaching ramifications on the economy.

(A) proposition　　(B) spike　　(C) countenance　　(D) freak

229 Due to excessively rapid urbanization, land prices in the area have (　　) in the last several years.

(A) skyrocketed　　(B) incapacitated　　(C) mitigated　　(D) assassinated

230 College enrollment has (　　) during the past three years, presumably because of the pandemic.

(A) enacted　　(B) construed　　(C) ostracized　　(D) plummeted

231 As the population of the endangered species (　　), efforts to preserve its natural habitat and prevent poaching become increasingly urgent.

(A) soothes　　(B) dwindles　　(C) exemplifies　　(D) outweighs

232 The poor college student found (　　) in the fact that he had won a scholarship, however meager it was.

(A) sage　　(B) solace　　(C) anecdote　　(D) champion

233 The assumptions (　　) this approach have been sharply criticized, with some experts questioning their validity and others dismissing them as fundamentally flawed.

(A) smoldering　　(B) indoctrinating
(C) fabricating　　(D) underpinning

234 The boss (　　) her for her dumb mistakes that could have cost the company a year's worth of revenue, but she shows no sign of contrition.

(A) rescinded　　(B) crippled　　(C) chastised　　(D) thronged

235 The teacher's (　　) was met with an apology by the student, who realized the gravity of his mistake and sought to make amends.

(A) reproach　　(B) exile　　(C) whim　　(D) accessory

---

hangover: 二日酔い、 far-reaching: 広範囲の、 ramification: 影響、 enrollment: 入学者数、 poach: 密猟する、 meager: わずかな、 flawed: 欠陥のある、 contrition: 悔恨、 make amends: 償いをする

236 A host of human rights advocates publicly (　　　) the politician for his alleged involvement in human trafficking.

(A) elicited　　　(B) substantiated　(C) stage-managed　(D) denounced

237 Rebecca seemed reticent at first, but as time went by, she turned out to be an amiable and (　　　) person.

(A) surrogate　　(B) meticulous　　(C) compliant　　　(D) gregarious

238 The politician was accused of (　　　) a story to cover up his misconduct, a grave offense that could result in a tarnished reputation and legal consequences.

(A) gushing　　　(B) backfiring　　(C) murmuring　　(D) concocting

239 When asked about the burglary, the witness gave the police (　　　) information, putting his own liberty in jeopardy.

(A) malignant　　(B) strenuous　　(C) phony　　　(D) contemptuous

240 Charlie, a dedicated employee, was unjustly made a (　　　) for the company's systemic failures, which were revealed on social media by a whistleblower.

(A) scourge　　　(B) quirk　　　(C) scapegoat　　(D) hypothesis

---

alleged: 疑われている、trafficking: 密売買、reticent: 無口な、amiable: 愛想のよい、misconduct: 職権乱用、tarnished: 汚された、burglary: 窃盗、jeopardy: 危険、whistleblower: 内部告発者

DAY 8 正誤チェック

問題を解いたら、自分の解答を下の表に転記して、正誤を確認しましょう。不正解だった問題は、本冊の解説を確認しましょう。

問題番号	正解	あなたの解答と正誤							
		1回目		2回目		3回目		4回目	
		解答	正誤	解答	正誤	解答	正誤	解答	正誤
211	(C)								
212	(B)								
213	(C)								
214	(C)								
215	(A)								
216	(D)								
217	(A)								
218	(B)								
219	(A)								
220	(A)								
221	(D)								
222	(A)								
223	(A)								
224	(B)								
225	(D)								
226	(B)								
227	(B)								
228	(B)								
229	(A)								
230	(D)								
231	(B)								
232	(B)								
233	(D)								
234	(C)								
235	(A)								
236	(D)								
237	(D)								
238	(D)								
239	(C)								
240	(C)								

DAY 8　選択肢の日本語訳

それぞれの問題の選択肢の日本語訳を確認しましょう。動詞はすべて現在形の訳となっています。知らなかった単語は本書で意味や解説を確認するようにしてください。

211	(A)厳粛に	(B)加速度的に	(C)不注意で	(D)緩慢に
212	(A)強固にする	(B)主張する	(C)むさぼり読む	(D)降格させる
213	(A)擁護のできない	(B)潜在的な	(C)利他的な	(D)前兆となる
214	(A)とても不快な	(B)不誠実な	(C)絶対に正しい	(D)胸を締めつける
215	(A)軽蔑、高慢	(B)略奪品	(C)指導者	(D)気まぐれな変動
216	(A)引きこもらせる	(B)苦しめる	(C)美化する	(D)あざける
217	(A)立ち直りの早い	(B)聖人ぶった	(C)余分な	(D)ほろ酔いの
218	(A)違反する	(B)殺到する	(C)熟読する	(D)なんとか～する
219	(A)粘り強い	(B)自己中心的な	(C)露骨な	(D)変わりやすい
220	(A)展開する	(B)急成長する	(C)報復する	(D)減ずる
221	(A)非現実的な	(B)上から目線の	(C)用心深い	(D)極めて有害な
222	(A)有害な	(B)惜しみない	(C)つかの間の	(D)可塑性のある
223	(A)理論的根拠	(B)骨の折れる仕事	(C)残留物	(D)逸脱
224	(A)悪化させる	(B)広める	(C)強調する	(D)一気に見る
225	(A)実現する	(B)首を突っ込む	(C)分配する	(D)浸透する
226	(A)明確にする	(B)蔓延する	(C)褒めたたえる	(D)質問する
227	(A)誓い	(B)暴食	(C)侵害	(D)緩和剤
228	(A)提案	(B)急上昇	(C)表情	(D)オタク
229	(A)急上昇する	(B)から能力を奪う	(C)和らげる	(D)暗殺する
230	(A)制定する	(B)解釈する	(C)追放する	(D)急激に減る
231	(A)なだめる	(B)徐々に減る	(C)好例となる	(D)勝る
232	(A)賢者	(B)慰め	(C)エピソード	(D)擁護者
233	(A)くすぶる	(B)教え込む	(C)偽造する	(D)根拠となる
234	(A)無効にする	(B)打撃を与える	(C)強く非難する	(D)群がる
235	(A)叱責	(B)国外追放	(C)気まぐれ	(D)共犯者
236	(A)引き出す	(B)実証する	(C)演出する	(D)強く非難する
237	(A)代理の	(B)とても注意深い	(C)従順な	(D)社交的な
238	(A)噴出する	(B)裏目に出る	(C)つぶやく	(D)でっちあげる
239	(A)悪性の	(B)努力の多く要る	(C)偽の	(D)軽蔑した
240	(A)多大な災難	(B)(変わった)癖	(C)身代わり	(D)仮説

DAY 9

241 Despite his (　　　) comments, the politician's speech contained a myriad of complex arguments and eloquent language that appealed to the audience's intellect.

(A) zealous　　　(B) fickle　　　(C) unabated　　　(D) sarcastic

242 The malicious rumors spread by the columnist are said to have been intended to (　　　) conflict between the celebrities and undermine their careers.

(A) mutter　　　(B) instigate　　　(C) intimidate　　　(D) choke

243 The sudden news of the crisis (　　　) the company into action, prompting it to take immediate measures to mitigate the potential risks.

(A) defaced　　　(B) waned　　　(C) jolted　　　(D) perplexed

244 Our school puts emphasis on giving students considerable (　　　) as to what to learn, encouraging them to become autonomous learners.

(A) penance　　　(B) leeway　　　(C) havoc　　　(D) adversity

245 The novel, fresh and unputdownable, features an ordinary female (　　　) and comically portrays how she undergoes rebirth and achieves success in a fantasy world.

(A) publicity　　　(B) protagonist　　　(C) grandeur　　　(D) custody

246 It is still a mystery how these smugglers could (　　　) the embargo.

(A) lambaste　　　(B) crystallize　　　(C) circumvent　　　(D) untangle

247 Journalists are trained to (　　　) redundancy in the writing in order to get their news across to readers.

(A) berate　　　(B) invigorate　　　(C) eschew　　　(D) corroborates

248 The basic (　　　) of the religion, i.e., to treat others with charity, was violated when acts of animosity replaced gestures of affection.

(A) expulsion　　　(B) xenophobia　　　(C) arbitration　　　(D) tenet

249 To succeed in life, you need to accept the old (　　　): You cannot change others or the past.

(A) cure-all　　　(B) influx　　　(C) vaccination　　　(D) axiom

---

a myriad of 〜: 無数の〜、malicious: 悪意のある、autonomous: 自立した、smuggler: 密輸業者、embargo: 通商禁止、gesture: 意思表示

250 The ( ) of "work smarter, not harder" has become increasingly popular among professionals seeking to optimize productivity and efficiency.

(A) mantra   (B) defiance   (C) hunch   (D) pervert

251 A couple of ( ) are in order here, however: First, I am using the term in the literal, not figurative, sense.

(A) caveats   (B) anchors   (C) calamities   (D) aficionados

252 The ( ) of the argument was flawed, as it relied on a fallacious assumption that failed to withstand critical scrutiny.

(A) premise   (B) privation   (C) suffrage   (D) milieu

253 The ( ) of the new drug is unparalleled, providing a breakthrough solution that surpasses all existing treatment alternatives.

(A) commotion   (B) efficacy   (C) backdrop   (D) thesis

254 The physician claims that the causes of common debilitating diseases are often not ( ) to simple genetic treatments.

(A) glaring   (B) avid   (C) amenable   (D) sizzling

255 Despite his reputation for being ( ), the scholar's fiery debating skills revealed a tenacity and intellectual rigor that were both impressive and unexpected.

(A) docile   (B) volatile
(C) unwavering   (D) counterproductive

256 She was once a determined and energetic child, but now, at 20, she has become a ( ) college student, submissive to the people around her.

(A) replete   (B) malleable   (C) savvy   (D) smug

257 Though at first the athlete looked lethargic because of the long flight, she ( ) the odds and won the championship.

(A) defied   (B) evaded   (C) elucidated   (D) withheld

258 Dylan lacked the ( ) knowledge of physics required to apply for the job, but he still managed to get the job on some pretext or other.

(A) anecdotal   (B) dire   (C) cloistered   (D) rudimentary

---

figurative: 比喩的な、**fallacious:** 誤った推定に基づいた、**unparalleled:** 並ぶもののない、**debilitating:** 衰弱させるような、**tenacity:** 粘り強さ、**rigor:** 厳密さ、**submissive:** 従順な、**lethargic:** 気だるい、**pretext:** 言い訳

259 Given the turbulent economic climate, we have to stay alert to any changes and risks that may be (　　) in our daily lives.

(A) lurking　　(B) spluttering　　(C) loathing　　(D) bolstering

260 The claim that the vaccine is harmful is nothing more than a baseless (　　), propagated by those with ulterior motives to mislead the public.

(A) osmosis　　(B) gluttony　　(C) hoax　　(D) extermination

261 The marathon runner (　　) himself into believing that he was invincible.

(A) postulated　　(B) posited　　(C) deluded　　(D) seized

262 She was (　　) into signing the contract by the travel agency and paid a large sum of money, but she is now thinking of demanding a full refund.

(A) eradicated　　(B) coaxed　　(C) baffled　　(D) condemned

263 After the lawsuit was filed, the company attempted to (　　) the former employee into dropping the case through various means, including threats and intimidation.

(A) swarm　　(B) galvanize　　(C) soar　　(D) coerce

264 The prolific writer (　　) inventing novel words and phrases and using them in his works.

(A) disperses　　(B) relishes　　(C) exacerbates　　(D) infuses

265 The politician observed that women still did most of the household (　　).

(A) convulsion　　(B) demeanor
(C) commencement　　(D) drudgery

266 The CEO's statement was (　　) in its condemnation of workplace harassment.

(A) axiomatic　　(B) complacent　　(C) unequivocal　　(D) petrified

267 The actress's provocative comments on social media went viral, and she is now facing a huge (　　) from longtime fans.

(A) avalanche　　(B) animosity　　(C) backlash　　(D) detention

268 Comprehending the rationale for his actions is difficult, as they appear to be driven by a (　　) desire to inflict harm on others.

(A) wry　　(B) perverse　　(C) infallible　　(D) hilarious

---

turbulent: 荒れ狂った、ulterior: 隠された、invincible: 無敵の、case: 訴訟、prolific: 多作な、novel: 斬新な、provocative: 挑発的な、go viral: 拡散される、rationale: 根拠、inflict: を負わせる

269 The patient's behavior (　　　) slightly from the norm, prompting the doctor to order additional tests to detect any signs of cognitive impairment.

(A) foundered　　　(B) quelled　　　(C) deviated　　　(D) venerated

270 The latest research findings are (　　　) to the study of Alzheimer's disease, shedding new light on underlying mechanisms and potential treatments.

(A) frantic　　　(B) pertinent　　　(C) audacious　　　(D) self-righteous

---

impairment: 機能低下、障害、shed light on ～：～に光を当てる

DAY 9 正誤チェック

問題を解いたら、自分の解答を下の表に転記して、正誤を確認しましょう。不正解だった問題は、本冊の解説を確認しましょう。

問題番号	正解	あなたの解答と正誤							
		1回目		2回目		3回目		4回目	
		解答	正誤	解答	正誤	解答	正誤	解答	正誤
241	(D)								
242	(B)								
243	(C)								
244	(B)								
245	(B)								
246	(C)								
247	(C)								
248	(D)								
249	(D)								
250	(A)								
251	(A)								
252	(A)								
253	(B)								
254	(C)								
255	(A)								
256	(B)								
257	(A)								
258	(D)								
259	(A)								
260	(C)								
261	(C)								
262	(B)								
263	(D)								
264	(B)								
265	(D)								
266	(C)								
267	(C)								
268	(B)								
269	(C)								
270	(B)								

それぞれの問題の選択肢の日本語訳を確認しましょう。動詞はすべて現在形の訳となっています。知らなかった単語は本書で意味や解説を確認するようにしてください。

241 (A) 熱心な	(B) 気分屋の	(C) 衰えていない	(D) 皮肉な
242 (A) ぶつぶつ言う	(B) 引き起こす	(C) 脅す	(D) 窒息させる
243 (A) 外見を損なう	(B) 徐々に弱まる	(C) 衝撃を与える	(D) 困惑させる
244 (A) 懺悔	(B) 自由、ゆとり	(C) 大損害	(D) 逆境
245 (A) 評判	(B) 主人公	(C) 壮大さ	(D) 拘留
246 (A) 強く非難する	(B) 結晶化する	(C) かいくぐる	(D) ほどく
247 (A) 叱りつける	(B) やる気にする	(C) 避ける	(D) 裏づける
248 (A) 追放	(B) 外国人嫌悪	(C) 調停	(D) 教義
249 (A) 万能薬	(B) 流入	(C) ワクチン接種	(D) 真理、原理
250 (A) スローガン	(B) 反抗的な態度	(C) 直感	(D) 変態
251 (A) ただし書き	(B) 支えになるもの	(C) 災難	(D) 愛好家
252 (A) 前提	(B) 欠乏	(C) 参政権	(D) 環境
253 (A) 突然の騒ぎ	(B) 有効性	(C) 背景	(D) 論文
254 (A) 明白な	(B) 熱心な	(C) 適合している	(D) ひどく暑い
255 (A) おとなしい	(B) 不安定な	(C) 揺るぎない	(D) 逆効果の
256 (A) 満ちた	(B) 影響されやすい	(C) 知識を持った	(D) 独りよがりの
257 (A) 抵抗する	(B) はぐらかす	(C) 明瞭に説く	(D) 保留にする
258 (A) 不確かな	(B) 極度の	(C) 世間から離れた	(D) 基本的な
259 (A) 潜んでいる	(B) 早口で言う	(C) ひどく嫌う	(D) 強化する
260 (A) 浸透	(B) 暴飲暴食	(C) 虚偽の警告	(D) 根絶
261 (A) 仮定する	(B) 仮定する	(C) だます	(D) 奪い取る
262 (A) 根絶する	(B) 言いくるめる	(C) 悩ませる	(D) 非難する
263 (A) 群がる	(B) 刺激を与える	(C) 急上昇する	(D) 強要する
264 (A) 分散させる	(B) 楽しむ	(C) 悪化させる	(D) 吹き込む
265 (A) 大変動	(B) 態度、物腰	(C) 開始	(D) 単調な仕事
266 (A) 明らかな	(B) 慢心的な	(C) 明瞭な	(D) ひどく怖がって
267 (A) 雪崩	(B) 敵意	(C) 反発	(D) 拘留
268 (A) しかめた	(B) ひねくれた	(C) 絶対に正しい	(D) 非常に面白い
269 (A) 挫折する	(B) 取り除く	(C) 逸脱する	(D) 敬う
270 (A) 取り乱した	(B) 関係のある	(C) 大胆な	(D) 独善的な

DAY 10 □ / □ / □ / □ / □

271 The senator exchanged pleasantries with the (   ) appointed envoy from the organization.

(A) lucidly　　(B) downright　　(C) exponentially　(D) duly

272 This article (   ) the view of his that sparked a great controversy.

(A) pores　　(B) conspires　　(C) encapsulates　(D) mollifies

273 To effectively (   ) one's skills, it is necessary to engage in deliberate practice that is tailored to one's individual strengths and weaknesses.

(A) ransack　　(B) buoy　　　(C) expend　　(D) hone

274 The investigative team is tasked with (   ) the entire crime scene to unearth any clues that may elucidate the mysterious circumstances surrounding the incident.

(A) languishing　(B) scouring　　(C) enunciating　(D) barging

275 By presenting the key concepts in an easy-to-digest manner, Professor James attempted to (   ) the highly complicated theory into its essence.

(A) dub　　　(B) augment　　(C) meditate　　(D) distill

276 Whether they will win or not (   ) on the tactics that they employ.

(A) hinges　　(B) cajoles　　(C) reveres　　(D) scrutinizes

277 The company has experienced (   ) sales growth in the past year, with occasional surges followed by periods of stagnation and decline.

(A) minuscule　(B) acrid　　　(C) sporadic　　(D) benign

278 The graduate student attended the class only (   ) and brazenly asked his friends to take notes of the lectures for him.

(A) purportedly　(B) unwittingly　(C) intermittently　(D) invariably

279 The decision to close the factory without prior notice (   ) a ripple effect that impacted the entire community, causing a cascade of negative consequences.

(A) precipitated　(B) verified　　(C) coveted　　(D) littered

---

pleasantry: 儀式的なあいさつ、**envoy:** 代表、使節、**spark:** を引き起こす、**unearth:** を掘り出す、**elucidate:** を解明する、**easy-to-digest:** 理解しやすい、**tactic:** 戦術、**surge:** 急上昇、**stagnation:** 停滞、**brazenly:** ずうずうしくも、**ripple effect:** 波及効果、**cascade:** 次々と起こる

280 The delegates from different countries will (   ) at the United Nations headquarters to discuss global issues and possible solutions.

(A) retort   (B) congregate   (C) delve   (D) paralyze

281 His (   ) of technical skills was instrumental in his successful career as a software engineer, garnering recognition from industry peers and academics alike.

(A) pundit   (B) antagonism   (C) arsenal   (D) probation

282 Our school website used to be rudimentary, but over the years, it has evolved into its present (   ).

(A) hazard   (B) hype   (C) malice   (D) configuration

283 Nobody came to his aid because he was unable to articulate his (   ).

(A) foreboding   (B) predicament   (C) frenzy   (D) idiosyncrasy

284 A new advisory panel was established in the wake of a series of minor (   ) that had occurred in prior years.

(A) mishaps   (B) bluffs   (C) antidotes   (D) deluges

285 The filthy bed and (   ) smell emanating from the bathroom were more than enough to disappoint the hotel guests.

(A) ravenous   (B) laudable   (C) wretched   (D) polemical

286 Despite the country's economic (   ), two-thirds of the respondents to the poll said they were largely satisfied with their life.

(A) woes   (B) reigns   (C) brinks   (D) caricature

287 The (   ) camera blended seamlessly with the room's interior design.

(A) praiseworthy   (B) unobtrusive   (C) intractable   (D) resolute

288 It is crucial for a state to respond proportionally to aggression and not (   ) impulsively, as this may lead to a spiraling escalation of violence.

(A) codify   (B) clutter   (C) poach   (D) retaliate

289 A (   ) candidate would be someone who possesses not only the requisite knowledge and skills but also the necessary temperament and a grand vision.

(A) profuse   (B) fleeting   (C) prevalent   (D) viable

---

delegate: 代表者、instrumental: 役立つ、rudimentary: 原始的な、articulate: をはっきり述べる、in the wake of〜: 〜の結果として、filthy: 汚い、emanate: 発生する、proportionally: つり合って、spiraling: 手に負えない、requisite: 必須の、temperament: 気質

290 The petty crime the young man committed was seen as a (　　) of his perverted behavior in the future.

(A) harbinger　　(B) furor　　(C) remorse　　(D) flair

291 The advent of the printing press in the 15th century served as a (　　) to the evolution of contemporary mass media.

(A) discord　　(B) precursor　　(C) culprit　　(D) decorum

292 ChatGPT (　　) in a new era of information technology, increasingly blurring the line between human and machine communication.

(A) pacified　　(B) dwindled　　(C) ushered　　(D) decried

293 The new tax system was (　　) as a catalyst for economic growth in that country.

(A) heralded　　(B) gobbled　　(C) disseminated　　(D) spurred

294 The (　　) features of the new medical treatment are its high efficacy rates and minimal side effects, making it a promising option for patients with chronic illnesses.

(A) stealthy　　(B) erratic　　(C) solemn　　(D) salient

295 Given the horrendous crimes the inmate committed, it is difficult to (　　) him being rehabilitated.

(A) reverberate　　(B) envisage　　(C) thwart　　(D) rebut

296 The study of history should encompass every (　　) of human experience, from political and social structures to cultural and artistic expressions.

(A) anguish　　(B) panacea　　(C) facet　　(D) underpinning

297 Overhearing the insulting comment about her home country, the girl managed to maintain a (　　) of indifference, but inside she was seething with anger.

(A) facade　　(B) deputy　　(C) prowess　　(D) fiasco

298 The project was (　　) designed to improve efficiency, but in reality, it was a ploy to reduce headcount and cut costs.

(A) perfunctorily　　(B) incessantly　　(C) ostensibly　　(D) inadvertently

---

petty: 軽微な、**perverted:** 倒錯した、**blur:** をぼかす、**catalyst:** 触媒、変化を促すもの、**chronic:** 慢性的な、**horrendous:** おぞましい、**inmate:** 収容者、**encompass:** を包含する、**insulting:** 侮辱的な、**seethe:** 煮えくり返る、**ploy:** 策略、**headcount:** 雇用者数

299 We provide personalized learning experiences with programs individually ( ) to the unique needs and interests of students – undergraduates and postgraduates alike.

(A) veered (B) tailored (C) garnered (D) outstripped

300 I was really disappointed by the mayor's speech, which was filled with ( ) phrases and empty cliches.

(A) indiscriminate (B) pivotal (C) sheer (D) banal

---

cliche: 決まり文句

DAY 10 正誤チェック

問題を解いたら、自分の解答を下の表に転記して、正誤を確認しましょう。不正解だった問題は、本冊の解説を確認しましょう。

問題番号	正解	あなたの解答と正誤							
		1回目		2回目		3回目		4回目	
		解答	正誤	解答	正誤	解答	正誤	解答	正誤
271	(D)								
272	(C)								
273	(D)								
274	(B)								
275	(D)								
276	(A)								
277	(C)								
278	(C)								
279	(A)								
280	(B)								
281	(C)								
282	(D)								
283	(B)								
284	(A)								
285	(C)								
286	(A)								
287	(B)								
288	(D)								
289	(D)								
290	(A)								
291	(B)								
292	(C)								
293	(A)								
294	(D)								
295	(B)								
296	(C)								
297	(A)								
298	(C)								
299	(B)								
300	(D)								

それぞれの問題の選択肢の日本語訳を確認しましょう。動詞はすべて現在形の訳となっています。知らなかった単語は本書で意味や解説を確認するようにしてください。

271 (A)明快に	(B)この上なく	(C)加速度的に	(D)形式的に
272 (A)熟読する	(B)共謀する	(C)要約する	(D)なだめる
273 (A)荒らしまわる	(B)元気づける	(C)費やす	(D)磨く
274 (A)閉じ込められる	(B)捜し回る	(C)明確に述べる	(D)無理やり進む
275 (A)〜と呼ぶ	(B)増加させる	(C)瞑想する	(D)抽出する
276 (A)懸かっている	(B)言いくるめる	(C)崇拝する	(D)綿密に調べる
277 (A)極めて小さい	(B)辛辣な	(C)散発的な	(D)悪意のない
278 (A)うわさによれば	(B)意図せずして	(C)断続的に	(D)いつも決まって
279 (A)突然引き起こす	(B)確かめる	(C)強く欲しがる	(D)散らかす
280 (A)言い返す	(B)集まる	(C)掘り下げる	(D)麻痺させる
281 (A)識者	(B)敵対心	(C)蓄積	(D)保護観察
282 (A)危険	(B)誇大広告	(C)悪意	(D)配列、姿
283 (A)不吉な予感	(B)窮状	(C)熱狂	(D)特異性
284 (A)トラブル	(B)はったり	(C)治療薬	(D)大洪水
285 (A)ひどく空腹な	(B)称賛に値する	(C)嫌な、酷い	(D)論争の
286 (A)苦境	(B)君臨	(C)瀬戸際	(D)風刺画
287 (A)賞賛に値する	(B)目立たない	(C)解決困難な	(D)決意の固い
288 (A)成文化する	(B)散らかす	(C)密猟する	(D)報復する
289 (A)大量の	(B)はかない	(C)蔓延している	(D)成功しそうな
290 (A)前兆	(B)激しい怒り	(C)悔恨	(D)天賦の才
291 (A)不一致	(B)前身	(C)犯人	(D)礼儀正しい行為
292 (A)なだめる	(B)徐々に減る	(C)先導する	(D)強く非難する
293 (A)喧伝する	(B)急いで食べる	(C)広める	(D)急き立てる
294 (A)ひそかな	(B)不安定な	(C)厳粛な	(D)顕著な
295 (A)反響する	(B)創造する	(C)挫折させる	(D)反論する
296 (A)苦痛	(B)万能薬	(C)側面	(D)支え
297 (A)うわべだけの	(B)代理人	(C)優れた能力	(D)大失態
298 (A)おざなりに	(B)絶え間なく	(C)表面上は	(D)不注意で
299 (A)方向を変える	(B)〜を仕立てる	(C)集める	(D)上回る
300 (A)見境のない	(B)中核をなす	(C)全くの	(D)ありきたりな

DAY 11 | / | / | / | / |

301 The entrepreneur's strategy was an ( ) of bold risk-taking and shrewd business acumen, resulting in a successful start-up.

(A) alias   (B) upheaval   (C) amalgam   (D) ambush

302 In the lab, there was an odd metal ( ) that had numerous cables attached to it.

(A) theorem   (B) contraption   (C) propensity   (D) deviation

303 He has a ( ) for solving complex problems, demonstrating his exceptional acuity, ingenuity and astuteness in deciphering intricate data.

(A) knack   (B) disrespect   (C) hallmark   (D) hue and cry

304 The exchange student's expression was ( ), making it impossible to discern her true feelings and leaving her classmates a bit confounded.

(A) far-flung   (B) ardent   (C) inscrutable   (D) impregnable

305 Everyone marvels at his ( ) ability to accurately foretell what will happen a minute later.

(A) feasible   (B) uncanny   (C) arduous   (D) cordial

306 The government's decision to ( ) political dissidents without trial has been widely criticized by human rights groups.

(A) delineate   (B) ruminate   (C) insinuate   (D) detain

307 Now that the number of online sales of bogus supplements is increasing, a massive ( ) on them is expected to be launched.

(A) hymn   (B) deadlock   (C) crackdown   (D) adherence

308 After the ( ) was filed against the suspect, the prosecutor presented his arguments with a plethora of evidence to demonstrate the suspect's culpability.

(A) bifurcation   (B) indictment   (C) gridlock   (D) apex

309 Citizens living within the ( ) of a specific court are subject to its laws and regulations, and they must adhere to its legal authority.

(A) jumble   (B) homage   (C) jurisdiction   (D) decimation

---

entrepreneur: 起業家、acumen: 鋭敏さ、acuity: 鋭敏さ、astuteness: 鋭敏さ、discern: を識別する、confound: を困惑させる、marvel at 〜: 〜に驚く、foretell: を予言する、dissident: 異議を唱える人、bogus: 偽の、culpability: 有罪性

310 The sale of counterfeit goods constitutes a grave (　　　) of trademark laws, which can result in legal action and severe penalties for the parties involved.

(A) infringement　(B) tribulation　(C) anomaly　(D) linchpin

311 The disclosure of the president's serious (　　　) led to his impeachment.

(A) foible　(B) plagiarism　(C) transgression　(D) deference

312 The contract (　　　) that the parties involved must comply with the regulatory requirements and abide by the terms and conditions outlined in the agreement.

(A) hinders　(B) confiscates　(C) forfeits　(D) stipulates

313 Our right of free speech is (　　　) in the Constitution, but at the same time we have to abide by the law that protects privacy.

(A) enshrined　(B) distorted　(C) excreted　(D) apprehended

314 During the excursion, we passed by several (　　　) buildings that seemed to be deserted.

(A) quaint　(B) blistering　(C) impromptu　(D) unflappable

315 Citizens couldn't help having misgivings when they heard the minister's (　　　) comments on gender roles.

(A) bucolic　(B) anachronistic　(C) shrewd　(D) replete

316 Writing under a (　　　), Stephen King published several novels whose sales were stagnant contrary to his expectations.

(A) pseudonym　(B) catastrophe　(C) penchant　(D) potency

317 The series of negotiations among the four nations (　　　) in a historic peace accord last year.

(A) assuaged　(B) procured　(C) mounted　(D) culminated

318 Following years of rigorous practice, the athlete ultimately reached the (　　　) of her career by securing a coveted Olympic gold medal.

(A) plethora　(B) pinnacle　(C) inauguration　(D) vagaries

319 Her exuberant personality is in (　　　) contrast to the reserved demeanor of her brother.

(A) undue　(B) stark　(C) far-fetched　(D) searing

---

counterfeit: 偽造の、**constitute**: を構成する、**disclosure**: 発覚、**abide by** 〜: 〜に従う、**excursion**: 小旅行、**deserted**: 人の住んでいない、**misgiving**: 懸念、**stagnant**: 停滞した、**rigorous**: 厳密な、厳格な、**exuberant**: はつらつとした、**demeanor**: 態度

320 A well-written report should present ideas in a (　　　) manner, utilizing precise language and avoiding any superfluous details or extraneous information.

(A) pliable　　　(B) holistic　　　(C) trivial　　　(D) succinct

321 In response to the pandemic, many countries implemented strict (　　　) measures to curb the spread of the virus and ensure public health and safety.

(A) impeachment　(B) antagonist　(C) quarantine　(D) sovereignty

322 After a long and stressful week, she decided to (　　　) herself in the peaceful countryside, away from the commotion and turmoil of the city.

(A) regress　　　(B) simmer　　　(C) seclude　　　(D) embolden

323 The view that human beings are fundamentally different from other animals became increasingly (　　　) with the growing appreciation of Darwinism.

(A) stoned　　　(B) untenable　　　(C) excruciating　　(D) amicable

324 Despite efforts to implement sustainable practices, the (　　　) of natural resources continues to escalate, prompting policymakers to enact stricter measures to curb the overexploitation of the environment.

(A) hardship　　(B) destitution　　(C) breach　　　(D) depletion

325 The president paid (　　　) attention to the imminent issues, thereby putting the company on the verge of bankruptcy.

(A) germane　　(B) scant　　　(C) exorbitant　　(D) compulsive

326 The potential risk of any side reactions the vaccine may produce is (　　　) compared to the health benefits it provides.

(A) infinitesimal　(B) hostile　　　(C) rustic　　　(D) hideous

327 His lecture was peppered with (　　　) amounts of irony.

(A) copious　　　(B) complicit　　　(C) roaring　　　(D) sedate

328 Over time, financial benefits (　　　) to the company, resulting in its employees becoming affluent.

(A) rejoiced　　(B) proliferated　　(C) inflated　　　(D) accrued

---

extraneous: 無関係の、 curb: を抑制する、 commotion: 突然の騒ぎ、 turmoil: 混乱、 prompt: を駆り立てる、 enact: を制定する、 be peppered with 〜: 〜がちりばめられている、 affluent: 裕福な

329 During the pregame ceremony, the flag was raised high as the national
( ) was played, with some players kneeling and all the fans proudly
singing together.

(A) contrivance   (B) dichotomy   (C) bug   (D) anthem

330 Because of the drudgery I was assigned, I was extremely reluctant to go to
work today, but I ( ) at the idea of feigning illness.

(A) alleviated   (B) reiterated   (C) plagued   (D) balked

feign: のふりをする

DAY 11 正誤チェック

問題を解いたら、自分の解答を下の表に転記して、正誤を確認しましょう。不正解だった問題は、本冊の解説を確認しましょう。

問題番号	正解	あなたの解答と正誤							
		1回目		2回目		3回目		4回目	
		解答	正誤	解答	正誤	解答	正誤	解答	正誤
301	(C)								
302	(B)								
303	(A)								
304	(C)								
305	(B)								
306	(D)								
307	(C)								
308	(B)								
309	(C)								
310	(A)								
311	(C)								
312	(D)								
313	(A)								
314	(A)								
315	(B)								
316	(A)								
317	(D)								
318	(B)								
319	(B)								
320	(D)								
321	(C)								
322	(C)								
323	(B)								
324	(D)								
325	(B)								
326	(A)								
327	(A)								
328	(D)								
329	(D)								
330	(D)								

DAY 11 選択肢の日本語訳

それぞれの問題の選択肢の日本語訳を確認しましょう。動詞はすべて現在形の訳となっています。知らなかった単語は本書で意味や解説を確認するようにしてください。

	(A)	(B)	(C)	(D)
301	(A)偽名	(B)大変動	(C)融合体	(D)待ち伏せ
302	(A)定理	(B)装置	(C)傾向、癖	(D)逸脱
303	(A)才覚	(B)無礼	(C)特徴	(D)抗議の声
304	(A)広範囲の	(B)熱烈な	(C)感情を出さない	(D)難攻不落の
305	(A)実現可能な	(B)魔訶不思議な	(C)努力の長く要る	(D)友好的な
306	(A)正確に描く	(B)考えを巡らす	(C)ほのめかす	(D)勾留する
307	(A)賛美歌	(B)行き詰まり	(C)厳重な取り締まり	(D)固執
308	(A)分岐	(B)起訴状	(C)こう着状態	(D)頂点
309	(A)混ぜ合わせ	(B)敬意	(C)権限の及ぶ範囲	(D)殺すこと
310	(A)侵害	(B)苦難	(C)異常	(D)要
311	(A)弱点	(B)剽窃	(C)罪	(D)敬意
312	(A)妨害する	(B)没収する	(C)喪失する	(D)規定する
313	(A)明記する	(B)歪曲する	(C)排出する	(D)捕らえる
314	(A)古風で趣のある	(B)非常に熱い	(C)即興の	(D)慌てない
315	(A)牧歌的な	(B)時代錯誤な	(C)敏腕の	(D)満ちた
316	(A)偽名	(B)大災害	(C)偏重	(D)影響力
317	(A)鎮める	(B)調達する	(C)取りかかる	(D)頂点を迎える
318	(A)過多	(B)頂点	(C)就任	(D)気まぐれ
319	(A)過度の	(B)際立った	(C)現実味がない	(D)焼けつくような
320	(A)柔軟な	(B)全体論的な	(C)自明な	(D)簡潔な
321	(A)告発	(B)敵対者	(C)検疫	(D)主権
322	(A)後退する	(B)ことこと煮える	(C)引きこもらせる	(D)元気づける
323	(A)泥酔した	(B)擁護のできない	(C)極度に痛い	(D)友好的な
324	(A)困難	(B)貧困	(C)違反する	(D)枯渇
325	(A)密接に関係した	(B)不十分な	(C)法外な	(D)衝動的な
326	(A)限りなく小さい	(B)敬意を持った	(C)素朴な	(D)ひどく醜い
327	(A)大量の	(B)共謀した	(C)ものすごい	(D)物静かな
328	(A)歓喜する	(B)蔓延する	(C)膨らませる	(D)増加する
329	(A)わざとらしさ	(B)二分法	(C)盗聴器	(D)賛歌
330	(A)緩和する	(B)繰り返し言う	(C)絶えず悩ます	(D)ためらう

DAY 12 | / | / | / | / |

331 The claim that there is a structural difference to be reckoned with between the brains of men and women is, however compelling the evidence seems, (   ) to some people.

(A) sweltering   (B) neurotic   (C) unpalatable   (D) hectic

332 The serene atmosphere of the lakeside resort was (   ) to the elderly couple, who had been seeking a tranquil and relaxing vacation.

(A) miscellaneous   (B) congenial   (C) seismic   (D) surrogate

333 Sam was a little (   ) by the fact that the exam format had been changed without warning.

(A) subdued   (B) denounced   (C) perturbed   (D) scarfed

334 The literary world is excited by the news that the novelist's unpublished manuscript has been found, but it will be no small feat to (   ) her scribbled handwriting.

(A) bewilder   (B) plunder   (C) decipher   (D) peter out

335 Robert received a somewhat (   ) message from an anonymous person, and he struggled to decipher its hidden meaning.

(A) suboptimal   (B) rife   (C) cryptic   (D) tenacious

336 The unsolved (   ) of the universe's origins has long puzzled cosmologists and astrophysicists, who continue to grapple with its complexity and search for answers.

(A) enigma   (B) persuasion   (C) clamor   (D) infraction

337 As we grapple with the implications of AI, we face the ethical (   ) of how to hold it accountable for its actions, with no solution in sight – at least for now.

(A) layout   (B) blunder   (C) conundrum   (D) osmosis

338 The (   ) potential of the team remained untapped until the arrival of the new manager, who identified and harnessed its capabilities through a series of strategic initiatives.

(A) imperturbable (B) tumultuous   (C) tarnished   (D) latent

---

compelling: 説得力がある、serene: 平穏な、tranquil: 静かな、feat: 偉業、untapped: まだ利用されていない

339 The (　　) solution to this complex problem requires a multifaceted approach that incorporates data-driven insights and carefully calibrated interventions.

(A) enigmatic　　(B) tacit　　(C) optimal　　(D) heterogeneous

340 This is said to be the most (　　) action movie the director has ever made, and I'm sure seeing it on a large-screen in the theater will give you a vicarious thrill.

(A) covert　　(B) exhilarating　　(C) impoverished　　(D) extortionate

341 The history teacher's jokes always fall flat, but today, his casual comment on the ruins was unintentionally (　　).

(A) incipient　　(B) nascent　　(C) hilarious　　(D) quirky

342 The diplomat's actions were strictly guided by the principles of (　　), ensuring that he always conducted himself in a dignified and respectful manner.

(A) motto　　(B) propriety　　(C) torrent　　(D) misdemeanor

343 The disappointment and anger in her voice was palpable when she realized her best friend had been a (　　) all along.

(A) traitor　　(B) barrage　　(C) disdain　　(D) buff

344 The scholar's argument was based on sound evidence and immaculate reasoning, making it difficult for anyone to (　　) it with counterarguments.

(A) testify　　(B) chastise　　(C) indoctrinate　　(D) refute

345 A group of researchers feel obliged to (　　) the pernicious myth that has been deeply ingrained in the public consciousness for decades.

(A) sequester　　(B) vandalize　　(C) diminish　　(D) debunk

346 The poet's use of complex imagery (　　) to the ephemeral nature of beauty and the transience of life.

(A) floundered　　(B) winced　　(C) alluded　　(D) eluded

347 The spread of the (　　) disease was so rapid that it required immediate action and strict measures to curb the contagion's further proliferation.

(A) virulent　　(B) anecdotal　　(C) lucid　　(D) gallant

---

multifaceted: 多面的な、calibrate: を正確に測る、vicarious: 臨場感のある、dignify: に威厳を持たせる、palpable: 明白な、immaculate: 完璧な、pernicious: 有害な、ephemeral: つかの間の、transience: はかなさ、contagion: 感染、proliferation: 拡散

348 The remuneration for low-skilled workers in many countries is often ( ) to their contribution to the economy, which raises concerns about income inequality and social welfare.

(A) disproportionate　　　　　(B) prevailing
(C) treacherous　　　　　　　(D) enthralled

349 The demanding ( ) in the culinary arts required her to work tirelessly, honing her skills through endless repetition and experimentation until she achieved mastery of her craft.

(A) gamut　　(B) acquiescence　　(C) apprenticeship　(D) premonition

350 Journalists whose beliefs were incompatible with the government's were ( ) as rebellious.

(A) contrived　　(B) obliterated　　(C) stigmatized　　(D) articulated

351 The allegations of corruption ( ) the reputation of the entire organization and compromise its integrity.

(A) strangle　　(B) concoct　　(C) taint　　(D) overthrow

352 Living in such a ( ) room can make some people feel nausea.

(A) cramped　　(B) hereditary　　(C) seminal　　(D) dichotomous

353 The two candidates continue to ( ) for the position, each presenting their strengths and qualifications in a bid to secure a victory.

(A) wobble　　(B) subjugate　　(C) disperse　　(D) vie

354 To the great dismay of the public, his administration failed to revive the ( ) economy.

(A) commendable　(B) sluggish　　(C) incognito　　(D) composed

355 The deceased writer's unfinished story had ( ) in the cabinet for almost three years before it was discovered by his widow.

(A) extorted　　(B) enticed　　(C) allayed　　(D) languished

356 The coastal city was ( ) by the relentless typhoon, inundating the streets and rendering countless buildings uninhabitable.

(A) peered　　　　　　　　　(B) procrastinated
(C) permeated　　　　　　　(D) submerged

---

remuneration: 報酬、culinary: 調理の、tirelessly: たゆまず、incompatible: 相いれない、allegation: 疑惑、nausea: 吐き気、in a bid to 〜: 〜しようとして、dismay: 落胆、relentless: いつまでも弱まらない

357 The bureaucracy involved in obtaining a work visa can be an extremely time-consuming process, and for many, it's too (　　　) to navigate without assistance.

(A) wasted　　(B) staunch　　(C) persistent　　(D) cumbersome

358 He is revered by his coworkers, but because of his arrogant and (　　　) behavior at home, he is shunned by his teenage daughters.

(A) prosaic　　(B) obnoxious　　(C) ample　　(D) inborn

359 The dark clouds gathering on the horizon and the sudden drop in temperature gave an (　　　) sign of an impending storm.

(A) inebriated　　(B) ingrained　　(C) arbitrary　　(D) ominous

360 Everyone calls Josh a womanizer because he has been flirting with a lot of girls, but he has been in an (　　　) of despair since he broke up with Haruka.

(A) uproar　　(B) annihilation　　(C) elixir　　(D) abyss

---

bureaucracy: 役所の手続き、**arrogant:** 傲慢な、**shun:** を敬遠する、**impending:** 今にも起こりそうな、
flirt: いちゃつく

DAY 12 正誤チェック

問題を解いたら、自分の解答を下の表に転記して、正誤を確認しましょう。不正解だった問題は、本冊の解説を確認しましょう。

問題番号	正解	あなたの解答と正誤							
		1回目		2回目		3回目		4回目	
		解答	正誤	解答	正誤	解答	正誤	解答	正誤
331	(C)								
332	(B)								
333	(C)								
334	(C)								
335	(C)								
336	(A)								
337	(C)								
338	(D)								
339	(C)								
340	(B)								
341	(C)								
342	(B)								
343	(A)								
344	(D)								
345	(D)								
346	(C)								
347	(A)								
348	(A)								
349	(C)								
350	(C)								
351	(C)								
352	(A)								
353	(D)								
354	(B)								
355	(D)								
356	(D)								
357	(D)								
358	(B)								
359	(D)								
360	(D)								

DAY 12　選択肢の日本語訳

それぞれの問題の選択肢の日本語訳を確認しましょう。動詞はすべて現在形の訳となっています。知らなかった単語は本書で意味や解説を確認するようにしてください。

331	(A)うだるような	(B)神経症の	(C)口に合わない	(D)猛烈に忙しい
332	(A)多種多様の	(B)適合した	(C)地震の	(D)代理の
333	(A)征服する	(B)強く非難する	(C)動揺させる	(D)一気に食べる
334	(A)困惑させる	(B)略奪する	(C)解読する	(D)減って尽きる
335	(A)最適ではない	(B)あふれた	(C)謎めいた	(D)粘り強い
336	(A)不可解なもの	(B)信念	(C)喧騒	(D)違反
337	(A)レイアウト	(B)大失策	(C)難題	(D)浸透
338	(A)沈着冷静な	(B)波乱に満ちた	(C)汚された	(D)潜在的な
339	(A)謎めいた	(B)暗黙の	(C)最適な	(D)混成の
340	(A)内密の	(B)爽快な	(C)貧困の	(D)法外な
341	(A)初期の	(B)初期の	(C)非常に面白い	(D)一風変わった
342	(A)モットー	(B)礼節	(C)激流	(D)軽犯罪
343	(A)裏切り者	(B)集中攻撃	(C)軽蔑、高慢	(D)愛好家
344	(A)証言する	(B)強く非難する	(C)教え込む	(D)反論する
345	(A)隔離する	(B)破壊する	(C)減らす	(D)誤りを示す
346	(A)問題を抱える	(B)顔をしかめる	(C)ほのめかす	(D)逃れる
347	(A)伝染力の強い	(B)不確かな	(C)明快な	(D)勇敢な
348	(A)不釣り合いな	(B)普及している	(C)危険な	(D)夢中になった
349	(A)全範囲	(B)消極的同意	(C)見習い期間	(D)予感
350	(A)なんとか〜する	(B)完全に壊す	(C)汚名を着せる	(D)明瞭に言う
351	(A)窒息させる	(B)でっちあげる	(C)おとしめる	(D)転覆させる
352	(A)狭苦しい	(B)遺伝性の	(C)先駆的な	(D)二項対立の
353	(A)ふらつく	(B)隷属させる	(C)分散させる	(D)競う
354	(A)称賛に値する	(B)停滞した	(C)お忍びで	(D)落ち着いた
355	(A)ゆすりとる	(B)おびき寄せる	(C)鎮める	(D)閉じ込められる
356	(A)凝視する	(B)先延ばしにする	(C)浸透する	(D)水浸しにする
357	(A)酩酊した	(B)信頼できる	(C)根気強い	(D)煩わしい
358	(A)退屈な	(B)非常に不快な	(C)豊富な	(D)生まれつきの
359	(A)泥酔した	(B)深くしみ込んだ	(C)恣意的な	(D)前兆となる
360	(A)大騒動	(B)消滅	(C)万能薬	(D)どん底

DAY 13

/		/		/		/	

361 Many citizens feel some apprehension about giving the government free ( ) over social media regulations, as it could ultimately undermine freedom of speech.

(A) rein   (B) onset   (C) rapport   (D) tort

362 The ability to communicate effectively is a ( ) of successful leadership, with astute leaders utilizing various strategies to engage their audiences and inspire positive action.

(A) mainstay   (B) hoard   (C) discrepancy   (D) repentance

363 The surgeon's expertise made it possible for her to perform the complex procedures without ( ) over potential complications.

(A) dignifying   (B) fretting   (C) inundating   (D) truncating

364 The aromas of exotic spices ( ) my taste buds as I perused the menu, considering the various culinary options available to me.

(A) accumulated   (B) expelled   (C) dissipated   (D) tantalized

365 The new law serves to enhance the working conditions of women, thereby ( ) positive social change.

(A) exhorting   (B) enthralling   (C) puzzling   (D) engendering

366 The teacher cited miscellaneous stories in order to ( ) the importance of adequate knowledge of contraception into students.

(A) replenish   (B) hallucinate   (C) contend   (D) inculcate

367 She tried to ( ) the importance of acting with discretion in her daughters.

(A) glean   (B) optimize   (C) instill   (D) nullify

368 A substantial amount of money was raised to support the campaign to ( ) the amendment.

(A) parse   (B) engulf   (C) repeal   (D) unravel

369 Referring to the ( ) literature, the pundit tried to explain the theories to the audience without resorting to too much jargon.

(A) extant   (B) malicious   (C) cumulative   (D) capricious

---

astute: 鋭敏な、miscellaneous: 多様な、discretion: 慎重さ、amendment: 修正案、pundit: 専門家、jargon: 専門用語

370 This tower is thought to be a (　　　) of the venerable castle that was burned down in the war.

(A) deportment　　(B) cascade　　(C) remnant　　(D) creed

371 Certain agricultural products used to contain pesticide (　　　) and other chemicals that were highly toxic and harmful to humans.

(A) residues　　(B) alloys　　(C) allegiances　　(D) swamps

372 I was a little bit shocked when I saw my father (　　　) at the French cuisine on the menu.

(A) splurging　　(B) plummeting　　(C) encrypting　　(D) squinting

373 Not knowing how to manage her interpersonal relationships, Emma decided to consult a psychiatrist and a self-help (　　　) for advice.

(A) guru　　(B) tenor　　(C) fledgling　　(D) enmity

374 The prosecutor argued that the defendant could not have committed the crime alone and must have had an (　　　).

(A) accomplice　　(B) impasse　　(C) inception　　(D) outcry

375 The minister reportedly (　　　) a plot to assassinate the right-wing extremist.

(A) peeked　　(B) hatched　　(C) derided　　(D) summarized

376 More couples are (　　　) the traditional kind of wedding ceremony, partly due to the devastating pandemic.

(A) outnumbering　(B) maneuvering　(C) forgoing　　(D) eviscerating

377 The acrid smell of the ointment seems to (　　　) the pesky insects.

(A) repel　　(B) shove　　(C) jostle　　(D) overshadow

378 You usually carry out your research professionally, so it was incongruous for you to (　　　) the overall trend from such a small sample this time.

(A) embody　　(B) muster　　(C) overhear　　(D) extrapolate

379 It would be presumptuous to (　　　) the outcome of the negotiations without considering all relevant factors and variables.

(A) spurt　　(B) unfold　　(C) surmise　　(D) cringe

---

venerable: 由緒ある、**prosecutor**: 検察官、**ointment**: 軟膏、**pesky**: 不快な、**incongruous**: 不適当な、**presumptuous**: おこがましい

380 Based on the scanty evidence available, the erudite historian cautiously ( ) the possible causes that could collectively have led to the historic event.

(A) revoked   (B) reminisced   (C) acquiesced   (D) conjectured

381 The novel's description of the funeral is so uniquely beautiful that it can instantly ( ) up vivid images in the reader's mind.

(A) recoil   (B) purport   (C) conjure   (D) snowball

382 I attended the press conference as a ( ) for the president.

(A) proxy   (B) recrimination   (C) ramification   (D) stalemate

383 His political foe tried to hinder him from ( ) influence over the region, but to no avail.

(A) wielding   (B) reincarnating   (C) dissecting   (D) seducing

384 The issue of intellectual property rights in the digital age can be ( ), as laws and regulations grapple to keep up with rapid technological advancements.

(A) binary   (B) murky   (C) sweltering   (D) bustling

385 The funeral procession was a ( ) affair, with mourners in black attire and a profound sense of solemnity pervading the atmosphere.

(A) gruesome   (B) somber   (C) rampant   (D) sardonic

386 Their relationship remained ( ) for several months until it was rekindled by the weekend trip.

(A) evanescent   (B) scorching   (C) pithy   (D) dormant

387 Fans were quick to blame the star player for his ( ) performance this season, such as inconsistent scoring and frequent errors.

(A) agonizing   (B) lackluster   (C) belated   (D) meddlesome

388 Tokyo is a ( ) city, a beautiful jumble of traditional and modern culture.

(A) deviant   (B) vibrant   (C) gross   (D) serene

---

scanty: 乏しい、**erudite**: 博識な、**to no avail**: 無駄に、甲斐なく、**procession**: 行列、**attire**: 服装、**jumble**: 寄せ集め

389 Despite initial progress in negotiations, the parties were unable to reach an agreement and had to (   ) back to their original positions, resulting in a stalemate.

(A) revert   (B) scoff   (C) emancipate   (D) crack

390 The tradition that had formerly been of paramount importance to the indigenous people has recently been (   ).

(A) demolished   (B) resurrected   (C) orchestrated   (D) appeased

---

stalemate: 行き詰まり、paramount: 最重要の、indigenous: 現地の

DAY 13 正誤チェック

問題を解いたら、自分の解答を下の表に転記して、正誤を確認しましょう。不正解だった問題は、本冊の解説を確認しましょう。

問題番号	正解	あなたの解答と正誤							
		1回目		2回目		3回目		4回目	
		解答	正誤	解答	正誤	解答	正誤	解答	正誤
361	(A)								
362	(A)								
363	(B)								
364	(D)								
365	(D)								
366	(D)								
367	(C)								
368	(C)								
369	(A)								
370	(C)								
371	(A)								
372	(D)								
373	(A)								
374	(A)								
375	(B)								
376	(C)								
377	(A)								
378	(D)								
379	(C)								
380	(D)								
381	(C)								
382	(A)								
383	(A)								
384	(B)								
385	(B)								
386	(D)								
387	(B)								
388	(B)								
389	(A)								
390	(B)								

それぞれの問題の選択肢の日本語訳を確認しましょう。動詞はすべて現在形の訳となっています。知らなかった単語は本書で意味や解説を確認するようにしてください。

361	(A)手綱、支配権	(B)始まり	(C)信頼関係	(D)不法行為
362	(A)よりどころ	(B)貯蔵	(C)食い違い	(D)後悔
363	(A)威厳をつける	(B)思い悩む	(C)殺到する	(D)切り詰める
364	(A)蓄積する	(B)追い出す	(C)浪費する	(D)じらす
365	(A)強く勧める	(B)魅了する	(C)悩ます	(D)生じさせる
366	(A)再び満たす	(B)幻覚を感じる	(C)争う	(D)教え込む
367	(A)収集する	(B)最適化する	(C)教え込む	(D)無効にする
368	(A)構文解析する	(B)覆いこむ	(C)撤廃する	(D)ほどく
369	(A)現存の	(B)悪意のある	(C)累積による	(D)気まぐれな
370	(A)振る舞い	(B)同時に起こる〜	(C)残骸	(D)信条
371	(A)残留物	(B)合金	(C)忠誠	(D)湿地
372	(A)無駄遣いする	(B)急激に減る	(C)暗号化する	(D)目を細めて見る
373	(A)指導者	(B)要旨	(C)駆け出しの	(D)憎悪
374	(A)共犯者	(B)行き詰まり	(C)開始	(D)激しい抗議
375	(A)ちらっと見る	(B)企てる	(C)あざける	(D)要約する
376	(A)数で上回る	(B)巧みに動かす	(C)差し控える	(D)骨抜きにする
377	(A)寄せ付けない	(B)押しやる	(C)押し合う	(D)見劣りさせる
378	(A)具体化する	(B)奮い起こす	(C)耳にする	(D)推定する
379	(A)噴出する	(B)展開する	(C)推測する	(D)すくむ
380	(A)無効にする	(B)思い出にふける	(C)黙認する	(D)推測する
381	(A)後ずさりする	(B)主張する	(C)想起させる	(D)加速度的に増す
382	(A)代理人	(B)やり返し	(C)影響	(D)行き詰まり
383	(A)行使する	(B)復活させる	(C)詳しく調べる	(D)そそのかす
384	(A)二つの	(B)不明瞭な	(C)うだるような	(D)人の多い
385	(A)気味の悪い	(B)黒ずんだ	(C)横行している	(D)冷笑的な
386	(A)はかなく消える	(B)焼けつくような	(C)端的な	(D)冷え切った
387	(A)苦しい	(B)さえない	(C)遅すぎる	(D)お節介な
388	(A)逸脱した	(B)活気にあふれた	(C)はなはだしい	(D)落ち着いた
389	(A)戻る	(B)あざ笑う	(C)解放する	(D)解読する
390	(A)取り壊す	(B)復活させる	(C)組織する	(D)なだめる

DAY 14 ☐ / ☐ / ☐ / ☐ /

391 The new law allows the government to (　　) on private telephone conversations as long as the callers are suspected terrorists.

(A) eavesdrop　　(B) mumble　　(C) disentangle　　(D) gorge

392 Researchers are working on developing an effective (　　) against the newly emerged virus.

(A) delegate　　(B) affinity　　(C) implication　　(D) inoculation

393 The literary (　　) was able to appreciate the subtle themes and allusions in the classic novel and make insightful connections to the cultural context of the time.

(A) fidelity　　(B) dissent　　(C) connoisseur　　(D) masquerade

394 The 8-year-old musical prodigy, whose (　　) talent has earned him several prestigious awards, will perform at our wedding reception.

(A) precocious　　(B) egotistic　　(C) demanding　　(D) rapt

395 "I don't love him," Cathy (　　) out and then gasped for breath.

(A) blurted　　(B) sabotaged　　(C) usurped　　(D) surged

396 The volcanic eruption caused the mountain to (　　) a massive amount of lava and ash, which blanketed the surrounding landscape with a thick layer of debris.

(A) demoralize　　(B) epitomize　　(C) spew　　(D) grumble

397 His question, extraneous to the matter the team had been discussing, faded into (　　).

(A) oblivion　　(B) deprivation　　(C) rationale　　(D) apogee

398 It is crucial for the security personnel to remain (　　) and employ constant surveillance to thwart any potential security breaches.

(A) amiable　　(B) vigilant　　(C) voracious　　(D) fastidious

399 The (　　) beauty of the landscape let me forget, even if temporarily, the hustle and bustle of the busy city life.

(A) nauseating　　(B) ostentatious　　(C) aggregate　　(D) ineffable

---

allusion: 暗示、prodigy: 天才、gasp: 息を切らす、lava: 溶岩、debris: がれき、surveillance: 監視、breach: 違反、the hustle and bustle: 喧騒

400 The simple, (   ) design of the furniture was inspired by the classical architecture of ancient Greece and Rome, imbuing it with a timeless elegance.

(A) hazardous   (B) rustic   (C) incremental   (D) intermittent

401 Each (   ) in the party upholds different political views, making it difficult to reach a consensus on important issues.

(A) faction   (B) felon   (C) crux   (D) parlance

402 The seminal study led by a renowned psychologist followed a (   ) of 550 children from birth through adolescence.

(A) chasm   (B) cohort   (C) gist   (D) catalysis

403 His (   ) attitude toward the accident infuriated me.

(A) inordinate   (B) insidious   (C) tempestuous   (D) nonchalant

404 The team's underperformance led the coach to (   ) several players to the bench, giving new prospects the opportunity to showcase their talents.

(A) net   (B) skew   (C) relegate   (D) land

405 With good intentions, he always offers candid opinions to his subordinates, but this makes them feel (   ).

(A) decoded   (B) instigated   (C) echoed   (D) suffocated

406 The politician attempted to (   ) the truth in his speech, adding exaggerated claims to bolster his argument and persuade the audience to his point of view.

(A) ease   (B) skyrocket   (C) flock   (D) embroider

407 Although precautions were taken, the devastating storm cut a wide (   ) through the country, leaving thousands homeless.

(A) swath   (B) purview   (C) demarcation   (D) predilection

408 The breathtaking beauty of the twilight sky was made up of (   ) ranging from pale blue to deep indigo.

(A) facets   (B) binges   (C) pillars   (D) hues

409 It is said that the country (   ) the island in order to harness its abundant natural resources.

(A) craved   (B) intertwined   (C) eclipsed   (D) annexed

---

infuriate: を激怒させる、candid: 率直な、subordinate: 部下、bolster: を強化する、precaution: 対策、harness: を活用する

410 The novel was originally published as a shortened version in a literary magazine before it was released as a complete, (　　) edition.

(A) unabridged　　(B) unchecked　　(C) contentious　　(D) implicit

411 The artistic style of the museum's collection was (　　), featuring works from various movements and periods, showcasing a nuanced appreciation for the diversity of artistic expression.

(A) burgeoning　　(B) eclectic　　(C) placid　　(D) enticing

412 An overwhelming number of assignments, with their deadlines looming, have made this week really (　　) and now I am completely exhausted.

(A) hectic　　(B) tardy　　(C) discrete　　(D) steadfast

413 The arc of a satellite's (　　) is determined by the gravitational pull of celestial bodies in its vicinity.

(A) internship　　(B) trajectory　　(C) aftermath　　(D) agony

414 Bernie said, with a smiling (　　), "You never cease to amaze me."

(A) countenance　　(B) comportment　　(C) spike　　(D) bombardment

415 The musician's melancholic ballad about lost love seemed to (　　) deeply with the audience, evoking feelings of nostalgia and wistfulness.

(A) imbue　　(B) squander　　(C) bypass　　(D) resonate

416 The (　　) story of the refugees fleeing the war-torn country left a profound impact on the international community.

(A) unruffled　　(B) insatiable　　(C) poignant　　(D) utter

417 The term "woke" has entered the popular (　　) and people use it on a daily basis, especially in informal speech.

(A) magnificence　　(B) watershed　　(C) plight　　(D) vernacular

418 In that exhibition, the newly (　　) tomb of the ancient king was displayed in the section adjacent to the area that showcased dinosaur skeletons.

(A) avenged　　(B) excavated　　(C) dismantled　　(D) curtailed

419 The manager flipped through the pages, giving the proposals only a (　　) glance, as a result of which he missed important information.

(A) deliberate　　(B) lofty　　(C) laden　　(D) perfunctory

---

nuanced: 繊細な、loom: 次第に迫ってくる、gravitational pull: 引力、vicinity: 周辺、melancholic: 憂鬱な、wistfulness: 切なさ、flee: から逃げる、war-torn: 戦争で荒れた、adjacent to 〜: 〜に隣接した

420 By (　　　　) the main character living a frugal life with the villain delighting in an extravagant lifestyle, the film director ingeniously depicts their contrasting personalities.

(A) juxtaposing　　(B) wiretapping　　(C) catapulting　　(D) tarnishing

---

villain: 悪役

DAY 14 正誤チェック

問題を解いたら、自分の解答を下の表に転記して、正誤を確認しましょう。不正解だった問題は、本冊の解説を確認しましょう。

問題番号	正解	あなたの解答と正誤							
		1回目		2回目		3回目		4回目	
		解答	正誤	解答	正誤	解答	正誤	解答	正誤
391	(A)								
392	(D)								
393	(C)								
394	(A)								
395	(A)								
396	(C)								
397	(A)								
398	(B)								
399	(D)								
400	(B)								
401	(A)								
402	(B)								
403	(D)								
404	(C)								
405	(D)								
406	(D)								
407	(A)								
408	(D)								
409	(D)								
410	(A)								
411	(B)								
412	(A)								
413	(B)								
414	(A)								
415	(D)								
416	(C)								
417	(D)								
418	(B)								
419	(D)								
420	(A)								

DAY 14 選択肢の日本語訳

それぞれの問題の選択肢の日本語訳を確認しましょう。動詞はすべて現在形の訳となっています。知らなかった単語は本書で意味や解説を確認するようにしてください。

391	(A)盗み聞きする	(B)つぶやく	(C)解明する	(D)むさぼり食う
392	(A)代表者	(B)好み	(C)影響	(D)予防接種
393	(A)忠実な	(B)異議	(C)玄人、通	(D)見せかけ
394	(A)早熟な	(B)利己的な	(C)努力を要する	(D)没頭した
395	(A)つい口にする	(B)破壊する	(C)強奪する	(D)高まり
396	(A)やる気をそぐ	(B)縮図的に示す	(C)吐き出す	(D)うめいて言う
397	(A)忘却	(B)欠乏	(C)理論的根拠	(D)絶頂
398	(A)愛想のよい	(B)警戒した	(C)貪欲な	(D)口うるさい
399	(A)ひどく不快な	(B)これ見よがしの	(C)総計の	(D)言葉で表せない
400	(A)有害な	(B)素朴な	(C)少しずつの	(D)断続的な
401	(A)派閥	(B)重罪犯人	(C)最重要点	(D)言葉づかい
402	(A)深い溝	(B)集団	(C)要点	(D)触媒作用
403	(A)過度の	(B)じわじわ広がる	(C)熱烈な	(D)よそよそしい
404	(A)手に入れる	(B)歪める	(C)格下げする	(D)手に入れる
405	(A)解読する	(B)引き起こす	(C)反響する	(D)窒息させる
406	(A)和らげる	(B)急上昇する	(C)群れをなす	(D)脚色を加える
407	(A)広範囲	(B)範囲	(C)境界線	(D)偏った好み
408	(A)側面	(B)暴食	(C)支柱	(D)色調
409	(A)切望する	(B)絡み合わせる	(C)覆い隠す	(D)併合する
410	(A)省略のない	(B)野放しの	(C)議論を呼ぶ	(D)暗黙の
411	(A)急成長している	(B)折衷的な	(C)落ち着いた	(D)魅惑的な
412	(A)猛烈に忙しい	(B)遅い	(C)別々の	(D)忠実な
413	(A)インターンシップ	(B)軌道	(C)余波	(D)苦痛
414	(A)表情	(B)振る舞い	(C)急上昇	(D)殺到、砲撃
415	(A)吹き込む	(B)無駄遣いする	(C)迂回する	(D)共鳴する
416	(A)落ち着いた	(B)底なしの	(C)痛切な	(D)完全な
417	(A)壮大	(B)分岐点	(C)苦境	(D)話し言葉
418	(A)復讐をする	(B)発掘する	(C)解体する	(D)削減する
419	(A)意図的な	(B)崇高な	(C)荷物を積んだ	(D)うわべだけの
420	(A)並べて置く	(B)盗聴する	(C)一躍有名にする	(D)汚す

大学入試 無敵の難単語 PINNACLE 420
PC:7023038